बोध कथाएँ

वैचारिक दृढ़ता की कहानियाँ

बोध कथाएँ

वैचारिक दृढ़ता की कहानियाँ

चन्द्रभानु गुप्त

राधाकृष्ण प्रकाशन

ISBN : 978-81-8361-454-2

बोध कथाएँ

पहला संस्करण : 2011
तीसरा संस्करण : 2018

मूल्य : ₹ 695

प्रकाशक
राधाकृष्ण प्रकाशन प्राइवेट लिमिटेड
जी-17, जगतपुरी, दिल्ली-110 051

शाखाएँ : अशोक राजपथ, साइंस कॉलेज के सामने, पटना-800 006
पहली मंजिल, दरबारी बिल्डिंग, महात्मा गांधी मार्ग, इलाहाबाद-211 001
36 ए, शेक्सपियर सरणी, कोलकाता-700 017

वेबसाइट : www.radhakrishnaprakashan.com
ई-मेल : info@radhakrishnaprakashan.com

आवरण : राधाकृष्ण स्टूडियो

मुद्रक
बी.के. ऑफसेट
नवीन शाहदरा, दिल्ली-110 032

BODH KATHAYEN
by Chandra Bhanu Gupta

अनुक्रम

महापुरुषों के जीवन से प्रेरक प्रसंग

अलौकिक कथाओं व आख्यानों से प्रेरक प्रसंग

असाधारण क्षमता : विविध प्रसंग

महापुरुषों के जीवन से प्रेरक प्रसंग

पटेल का आत्मबल

एक ग्रामीण बालक को एक बड़ा फ़ोड़ा निकला। आज से सौ वर्ष पूर्व। उन दिनों देहातों में डॉक्टरी इलाज का चलन नहीं था। मामूली जानकार लोग ही उसका इलाज करते थे। फ़ोड़ों का इलाज लोहे के गर्म सलाखों से दागकर किया जाता था। बालक के फ़ोड़ों के इलाज के लिए देहाती वैद्य ने यही इलाज बताया। लाल सलाखों से दागने का समय आया, बालक की अल्प आयु देखकर वैद्य ठिठक गया। तभी बालक ने कहा–'लोहा ठंडा हुआ जा रहा है। आपको डर लगता हो तो मुझे आज्ञा दीजिए। मैं अपने आप ही फ़ोड़ा जला लूँगा। देखने-सुनने वाले दंग रह गए। बालक का फ़ोड़ा कई जगह से जलाया गया। पर उसके चेहरे पर एक शिकन तक न आई। यही बालक आगे चलकर भारत की एकता को पुष्ट करनेवाला नेता हुआ–'सरदार वल्लभ भाई पटेल'! स्वतन्त्र भारत का प्रथम गृहमन्त्री।

एकान्त ज्ञान साधना

वाराणसी के प्रसिद्ध महाराष्ट्रियन ब्राह्मण गणेश भट्ट व्याकरण, धर्म, साहित्य एवं दर्शन के प्रकांड पंडित थे। दिन-रात पठन-पाठन और चिन्तन में लीन इस ब्राह्मण विद्वान को, वृद्धावस्था में कूबड़ निकल आया था। उन्होंने दीवार में एक छिद्र करवा लिया और उसी में कूबड़ टिकाकर अध्ययन करने की आदत डाल ली।

महाराष्ट्र के अधिपति पेशवा बाजीराव जब वाराणसी आए तो उन्होंने गणेश भट्ट के पांडित्य और घोर दारिद्र्य के विषय में सुना। आर्थिक सहायता देने के उद्देश्य से पेशवा उनके घर आए। उन्हें विनम्रतापूर्वक प्रणाम कर कहा–पंडित प्रवर! आप आदेश दें। मैं आपकी सहायता करना चाहता हूँ। गणेश भट्ट की विचार-तन्द्रा भंग हुई! वे नम्र स्वर में बोले–''मुझे सहायता की आवश्यकता तो है ही। पिछले एक महीने से व्याकरण का एक सूत्र पकड़ में नहीं आ रहा है । आपकी कृपा होगी, यदि आप सूत्र समझाने में मेरी मदद करें।''

गणेश भट्ट की आर्थिक सहायता करने आए पेशवा बाजीराव उनकी एकान्त ज्ञान-साधना से आश्चर्यचकित रह गए और वापस लौट गए।

रानाडे की उदारता

न्यायमूर्ति महादेव गोविन्द रानाडे जब छोटे थे तो उनकी माँ ने उन्हें दो लड्डू देते हुए कहा कि इनमें से एक, जो तुम चाहो, स्वयं खा लो और दूसरा अपने मित्र (जो नौकरानी का लड़का था) को दे दो। आकार में एक लड्डू बड़ा था और दूसरा छोटा। बालक रानाडे ने बड़ा लड्डू अपने मित्र को दे दिया। माँ ने आश्चर्य से पूछा कि तुमने ऐसा क्यों किया? तो रानाडे ने उत्तर दिया—तुम्हीं ने तो कहा था कि तुम जो चाहो रख लो और दूसरा अपने मित्र को दे दो। माँ ने अपने बेटे को गले लगा लिया।

साहसी सत्यसेन

आचार्य सत्यसेन बोस कलकत्ता विश्वविद्यालय में विज्ञान संकाय के डीन थे। एम.एस-सी. के छात्रों ने परीक्षा की तिथि बदलवाने के लिए बहुत दवाब दिया। प्रोफ़ेसर बोस ने साफ़ मना कर दिया। उन्होंने कहा कि परीक्षा बाद में लेने का कोई कारण नहीं दिखता। अतः मैं इस बात पर राजी नहीं हो सकता। छात्र नेताओं ने अनशन की धमकी दी। फिर भी वे नहीं माने। तब छात्रों ने उनका घेराव करने की धमकी दी। धमकी सुनते ही आचार्य बोस की मुद्रा बदल गई। कड़े स्वर में उन्होंने कहा कि देखो, जीवन में न तो मैंने कभी अन्याय किया है और न ही सहा है। जब तक मुझे बात जँचती नहीं, मैं राजी नहीं हो सकता। मैं विश्वविद्यालय छोड़ने को तैयार हूँ, किन्तु तुम लोगों का अन्याय किसी भी तरह सहने को तैयार नहीं। यह सुनते ही छात्रों की सिट्टी-पिट्टी गुम हो गई। बिना एक शब्द बोले वे खिसक गए। परीक्षा पूर्व निर्धारित तिथि पर ही हुई।

कर्तव्य-परायणता

पुराने जमाने में तमिलनाडु में ग्राम-पंचायत को महासभा कहा जाता था। दक्षिण अर्काट जिले के एक ग्राम की महासभा के सामने, जिसकी अध्यक्ष एक महिला थी, एक मामला निर्णय के लिए आया। अध्यक्षा ने आरोपी को दोषी पाया। उसे सजा दी कि वह दूसरे

दिन से 40 दिनों तक प्रतिदिन मन्दिर के प्रांगण में झाड़ू लगाए और उसे गोबर से लीपे। दूसरे दिन दंडित व्यक्ति उषः काल में जब अपनी सजा भुगतने पहुँचा तो देखा कि महासभा की अध्यक्षा स्वयं झाड़ू हाथ में लेकर उसका काम कर रही है। उसने समझाते हुए कहा कि जब मैंने आपको सजा सुनाई, तब महासभा की अध्यक्षा के नाते मैं अपने सार्वजनिक कर्तव्य का निर्वाह कर रही थी। यहाँ आपकी पत्नी के नाते आपके कष्ट को हलका करने के पारिवारिक धर्म का पालन कर रही हूँ। उस महिला ने अपने पति को ही सजा सुनाई थी। उपर्युक्त घटना उस गाँव से प्राप्त सैकड़ों वर्ष पुराने एक ताम्र-पत्र पर लिखी हुई पाई गई है।

बेसहारों का सहारा

सन् 1958 की सर्दियों में एक कुतिया ने इलाहाबाद के दारागंज में एक मन्दिर के पीछे बच्चे दिए थे। सुबह 7-8 बजे के बीच हिन्दी के सुप्रसिद्ध कवि निराला जी उन बच्चों को दूध पिलाने जाया करते थे। एक सज्जन कार से निराला जी से मिलने आए और ठाठ से हाथ मिलाया। निराला जी ने उनसे आधा घंटा प्रतीक्षा करने को कहा और आधा सेर दूध एक लोटे में भरकर ले गए। पिल्लों को दूध पिलाकर निराला जी लौटे। उन्होंने बताया–"कुतिया ने बच्चे दिए हैं, उन्हें छोड़कर वह अपना पेट भरने नहीं जा पाती और अपने बच्चों को दूध भी नहीं दे पाती। जब मैं वहाँ जाकर उसके बच्चों को दूध देता हूँ और उन बच्चों की पीठ पर हाथ फेरता हूँ, तो वह कुतिया अपने बच्चे मुझे सौंपकर खाने-पीने का प्रबन्ध करने इधर-उधर चली जाती है। इसलिए सुबह का आधा घंटा उसे देता हूँ।"

कानून-पालन

जनसंघ के भूतपूर्व अध्यक्ष पं. दीनदयाल उपाध्याय को समाचार सुनने की आदत थी। एक ट्रांजिस्टर सदैव उनके पास रहता था। एक बार वे रेलगाड़ी से यात्रा कर रहे थे। वार्ता प्रसारित होने का समय था। दीनदयाल जी ने सहयात्री से उसका ट्रांजिस्टर चालू करने को कहा। सहयात्री बोला कि आपके पास भी तो ट्रांजिस्टर है न! मुझे क्यों कहते हैं? दीनदयाल जी के आग्रह करने पर उसने ट्रांजिस्टर चालू कर दिया। समाचार समाप्त होने पर पंडित जी ने कहा–"मेरे ट्रांजिस्टर के लाइसेंस की अवधि कल पूरी हो गई है। उसका नवीनीकरण होने तक मैं अपने ट्रांजिस्टर का उपयोग नहीं कर सकता इसलिए आपसे प्रार्थना की।"

रामतीर्थ की राष्ट्रभक्ति

अपने ढाई वर्ष के अमेरिकी प्रवास में स्वामी रामतीर्थ को भेंट-स्वरूप जो प्रचुर धनराशि मिली थी। वह राशि उन्होंने अन्य देशों के बुभुक्षितों के लिए समर्पित कर दी। उनके पास रह गई केवल एक अमेरिकी पोशाक। स्वामी रामतीर्थ अमेरिका से स्वदेश लौटने के बाद एक दिन वह पोशाक पहनने लगे। कोट-पैंट तो उन्होंने पहनने के बजाय अपने कन्धे से लटका लिया। अमेरिकी जूता पाँव में डालकर खड़े हो गए। मगर कीमती टोप की जगह उन्होंने अपना सादा साफा ही सिर पर बाँधा। पूछा गया–''आपने इतना सुन्दर हैट तो पहना ही नहीं!" बड़ी मस्ती से उन्होंने उत्तर दिया–"कि राम के सिर पर तो हमेशा महान भारत ही रहेगा। अलबत्ता अमेरिका पाँवों में पड़ा रह सकता है।'' उन्होंने झुककर मातृभूमि की मिट्‌टी उठाई और माथे से लगा ली।

दानवीर माइकेल मधुसूदन दत्त

आगन्तुक ब्राह्मण की आँखें फटी-की-फटी रह गईं। बोला–''आप...माइकेल...मधुसूदन दत्त...मगर चित्रों में तो...।" माइकेल ने फीकी मुस्कान बिखेर दी–''चित्रों में आपने कीमती पोशाकों में सुसज्जित माइकेल का केवल अतीत देखा है। मैं वर्तमान हूँ। खैर बोलिए, मेरे लिए क्या आज्ञा है।''

ब्राह्मण ने सकुचाते हुए कहा–''मैंने सुना था आपके यहाँ से कोई खाली हाथ नहीं लौटता। लेकिन छोड़िए, आप स्वयं ही आर्थिक संकट में हैं।" वह वापस मुड़ने लगा। कालजयी कृति 'मेघनाद वध' के रचयिता–माइकेल मधुसूदन दत्त ने स्वभाव सुलभ हास्य किया–"मेरे कष्ट की चिन्ता न करें। श्रीमान! माइकेल धन से अवश्य ही गरीब हो गया है, मगर मन से बादशाह है। क्या कष्ट है, निःसंकोच कहिए।''

ब्राह्मण ने भारी आवाज में कहा–''बात ऐसी है कि मैं एक दरिद्र ब्राह्मण हूँ। कन्या के विवाह का बोझ सिर पर है।'' ब्राह्मण की आँखें भर आईं।

अगले ही क्षण भावुक कवि ने अपनी जेब में हाथ डालकर 500 रुपए निकालकर दे दिए। अभी कुछ समय पूर्व ही एक प्रकाशक ने उनकी दारुण स्थिति देखकर अग्रिम पारिश्रमिक के रूप में उन्हें दिए थे। कवि ने शीघ्र ही एक पुस्तक लिख देने का वायदा किया था। इस अप्रत्याशित दान से गद्‌गद ब्राह्मण के आशीर्वाद देकर चले जाने के बाद कवि की दृष्टि अपनी विदेशी पत्नी पर पड़ी। उसके वस्त्र जगह-जगह से फटे हुए थे। उसके हाथ में एक मुड़ी-तुड़ी चिट थी जिस पर बाजार से मँगाई जानेवाली कुछ वस्तुओं के नाम लिखे थे–जिसमें पुत्री की औषधि, पति-पत्नी के वस्त्रादि एवं खाद्य पदार्थों के नाम थे। कवि अपनी पत्नी के पास बढ़ आए, गम्भीर आवाज में बोले–''प्रिय, मैं जानता हूँ कि जिसकी बेटी उचित चिकित्सा के अभाव में मर रही हो, जिसकी पत्नी

फटे वस्त्र पहनकर अपने शारीरिक सम्भ्रम की रक्षा करती हो, जो स्वयं वस्त्रादि के अभाव में लोक-समाज में जाने में असमर्थ है–उसे इस तरह अपरिणामदर्शी और अविवेकी नहीं बनना चाहिए। पर मैं क्या करूँ, प्रिय! मेरे भीतर का हृदय राजाधिराज है न! किसी का भी कष्ट उसे विचलित कर देता है। क्षमा करना।"

भावाभिभूत पत्नी ने झुककर पति के चरण स्पर्श किए। बोली–"माइकेल! अब तक तुम्हें मैं मात्र एक प्रतिभा-सम्पन्न कवि के रूप में जानती थी। तुम्हारा व्यक्तित्व कितना महान है, यह मैं आज जान पाई। मैं विदेशी हूँ। तुम्हारे मुँह से ही मैंने कर्ण और हरिश्चन्द्र की दान कथाएँ सुनी थीं। आज मैंने उनके दर्शन कर लिये।"

मधुसूदन दत्त जन्म से हिन्दू थे। इनके पिता वकील राजनारायण दत्त और माता जह्नावी देवी, हुगली जिला के सागरदाँडी ग्राम के रहनेवाले थे। मधुसूदन दत्त का जन्म 25 जनवरी, 1924 को हुआ था।

कलकत्ता में अपनी कॉलेज की पढ़ाई के दरम्यान रेवरेंड कृष्ण मोहन ने एक हिन्दू युवक से अपनी लड़की की शादी करना अस्वीकार कर दिया। उनके कहने पर माइकेल धर्म परिवर्तन कर ईसाई बन गए। फिर भी शादी नहीं हुई, क्योंकि ये कायस्थ हिन्दू थे। रेवरेंड ब्राह्मण वंश से थे। रेवरेंड की पत्नी ने अपनी बेटी का हाथ उनके हाथ में देने से साफ़ इनकार कर दिया।

माइकेल दत्त कलकत्ता से बी.एल. कर विलायत चले गए। वहाँ अंग्रेजी में कविताएँ लिखने लगे। किसी अंग्रेज ने इनसे कहा कि अंग्रेजी भाषा में अगाध भंडार है। यदि वे अपनी मातृभाषा में लिखना प्रारम्भ करें, तो बँगला भाषा और चमक उठे। भाव तो अपनी भाषा में ही निखरता है। बात इनकी समझ में आ गई। बँगला भाषा का ज्ञान उन्हें नहीं के बराबर था। अन्त में अपनी अंग्रेज पत्नी और दो बच्चियों को लेकर वे कलकत्ता आ गए। बँगला भाषा का अध्ययन किया। पर अंग्रेज पत्नी से उनकी नहीं पटी। पत्नी इनसे सम्बन्ध-विच्छेद कर अपनी दोनों बच्चियों को साथ लेकर विलायत लौट गई। इस अंग्रेज पत्नी का नाम था रेवेका मैक्टाहलीट।

अंग्रेज पत्नी के जाने के बाद उन्होंने एक फ्रेंच कर्नल की लड़की हेनरीयेटा से विवाह किया, जिससे दो पुत्र हुए। फ्रेंच पत्नी हेनरीयेटा ने इनका आजीवन साथ दिया। उनके वंशज आज भी कलकत्ता में हैं।

माइकेल दत्त की रचनाओं में प्रसिद्ध अंग्रेजी उपन्यास Captive lady, दो बँगला नाटक, 'शर्मिष्ठा' और 'पद्मावती', हास्य नाटक 'बूढ़ो शालिकेरे घारे रोम', 'एक ही बोले कथा' काव्य को बहुत सराहा गया। इनकी स्मरणशक्ति इतनी तीव्र थी कि छह-छह मुन्शी को एक पंक्ति में बैठाकर नाटकों और काव्यों को बिना क्रम तोड़े अविराम गति से लिखाते चले जाते। कविता की नई शैली उन्होंने बँगला में प्रारम्भ की, जिस कारण, भुदेव मुखर्जी आदि ने इन्हें बंगाल का एक Mioguided Genious नाम दिया। ऐसे बंकिम बाबू तथा पं. ईश्वरचन्द्र विद्यासागर भी थे।

इनका जीवन अत्यन्त दारिद्र्य में दुख सहते हुए बीता। जब ये विलायत में थे तो पंडित ईश्वरचन्द्र विद्यासागर प्रायः कुछ राशि इन्हें वहाँ भेजा करते थे। दोनों पति-पत्नी मद्रास के एक दातव्य अस्पताल में अभावग्रस्त अवस्था में अलग-अलग कमरे में मरे और एक लावारिस की तरह फेंक दिए गए।

भविष्यवक्ता टैगोर

एक बार रवीन्द्रनाथ टैगोर जापान गए। वहाँ एक जापानी के घर मेहमान के रूप में कुछ दिन रहे। चलते समय उस जापानी ने, उनसे कुछ यादगार के रूप में, लिखित रूप में देने को कहा। उन्होंने बँगला भाषा में लिखा कि जिस गति से जापान पाश्चात्य शिक्षा, सभ्यता के रंग में रँगता जा रहा है, बहुत शीघ्र ही उसका विनाश होनेवाला है।

विश्वयुद्ध की समाप्ति पर युद्ध अपराधियों पर विचार करने के लिए अन्तर्राष्ट्रीय अदालत के जज राधाविनोद पाल ने जनरल तोजो को फ़ाँसी की सजा सुनाई, इसके बाद इनके ठहरने के स्थान पर एक जापानी, एक पुस्तिका लेकर पास आया और बँगला में टैगोर के विचार पढ़कर सुनाने को कहा। श्री राधाविनोद पाल टैगोर के लिखे विचार पढ़कर अन्दर से काँप गए। श्री पाल जानते थे कि रवि बाबू कवि, फ़िलॉसफ़र, कहानीकार-नाटककार थे। एक अच्छे विचारक और विद्वान भी थे। पर वे यह नहीं जानते थे कि टैगोर एक भविष्यवक्ता भी थे।

डकैत की सीख

कादू मकरानी–सौराष्ट्र का एक कुशल डकैत। सरकारी सिपाही हमेशा उसे गिरफ्तार करने के लिए चौकस रहते। एक बार कादू मकरानी को तीन दिनों तक भोजन नसीब नहीं हुआ। विवश हो, वेश बदलकर वह एक गाँव में गया। वहाँ एक स्त्री अमरूद बेच रही थी। कादू मकरानी का एक नियम था–वह कभी स्त्रियों और ब्राह्मणों को नहीं लूटता था। कादू मकरानी ने उस स्त्री से अमरूद के दाम पूछे। उत्तर मिला–"भाई छह आने सेर।" अमरूद उन दिनों दो आने सेर मिला करते थे। यह बात मकरानी को भी मालूम थी। उसने चार सेर अमरूद तुला लिये और सही कीमत आठ आने दे दी। अमरूद बेचनेवाली ने नाराज़गी से कहा–"यह क्या? अमरूद तो छह आने सेर है, भाई!" कादू ने कहा–"बहन! तुम जानती हो कि तुम्हें सही कीमत मिल गई है।" इतना कहकर कादू मकरानी आगे बढ़ गया। कुछ कदम चलकर वह पुनः लौटा और

उस स्त्री के पास पहुँचकर बोला–"तुमने मुझे भाई कहा था और एक भाई अपनी बहन को कुछ दिए बिना कैसे जा सकता है?" इतना कहकर कादू मकरानी ने अपनी जेब से दो स्वर्ण-कंकण निकाल, उसे दिया और कहा–"बहन! किसी गरीब को इतने महँगे अमरूद मत बेचना।"

निर्भीकता

गाँव के पंचायत-घर में भीड़ के मध्य, खड़ा एक व्यक्ति लोगों से उनके आतंकित होने का कारण पूछ रहा था। लोगों ने बताया कि पूरा बारदोली क्षेत्र डाकुओं और पुलिस के अत्याचार से पीड़ित है। शाम होते ही सभी घर के दरवाजे बन्द हो जाते हैं। श्मशान-सी खामोशी छा जाती है। डाकू संख्या में थोड़े होने पर भी पचासों गाँवों के हजारों ग्रामवासियों का दिल दहला रहे हैं।

उस व्यक्ति ने कहा–"बुराइयाँ भी अच्छाइयों के आधार पर ही खड़ी होती हैं और इन्हीं से अपना पोषण प्राप्त करती हैं। ये डाकू अपनी बुराइयों के लिए कहाँ से शक्ति प्राप्त करते हैं? इनकी शक्ति का स्रोत है–संगठन, साहस, सावधानी और मनोबल। इन्हीं गुणों को आप भी विकसित करें, तभी वह शक्ति अर्जित कर सकेंगे जिसके बल पर डाकुओं को पछाड़ा जा सके।" उनके आदेशानुसार गाँव के हट्टे-कट्टे डेढ़ सौ नौजवानों को शस्त्रों से लैस कर व्यूह रचना की गई। महिलाओं ने घर की जिम्मेदारी सँभाली। डाकुओं का आतंक समाप्त हो गया। पुनः उनके आदेशानुसार ग्रामवासी अपने गाँव के हित में सफाई, स्वास्थ्य, व्यायाम आदि अनेक काम करने लगे।

बाद में यह व्यक्ति महात्मा गांधी के सत्याग्रह आन्दोलन में कूद पड़ा। भारतीय बिस्मार्क एवं मैजिनी बनकर घूमनेवाला यह निर्भीक व्यक्ति था सरदार वल्लभ भाई पटेल।

लगन

जिस जहाज में स्वामी रामतीर्थ जापान जा रहे थे, उसी से 90 वर्ष की आयु का एक जापानी सज्जन भी यात्रा कर रहा था। कमजोर इतना था कि हाथ-पैर काँपते थे। एक दिन स्वामी जी ने देखा कि सज्जन आँखों पर मोटा चश्मा चढ़ाए चीनी भाषा में किसी पाठ को दोहराने की गरज से लिख रहे हैं। हाथ काँप रहे थे, नेत्र ज्योति भी परेशान कर रही थी। स्वामीजी ने विस्मित होकर पूछा–"बाबा इतनी तन्मयता से क्या कर रहे हैं?"

"चीनी भाषा के सीखने का मन हो आया था। अतः उसका अभ्यास बढ़ाने के उद्देश्य से नकल कर रहा हूँ ताकि चीनी लिखने की आदत बने।"

"पर बाबा, सुना है कि चीनी भाषा अन्य भाषाओं की अपेक्षा कठिन है।"

"हाँ, कठिन तो है, पर इसीलिए क्या उसे पढ़ना नहीं चाहिए?"

"पर बाबा, उस भाषा को सीखने में तो कई वर्ष लग जाएँगे और आपका स्वास्थ्य तो आपका साथ नहीं दे रहा!"

"तो आपकी राय है कि मैं इसी समय चीनी भाषा सीखना बन्द कर दूँ?"

"नहीं, ऐसा परामर्श तो मैं आपको नहीं दे सकता, पर उत्सुक जरूर हूँ कि किस प्रेरणा से अभिभूत होकर आप यह सब कर रहे हैं।"

वृद्ध सज्जन ने कागज मोड़कर रखते हुए कहा–"जब तक मैं जिन्दा हूँ, तब तक कुछ-न-कुछ नया सीखते रहने की मेरी इच्छा है। यदि नया सीखने का लक्ष्य जीवन में न रहा, तो फिर जीना ही व्यर्थ है।"

"पर आपकी अवस्था सीखने के लिए शायद उपयुक्त नहीं।"

"अरे जीवन क्या है? जीवन तो एक अनन्त अबाध प्रवाह है। सतत बहती जीवन-धारा के बीच हर पल नया सीखने का अवसर मिले, तो उसे छोड़ना नहीं चाहिए।" और तभी स्वामी रामतीर्थ को रामकृष्ण परमहंस के वचन याद आए–जितने दिन जिन्दा रहो, कुछ-न-कुछ सीखते रहो।

दृढ़व्रती लोहिया

मिर्जापुर के लाला मनसुखराम के परिवार में बालक तो अनेक हुए, पर यौवनावस्था को कोई प्राप्त नहीं हुआ। एक पुत्र पुरुषोत्तम के 28 बच्चे हुए, पर अकेले हीरालाल ही बचे। अन्त में एक पोता और पालनेवाली दादी रह गई। यह पोता राममनोहर लोहिया था।

हीरालाल पर परिवार में हुई मौतों से वैराग्य का आवेश आया। उन्होंने अपना कारोबार समेटा और दिल से कांग्रेस के सत्याग्रह-आन्दोलन में कूद पड़े। कई बार जेल भी गए। संचित सम्पदा राष्ट्र-कार्य में अर्पित कर दी। उनके पोते राममनोहर लोहिया ने भी उन्हीं का अनुसरण किया, अविवाहित रहकर अपने को लोकमंगल के कार्य में लगा दिया।

अपने जीवन में उन्होंने रिक्शा का उपयोग कभी नहीं किया। उनका विचार था कि आदमी इतना निर्मम न बने कि आदमी के कन्धे पर बैठकर चले। सांसद काल में उनके विचारों का आदर पंडित जवाहरलाल नेहरू भी करते थे। कांग्रेस से अलग होकर लोहिया ने सोशलिस्ट पार्टी बनाई।

स्वावलम्बन

दया भाव दिखाते हुए एक सज्जन ने एक डॉलर का सिक्का एक अपंग बच्चे के हाथ में रखा और कहा–''जाओ बेटे, कुछ खाकर अपनी भूख मिटाओ।'' सिक्का लौटाते हुए बच्चे ने स्वाभिमानपूर्वक कहा–''साब! मैं आपसे भीख माँगने नहीं बल्कि विनती करने आया हूँ कि मुझे किसी स्कूल में भरती करा दें, ताकि मैं पढ़ सकूँ।'' बच्चे से प्रभावित उस सज्जन ने बच्चे का एक स्कूल में दाखिल करा दिया। दोनों पाँव का लँगड़ा यह लड़का एक दिन कुशल हवाबाज सैंडर्स के रूप में अपना नाम रोशन कर गया।

स्वावलम्बन व्यक्ति की सबसे बड़ी निधि है। किसी से सहायता माँगने की अपेक्षा स्वाभिमानी व्यक्ति अपने पुरुषार्थ पर अधिक विश्वास रखता है।

दो उल्लू

गुरुदेव रवीन्द्रनाथ ठाकुर के भतीजे सौम्येन्द्र बाबू को एक बार अजीब सा शौक लगा। उन्होंने कहा–"मैं कोई ऐसी चीज पालूँगा, जिसे पहले किसी ने न पाला हो।" अगले ही दिन उन्होंने पिंजरे में एक उल्लू लाकर बैठक में सजा दिया। उनकी पत्नी इससे परेशान हो उठीं। रात में उल्लू की भयानक आवाज़ से वे काँप उठतीं। उन्होंने सौम्येन्द्र बाबू से उल्लू को हटाने के लिए बहुत अनुनय-विनय की, पर सब व्यर्थ। हार मानकर उन्होंने गुरुदेव से शिकायत की। इस पर उन्होंने कहा–"अच्छा, हम सोचेंगे।"

कुछ दिन बाद गुरुदेव सौम्येन्द्र बाबू के घर जा पहुँचे। बिना इधर-उधर देखे, वे पिंजरे तक गए और एकदम मुड़कर लौट पड़े। आश्चर्यचकित हो सौम्येन्द्र बाबू उनके पीछे-पीछे फ़ाटक तक आए। फ़ाटक तक पहुँचकर गुरुदेव अचानक रुके और नाटकीय ढंग से उनकी ओर मुड़कर बोले–"सौम्येन्द्र!"

''हाँ, काका।''

''इस घर में दो उल्लू नहीं रहेंगे। एक ही रहेगा।'' कहकर वे चल दिए।

अँधेरा होते ही सौम्येन्द्र बाबू ने पिंजरे का दरवाज़ा खोल दिया।

सहिष्णुता

गोपाल कृष्ण गोखले स्वभावतः लजीले व सौजन्यशील थे। सन् 1912 की पटना कांग्रेस के पश्चात् वे कलकत्ता लौट रहे थे। अधिवेशन के लम्बे कार्यकलापों के कारण वे काफ़ी

थके हुए थे और पूर्ण विश्राम चाह रहे थे। उन दिनों पब्लिक कमीशन के सदस्य होने के नाते उनके लिए ट्रेन में प्रथम श्रेणी का डिब्बा सुरक्षित था। शेष डिब्बे कलकत्ता सुरक्षित लौटनेवाले प्रतिनिधियों से ठसाठस भरे थे।

कुछ समय पश्चात् भूपेन्द्र नाथ बसु वहाँ पहुँचे और गोखले जी से कहने लगे–''बड़ी कृपा होगी यदि आप मुझे अपने डिब्बे में स्थान दे सकें।'' गोखले जी ने उन्हें स्थान दे दिया। कुछ देर बाद बसु महाशय ने पुनः कहा–''मेरे एक प्रतिनिधि मित्र को भी यदि आप इस डिब्बे में यात्रा करने की अनुमति दे सकें तो बड़ा अनुग्रह हो।'' गोखले जी ने उन्हें अनुमति दे दी।

ट्रेन चलने ही को थी कि बसु महाशय पुनः गोखले जी से कहने लगे–''मुझे और मेरे मित्र के लिए ऊपर की सीटें अनुकूल नहीं हैं। आप ऊपर की बर्थ पर सोने की व्यवस्था कर सकें तो हम दोनों को सुविधा हो जाए।" थके, पर सीधे-सादे गोखले चुपचाप ऊपर की सीट पर चले गए।

यह तो पता नहीं कि रात दोनों बंगाली बंधुओं ने गपशप में या जोर-जोर से खर्राटे लेने में बिताई, परन्तु गोखले जी ने वह रात बड़ी बेचैनी में व्यतीत की।

दादाभाई नौरोजी की दृढ़ता

बालक की आयु 10 वर्ष की थी। उसकी माता ने अपनी पसन्द की एक सात वर्ष की लड़की से उसका विवाह कर दिया। बाद में माता को लगा कि चुनाव गलत हुआ। उसने पुत्र का दूसरा विवाह करना चाहा। पर पुत्र ने साफ़-साफ़ मना कर दिया। माता चिढ़कर बोली–''क्या तुम्हें पाल-पोसकर इसलिए इतना बड़ा किया था कि तू मेरा अपमान करने पर उतारू हो जाए।''

"माँ! मुझे इस तरह विवाह के लिए मत कहो। बाकी जो कुछ कहोंगी, उसके लिए मैं धरती-आकाश एक कर दूँगा।''

"यह मेरे मान-सम्मान का प्रश्न है। यदि तुम 'न' कर दोगे तो मैं उन लोगों को क्या उत्तर दूँगी और उन्हें अपना मुँह कैसे दिखाऊँगी?''

माता के इन शब्दों का बेटे पर कोई प्रभाव न पड़ा। वह टस-से-मस न हुआ। अन्त में तंग आकर बालक ने माता से कहा–''माँ, मुझे एक बात का उत्तर दो। तुम मुझसे मेरी पत्नी की अयोग्यता के कारण दूसरा विवाह करने के लिए कह रही हो। यदि कहीं मैं ही अयोग्य होता, तो क्या तुम मेरी पत्नी को भी दूसरा पति चुनने के लिए कहती? यदि उत्तर 'हाँ' में है तो मैं भी दूसरा विवाह करने को तैयार हूँ।''

इस बात को सुनकर माँ अवाक् रह गई और फिर विवाह की बात समाप्त हो गई। माँ के अन्याय का जोरदार विरोध करनेवाला वह बालक दादा भाई नौरोजी था। नौरोजी

आगे चलकर तीन बार कांग्रेस के अध्यक्ष बने। वे पहले भारतीय थे जो इंग्लैंड की पार्लियामेंट के मेम्बर बने और रॉयल कमीशन के सदस्य बनकर भारत की जो सेवा उन्होंने की है, उसे भुलाया नहीं जा सकता! कांग्रेस का वृद्ध पितामह कहकर लोग आज भी उनका नाम बड़ी श्रद्धा से लेते हैं।

अभ्यास का परिणाम

सन् 1925 के आसपास मध्य प्रदेश के गाडरबाड़ा नगर के पास, एक गाँव का एक किसान युवक अपनी भारी-भरकम भैंस को बड़ी ही सहजतापूर्वक अपने कन्धों पर उठा लेता था। देखनेवाले दंग थे। पूछने पर वह बताता कि जब वह भैंस पैदा हुई थी, तभी से वह उसे नित्य प्रातः-सायं अपने कन्धों पर उठाता आ रहा है। स्नान कराने हेतु उसे कन्धों पर नदी ले जाता, वापस ले आता। तब वह छोटी-सी पाड़ी थी। अतः उसे उठाने में कोई परेशानी नहीं होती। पाड़ी बढ़ते-चढ़ते अब पूरी भैंस हो गई। पर, उसे तो यही ख्याल रहा कि अभी कल ही तो इसे उठाया था यह तो मेरा दैनन्दिन का अभ्यास है। यह है नित्य अभ्यास का कमाल। कहा गया है–

करत करत अभ्यास ते जड़मति होत सुजान,
रसरी आवत जात ते, सिल पर परत निशान।

पत्थर के सामने रस्सी बहुत कोमल और कमजोर होती है, पर कुएँ के पाट पर बारम्बार आते-जाते वह उस पत्थर को भी काट देती है। ऐसे कटाव किसी भी पाट के पत्थर पर देखे जा सकते हैं।

विनोद में उपदेश

एक बार बादशाह अकबर ने अपने दरबारियों की चतुराई की परीक्षा लेने की सोची। उसने जमीन पर एक रेखा खींच दी और दरबारियों को कहा कि इस रेखा को बिना स्पर्श किए छोटा कर दो। दरबारी सभी हैरान कि यह कैसे होगा? कोई आगे न आया, तो बादशाह ने बीरबल को बुलाया और उसे छोटा करने को कहा। बीरबल ने झट उस रेखा के बाजू में उससे बड़ी एक रेखा खींच दी। वह रेखा स्वतः छोटी हो गई।

बात तो यह है विनोद की। पर इसके पीछे एक महत्त् उद्देश्य है–शिक्षा ग्रहण करने का। आज कोई भी व्यक्ति अपने को दूसरों से छोटा मानकर चलना नहीं चाहता। यदि किसी व्यक्ति को उसके विशिष्ट गुण के कारण बड़ा मानकर उसका आदर-मान किया जाए, तो हममें से ही कुछ लोग उस विशिष्ट व्यक्ति का कोई अवगुण निकालकर

उसे छोटा बना देने का प्रयत्न करेंगे। बिरले ही होंगे, जो अपने से छोटे व्यक्तित्व के लोगों को बड़ा मानें।

अपने से बड़े लोगों को छोटा बनाना अथवा उनके कद की काँट-छाँट करना–यह बहुत बड़ा दोष है। समाज ऐसे लोगों की उपेक्षा करता है।

गांधी का कुर्ता

एक बार गांधीजी एक स्कूल देखने गए। उन दिनों वे एक लँगोटी पहना करते थे कन्धे पर एक चादर रखते थे। उन्हें इस रूप में देखकर एक बच्चे ने पूछा, "आप कुर्ता क्यों नहीं पहनते? मैं अपनी माँ से कहकर आपके लिए एक कुर्ता सिलवा दूँगा। आप पहनेंगे न उसे?"

गांधीजी बोले–"अवश्व पहनूँगा, पर एक शर्त है कि मैं अकेला नहीं पहनूँगा।"

बच्चे ने कहा–"फिर आपको कितने कुर्ते चाहिए?"

"एक-दो नहीं पूरे 40 करोड़ भाई-बहनों के लिए। क्या तुम्हारी माँ इन सबके लिए इतने कुर्ते सी सकेंगी?" बच्चा हक्का-बक्का, कुछ समझ नहीं पाया। गांधीजी उसकी पीठ पर हाथ फेरकर चले गए।

चुप्पी से उत्तर

एक बार बादशाह अकबर ने बीरबल से प्रश्न किया–"बीरबल! यदि कभी किसी मूर्ख से सामना हो जाए तो क्या करना चाहिए।" बीरबल बोला–"हुजूर! आपका प्रश्न जरा कठिन है। इसका उत्तर कल दूँगा।"

"ठीक है। यदि तुम कल तक सही-सही उत्तर दे पाए तो हम तुम्हें मुँहमाँगा इनाम देंगे। पर हाँ, माकूल उत्तर न मिला तो तुम्हें कड़ी सज़ा भी देंगे।" अकबर ने अगले दिन तक के लिए बीरबल को दरबार से छुट्टी दे दी।

दरबार से चलकर बीरबल सीधा मजदूरों की बस्ती में पहुँचा और एक बहुत गरीब मजदूर से बोला–"आजकल काम-धाम कम है। मुझे पता है कि तुम कई दिनों से खर्चे के लिए परेशान हो। मैं तुम्हें छह माह तक का सारा खर्चा दे सकता हूँ, यदि तुम मेरा एक काम कर दो।" अन्धे को और क्या चाहिए दो आँखें। मजदूर ने कहा–"मुझे मंजूर है। आप काम बताएँ।"

बीरबल ने कहा–"तुम्हें मेरे साथ कल राज-दरबार में चलना होगा और वहाँ बादशाह के सामने सिर्फ़ खड़े हो जाना। बादशाह कुछ भी पूछे, पर जवाब मत देना। बस चुप रहना। यह लो सौ रुपए। शेष कल मैं तुम्हें बादशाह से दिलवाऊँगा।"

दूसरे दिन बीरबल उस मजदूर को लेकर दरबार में पहुँचा और उसे बादशाह के सामने करते हुए कहा–"जहाँपनाह! यह मेरा भाई है और आपके प्रश्न का ठीक-ठीक उत्तर देगा।"

बादशाह ने उससे पूछा–"किसी बेवकूफ़ से सामना हो जाए तो क्या करना चाहिए?"

मजदूर चुप रहा। बादशाह ने अपना यह प्रश्न कई बार दुहराया किन्तु मजदूर चुप ही रहा। तब बादशाह ने बीरबल से कहा–"बीरबल! तुम्हारा भाई तो बोल ही नहीं रहा। क्या यह बहरा है?"

बीरबल बोला–"हुजूर! न तो यह बहरा है, न यह चुप है। यह आपके प्रश्न का सही जवाब दे रहा है कि जब किसी बेवकूफ़ से पाला पड़े तो चुप ही रहना बेहतर है।"

बीरबल के तर्क से बादशह झेंप गए और दोनों को मुँहमाँगा इनाम दिया।

राष्ट्र-कार्य

द्वितीय विश्वयुद्ध की घटना है। अफ्रीका में अंग्रेजों की सेना पर आक्रमण हेतु जर्मनी अपनी सेना की एक टुकड़ी भेज रहा था। इसका एक वाटर-टैंकर रेगिस्तान क्षेत्र की रेत में फँस गया। ड्राइवर ने बहुत प्रयत्न किया। इसका अधिकारी विवश देख रहा था, चुपचाप खड़ा था। सैन्य-निरीक्षण करते हुए जनरल रोमेल उधर से गुजर रहा था। ड्राइवर की विवशता देख जनरल रोमेल अपनी गाड़ी से उतरकर उसकी सहायता हेतु आया और ड्राइवर के साथ मिलकर दोनों ने रेत में फँसे वाटर-टैंकर को निकाला। पर टैंकर अधिकारी शान्त, चुपचाप बैठा देखता रहा। जब जनरल रोमेल ने उसे अपना परिचय देकर पूछा कि उसने ड्राइवर की सहायता क्यों नहीं की तो वह घबराया और निरुत्तर खड़ा रहा। जनरल ने उसे समझाया–"राष्ट्र-कार्य में ऊँच-नीच के भेदभाव से ऊपर उठकर कार्य करना चाहिए।" भविष्य में सावधान रहने को कहकर वह चला गया।

जर्मनी के तानाशाह हिटलर का दाहिना हाथ जनरल रोमेल ने सर्वोच्च अधिकारी होते हुए भी निरहंकार भाव से एक सामान्य ड्राइवर के साथ कन्धा मिलाकर काम करने में लज्जा का अनुभव नहीं किया। ऐसी विनम्रता हमें अपनानी चाहिए।

महान डाकू

सिकन्दर के राज्य में उसकी सारी प्रजा एक डाकू के उत्पात से अत्यन्त त्रस्त व पीड़ित रहती थी। इसे पकड़कर लानेवालों को पुरस्कृत करने की घोषणा सिकन्दर ने कर रखी

थी। अन्ततः वह एक दिन पकड़े जाने के बाद सिकन्दर के समक्ष डाकू को उपस्थित किया गया। निडर और निश्चिन्त भाव से उसे अपने सामने खड़ा देख सिकन्दर ने पूछा–"लगता है कि तुम्हें अपने कुकृत्य पर जरा भी लज्जा व भय नहीं है।"

डाकू ने हँसकर कहा–"एक डाकू को दूसरे डाकू से कैसी लज्जा, कैसा भय?"

सिकन्दर कुपित हो बोला–"मुझे डाकू कहते तुम्हें जरा भी भय नहीं लगा?"

डाकू ने सहज भाव से कहा–"डाकू तो हम दोनों ही हैं। अतः इसमें क्रोध करने का कोई औचित्य नहीं। अन्तर तो मात्र इतना ही है कि मैं कुबेरों का धन लूटता हूँ और आप राजाओं का। अपनी-अपनी लिप्सा की सन्तुष्टि हेतु मैं धनियों की हत्या करता हूँ और आप राजा व उसकी प्रजा की हत्या करते हैं। मेरी दृष्टि दूसरों की धन-सम्पदा पर होती है और आपकी दूसरे के राज्यों की धन-सम्पदा पर।"

डाकू की बात से सिकन्दर को लगा कि वास्तव में वह एक महान डाकू है। उसके अन्तर्मन में यह बात चुभ गई और वह निरुत्तर हो गया।

विचार करें कि क्या हम सब भी ऐसे डाकू तो नहीं! यदि हाँ, तो उसे नियन्त्रित कर पा रहे हैं क्या?

गांधी के किस्से

(क) स्वतंत्रता पूर्व काल में रेलवे में चार श्रेणियाँ होती थीं–प्रथम, द्वितीय, इंटर और तृतीय श्रेणी। उन्हीं दिनों का एक प्रसंग है। महात्मा गांधी को जब भी कहीं जाना होता तो तृतीय श्रेणी में ही यात्रा किया करते। एक बार एक अंग्रेज सज्जन ने उनसे प्रश्न किया कि आप तृतीय श्रेणी में ही यात्रा क्यों करते हैं? महात्मा गांधी को लोग बापू भी कहा करते थे। बापू ने तपाक से उत्तर दिया कि रेलगाड़ी में चतुर्थ श्रेणी होती ही नहीं, तो क्या करूँ? अंग्रेज सज्जन बापू को देखता ही रह गया।

(ख) एक बार एक सज्जन ने गांधीजी से पूछा–"बापू! रामायण सच है या काल्पनिक काव्य?" प्रश्न अजीब और गम्भीर था, पर बापू ने सहास्य उत्तर दिया–"रामायण कल्पना पर आधारित काव्य है अथवा सत्य पर आधारित घटना है, यह मैं कैसे कह सकता हूँ? जिस समय रामायण लिखी गई, उस समय मेरा जन्म भी नहीं हुआ था।"

विवेकानन्द का उत्तर

एक बार एक जापानी ने स्वामी विवेकानन्द से प्रश्न किया–"भारत के हिन्दू धर्मानुयायी वेद-उपनिषद आदि दर्शन ग्रन्थ, रामायण-गीता आदि धर्मपुस्तकों का गहन अध्ययन

करने के पश्चात् भी दीन-हीन एवं पराधीन क्यों हैं?" स्वामी विवेकानन्द ने गम्भीरतापूर्वक कहा–"एक सैनिक हाथ में बन्दूक रहते हुए भी उसका सही उपयोग करना न जानता हो, तो उसे सैनिक का श्रेय तो नहीं दिया जा सकता। भारतीय दर्शन की प्रशंसा कौन नहीं करता, पर भारतीय तो दर्शन-शास्त्र को केवल सिर पर ढोना ही जानते हैं, सदुपयोग करना नहीं जानते।"

गदहे एक से होते हैं

स्वर्गीय राष्ट्रपति डॉ. सर्वपल्ली राधाकृष्णन से एक अंग्रेज सज्जन ने व्यंग्य किया–"आप के देश भारत में कई रंग के मिश्रित लोग रहते हैं–साँदले, काले, गोरे जबकि हमारे देश इंग्लैंड में केवल एक ही रंग के लोग रहते हैं–गोरे।" राधाकृष्णन जी उसका व्यंग्य समझ गए। वो भला क्यों चुप रहते! तुर्रे पर तुर्रा चढ़ा दिया, बोले–"आपका कहना सोलहों आना सही है। आप यह भी जानते होंगे कि संसार के हर हिस्से में हर रंग के घोड़े मिल जाते हैं, पर गदहा तो एक ही रंग का मिलेगा।"

अंग्रेज ठगा-सा मुँह लेकर रह गया।

नेहरू के जवाब

(क) स्वर्गीय प्रधानमन्त्री पं. जवाहरलाल नेहरू को बच्चे चाचा नेहरू कहकर सम्बोधित करते थे। एक बार एक छोटी-सी बच्ची ने उनसे पूछा–"चाचा जी! आपका सबसे कम और सबसे अधिक वजन कब और कितना था?" नेहरू जी ने कहा–"जब मैं अहमदनगर जेल में था तब मेरा सर्वाधिक वजन था 162 पौंड और मेरे जन्म के समय मेरा सबसे कम वजन था 7.5 पौंड।" उनके उत्तर ने सभी उपस्थित बच्चों को हँसने पर मजबूर कर दिया।

(ख) एक बार एक सज्जन ने पंडित नेहरू से पूछा–"आपने जीवन में सुन्दरतम क्षण, किसकी बाँहों में गुजारा।" इस अजीब प्रश्न का उत्तर भी पं. नेहरू ने अजीब-सा दिया–"अन्य किसी व्यक्ति की पत्नी की बाँहों में गुजरा।" सुननेवाले ने इस उत्तर की आशा नहीं की थी। सभी सुनकर दंग थे। तब नेहरू जी ने इसका खुलासा किया–"वे महिला थीं मेरी माँ।"

यह सुनते ही सभी लोग ठहाका मारकर हँस पड़े।

खामियाजा

अमेरिका के राष्ट्रपति वुडरो विल्सन को बचपन से ही गप्पें हाँकने की आदत थी। इस कारण लोग उनकी बातों पर विश्वास नहीं करते थे। वही विल्सन बड़े होने पर अपनी योग्यता और लोकप्रियता के कारण एक दिन अमेरिका के राष्ट्रपति चुने गए।

राष्ट्रपति होने के बाद एक दिन वे अपने ननिहाल नानी से मिलने गए। नानी से मिलकर उन्होंने कहा–"नानी! इस बार मैं इस देश का राष्ट्रपति चुना गया हूँ।"

बूढ़ी नानी बड़े जोरों से ठहाका मारकर हँस पड़ी और बोली–"अरे विल्सन! तू बूढ़ा होने को आया, पर गप्पें मारने की आदत अभी तक तूने नहीं छोड़ी।" जब विल्सन ने अखबार के कागज और उस पर छपे अपने चित्र दिखाए, तब जाकर उनकी नानी को विश्वास हुआ।

गलत आदत आदमी को यदि एक बार पड़ जाए, तो बाद में आदत छूट जाने पर भी उसका खामियाजा कभी-कभी भुगतना ही पड़ता है।

निवेदिता का समर्पण

लन्दन की एक सभा में स्वामी विवेकानन्द भाषण कर रहे थे–"मानव धर्म की प्रतिष्ठा के लिए सच्चे ज्ञान-प्रसार की जरूरत है। इस महत् कार्य के लिए हमें त्यागी, सेवाभावी आत्माएँ चाहिए। यदि मुझे ऐसी सात महान आत्माएँ मिल जाएँ तो संसार का कायापलट हो सकता है।"

सभा में बैठी नवयुवती मारग्रेट नोबुल ने सभा समाप्ति पर स्वामी जी से कहा–"मैं नहीं जानती कि आपको ऐसे छह व्यक्ति मिलेंगे या नहीं, पर सातवें की पूर्ति हेतु मेरा जीवन इस कार्य के लिए समर्पित है।"

और यही मारग्रेट नोबुल भारत में आकर स्वामी विवेकानन्द से दीक्षित हो, भगिनी निवेदिता के रूप में सारे देश में ज्ञान का प्रकाश फैलाया और भारत में ही अपना शरीर त्याग दिया। एक विदेशी होते हुए भी, भारत के लिए वह जो कुछ कर गईं, उसके लिए प्रत्येक भारतीय उनका ऋणी है।

पराक्रमी वीरमदेव

सन् 1514 ई. में खतौली युद्ध में पराजित, दिल्ली का सुलतान इब्राहिम लोदी पुनः अगले वर्ष मेवाड़ पर चढ़ दौड़ा। मेवाड़ के राजा सांगा की ओर से लड़ने आए अनेक

सरदारों में एक मेड़ता के राव वीरमदेव भी थे। राव वीरमदेव की पुत्री मीराबाई राणा सांगा के प्रथम पुत्र युवराज भोजराज के साथ ब्याही गई थी। कहा जाता है कि खाने के मामले में राव वीरमदेव का कोई सानी न था। कोई उनकी उपमा ऋषि अगस्त्य से, तो कोई भीमसेन से करता। चित्तौड़ के महल के रनिवास में रानियों के बीच अनेक प्रकार की टीका-टिप्पणियों को ध्यान में रखते हुए राणा सांगा ने एक योजना बनाई थी।

राव वीरमदेव खाने की कला जानते थे और उसे पचाना भी जानते थे। एक हाथ में सवा मन का सांग (एक प्रकार की भुजाली) रखना कोई साधारण काम तो था नहीं। ऐसे पराक्रमी पुरुष बिरले ही होते हैं। राणा प्रताप भी ऐसे ही वीरों में थे, जिनके शरीर पर सवा मन का ज़िरह-बख्तर और हाथ में सवा मन का भाला रहता था।

दूसरे दिन राव वीरमदेव महल में जाने के लिए अपने निवास से निकले। एक सेवक घबराया हुआ उनके पास आया किसी मतवाले हाथी के छूट निकलने से महल के मुख्य द्वार को बन्द कर दिए जाने की सूचना दी। राव वीरमदेव ने बिना किसी चिन्ता के महल के मुख्य द्वार पर आकर उसे खुलवाया और सामने खुले मैदान की ओर एक हाथ में सवा मन का सांग लिये बढ़ चले। आनन-फानन में यह सनसनीखेज खबर महल में फैल गई। रानियाँ और राज-परिवार की स्त्रियाँ दौड़कर महल की अटारियों और झरोखों की जालियों से यह दृश्य देखने को आ खड़ी हुईं।

राव वीरमदेव को देखते ही वह मदमस्त भीमकाय हाथी अपना सूँड़ उठाकर थोड़ा पीछे हटा, पुनः बड़ी तीव्र गति से उन पर इस प्रकार झपटा मानो उनकी गर्दन अपने सूँड़ में लपेटकर नीचे पटक, अपने पैरों से उन्हें कुचल देगा। वीरमदेव ने पैंतरा बदल अपने सांग का भरपूर वार हाथी के मर्मस्थल पर किया, जिसके आघात से हाथी करुण चीत्कार करता हुआ पीछे हटा और धराशायी हो गया। दुबारा वीरमदेव अपने सांग का प्रहार करने ही जा रहे थे कि हाथी अपना सूँड़ हिलाता हुआ उनकी ओर करुण दृष्टि से देखता हुआ प्राणों की भीख माँगने लगा। शरणागत पर वार न करना क्षत्रिय धर्म मानकर राव वीरमदेव उसे छोड़ महल की ओर बढ़ गए।

इस अद्‌भुत साहस एवं बल को देख राजपरिवार की स्त्रियों एवं रानियों में राव वीरमदेव के आहार की चर्चा बन्द हो गई। इनका भोजन उन लोगों को फिर अखरा नहीं।

संयम की मर्यादा

भावनगर (गुजरात) में एक डाकू था जोशीनाथ—लम्बा, खूबसूरत बलिष्ठ। एक सुन्दर रमणी को जोशीनाथ भा गए। उस रमणी ने जोशीनाथ को एक रात्रि अपने यहाँ शयन के लिए आमन्त्रित किया। ऐसी स्त्रियाँ खतरे की सूचक होती हैं, अतः इस आमन्त्रण

को उसने अस्वीकार कर दिया। एक रात्रि जोशीनाथ अपने अभियान से लौट रहा था। भोर हो गयी थी। उसके कानों में मधुर गीत की स्वर-लहरी टकराई। उस दिशा में आगे बढ़ने पर उसने देखा कि एक ललना हँसिया लिये घास काटते हुए, गीत गाती जा रही है। शान्त एकान्त स्थान और बिल्कुल निर्जन। जोशीनाथ पास जाकर खड़ा हो गया। ललना न डरी, न घबराई, अपने काम में लगी रही। गीत समाप्त हुआ, जोशीनाथ लौट पड़ा। बुरे लोगों में भी कुछ गुण होते हैं। यह तो संयम की मर्यादा थी।

न्याय की भावना

(क) सन् 1767-68 में अमेरिका का इंग्लैंड के साथ युद्ध चल रहा था। इंग्लैंड हारने की स्थिति में आ गया। उस समय जॉर्ज वाशिंगटन अमेरिकी सेना के सेनापति थे। इनकी लोकप्रियता कम करने हेतु इनके विपक्षियों ने युद्धक्षेत्र में युद्ध सामग्री कम एवं विलम्ब से भेजना प्रारम्भ किया–अर्थात् सैबोटेज किया। सैनिकों ने इसे भाँप लिया और सेनापति वाशिंगटन को सूचित किया। लड़ाई जीत ली गई। सत्ता का एकमात्र केन्द्र थी–सेना और इसकी बागडोर वाशिंगटन के हाथ में। अतः सत्ता प्राप्त करने में कोई बाधा नहीं थी। फिर भी वाशिंगटन ने राज्य-सत्ता पर अधिकार नहीं किया। यह अलग बात है कि जनता बार-बार उन्हें चुनती रही–वे प्रेसिडेंट बनते रहे।

(ख) जोजेफ़ मेजिनी इटली के राष्ट्रपिता! उन दिनों इटली पर आस्ट्रिया का आधिपत्य था। इटली ने आस्ट्रिया के विरुद्ध युद्ध छेड़ दिया। पर मेजिनी युद्धशास्त्र में नाकारा थे। गैरीबाल्डी युद्ध विशारद थे। अतः मेजिनी ने गैरीबाल्डी को बुलाकर सेना-संचालन की बागडोर उन्हें थमा दी और स्वयं उनके अधीनस्थ सैनिक के रूप में ही भाग लिया। इटली ने आस्ट्रिया को हरा दिया। मेजिनी ने राज्य की सत्ता गैरीबाल्डी को सौंपी, जिसे गैरीबाल्डी ने अस्वीकार कर दिया और फिर सब कुछ छोड़कर कृषि कार्य करने के लिए अपने गाँव लौट आया।

(ग) स्वातंत्र्य पूर्व लोकमान्य तिलक सन् 1917 में कांग्रेस के सर्वमान्य नेता थे। उस समय महात्मा गांधी अफ्रीका से लौटे थे और राजनीति में अभी उभर रहे थे। भारत में आकर गांधीजी ने असहयोग-आन्दोलन प्रारम्भ किया, जिसको जनता द्वारा समर्थन मिला। इस समर्थन को दृष्टिगत रखकर लोकमान्य तिलक ने सन् 1924 में कांग्रेस का अध्यक्ष-पद गांधीजी को सौंप दिया। अध्यक्ष पद पर रहते हुए गांधीजी ने बेलगाँव कॉन्फ्रेंस में काउंसिल प्रवेश का विरोध किया। लेकिन इसके बाद देश के अपने 6 मास के दौरे के दरम्यान उनके ध्यान में आया कि जनता काउंसिल प्रवेश के पक्ष में है। जनता की इस माँग को देखते हुए गांधीजी ने मोती लाल नेहरू की कांग्रेस अध्यक्ष के रूप में ताजपोशी कर दी और स्वयं त्यागपत्र देकर हट गए।

ध्येयवादिता

जर्मनी के डॉ. केंट ने साँप के काटे की दवा का आविष्कार किया। इस दवा का सफ़ल प्रयोग उन्होंने सर्वप्रथम अपने ऊपर ही किया। स्वयं अपने को साँप से कटवाया। फिर सारे लक्षण नोट किए। डॉक्टर चाहता तो अन्य किसी पर प्रयोग कर सकता था, जैसे–इनसान, पशु-पक्षी आदि किसी पर। फिर अपने मरने की चिन्ता न कर, यह पागलपन उसने क्यों किया? क्योंकि वह ध्येयवादी था।

शेर भूखा रहेगा, पर घास नहीं खाएगा और न दूसरे का मारा हुआ शिकार खाएगा। किन्तु कुत्ता! वह किसी का भी मारा हुआ शिकार खाएगा। कुत्ता व्यवहार-कुशल होता है–पर शेर पागल जाति का! ध्येयवादी स्वयं को भूल जाएगा, पर दूसरों का विचार करेगा।

फ्रांस का महान कहानीकार

युवक ने देश और समाज के दुख-दर्द की कथा सीधी-सरल भाषा में एक अनूठी शैली और नई तकनीक से लिखी जो उसकी विलक्षण प्रतिभा, विद्वत्ता और सृजन-शक्ति का परिचायक था। अपने देश के प्रमुख पत्र 'पेरी हेराल्ड' में प्रकाशित कराने के उद्देश्य से युवक सम्पादक के पास आया और अपनी इस कहानी को प्रकाशित करने का अनुरोध किया।

सम्पादक ने पहली बार इस युवक को देखा सिर से पैरों तक। उसने युवक को कहा–"तुम एक नए कहानीकार, अनुभव और सृजन-कला में अपरिपक्व! मैं नहीं समझता कि 'पेरी हेराल्ड' जैसे पत्र के स्तर की कहानी तुम्हारे पास है जिसे छापकर तुम्हें प्रतिष्ठा दिला सकूँ।"

अपनी इस उपेक्षा पर जरा भी विचलित न होते हुए युवक ने कहा–"महोदय! एक बार कृपया इसे पढ़ तो लें। शायद आप इसे पसन्द कर ही लें।"

सम्पादक ने बड़ी उपेक्षा से कहानी वापस कर दी और कहा–"आप कृपया अन्य सम्पादकों से सम्पर्क करें। मेरे पास समय नहीं।" इतना तिरस्कार! फिर भी युवक बिना निरुत्साहित हुए धैयपूर्वक बोला–"मैं अपनी यह अनूठी कृति आपके पास इस आशा से छोड़कर जा रहा हूँ कि अपने बहुमूल्य समय के कुछ क्षणों में आप इसका अवलोकन एक बार अवश्य करेंगे। कुछ समयोपरान्त मैं आपसे पुनः सम्पर्क करूँगा, पर विवश न करूँगा। आप छापें या न छापें।"

एक दिन 'पेरी हेराल्ड' का वही सम्पादक, उसके घर के दरवाजे पर खड़ा दस्तक देने लगा। युवक की आँखें उसे देख आश्चर्य एवं विस्मय से फटी रह गईं। उसने बड़े ही विनम्र भाव से उन्हें आदरपूर्वक घर के अन्दर बिठाया, बोला–"अहो भाग्य!

स्वयं यहाँ आने का कष्ट न कर, मुझे सूचना भिजवा दी होती। मैं स्वयं उपस्थित हो जाता।''

सम्पादक ने निःसंकोच भाव से कहा कि आना तो मुझे ही था--फ्रांस के महान कहानीकार से भेंट करने। युवक के मुँह से 'जी' क्या निकला कि मुँह खुला का खुला रह गया। उसे अपने कानों पर विश्वास नहीं हो रहा था। यह सम्पादक क्या कह रहा है, जिसने उसकी कहानी को अस्वीकृत ही नहीं, तिरस्कृत कर दिया था। कहीं वह उसकी हँसी तो नहीं उड़ा रहा। उसने लज्जा और संकोच से पूछा–''महोदय! आपका आशय?'' सम्पादक ने कहा–''आप विश्वास करें। आपकी कहानी का अवलोकन करने पर उसे अति उच्च कोटि का पाया। अन्ततः आपको 'महान कहानीकार' की पदवी से विभूषित किया गया।''

युवक आश्चर्य मिश्रित स्वर में बोला–''महोदय! मुझे विश्वास नहीं हो रहा कि आप सच कह रहे हैं।'' सम्पादक ने कहा–''आप विश्वास करें, मैं सच कह रहा हूँ। आज देश आपके इस उत्कृष्ट लेखन से धन्य हुआ। मैं स्वयं आपको बधाई देने यहाँ उपस्थित हुआ।'' यह कहकर सम्पादक नें अपनी जेब से एक हजार फ्रैंक के नोट युवक के हाथों में पुरस्कारस्वरूप रख दिए। युवक की पीठ थपथपाकर अपने पत्र 'पेरी हेराल्ड' के लिए भविष्य में आगे भी लेखन सामग्री देते रहने का आग्रह कर, चला गया।

यह युवक 'कहानी-सम्राट' बनकर फ्रांस के क्षितिज पर उभरा। साहित्य जगत उस युवक को मोंपासा के नाम से जानता है।

बीरबल की सीख

बीरबल आगरा में पान की एक दूकान चलाते थे। एक दिन बादशाह अकबर के एक सेवक ने बीरबल की दुकान पर आकर एक पाव चूना माँगा। बीरबल ने बड़े आश्चर्य से पूछा, "एक पाव चूने का क्या करोगे?"

सेवक ने कहा, "बादशाह ने मँगवाया है।" बीरबल ने पूछा–''क्या तुम बादशाह को पान का बीड़ा लगाकर देते हो?''

सेवक ने कहा–''हाँ, पर यह तुमने कैसे जाना?''

बीरबल ने कहा–''यह तो तुम्हें मैं बाद में बताऊँगा। पहले यह बताओ कि क्या तुमसे कोई गलती हुई है?''

सेवक बोला–''नहीं तो! पर आज प्रातः जैसे ही बादशाह ने पान का बीड़ा मुँह में डाला, उनकी त्योरियाँ चढ़ गईं और चिल्लाकर मुझे एक पाव चूना लाने का हुक्म दिया।''

बीरबल ने कहा–"तुमने अवश्य ही बादशाह के पान में चूना अधिक लगा दिया होगा और उनकी जीभ जल गई होगी। अब तुम्हें सज़ा के बतौर यह पाव भर चूना खाना पड़ेगा।"

सेवक–"भइया! कोई तरकीब बचने की हो तो बताओ, वरना मैं बेमौत मारा जाऊँगा।"

बीरबल–"बादशाह के पास चूना लेकर जाने के पूर्व एक सेर घी पीकर जाना। तुम्हें कुछ नहीं होगा।"

दूसरे दिन सेवक के चूना लेकर बादशाह के सामने हाज़िर होने पर बादशाह ने उसे चूना खा जाने का हुक्म दिया। वह उनके सामने ही जब सारा चूना खा गया तो बादशाह ने उसे जाने का हुक्म दिया। तीसरे दिन समयानुसार जब वह पुनः बादशाह के सामने हाज़िर हुआ तो बादशाह उसे जीवित देख हैरान हो पूछ ही बैठे–"तोला भर चूना खाने से आदमी मर जाता है, तुमने तो मेरे सामने ही पाव भर चूना खा लिया, फिर भी अभी तक जीवित हो। बताओ, मामला क्या है?"

तब सेवक ने सच-सच सारी बात बता दी। बादशाह ने अपने सिपाही को भेजकर बीरबल को बुलावा भेजा। बादशाह अकबर की ढेरों बातें बीरबल से हुईं। बीरबल का सिक्का अकबर पर जम गया। उसी दिन से वह बादशाह की व्यक्तिगत सेवा में सम्मिलित कर लिया गया। अपनी तीक्ष्ण बुद्धि और चातुर्य से वह बादशाह के नवरत्नों में गिना जाने लगा।

अभिमान क्षय

सतारा के किले के निर्माण में बीस हज़ार मज़दूर लगे थे। किसी अधिकारी ने प्रशंसा के निमित्त छत्रपति शिवाजी से कहा कि आपकी कृपा से इन मज़दूरों की रोज़ी-रोटी की समस्या हल हो गई। शिवा को प्रसन्न देख समर्थ गुरु रामदास ने समझा कि उसे गर्व हो गया है। उन्होंने कहा–"शिवा! ज़रा इस पत्थर की शिला को तुड़वा।" पत्थर की शिला को तोड़ने पर देखा गया कि उस शिला में बीच में एक गड्ढा था जिसमें थोड़े से पानी में एक मेढ़की थी। रामदास जी ने कहा कि वाह शिवा! तुम्हारे शासन में मेढ़क को भी भोजन-पानी मिलता रहता है। शिवाजी का अभिमान जाता रहा और वे गुरु के चरणों में गिर पड़े।

चरित्र की बुलन्दी

क्रान्तिकारी जीवन में अनेक कष्ट जीवन को ग्रसते रहते हैं। एक प्रसंग इटली के महान क्रान्तिकारी मेजिनी के अनुपम शिष्य गैरीबाल्डी के जीवन का है।

इटली जब तक आस्ट्रिया के अधीन रहा, मेजिनी पराधीनता के प्रतीकस्वरूप काले कपड़े पहनता रहा। पर गैरीबाल्डी ने अपने सैनिकों को बलिदान के प्रतीकस्वरूप लाल वर्दी दी। उन सैनिकों को जिनने अपना घर-संसार ही नहीं, अपना सर्वस्व त्यागकर राष्ट्र को स्वतन्त्र करने का बीड़ा उठाया था।

गैरीबाल्डी जब शत्रु सेना से लोहा लेने चला, तो उसकी पत्नी एनिटा भी सहयोग देने के लिए उसके साथ निकल पड़ी। चरित्र बल के साथ-साथ शौर्य एवं साहस में वह इटली की रानी लक्ष्मीबाई थी। युद्ध में शत्रु सेना अपनी तोपों से आग उगलती होती तो एनिटा खुले मैदान में इटालियन सेना के तोपची के रूप में उनका सामना करती हुई, अपनी तोपें दाग रही होती। इतना ही नहीं, अपने सैनिकों के मनोबल को बनाए रखने हेतु उनमें ऊर्जा, उत्साह और नवस्फूर्ति का भी संचार करती रहती। दुर्दिनों एवं विषम परिस्थितियों में भी न तो उसने अपने चेहरे पर मलिनता तथा हताशा आने दी और न गैरीबाल्डी को हतोत्साहित होने दिया। अपने सैनिकों के लिए वह माँ-बहन सब कुछ थी। उसने युद्धक्षेत्र में घायल एवं पंगु हो जानेवाले सैनिकों की कभी भी उपेक्षा नहीं की। उन सैनिकों की सेवा-सुश्रुषा में वह, न केवल सोना भूल जाती, वरन् युद्ध के बीच में भी अपने घायल सैनिकों को स्वयं उठाकर शिविर में ले आती।

एक बार युद्ध क्षेत्र में अश्व के मारे जाने पर अश्वारूढ़ एनिटा गिर पड़ी और बन्दी बना ली गई। उधर यह भी अफ़वाह सुनने को मिली कि गैरीबाल्डी मारा गया। उसने शत्रु-शिविर के नायक से अनुरोध किया कि उसे अपने मृत पति का शव ढूँढ़ने की अनुमति दी जाए। नायक ने अपने एक सैनिक की निगरानी में समरांगण में उसको अपने पति को ढूँढ़ने की आज्ञा दे दी। शव क्या मिलता, क्योंकि गैरीबाल्डी जीवित और सुरक्षित था। मौका देखकर एनिटा भाग निकली। चार दिन, चार रात अविराम एक बीहड़ वन में–जिसमें हिंसक पशु सदा विचरण करते होते, वह भूख-प्यास की परवाह किए बिना चलती रही। कहीं जंगली बेर मिले तो खा लिया, झरने का पानी पी लिया। पाँचवें दिन एक अज्ञात आदमी ने अपना अश्व देकर उसकी सहायता की। अश्व के सहारे नदी-नालों को पार करती हुई नौवें दिन वह गैरीबाल्डी से मिल पाई।

एक बार इनका जहाज़ आँधी-तूफ़ान में फँसकर ध्वस्त हो गया। जहाज़ का एक तख ता ही उनके खड़ा होने के लिए सहारा बन गया। इसी युद्ध के दौरान एनिटा ने एक पुत्र को जन्म दिया। प्रसव-कक्ष से बाहर आते ही एनिटा ने अपने नवजात शिशु को एक कपड़े में झोली की तरह गले में लटकाकर तोपची का स्थान सँभाल लिया। लास एनटास के इस तीन मास के युद्ध में दोनों पति-पत्नी ने जो कष्ट सहन किए वे कल्पनातीत हैं। समुद्री तट पर आनेवाले भयंकर आँधी, तूफान, अत्यधिक ठंड और बारिश, भोजन के नाम पर मात्र जंगली बेर उस पर नित्य 20-30 मील पैदल चलना, सान जिब्राइल के मार्ग पर कई नदियों को पार करना, गले में टँगा नवजात शिशु और हाथों में शस्त्रास्त्रों का जखीरा–यह सबके बस की बात नहीं थी।

अपने फ़रार जीवन में रायोग्रेड से चलकर ये दोनों माउंट वीडियो आए जहाँ अपनी जीविका के लिए इन्होंने जंगली खेतों में गाय-बैल चराने का भी काम किया। इन्हीं दिनों एक रात्रि फ्रांसीसी नौसैनिक बेड़े का प्रधान उनसे भेंट करने आया। उसकी कल्पना थी कि इटली का यह वीर सेनापति और उसकी साहसी पत्नी काफ़ी वैभव व सुख-सुविधा से सम्पन्न भवन में रहते होंगे। पर कल्पना के विपरीत यह देखकर वह अवाक् रह गया कि वे दोनों एक साधारण-सी कुटिया में रहते हैं, जिसमें दरवाजे भी नहीं हैं। हाँ, उसकी जगह एक जर्जर और खुली-सी टट्टी लगी है जिसे हटाकर घुसते समय फ्रांसीसी नौसेनाध्यक्ष थोड़ा-सा धक्का देने मात्र से गिरते-गिरते बचा और वह जर्जर टट्टर गिर गया, नौसेनाध्यक्ष एक कुर्सी से टकरा गए। अँधेरे में गैरीबाल्डी को पता नहीं चला कि कौन घुस आया। उसने एनिटा से कहा कि कुछ सामान हो तो उजाला कर देखो कि कौन आया? एनिटा ने कहा–''न तो दीपक है और मोमबत्ती। एक सेंट (भारत का दो पैसा अथवा एक डॉलर का सौंवा भाग) भी तो अपने पास नहीं कि मोमबत्ती ले आऊँ।'' तब तक नौसेनाध्यक्ष अन्दर आ गए थे। गैरीबाल्डी ने कहा–''महोदय! जब आप आ ही गए, तो अँधेरे में ही बैठकर हम बातें करें। आप यह जान ही चुके हैं कि मेरे पास एक मोमबत्ती खरीदने की सामर्थ्य नहीं। मेरा विचार है कि आप मुझे देखने नहीं, बल्कि मेरे साथ बातचीत करने आए हैं। तो बातचीत अँधेरे में भी हो सकती है।" अँधेरे में ही बातें हुईं। बातें समाप्त होने पर नौसेनाध्यक्ष वहाँ से सीधा इटली के युद्ध मन्त्री जनरल श्रोविस के पास जाकर गैरीबाल्डी की आर्थिक स्थिति के बारे में बताया। युद्ध मन्त्री ने तत्काल 200 पौंड सहायतास्वरूप गैरीबाल्डी को भिजवाई जिसमें से मात्र तीन पेन्स उसने रख ली, शेष मृत सैनिकों की विधवाओं में बँटवा दी। अपने घरेलू कामों में उसमें से एक पाई भी उस दम्पती ने खर्च नहीं किया! मात्र तीन पेन्स की मोमबत्ती खरीदने को छोड़कर। ताकि आगे फिर कोई अँधेरे में प्रवेश करने पर गिर न पड़े। मानव-चरित्र की यह बुलन्दी सभी के लिए प्रेरणादायक व अनुकरणीय है। भारतीय इतिहास तो ऐसे उदाहरणों से भरा-पूरा है। प्राचीन-काल में मौर्य साम्राज्य का प्रेरणास्रोत चाणक्य, मध्यकाल में सम्राट हर्षवर्धन, राणा प्रताप, मुरारजी बाजीप्रभु व शिवाजी के अन्यान्य सरदार, वर्तमान समय में महात्मा गांधी, क्रान्तिवीर चन्द्रशेखर आज़ाद व अन्य क्रान्तिकारी–ऐसे कितने उदाहरण दिए जा सकते हैं। बिना सिटकनी के दरवाजे की जगह एक निर्बन्ध टटिया कि जब जो चाहे बेखटके अन्दर आ जाए या चला जाए– वह भी इटली के महान सेनापति के निवास में! कभी-कभी गैरीबाल्डी कह उठते कि सचमुच घर बिना दरवाजे का ही ठीक है। वर्षा व वायु दोनों दृष्टियों से लाभप्रद व सुविधाजनक ताकि शुद्ध हवा मिलती रहे और आगन्तुकों के लिए भी कोई बाधा नहीं।

मेजिनी ने गैरीबाल्डी को इटली की सेना का नेतृत्व सौंपा। बदले में गैरीबाल्डी ने दो-दो राज्य जीतकर प्रधानमन्त्री विक्टर इमानुएल को सौंप दिया। स्वयं विरक्त भाव से केपरेस नामक एक पथरीले द्वीप में जाकर कँकरीली ज़मीन पर कृषि कार्य कर अपना

जीवन-यापन किया! सेना की बागडोर हाथ में रहते हुए भी, अधिकारियों के आग्रह करने पर भी उसने राज्य-शासन को ठुकरा दिया। राज्य की ओर से उसे सर्वोच्च उपाधि 'युवराज केलेय किसी' तथा 'दी ग्रैंड क्रॉस ऑफ़ एननशियटा' प्रदान की गई, उसे भी उसने स्वीकार नहीं किया। पुनः पाँच लाख फ्रेंक का वार्षिक पुरस्कार प्रदान किए जाने पर उसे भी लौटा दिया और शासकों से कहा कि हमें तो आप सबने याद रखा, जबकि जिस सेना ने देश को विदेशी दासता से मुक्त कराया, अपना रक्त बहाकर, उसकी याद भी नहीं आई।

गैरीबाल्डी का सारा जीवन संघर्ष में ही बीता—गरीबी में, अभावों में। दवा के अभाव में उसकी सन्तान मरी। उसकी पत्नी एनिटा—एक गरीब किसान की जर्जर झोंपड़ी में अपने देश को स्वतन्त्र कराने का स्वप्न सँजोए चली गई। गैरीबाल्डी चाहकर भी उसे बचा न पाया, असमर्थ था।

यह महान देशभक्त दम्पती गरीबी में पली, गरीबी में मरी, पर पद-प्रतिष्ठा, प्रलोभन की चरम उपलब्धियों से अप्रभावित रही—ऐसा सोचने के लिए कितने लोग आज विवश होंगे! इनके जीवन की चादर सदा बेदाग रही, जिन्होंने 'ज्यों की त्यों धरि दीन्हीं चदरिया।'

दाँत निछावर

स्वातंत्र्य पूर्व आंग्ल-शासन काल में पुलिस के शिकंजे से बचने हेतु क्रान्तिकारियों को अनेक रूप बदलने पड़ते थे। उन्हीं दिनों की बात है कि काशी में एक नवयुवक ने दन्त चिकित्सक श्री वर्मा की क्लीनिक में सुबह-सुबह पहुँचकर कहा—"डॉक्टर साहब! आप मेरे सामनेवाले ऊपर की पंक्ति के दाँतों को देखिए, जो एक-दूसरे पर चढ़े हुए मेरे स्वरूप को अस्वाभाविक बना रहे हैं। बड़ी कृपा होगी यदि आप चढ़े हुए दाँत को निकाल दें।"

डॉक्टर वर्मा ने कहा—"यह चढ़ा हुआ दाँत जन्मजात है और निकालने में कठिनाई होगी।"

नवयुवक ने कहा, "यह मैं जानता हूँ, फिर भी निकलवाना चाहता हूँ। तभी तो यहाँ आया हूँ।" डॉक्टर ने उसे दाँत न निकलवाने की सलाह दी। तब नवयुवक थोड़ा शरमाते हुए बोला—"बात यह है डॉक्टर साहब कि मेरा एक लड़की से प्रेम-सम्बन्ध है। इस दाँत की कुरूपता के कारण मैं उस लड़की के समक्ष शर्मिन्दगी अनुभव करता हूँ। कहीं ऐसा न हो कि कुरूपता के प्रतीक इस दाँत के कारण मेरे विवाह में अड़चन आ जाए।"

स्थिति को नाजुक समझते हुए डॉ. वर्मा ने नवयुवक को कुर्सी पर बिठाया, मसूड़े को इंजेक्शन द्वारा सुन्न कर उस दाँत को सावधानीपूर्वक निकाल दिया। तब उस नवयुवक

ने डॉ. वर्मा को उसकी नियत फीस से अधिक देकर कहा–"मेरी जल्दी शादी होनेवाली है। उसकी खुशी में मेरी ओर से अपना मुँह मीठा कर लेंगे।" ऐसा कहते हुए वह निकल गया।

वह युवक और कोई नहीं, काकोरी षड्यन्त्र के एक भागीदार शचीन्द्रनाथ बख्शी थे जिनकी गिरफ़्तारी का वारंट जारी था। उनके हुलिया में एक-दूसरे पर चढ़े हुए दोनों दाँतों का उल्लेख पुलिस डायरी में था, जिससे बचने के लिए उसने यह नाटकीय ढंग अपनाया।

एतराज

एक मुशायरे में श्री रघुपति सहाय 'फ़िराक' के एक कलाम पढ़ने के बाद एक नौजवान शायर, जो दूर से आए थे, को शेर पढ़ने के लिए बुलाया गया। नौजवान शेर पढ़ने के बजाय यह कहने लगा कि इतने बड़े शायर के बाद मैं अपना कलाम कैसे पढ़ सकता हूँ। इस पर फ़िराक साहब बोल उठे–"बरखुरदार! जब आप मेरे बाद पैदा हो सकते हैं, तो शेर पढ़ने में क्या एतराज है?"

मिट्टी

सन् 1942 में पंडित नेहरू नैनी जेल में बन्द थे। एक दिन उनके भोजन में दाल में कंकड़-मिट्टी दिखाई दी। उन्होंने इसकी शिकायत जेल अधिकारियों से की। अंग्रेज जेलर ने कहा–"आप मिट्टी की ख़ातिर यहाँ आए हैं तो फिर परहेज कैसा?" नेहरू जी ने तत्काल उत्तर दिया–"हम यहाँ मिट्टी की ख़ातिर आए हैं, पर मिट्टी खाने के लिए नहीं, बल्कि मिट्टी की रक्षा के लिए!"

सजा

स्वतंत्रता पूर्व बिहार के गया नगर में कांग्रेस अधिवेशन का प्रारम्भ हो रहा था। पान खाने के शौक़ीन एक नेताजी पान चबाते हुए मंच पर भाषण देने आए। भाषण देने के क्रम में पान की पिचकारी मंच के नीचे छोड़ते जाते। पास में बैठे लोगों के वस्त्र पान की पीक की छींटों से खराब हो रहे थे। संयोगवश उसी समय पंडित नेहरू किसी कारणवश मंच से नीचे उतरे। मंच के पास बैठे लोगों के छींटों से भरे वस्त्र देख वे

दंग रह गए। उनमें से एक से पूछ बैठे कि पान की पीक की छींटें कहाँ से आई? उसने भाषणकर्ता की ओर संकेत कर दिया। पंडित जी कुछ कहने ही जा रहे थे कि पान की पीक की छींटे उन पर भी गिरी। फिर क्या था मंच पर जाकर नेताजी के हाथ से नेहरू ने माइक छीनकर कहा–"यह मंच पान खाने का स्थान नहीं। पान खाना है तो बाहर जाओ, घर जाकर खाओ। वहाँ कौन रोकता है तुम्हें? तुम्हारे इस अशोभनीय कार्य ने इन भोले-भाले लोगों के सफ़ेद वस्त्रों पर आज़ाद हिन्दुस्तान का एक नक्शा बना दिया है।" इतना कहकर उस नेता का हाथ पकड़कर नीचे बैठे लोगों के सफ़ेद वस्त्रों पर गिरी पान की पीक दिखाई। नेताजी बड़े लज्जित हुए, बोले–"सर! आज के बाद मैं कभी भी पान नहीं खाऊँगा। कृपया क्षमा कर दें।" नेहरू जी ने कहा–"मैं तभी क्षमा करूँगा, जब इन लोगों के वस्त्रों को अपने हाथ से धोकर तुम लाओगे।" जान बची–ऐसा समझकर नेताजी उन लोगों के वस्त्र नदी तट पर ले गए।

नेहरू जी ने लोगों से कहा–"नेता या मन्त्री होने का अर्थ यह थोड़े ही है कि हम अपनी मनमानी करें। नेता या मन्त्री जैसा शिष्ट व्यवहार करेंगे, जनता वैसा ही अनुसरण करती है।" नेताजी वस्त्रों को धोकर वापस नेहरू जी के पास आए तो नेहरू जी ने उनसे कहा–"आज तुमने शिष्टाचार का उल्लंघन किया है। अतएव मंच पर खड़े होकर और कान पकड़कर कहो कि आज से मैं पूरी तरह शिष्ट रहूँगा।" नेताजी ने उनके निर्देश का अक्षरशः पालन किया। नेहरूजी ने प्रसन्न हो उसे गले लगा लिया।

कृत्रिम फूल

जैसा कि आजकल देखने में आता है, एक नेता महोदय जनता के बीच जाकर केवल वायदा ही वायदा किया करते, निभाना तो जानते ही न थे। इससे नेहरू जी उनसे हमेशा नाखुश रहते। एक दिन नेहरू जी उस नेता के घर कृत्रिम फूल लेकर पहुँचे तो नेताजी ने पूछा–"ये नकली फूल क्यों लाए हैं?"

नेहरू जी ने उत्तर दिया–"कृत्रिम फूल इसलिए कि ये तुम्हारे वायदे की तरह ऐसे ही बने रहेंगे सदा। असली फूल तो जल्दी ही मुरझा जाएँगे।" इतना सुनते ही नेताजी झेंप गए। बस, उसी दिन से उन्होंने झूठे वायदे करना बन्द कर दिया।

अनुभव

मास्को से लौटते समय नेपोलियन बोनापार्ट अपने सैनिकों से बिछुड़कर पास ही स्थित यहूदियों के एक गाँव में पहुँचा। उसकी दृष्टि अपनी ओर आते हुए रूसी सैनिकों पर

पड़ी। वह भागकर एक दर्जी की दूकान में घुसकर रूसी सैनिकों से बचाने हेतु कहीं छुपा देने की विनती की। दर्जी ने उसे एक कालीन में लपेटकर, एक कोने में डाल दिया।

रूसी सैनिक दुकान में घुसकर उसकी खोज करने लगे। एक ने तो अपनी तलवार कालीन में ही घुसेड़ दी, यद्यपि नेपोलियन बच गया। सैनिकों के लौट जाने पर दर्जी ने कालीन खोलकर उसे बाहर निकाला। बाहर आने पर नेपोलियन ने कहा–"मैं फ्रांस का सम्राट हूँ और तुम्हारी इस सहायता के लिए कृतज्ञतास्वरूप तुम्हारी तीन इच्छाओं की पूर्ति करूँगा। माँगो, जो तुम्हारी इच्छा हो।"

दर्जी ने कहा–"मुझे बड़ी प्रसन्नता होगी यदि आप मेरी छत की मरम्मत करा दें जो वर्षा के समय टपकता है।"

फ्रांस के सम्राट से एक अति साधारण-सी माँग पर उसे छत ठीक करा देने का आश्वासन दिया और दूसरी इच्छा पूछी।

दर्जी ने कहा–"इस सड़क के उस पार एक दूसरा दर्जी भी है, जिसके कारण मेरी आय नगण्य हो गई है। उसे किसी अन्य जगह पर जाने के लिए क्या आप सहमत करा सकते हैं?"

नेपोलियन ने कहा–"यह भी हो जाएगा। पर तुम फ्रांस के सम्राट के सामने, जो तुम्हें सब कुछ दे सकता है--इतनी छोटी-छोटी माँगे क्यों रख रहे हो? क्या ऐसी माँग नहीं कर सकते, जो किसी और से माँगने का साहस ही नहीं कर सकते?"

दर्जी ने तब साहस कर कहा–"मैं यह जानना चाहता हूँ कि रूसी सैनिक की तलवार कालीन में आपके सामने से होकर गुज़री तो आपको कैसा अनुभव हुआ?"

"बेवकूफ़! तुम्हें ऐसे प्रश्न पूछने का कोई अधिकार नहीं! इस बदतमीज़ी की सज़ा तुम्हें भुगतनी ही होगी।" तब तक नेपोलियन के सैनिक उसे खोजते हुए आ पहुँचे थे। नेपोलियन ने सैनिकों को आदेश दिया कि दर्जी को बाहर ले जाकर गोली मार दी जाए।

सैनिक दर्जी को खींचकर बाहर लाए। एक दीवार के सामने खड़ा कर दिया। दर्जी थर-थर काँप रहा था। रोते हुए दया की भीख माँग रहा था। नेपोलियन घोड़े पर सवार हो वहाँ से चल दिया। सैनिक ने निशाना साधा और गिनती शुरू की–एक, दो, तीन...।

तभी आवाज़ आई–"ठहरो, नेपोलियन का एक सेनापति दौड़ता हुआ आ रहा था। "सम्राट ने इसे क्षमा कर दिया, जाने दो इसे।"सेनापति ने कहा।

दर्जी को लगा कि जान बची लाखों पाए। वह मुड़कर वहाँ से भागने ही वाला था कि सेनापति ने उसके हाथ में सम्राट की लिखी एक पर्ची उसे थमा दी पर्ची पर लिखा था–"अब तो तुम्हें पता चल गया होगा कि मुझे कैसा अनुभव हुआ।"

रानी दुर्गावती का आत्मोत्सर्ग

महोबा नरेश की पुत्री एवं मंडला नरेश की धर्मपत्नी रानी दुर्गावती ने 12 वर्ष के अन्दर अनेक बार अकबर के एक सेनापति आसफ खाँ को पराजित किया। सन् 1564 ईसवी में रानी दुर्गावती के किशोरवय पुत्र वीरवल्लभ ने दो बार मुगल सेना को पराजित किया। तीसरी बार के युद्ध में वह घायल होकर गिर पड़ा। रानी दुर्गावती गले व आँखों में तीर लगने के कारण घायल हो गईं। पर यवन के हाथों मरने के बजाय अपने ही हाथों से तलवार से गर्दन काट ली। मात्र 300 पैदल सिपाहियों को लेकर लड़नेवाली रानी दुर्गावती धन्य हैं।

धात्री पन्ना

मेवाड़ के राणा संग्रामसिंह की मृत्यु के उपरान्त उनकी एकमात्र सन्तान 6 वर्ष का उदयसिंह गद्दी का उत्तराधिकारी हुआ। दासी पुत्र बनवीर उसका संरक्षक बना। लोभ ने उसे अन्धा बना दिया। वह उदयसिंह की हत्या करने चल पड़ा। वीर धात्री पन्ना बालक उदयसिंह की सेवा में थी। बनवीर उस बालक की हत्या करने आ रहा है—यह सुनकर वीर धात्री पन्ना ने उदयसिंह को एक विश्वस्त कर्मचारी के द्वारा दूसरे राज्य में तुरन्त रवाना कर दिया और बनवीर के माँगने पर उसी उम्र की अपनी सन्तान को उसके हाथ में बेहिचक सौंप दिया। उसकी संतान के बनवीर ने तलवार से दो टुकड़े कर दिए। दासी चिरस्मरणीय हो गई।

विचित्र कौशल

रानी पद्मिनी को प्राप्त करने के लिए अलाउद्दीन के चित्तौड़ पर आक्रमण किया। राजपूतगण आत्मोत्सर्ग का ज्वलन्त दृष्टान्त दिखाकर समरक्षेत्र में सो गए। वंश रक्षा के लिए अजयसिंह ने मेवाड़ के पश्चिम पार्श्व स्थित कैलवारी नामक स्थान में आश्रय लिया। अजयसिंह के दो पुत्र थे। किन्तु चित्तौड़ की स्वतन्त्रता निमित्त उसने अपने बच्चों को नज़रअन्दाज़ कर हमीर का राजतिलक किया। इस शोक में एक लड़का मर गया। दूसरा पुत्र दक्षिण में जाकर रहने लगा, जिसके वंश में वीर श्रेष्ठ शिवाजी ने जन्म लिया।

हमीर की माँ एक सामान्य चन्दनवंशीय राजपूत कन्या थी। उसने एक छोटे-से काँटे से एक अत्यन्त बलशाली सूअर का वध किया था। एक ढेले से राणा अरिसिंह के घोड़े की टाँग तोड़ दी थी। जब अरिसिंह के एक मित्र एक घोड़े पर सवार उस रमणी के पास जवाबतलब करने पहुँचे, तब उसने बड़े विचित्र कौशल से उन्हें घोड़े से गिरा

दिया। राणा अरिसिंह ने इस पर मुग्ध हो, उससे विवाह कर लिया। उससे ईसवी सन् 1921 में वीरवर हमीर का जन्म हुआ और बाद में सारे मेवाड़ को हमीर ने अलाउद्दीन खिलजी से मुक्त कराया।

राष्ट्रद्रोही पति की हत्या

राजपूत रमणी वीरमति देवगिरि नरेश के प्रधान सेनापति की कन्या थी। पिता के मृत्योपरान्त देवगिरि नरेश रामदेव के संरक्षण में पली। बाद में एक मराठा सरदार कृष्णराव के साथ उसका विवाह हो गया। कृष्णराव बड़ा ही महत्त्वाकांक्षी था। उसकी नज़र देवगिरि के सिंहासन पर लगी थी। जब अलाउद्दीन ने देवगिरि पर आक्रमण किया तो कृष्णराव उससे मिलकर गद्दी हथियाने की सोचने लगा। कृष्णराव जब अलाउद्दीन के सरदार से मिलकर अपनी योजना बताने जा रहा था कि वीरमति ने तलवार से उसका काम तमाम कर दिया और यह कहते हुए उसी खून सनी तलवार से अपनी भी हत्या कर ली कि–"हे प्राणनाथ मुझे दुख है कि आपकी हत्या मेरे ही हाथ से लिखी थी। मैं जानती हूँ कि मैंने अपने धर्म का पालन किया है। आपको नरक जाने से रोका है। आपको देशद्रोही होने से बचाया है। पर आपके बिना मेरा अब इस संसार में रहना निरर्थक है। आप मेरे पूज्य हैं। अतः अब मैं आपकी संगिनी होती हूँ।"

देश के लिए जीवनोत्सर्ग

मेवाड़ के राणा भीमसिंह की पुत्री कृष्णा कुमारी के अलौकिक सौन्दर्य के कारण जयपुर नरेश जगतसिंह और जोधपुर नरेश मानसिंह में युद्ध छिड़ गया। दोनों की सेना मेवाड़ पर चढ़ आई। जोधपुर नरेश हार गए। जब जयपुर नरेश लौटने लगे तो जोधपुर नरेश ने अमीर खाँ पिंडारी की सहायता से मेवाड़ भूमि पर नाना प्रकार के उपद्रव शुरू किए। राणा भीमसिंह अपनी कन्या का विवाह जयपुर नरेश से करना चाहते थे। अतः यह झगड़ा बहुत दिनों तक चलता रहा। इस झगड़े से न तो कृष्णा कुमारी का विवाह हो सकता था, न भीमसिंह राजकार्य देख सकते थे। उधर उपद्रवों के कारण प्रजा भी तंग आ गई थी।

मेवाड़ की प्रतिष्ठा, देश की शान्ति के रक्षार्थ कृष्णा कुमारी ने आत्महत्या कर उस विवाद का अन्त करने की बात सोची और एक दिन विष का प्याला पीकर अपनी मातृभूमि की सेवा निमित्त अपना जीवनोत्सर्ग कर दिया।

यह घटना ईसवी सन् 1008 के आसपास की है।

हाड़ारानी का बलिदान

रूपनगर राज्य की राजकुमारी प्रभावती का विवाह उसके पिता विक्रमसिंह विवश हो औरंगजेब के साथ करना चाहते थे। स्वाभिमानी प्रभावती ने महाराणा राजसिंह से सहायता की याचना की। राणा राजसिंह ने प्रभावती के उद्धार हेतु सेना लेकर रूपनगर को कूच किया और नवयुवक सरदार चन्द्रावत के अधीन औरंगजेब की सेना से लड़ने हेतु तैयार किया। यद्यपि दूसरे अन्य सरदार औरंगजेब से भिड़ने को सहमत नहीं थे।

वीर सरदार चन्द्रावत का विवाह हाड़ारानी से हुआ था। विवाह की मेहँदी, हल्दी अभी मिटी भी न थी। मात्र तीन दिन हुए थे। लेकिन युद्ध में जाने की सूचना से उसकी खुशी की सीमा न रही। वह सोच रही थी कि चन्द्रावत के युद्ध में विजयी होकर लौटने से उसे एक वजीर सरदार की पत्नी कहलाने का गौरव प्राप्त होगा। हाड़ारानी ने स्वयं अपने हाथों से सरदार को सुसज्जित किया। उनको विदा कर वह अन्तःपुर में लौटी ही थी कि पतिदेव लौटे और बोले—"मेरी इस युद्ध से लौट आने की सम्भावना नहीं। तुम्हारी सोलह वर्ष की आयु है—संसार के अनुभव से शून्य। देखना, कुल की लाज रखना।" हाड़ारानी को दुख हुआ। उसने उत्तर दिया—"नाथ! जिस प्रकार पुरुष देश, धर्म और जाति के लिए तत्पर रहते हैं, उसी प्रकार राजपूत रमणियाँ भी। आप निश्चिन्त हो युद्धक्षेत्र में जाएँ।" चन्द्रावत सरदार उत्साहित हो चल पड़े। पर मार्ग में फिर हाड़ारानी की चिन्ता सताने लगी। अपने पुरोहित को रानी के पास फिर भेजा उपदेश देने को एवं उससे कोई स्मृति चिह्न भी माँगी। पुरोहित ने आकर चन्द्रावत की बात कह उससे सतीत्व रक्षा की बात कही। हाड़ा ने अपने सतीत्व के सन्तोषजनक उत्तर में और स्मृति चिह्न स्वरूप दासी से एक थाल मँगाया। फिर एक हाथ से अपना मुंड काटकर थाल में रखा, पुरोहित को स्मृति चिह्न रूपी थाल थमाकर गिर पड़ी।

हाड़ारानी के इस बलिदान की कोई तुलना नहीं।

राजपूती शान

मेवाड़ के राणा सांगा ने 40 हज़ार सेना लेकर गुजरात के सुलतान मुज़फ्फर हुसैन के सरदार निज़ामुल्मुल्क की राजधानी ईडर पर चढ़ाई की। निज़ामुल्मुल्क ईडर छोड़ मुहम्मदाबाद और फिर वहाँ से भागकर अहमदनगर के किले में जा छिपा। यह किला हुसैन बहमनी के संरक्षण में था। राणा सांगा ने अहमदनगर के किले को चारों ओर से घेर लिया। पर किला मजबूत था, दीवारें बड़ी ठोस थीं जिसे तोड़ने में अधिक बलिदान देना पड़ता। किले के फाटक में नुकीले भाले लगे थे। यदि वह फाटक नहीं टूटता, तो राणा सांगा को पीछे हटना पड़ता। मुसलमानों की रक्षात्मक लड़ाई का, जो महल के

भीतर से हो रहा था, राजपूतों के लिए जवाब देते नहीं बन रहा था। इस भीषण परिस्थिति में बागड़ के राजा उदयसिंह का एक पराक्रमी सरदार डूंगरसिंह चौहान का पुत्र कान्हसिंह आगे आया। उसने कहा–"ये हाथी कभी भी भाले जड़े लोहे के फाटक को धक्का नहीं दे सकते। इनके पीछे परेशान होना बेकार है। मैं आगे बढ़ इन भालों पर अपना सीना भिड़ाता हूँ। भाले को सामने न देखकर हाथी फाटक तोड़ने के लिए धक्का देंगे। तब फाटक एक क्षण में चूर-चूर हो जाएगा।" इस प्रकार भालों पर अपना सीना भिड़ाकर कान्हसिंह ने बहादुर सैनिकों का आह्वान किया–''साथियों! जीना सबको आता है, पर तुम मरना सीखो। ऐसा मरना–जिस पर हज़ार जान न्योछावर हों।'' हाथी पीछे हटकर चिंघाड़ मारते हुए दौड़े। कान्हा भालों में छाती लगाए खड़ा। वातावरण में शान्ति, सैनिक शान्त–किन्तु मस्तिष्क में एक भयंकर तूफान लिये। सैनिकों के लिए धरती फट रही थी, आकाश हिल रहा था। सूर्यमंडल को भेदकर उन्हें एक सिंहासन आता दिखाई दे रहा था। कान्हा उस पर चढ़ेगा, जाएगा पृथ्वी की ओर हम सबसे ऊपर, बिलकुल ऊपर। नारे लगने लगे–''जय महाकाल! जय रण-चंडिके, जय भवानी!'' चिंघाड़ते हाथियों ने धक्का दिया कान्हा के लौह तन पर–एक, दो, तीन, चार और फिर लगातार। कान्हा का शरीर छलनी-छलनी हो गया, हड्डियाँ चूर-चूर हो गईं। पर फाटक भी चूर-चूर हो गया, सैनिकों के किले में घुसने का मार्ग प्रशस्त हुआ। मुसलमान सैनिक नहीं टिक सके। सभी मारे गए। पर हुसैनी बहमनी किले की पिछली खिड़की से भाग निकला। अहमदनगर का काज़ी मारा गया। उसकी नवयुवती पुत्री एवं अन्य नौजवान लड़कियों को राजपूत सैनिक उठा लाए।

कुछ वर्ष पश्चात् गुजरात के सुलतान का दावेदार बहादुरशाह (जो राणा साँगा के यहाँ शरणागत था) के दावत हेतु नाच-गाना आयोजित किया गया। एक मुसलमान लड़की का मोहक नृत्य आयोजित था। बहादुरशाह उसके नृत्य पर मुग्ध! उस लड़की के विषय में जानकारी मिलने पर कि वह अहमदनगर के काज़ी की पुत्री है। और राणा सांगा का भतीजा उसे इस स्थिति में लाया है। बहादुरशाह क्रोधित हुआ। राणा के भतीजे की वहीं हत्या कर दी। भरे दरबार में यह कांड हुआ। राजपूत सरदारों ने बहादुरशाह को घेर लिया। वे उसका काम तमाम करने ही वाले थे कि राणा सांगा की माँ ने बीच में आकर हस्तक्षेप किया। बहादुरशाह को बचा लिया। यह कहकर कि यदि कोई मेरे बेटे बहादुर पर जरा भी हाथ उठाए तो मैं भी अपनी छाती में कटार भोंककर मर जाऊँगी।

राणा ने कहा कि यदि राजपूत पराजित हो जाएँ, तो उनकी भी बहू-बेटियों को यवन लूटकर ले जाएँगे और इसी प्रकार नचाएँगे। यदि ऐसी ही नाच-रंग की महफिल में हमारा कोई राजपूत सरदार उपस्थित हो, उसे भी ऐसा दृश्य देख क्रोध आएगा और वही काम करेगा जो बहादुरशाह ने किया। बहादुरशाह में आत्मसम्मान है। उसकी इज्जत हमारी इज्जत है। जो दूसरों के सम्मान का ध्यान रखेगा, उसका सम्मान संसार में सदा होता रहेगा। यदि मुझे पहले मालूम हो जाता कि मेरे भतीजे ने किसी काज़ी की पुत्री

का अपहरण किया है तो मैं उसे इतना कठोर दंड देता जो राजपूती शान दूसरों की बहू-बेटियों की इज्जत लेने में नहीं, उनकी इज्जत की रक्षा करने में है।

इब्राहिम का उत्सर्ग

पाँच हजार मराठा सेना का सेनापति इब्राहिम गार्दी बाजीराव पेशवा की ओर से विदेशी आक्रामक अहमदशाह अब्दाली से लड़ते हुए घायल हो गिर पड़ा और लखनऊ के नवाब (जो अब्दाली की ओर से मराठों के विरुद्ध लड़ा) के सिपाहियों द्वारा पकड़ा गया। अब्दाली के माँगने पर नवाब को इब्राहिम को सौंपना पड़ा। अब्दाली ने इब्राहिम से पूछा–''तुम मुसलमान हो, पाँचों समय नमाज़ भी पढ़ते हो। इसके पूर्व तुम काफ़िर फ्रांसीसियों की नौकरी में रहकर काफ़िर जुबान भी सीख चुके हो। अब हिन्दू काफ़िर की ओर से मुसलमानों के विरुद्ध लड़ रहे हो। तुम्हें शर्म आनी चाहिए। तुमको मैं अपनी सेना में नायक बना दूँगा। मेरी ओर से लड़ो।'' गार्दी ने कहा–''क्या अपनी मातृभूमि के लिए विदेशियों के विरुद्ध लड़ना शर्म की बात है? मज़हब अपनी जगह है, देश उससे ऊपर है। मैं देश के साथ गद्‌दारी नहीं कर सकता। यदि तुम मुझे छोड़ दोगे, तो फिर सेना इकट्‌ठा कर दुबारा तुमसे लड़ूँगा।''

इस पर क्रुद्ध हो अब्दाली ने इब्राहिम गार्दी का सिर काट लिया।

चन्द्रगुप्त का मार्गदर्शन

मौर्य साम्राज्य की स्थापना करनेवाला चन्द्रगुप्त मौर्य जब बालक था तो उसके पिता की महानन्द की अनीति एवं अन्याय का विरोध करने के कारण हत्या करवा दी गई। पिता के मृत्योपरान्त उसकी माँ उसे अपने पितृगृह ले आई और विभिन्न घरों में कार्य करके अपना एवं बालक का पालन करने लगी। पिता का अन्यायपूर्ण वध, प्रजा के उत्पीड़न की कहानियाँ बालक चन्द्र गुप्त अपनी माता के मुँह से सुनकर उस उत्पीड़न की समाप्ति एवं समाज के नवगठन की सोचने लगा। माँ ने उसके अन्दर की बेचैनी देखी। उसे सक्रिय करने के लिए उसके अन्दर के मानवीय गुणों को विकसित किया। आचार्य चाणक्य ने धूल में पड़े इस हीरे को परखा और चन्द्र के अन्दर छिपी असाधारण क्षमताओं को उभार-निखारकर अपने समस्त कौशल के बल पर गढ़कर उसे महान बना दिया। चन्द्रगुप्त ने विषम परिस्थिति में अपने मार्गदर्शक के सामने प्रतिज्ञा की अपनी इस पूण्यभूमि पर स्वर्गीय वातावरण एवं नूतन समाज व्यवस्था लाएगा। आचार्य चाणक्य की आज्ञानुसार चन्द्रगुप्त ने लोगों की दबी-छुपी भावनाओं को छुआ, उनके

उत्साह को नियोजित कर उन्हें संगठित किया। सोए हुओं को जगाया। जगाकर-उठाकर अनीति-उत्पीड़न के विरुद्ध एक व्यूह रचना तैयार की। और नन्द वंश का मूलोच्छेद कर मौर्य साम्राज्य की स्थापना की। नन्द वंश से टक्कर लेने में वह अतिशय कठिनाई महसूस कर रहा था। एक बार अपनी यात्रा की थकान मिटाने हेतु वह एक जीर्ण-शीर्ण कुटीर की नग्न-भूमि पर लेटा हुआ अपनी विफलता पर विचार कर रहा था। कुटिया की स्वामिनी एक जर-जर्जर वृद्धा, भूख से व्याकुल अपने एकमात्र पौत्र को गरम-गरम रोटी सेंककर दे रही थी। इस गरम रोटी को उसका पौत्र बीच से तोड़कर खाने का प्रयास कर रहा था कि उसका हाथ जल गया और वह रोने लगा। उस वृद्धा ने अपने पौत्र से कहा कि चन्द्रगुप्त की तरह तुम भी गलती करते हो, जो कि बीच से खाना चाहते हो। अरे मूर्ख! पहले किनारे से प्रारम्भ कर, तब कहीं बीच का खा सकोगे। कुटिया के दूसरे किनारे पर लेटे चन्द्रगुप्त की विचार-तन्द्रा टूटी, उसका समाधान हो गया। आज तक वह यही भूल करता आ रहा था कि शत्रु के ठीक बीचोबीच कूद पड़ता था और असफल हो जाता। अब उसने किनारे तोड़-तोड़कर खाना अर्थात् एक-एक कदम आगे बढ़ाने की नीति अपनाई और तब कहीं वह मौर्य सम्राट बना।

चन्द्रगुप्त के लगातार प्रयासों से भारत अध्यात्मिक एवं भौतिक उपलब्धियों का भंडार बन गया। ऋषि संस्कृति की पुनर्स्थापना हुई। तत्पश्चात् शासन की जिम्मेदारी उचित उत्तराधिकारी को सौंपकर उसने प्रव्रज्या-व्रत ले लिया। परिवार वैभव, अधिकार की माया-ममता त्याग, वह सामान्य जनों के बीच अपने अन्तिम श्वास तक घूमता रहा, उचित जीवन जीने की राह उन्हें दिखाता रहा।

महान उद्देश्य के लिए समर्पित जीवन जीनेवाले एक कर्मनिष्ठ पुरुष के दर्शन होते हैं चन्द्रगुप्त में।

छत्रपति शिवाजी

एक किशोर वय का बालक प्रौढ़ आयु के व्यक्ति से कह रहा था–"दादा! आज माँ कह रही थी कि तुझे अर्जुन जैसा बनना चाहिए। अर्जुन के मार्गदर्शक तो भगवान कृष्ण थे। भला मैं अर्जुन कैसे बन सकता हूँ? बिना वैसी सुविधा के!" प्रौढ़ ने कहा–"जब कोई व्यक्ति संकीर्ण स्वार्थों को भुलाकर पूरी निष्ठा के साथ स्वयं को ईश्वरीय कार्यों के प्रति समर्पित कर देता है, तो भगवान किसी-न-किसी रूप में उसका मार्गदर्शन करने आ जाते हैं। महानता के प्रति समर्पण तुच्छ को भी महान बना देता है। पानी की एक बूँद सागर से एक होने पर महासागर का गौरव पा जाती है।"

बालक ने पूछा–"तो मैं करूँ क्या?"

प्रौढ़ ने कहा–''तू अपनी जागीर के छोटे-बड़े सभी लोगों से मिलकर उनके दुख-दर्द सुन, उनके कष्टों को अपना कष्ट समझकर उन्हें सुरक्षा प्रदान कर। यही ईश्वरीय कार्य है।''

उन दिनों भारत की स्थिति बड़ी करुण थी। शासकों की विलासिता, जनता का शोषण-उत्पीड़न अपनी चरमावस्था पर था। हिन्दू पूजा-पाठ नहीं कर सकते थे। उनकी घर की स्त्रियों को विधर्मी जबरन खींचकर ले जाते और ये देखते रह जाते। ऐसे समय में वह बालक आगे आया। अपने समवयस्क साथियों को संगठित कर लोगों को सुरक्षा प्रदान की। अपनी ही जागीर की नहीं, बल्कि तोरण, चकन, कोंकण आदि क्षेत्रों के लोगों को भी सुव्यवस्था के घेरे में ले लिया।

इसी समय चाफल के पास के जंगल में अर्जुन का मार्गदर्शक कृष्ण मिला। इस मार्गदर्शक ने कहा–''तुम्हारे सुव्यवस्थित एवं संगठित प्रयास के अन्तर्गत भेड़ों की भीड़ नहीं जुटानी–जो दुष्प्रवृतियों के एक ही हमले से तितर-बितर हो जाए। अनीति, अत्याचारों के विरुद्ध एक सशक्त व्यूह की रचना में ऐसे व्यक्ति आएँ जिनका चरित्र सशक्त हो। अपने उद्देश्य के प्रति दृढ़ता हो। संगठन के प्रत्येक सदस्य के प्रति अपनत्व हो। यदि इस योजनाबद्ध रीति से कार्य किया, तो एक नया इतिहास गढ़ सकोगे, धरती पर नया जमाना ला सकोगे।''

बालक अब युवक था। उसने कहा–''मेरे पास तो केवल सह्याद्रि के पर्वत पुत्र ही हैं–आदिवासी और अशिक्षित। बुद्धिजीवी एवं विचारशील मनीषियों का समूह कहाँ से जुटाऊँ?''

मार्गदर्शक ने कहा–''तू जिसे मनीषी समझता है, वे पोथियाँ रटनेवाले, जानकारियों के ढेर को सिर पर ढोनेवाले विद्वान हो सकते हैं। मनीषा वह उर्वर चिन्तन क्षेत्र है, जिसमें समाज की तात्कालिक समस्याओं के समाधान सूझते हैं। इस मनीषा से सम्पन्न जो है वही है मनीषी। सन्त ज्ञानेश्वर, एकनाथ, तुकाराम इसी श्रेणी के हैं। तू यह क्यों भूल जाता है कि रघुवीर के साथ लोक-विजय में भी तो वनवासी असभ्य समझे जानवाले वानर ही थे। और इन्हीं असभ्य समझे जानेवालों के बीच से ही पवन-पुत्र का व्यक्तित्व उभरा। ऐसे व्यक्तित्व को ही उपजाना चाहिए। अब व्यक्ति एवं चरित्र की पूजा करने के बजाय व्यक्तित्व एवं चारित्र्य-पूजकों की शृंखला का निर्माण करो।''

सह्याद्रि पुत्रों के इस नायक ने गुरु के वचनों को चिन्तन, व्यवहार एवं चरित्र में उतारा। 41 दुर्गों पर उसके त्याग एवं सेवा का प्रतीक फहराने लगा। वह शिवा से छत्रपति शिवाजी बन गया। अपनी माँ जीजाबाई, दादा कोंडदेव, गुरु समर्थ रामदास के आशीर्वाद से हिन्दू-पद पादशाही की स्थापना की। शिवाजी का प्रेरक कृतित्व आज हम सभी को युग-धर्म के निर्वाह हेतु पुकार रहा है। हम अल्प शिक्षित, थोड़ी क्षमतावाले क्यों न हों, यदि भागवत कार्य के लिए अनीतियों के विरुद्ध संगठित हो व्यूह रचना करें, तो ईश्वरीय सहायता हमारे सामर्थ्य को अनेक गुणा कर देगी। 53 वर्ष की आयु में सन् 1690 ई. में वे समष्टि से एक हो गए।

महाराणा की पुत्री

यवन साम्राज्य की अग्नि-ज्वाला में जिस समय सारा भारत धू-धू कर जल रहा था, उस समय दो हिन्दू नर-पुंगवों ने ऐसी हुंकार ध्वनि की कि मुगल सम्राट के तख्त हिल उठे। ये दोनों नरश्रेष्ठ थे हल्दीघाटी के महानायक महाराणा प्रताप और सह्याद्रि पर्वत शृंखला के शेर छत्रपति शिवाजी।

देश की स्वाधीनता एवं धर्म की रक्षा में हल्दीघाटी का महासमर चिरस्मरणीय बना। आज भी चमक रहा है। एक ओर मुगलों एवं उनके समर्थक राजपूतों की सम्मिलित दो लाख सैनिक शक्ति एवं पचास तोपें। दूसरी ओर महराणा प्रताप के मात्र बाईस हजार वीर। एक ओर मुगल साम्राज्य की सम्पूर्ण राजशक्ति। दूसरी ओर स्वतन्त्रता प्रेमी, मुट्ठी भर सैनिक–जिन्होंने मुगलों को नाकों चने चबवाए। सम्राट अकबर को उनकी सारी जिन्दगी बराबर अँगूठा दिखाया। इस महासमर में महाराणा के बाईस हजार सैनिकों में चौदह हजार मारे गए। धीरे-धीरे महाराणा के हाथ से एक-एककर सारे किले निकल गए। लड़ने की शक्ति और भोजन के लिए अन्न भी महाराणा के पास न रह गया। न कोई सहायक, न राज्य, न नौकर। एक भिक्षुक जैसी स्थिति में पर्वतों की घाटी, गुफाओं, वनों में अपने परिवार के साथ भटकते रहे। पूरे पच्चीस वर्ष तक। देश की स्वतन्त्रता, गौरव एवं धर्म की रक्षा के लिए। इस कठिन समय में महाराणा को अपने बच्चों एवं पत्नी के साथ दिन-रात प्रचंड धूप में नंगे सिर, नंगे पाँव एक स्थान से दूसरे स्थान, शत्रु के जासूसों के भय से छिपते रहना पड़ा। मूसलाधार वर्षा के बीच पेड़ की डालियों के नीचे राजकुमार एवं राजकुमारी ठंड से काँपते हुए रात गुजारते। घास की रोटियाँ व जंगली बेर खाकर कई-कई दिनों तक गुजर करनी पड़ती।

महाराणा की 11 वर्षीया पुत्री चम्पा अपने चार वर्षीय छोटे भाई के साथ नदी किनारे खेल रही थी। छोटा भाई भूख से व्याकुल हो रो-रोकर रोटी माँगने लगा। चम्पा ने अपने छोटे भाई को कहानी सुनाकर बहलाकर सुला दिया। नींद में सोए उस भूखे बालक को गोद में लिये चम्पा जब माँ के पास सुलाने आई तो अपने पिता महाराणा को चिन्ता में डूबे देख, उनकी चिन्ता का कारण पूछा। महाराणा ने कहा–"बेटी, हमारे यहाँ एक अतिथि आए हुए हैं। आज तुम्हारे चित्तौड़ के महाराणा का ऐसा भी दिन आ गया है कि वह अपने अतिथि को बिना कुछ खिलाए भूखे ही लौटानेवाला है। यह हमारा दुर्भाग्य है।"

चम्पा ने कहा–"पिताजी, आप कुछ भी चिन्ता न करें। अतिथि हमारे यहाँ से भूखा नहीं जाएगा। आपने मुझे कल जो दो रोटियाँ दी थीं, वे मैंने अपने छोटे भाई के लिए बचा रखी थीं, लेकिन वह सो गया है। इस अतिथि को आप यह भोजन खिला दीजिए।" अतिथि को वो रोटियाँ खिला दी गईं। उसके जाने के पश्चात् महाराणा से अपने बच्चों का कष्ट देखा नहीं गया। उसी दिन महाराणा ने अकबर की अधीनता स्वीकार करने

के लिए उसे पत्र लिख भेजा। अतिथि को रोटियाँ देने के बाद चम्पा मूर्च्छित होकर गिर पड़ी थी। महाराणा ने उसे गोद में उठाकर रोते-रोते कहा–"बेटी, अब मैं तुझे दुख नहीं दूँगा। मैंने अकबर की अधीनता स्वीकर कर लेने की सोच ली है।" बच्ची मूर्च्छा में ही चौंक पड़ी। कहने लगी–"पिताजी, आप यह क्या कहते हैं? हमें मरने से बचाने के लिए आप अकबर के दास बनेंगे। हम सब क्या कभी मरेंगे नहीं? पिताजी! आपको मेरी शपथ है। अकबर की अधीनता स्वीकार कर आप अपने को एवं देश को कलंकित न करें।" बोलते-बोलते चम्पा ने महाराणा की गोद में दम तोड़ दिया। पच्चीस वर्षों तक दुख सहते-सहते महाराणा पत्थर दिल हो गए थे। पर अपनी प्यारी बेटी के इस बलिदान से उनका हृदय टूक-टूक हो गया, वे रो पड़े।

क्रूरता स्तब्ध रह गई

अत्यन्त क्रूर व आततायी लुटेरा तैमूर लंग के सन् 1318 में भारत पर आक्रमण के समय भारतीय नरेश उसका सफल प्रतिरोध न कर सके। लगभग एक लाख लोगों को कैद कर लिया गया। इसी बीच दिल्ली पर आक्रमण और सुलतान से मुठभेड़ में तैमूर लंग के सैनिक कम पड़ गए। कैदियों की निगरानी में लगे अपने सैनिकों को बुलाने के लिए उसने एक लाख कैदियों को मौत के घाट उतार दिया। इतिहासज्ञों का कहना है कि तैमूर के आतंक के डर से भाग रहे लोग केवल रुककर उसकी सेना पर गिर गए होते तो उसकी सेना पिस गई होती। भारत की ही तरह बगदाद को लूटते समय उसने इतनी ही संख्या में वहाँ के लोगों का कत्लेआम करवाकर खोपड़ियों का पहाड़ बना दिया था। आतंक का वह पर्याय बन गया था।

एक बार उसके सैनिक तुर्किस्तान के प्रसिद्ध कवि अहमदी को पकड़कर उसके सामने लाए, तो उस समय तैमूर अपने कुछ गुलामों को सजाए-मौत सुना रहा था। अहमदी को देखकर तैमूर ने कहा–"लोग कहते हैं कि कवि बड़े पारखी होते हैं। इन गुलामों का मूल्य तो आँको भला!"

अहमदी ने निडरतापूर्वक कहा–"इनमें से कोई भी गुलाम चार सौ अशर्फियों से कम कीमत का नहीं है।"

"क्या खूब कीमत आँकी है, अहमदी! इन तुच्छ गुलामों की तुमने। अब लगे हाथ तैमूर का मूल्य भी तो आँको जरा।"

अहमदी ने कहा–"हुजूर! यह न पूछें तो अच्छा रहेगा।"

तैमूर ने कहा–"मैं जो पूछ रहा हूँ तुम्हें वह बताना ही पड़ेगा। वरना, तुम्हें भी सजाए-मौत दी जाएगी।"

अहमदी ने पूछा–"यदि आपको सही-सही कीमत बता दूँ तो?"

"तो तुम्हें कोई सजा नहीं दी जाएगी। "तैमूर प्रसन्न हुआ कि अहमदी उसका मूल्य लाखों में आँकेगा।

"हुजूरेआला! मेरी नज़र में आपकी कीमत चालीस अशर्फियों से अधिक नहीं।" अहमदी एक साँस में कह गया।

तैमूर तिलमिला उठा और खीझकर बोला–"इतने मूल्य की तो केवल मेरी पोशाक ही है। और इसका धारण करनेवाला?"

अहमदी बोला–"हाँ, हुजूर! मैंने आपकी पोशाक का मूल्य ही आँका है, वरना जिसका हृदय मानवता रहित हो, भला उस व्यक्ति के शरीर का मूल्य ही क्या होगा! उसे तो कोई दो कौड़ी का भी नहीं खरीदेगा।"

कवि अहमदी के समक्ष क्रूरता स्तब्ध रह गई। तैमूर लंग अहमदी की शक्ल देखता ही रह गया।

राज्जु-नृत्य

रण और थम्भौर–इन दो पहाड़ियों के सिरमौर रणथम्भौर में एक अभेद्य दुर्ग था। तेरहवीं सदी के उतरार्द्ध में चौहान नरेश राणा राव हम्मीर देव का शासन काल था। उनके पिता राव जैसिंह ने एक साधारण राजपूत रमणी से उसका शौर्य देखकर विवाह किया था। इन्हीं की वीर सन्तान राणा हम्मीर देव थे, जिसने अपने जीवन में किसी भी युद्ध में हार का मुँह न देखा था।

दिल्ली का बादशाह अलाउद्दीन खिलजी का एक मँजा हुआ सिपहसालार मुहम्मद शाह खिलज़ी द्वारा अपमानित होकर राणा हम्मीर की शरण आया हुआ था। अलाउद्दीन खिलजी यद्यपि कई बार राणा हम्मीर देव से हार चुका था। दस वर्षों की लम्बी लड़ाई के बावज़ूद, इस बार खिलजी पुनः एक बड़ी सेना लेकर आया हुआ था और दुर्ग के सामने स्थित पहाड़ी पर सेना का पड़ाव डाले पड़ा था। राणा हम्मीर देव क़ी सेना में रसद और गोला-बारूद कीं इस बार कमी थी, जिसकी चिन्ता उन्हें खाए जा रही थी। किस प्रकार युद्ध किया जाए, इस समस्या का कोई हल दिखाई नहीं पड़ रहा था। तभी सिपहसालार मुहम्मद शाह उनके सामने आज्ञा लेकर उपस्थित हुआ। राणा हमीर देव के पूछने पर उसने कहा–"गुस्ताखी माफ़ हो, हुजूर! बादशाह की सेना दस मास से इस दुर्ग का घेरा डाले पड़ी है। बाहर से रसद, पानी आने-जाने का मार्ग अवरुद्ध कर रखा है। आपने मनोरंजन की महफ़िलों से मुँह मोड़ रखा है और अहर्निश खिलजी से निबटने की चिन्ता में अपने को इस महल में कैद कर रखा है। मैं जानता हूँ कि आपके राज्य में ऐसे नायाब फ़नकार हैं जो आपको इस चक्रव्यूह से बाहर निकाल सकते हैं।" राणा ने जिज्ञासापूर्वक मुहम्मद शाह की ओर देखा, तो उसने खुलासा करते हुए कहा–

"मालवा की नट जाति की, धारा नामक नर्तकी के बारे में कहा जाता है कि रस्सियों के सहारे आकाश में वह अच्छा सन्तुलन बनाते हुए नृत्य करती है। क्या ऐसा नहीं हो सकता है कि रण और थम्भौर–इन दोनों पहाड़ियों के दो छोरों के बीच रस्सी पर नृत्य करने के बहाने वह खिलज़ी के पड़ाव और व्यूह का पूर्ण विवरण दे ताकि उसके अनुसार हम भी अपनी सेना की व्यूह-रचना कर आसानी से उस पर आक्रमण कर सकें।"

चौहान नरेश ने धारा की स्वीकृति लेकर इस अद्भुत आयोजन की स्वीकृति दे दी। धारा के रज्जु-नृत्य की चर्चा पूरे देश में छा गई थी। उसके सुगठित शरीर, पैरों में अद्भुत लास्य और पोर-पोर में विद्युत धारा प्रवाहित होती थी।

दिन के तीसरे प्रहर सिर से पैर तक स्वर्णाभूषणों से लदी-सजी, सतरंगी चुनरी पर नीले आसमानी घाघरा-चोली से सुसज्जित कदली समान जंघाओं को छूती, बलखाती नागिन-सी काली चोटी खुले आसमान में लहराती जैसे ही धारा नर्तकी बुर्ज की चौखट को छूती रज्जु पर ठुमकती हुई आई, ऐसा लगा मानो कोई हंसिनी तैरती आ रही हो। राणा हम्मीर देव न केवल स्वयं अपने समस्त सभासदों के साथ, बल्कि राज्य का खूँखार शत्रु अलाउद्दीन खिलजी उसके इस अजीबो-गरीब कारनामे को देख दाँतों तले उँगली दबाएँगे। ऐसा उसे विश्वास था। धारा पर खचाखच भरे महल के प्रांगण, अटारियों, झरोखों से अनेकानेक उत्सुक आँखें भय और आश्चर्य से टिकी थीं।

नरेश के संकेत पर नगाड़े बज उठे। धारा नरेश का अभिवादन करती हुई हवा में थिरक उठी। उसके साथी नटों की तान में तान मिलाते हुए उसकी सुरीली तान भी गूँजने लगी। और धारा अपनी सम्पूर्ण कलाओं के साथ कलाबाजी खाती हुई आसमानी सफ़र में तैरते हुए उस पार पहुँच गई। बारी अब लौटने की थी। नृत्य करते हुए उसकी दृष्टि खिलजी की सेना की स्थिति का निरीक्षण करती आ रही थी। सामने खिलजी की सेना की दृष्टि भी उधर पहुँची। बात खिलजी तक पहुँची। खिलजी सारी बात समझ गया। खिलजी की सेना में एक सैनिक था ओदन सी जो अनोखा तीरन्दाज़ था। खिलजी ने ओदन सी को आदेश दिया कि यदि वह धारा को मार सका तो मुँहमाँगा इनाम पाएगा। तब तक धारा आधा सफ़र तय कर, दोनों पहाड़ियों के मध्य में आ चुकी थी और उसके लचीले पैर अपनी मंजिल की तरफ़ बढ़ते आ रहे थे। उधर ओदन सी निशाना साध चुका था। तीर लहराता आया, धारा भी लहराई और तीर गर्दन के पास से होता हुआ साफ़ निकल गया। दूसरा तीर चला और देखते-देखते धारा के बाएँ कन्धे में धँस गया। देखनेवालों की साँसें रुक गई पर वाह री धारा! शत्रु की सारी व्यूह-रचना उसने समझ ली थी। जिसे अपने नरेश तक बिना पहुँचाए वह मरना नहीं चाहती थी। ओदन सी भी तीर पर तीर छोड़े जा रहा था। धारा के नृत्य में भी तेजी बढ़ती जा रही थी। तीसरा तीर धारा की पीठ को छेद गया। पर तब तक वह वापसी सफ़र पूरा कर दुर्ग के बुर्ज के भीतर प्रविष्ट हो चुकी थी। धारा राणा के पास पहुँचकर डोरी से गिर पड़ी। राणा

ने स्वयं अपने हाथों से उसे सँभाल लिया। राणा ने राजवैद्य को बुला रखा था जो उसकी चिकित्सा हेतु तत्पर था। पर संकेत से उसने वैद्य को रोक दिया और खिलजी सेना का पूर्ण विवरण राणा को सुनाते हुए उसने कहा—"मैं भी राज्य की नागरिक हूँ। देश और राज्य की रक्षा हेतु आपके आदेश का पालन करते हुए मैंने देशहित में अपना कर्तव्य निभाया। नृशंस खिलजी की बर्बरता को रोकने की जिम्मेदारी निभाने का कार्य अब आप पर छोड़ रही हूँ।" कहते-कहते उसकी गर्दन एक ओर लुढ़क गई।

ऐसी नायाब फ़नकारा आज तक लोगों ने देखी न सुनी थी। धारा के इस करुण अन्त पर वहाँ उपस्थित सभी की आँखों में आँसू आ गए। धारा के बलिदान ने राणा हम्मीर देव के हृदय में साहस का संचार किया और उसकी महत्त्वपूर्ण सूचनाओं के आधार पर खिलजी की सेना पर दो तरफ से आक्रमण किया। शत्रु सेना झेल न सकी। शत्रु सेना के पाँव उखड़ गए। राणा की जीत हुई। यह विजय धारा के बलिदान की विजय थी।

एक नर्तकी के बलिदान ने देश के सम्मान की रक्षा की। इतिहास साक्षी है कि जब तक देश में बलिदान की परम्परा कायम रही, देश स्वतंत्र रहा, मर्यादाएँ अक्षुण्ण रहीं।

वीरमदेव की वीरता

ईडर के राजा राव वीरमदेव सपरिवार एवं थोड़े से सैनिकों को साथ लिये द्वारका की तीर्थयात्रा से वापस लौट रहे। मार्ग में कपड़वंज में एक सेठ ने उनके सामने गुहार लगाई—"महाराज! मांडवा के लाल मियाँ के लड़के ने मेरी बेटी का जबरन अपहरण कर मेरी इज्जत धूल में मिला दी। कृपया रक्षा करें।" वीरमदेव ने उस गाँव पर धावा बोल दिया, जहाँ लाल मियाँ के लड़के ने कड़ी निगरानी में लड़की को रखा हुआ था। गाँव के सारे मुसलमानों पर तबाही ढा दी गई। लाल मियाँ के लड़के की बोटी-बोटी काटकर चील-गिद्धों को खिला दिया। लाल मियाँ घर छोड़कर भाग गया। गाँव के मुसलमानों से पूछा गया कि लाल मियाँ का लड़का यदि आवारा था तो उसे गाँववालों ने सजा क्यों नहीं दी। हिन्दू लड़की को लाल मियाँ के घर से वापस क्यों नहीं कराया गया? अतः सारा गाँव दोषी है और उसकी सजा सभी को भुगतनी पड़ी।

एक बार वीरमदेव सपरिवार ओंकारेश्वर तीर्थ गए हुए थे। अहमदाबाद का शहजादा मिर्जा अपनी सेना सहित वहीं पड़ाव डाले हुआ था। एक दिन वीरमदेव के सामने से कुछ कसाई आजू-बाजू की बस्तियों से खरीदकर दस गाएँ शहजादा की सेना को गोमांस बेचने हेतु ले जा रहे थे। वीरमदेव ने अपनी शक्ति सीमित होते हुए भी धर्मरक्षार्थ गोमांस बलात् छीन लिया। फलतः युद्ध हुआ। वीरमदेव ने छापामार युद्ध करना शुरू किया। उधर राणा प्रताप ने भी उसे धन, शस्त्रास्त्र से पूर्ण सहयोग दिया। अन्ततः शहजादा अपनी लुटी-पिटी थोड़ी-सी सेना के साथ वापस लौट आया।

कुछ मास बाद शहजादा एक विशाल सेना लेकर ईडर पर आ धमका, चारों ओर घेरा डाल दिया। वीरमदेव दुर्ग अपने भाई कल्याण मल के सुपुर्द कर स्वयं एक सुरंग मार्ग से पोल चले आए। वहाँ वे 6 मास किसी तरह काटे। पर ईडर की थोड़ी-सी सेना ने शहजादा को दुर्ग में घुसने नहीं दिया और उसे काफी क्षति भी पहुँचाई। शहजादा भीलाड़े में सेना डाले पड़ा था। एक दिन वीरमदेव भीलाड़े पहुँच गए। उसके खेमे में और पहरेदार से जाकर कहा कि शहजादा से मिलना है। शहजादा सात मंजिल पर था। पहरेदार से सूचना मिलने पर शहजादा ने शस्त्र रखवाकर ऊपर भेज देने को कहा। वीरमदेव ने जाते ही फुर्ती से शहजादा को दोनों हाथों से पकड़कर ऊपर उठा लिया और सातमंजिल से नीचे उछाल दिया। स्वयं भी उसी के ऊपर कूदकर नौ-दौ ग्यारह हो गए।

चित्तौड़ के महाराणा प्रताप ने तब तक प्रचुर धनराशि, खाद्यसामग्री और शस्त्रास्त्र ऊँटों पर लदवाकर उन्हें उपलब्ध करा दिया। वीरमदेव ने भीलाड़े से लौटकर ईडर में शहजादे की सेना पर तूफान बरपा कर पूरी सेना को काट डाला।

इतिहास गवाह है कि जब तक वीरमदेव जीवित रहे, तब तक अन्य किसी भी आक्रमणकारी ने ईडर पर अपनी नजरें टेढ़ी न कीं। विदेशी लेखक अलेक्जेंडर किन, लाक फारबस एवं एलफिन्सटन ने अपनी पुस्तकों में इस प्रसंग का उल्लेख किया है।

कोटा विजय

पठानों के रोबीला सरदार केशर खाँ को राजपूती इलाकों पर आक्रमण करने में बड़ा आनन्द आता था। एक दिन अपनी सेना लेकर वह कोटा के किले पर आ धमका। अपनी सीमित सेना के बल पर केशर खाँ से लोहा लेना ठीक न समझकर कोटा की महारानी अपनी सेना सहित किला खाली कर समीप के केतुन राज्य में जाकर रहने लगी। महारानी एक बहादुर क्षत्राणी थी। लड़ाई के दाँव-पेच में माहिर थी। उसने कोटा के किले पर पुनः अधिकार करने के लिए एक पेचीदा जाल बुना। विश्व के इतिहास में यह एक अनूठी युद्ध रचना व रणनीति थी।

फाल्गुन मास था। होली का समय आ गया। अगले दिन सारे राजस्थान में होली का रंगारंग होनेवाला था। महारानी ने अपनी एक चतुर दासी से कोटा के किले में केशर खाँ को सन्देश भिजवाया कि अगले दिन होली के अवसर पर स्वयं महारानी अपनी तीन सौ सुन्दर सखियों के साथ कोटा आएँगी। उसके व उसके सरदारों के साथ होली का रंग खेलेंगी। यह सुनते ही केशर खाँ की बाछें खिल गईं। उसने अपनी सेना में ऐलान कर दिया और सभी को इसमें शामिल होने का हुक्म जारी कर दिया।

दूसरे दिन महारानी ने अपने तीन सौ सुन्दर युद्ध कला में निपुण राजपूत सैनिकों को स्त्री वेश में सुसज्जित किया। अपनी जगह एक सुन्दर दासी को शाही पोशाक में

सजाया। राजा भींगनदेव के हाथ में अबीर-गुलाल से भरे घड़े को देकर कोटा के लिए रवाना कर दिया।

कोटा में बेसब्री से इन्तज़ार था। महारानी के रूप में दासी ने केशर खाँ के सामने आकर उसे अबीर-गुलाल लगाते हुए कहा–"जहाँपनाह! अब आप अपने सभी पठान सरदारों को एक पंक्ति में खड़ा कराएँ, ताकि हमारे साथ आई सखियाँ एक साथ मिलकर होली का रास-रंग मना सकें।" हुक्म की देर थी। सभी पंक्तिबद्ध खड़े हो गए। राजा भींगनदेव, महारानी रूपी दासी और केशर खाँ आमने-सामने खड़े हो गए। फिर मच गया होली का हुड़दंग। पठान पहले से ही शराब का आनन्द ले रहे थे और अब सखी रूपा राजपूत सैनिकों ने शराब पिला-पिलाकर उन्हें और मदमस्त कर दिया। तब प्रारम्भ हुई रंगों की बौछार और जब मदमस्त पठानों ने नाचना, उछलना-कूदना शुरू किया, तो उचित अवसर देख महारानी रूपी दासी ने राजा भींगनदेव को संकेत किया। संकेत पाते ही राजा ने अबीर-गुलाल से भरे घड़े को केशर खाँ के सिर पर दे मारा। फिर तो सखी रूपी राजपूत सैनिक अपने घाघरे में छिपी दुधारी तलवारें निकालकर भूखे सिंह की तरह पठानों पर टूट पड़े। निहत्थे, असावधान पठान घंटे भर में ही मौत के घाट उतार दिए गए। कोटा पर पुनः केसरिया ध्वज लहराने लगा।

राजा छत्रशाल का साहस

दिल्ली के बादशाह के दरबार में छोटे-बड़े सभी राजा उपस्थित थे। इन हिन्दू राजाओं को बादशाह अपमानित करने का कोई मौका छोड़ते ही न थे। ऐसे ही एक बार बादशाह ने उन सबों को सम्बोधित करते हुए कहा–"मेरे अधीनस्थ तुम राजा हो। इस समय तुम क्या कर सकते हो, कौन-सा पराक्रम दिखा सकते हो?" सभी राजा अपमान का घूँट पीकर चुप रह गए। पर पन्ना नरेश राजा छत्रसाल चुप न रह सके। उठकर अपने म्यान से तलवार निकाल ली और सिंह गर्जना करते हुए कहा–"बादशाह! जो बोला सो बोला। अब इससे आगे न बोलना। इस समय मैं सब कुछ कर सकता हूँ। चाहूँ तो अभी तुम्हारा कत्ल कर सकता हूँ।" बादशाह भयभीत हो गया। राजा छत्रसाल की प्रशंसा की। तलवार म्यान में रख लेने को कहा, ताकि सभी राजा विरोध में खड़े न हो जाएँ। राजा छत्रसाल ने कहा–"एक बार तलवार म्यान से निकल गई तो बिना वार किए म्यान में वापस नहीं जा सकती। यह श्रमोघ है।" बादशाह ने कहा कि इसे सामनेवाले खम्भे पर मार दो। राजा छत्रसाल ने खम्भे पर वार कर दिया, तलवार खम्भे के आर-पार हो गई। बादशाह ने कहा कि अब मैं ऐसा कभी न कहूँगा।

वंश एवं जाति के गौरव का स्मरण कर वीर स्वाभिमानी आवेश में आकर अपना कर्तव्य निभाते हैं।

घोड़े का पराक्रम

अपनी सनक के लिए प्रसिद्ध अवध के नवाब नसीरुद्दीन हैदर ने एक दिन अपने अस्तबल के एक घोड़े के पागल होने से क्रुद्ध हो आदेश दिया कि भयानक शेर से इस पागल घोड़े का द्वन्द्व युद्ध करा दिया जाए। तत्काल मुबारिक मंजिल के निकट ही द्वन्द्व युद्ध की व्यवस्था कर राज्य में घोषणा कर दी गई–अगले दिन के लिए। शेर को तब तक के लिए भूखा रखा गया।

यह घटना सन 1830 की है। एक ऊँचे और शानदार स्थान पर नवाब परिवार सहित, कुछ अँग्रेज अफसर, विशिष्ट दरबारी और आम जनता तमाशा देखने को उत्सुक बैठी थी। नीचे बाड़े में अलग-अलग पिंजरों में बन्द घोड़ा और शेर को ले जाया गया। पिंजरा खोला गया। पहले घोड़ा निकला और मुक्त वातावरण देख दौड़ने लगा। तभी शेर निकला और घोड़े को देख उसका चेहरा खिल गया। कुछ क्षण पश्चात् शेर ने घोड़े पर छलाँग लगा दी। घोड़ा शेर को देखते ही सावधान हो, उसकी छलाँग की प्रतीक्षा कर ही रहा था। जैसे ही शेर ने छलाँग लगाई, उससे भी अधिक तेजी से घोड़ा पीछे की ओर मुड़कर शेर पर इतनी जोरों से दुलत्ती लगाई कि शेर चारों खाने चित्त दूर जा गिरा। शेर क्रोधित हो उठा और पलटकर जो उछला तो घोड़े की पीठ पर जा बैठा, जोरों की गर्जना की। घोड़ा भी कम न था। वह तेजी से धरती पर लेटकर जो दोनों ओर पटकनी लगाई कि शेर के पंजे से मुक्त हो गया। फिर तो उसने देर न की और शेर पर पुनः इतनी शक्ति से दुलत्ती झाड़ी कि शेर दूर जा गिरा, चटाख की आवाज हुई, शेर के जबड़ों की हड्डी चटक गई। बड़ी ही दयनीय स्थिति में था शेर। घोड़ा पुनः उसकी ओर लपका, तो शेर शीघ्रता से दौड़कर अपने पिंजरे के एक कोने में दुबककर बैठ गया। फिर क्या था, घोड़ा विजयी मुद्रा में बाड़े के चारों ओर दौड़-दौड़कर चुनौती देने लगा।

नवाब को शेर की दुर्गति देख बड़ा दुख हुआ। उसने आदेश दिया कि दूसरा शेर लाया जाए! वह शेर खा-पीकर मस्त पड़ा था, आने को तैयार ही न था। किसी प्रकार बाड़े में लाकर पिंजरे से निकाला गया। बाहर आकर उसने घोड़े को देखकर भी अनदेखा कर दिया और शान्त खड़ा रहा। तब तक दौड़ते हुए घोड़े ने आकर जो दुलत्ती मारी कि दर्द से बिलबिलाता वह अपने पिंजरे में जा छिपा।

नवाब का संकेत पाकर तब तीन जंगली अरना भैंसों को उसके सामने भेजा गया। एक भैंसा तो अपनी जगह ही खड़ा रहा। दूसरा घोड़े को देख गुस्से में आगे बढ़ा, तीसरा भी उसके पीछे चल पड़ा। जब एक भैंसा घोड़े के समीप पहुँचा तो उसके आक्रमण करने के पूर्व ही घोड़े ने विद्युत गति से ऐसी दुलत्ती उसे लगाई कि भैंसा चोट खाकर पीछे आ रहे भैंसे से जोरों से टकराया कि दोनों भैंसे दूर चित्त जा गिरे। घोड़ा पुनः लपके कि इससे पूर्व ही दोनों भैंसे दुबककर पहले भैंसे के पास जाकर चुपचाप खड़े हो गए।

घोड़ा विजयोन्मत्त हिनहिनाता हुआ बाड़े में दौड़ लगाने लगा। दोनों शेर व तीनों भैंसे आतंकित दुबके पड़े थे।

सकारात्मक सोच

भारतीय मजदूर संध के संस्थापक दत्तोपन्त ठेंगड़ी प्रायः कहा करते हैं–Hope for the best, prepare for the worst, अर्थात् जो भी होगा अच्छा ही होगा और इस कारण हमें बुरी-से-बुरी स्थिति का भी सामना करने को सदा तत्पर रहना चाहिए। किसी भी चुनौती को कठिनाई या संकट के रूप में स्वीकार न कर उसे आगे बढ़ने का एक सुअवसर समझें। परिस्थिति की चुनौती को हम किस प्रकार और कैसे लें–यह हमारी मनःस्थिति पर निर्भर करता है। अन्यों को नेतृत्व देनेवाला जब तक स्वयं कष्ट, दुख न भोगेगा, अपना कुछ त्याग न करेगा तो अन्य लोग उत्कर्ष पर कैसे चढ़ेंगे। राष्ट्रभक्ति के अग्रदूतों को अपने मन में सदा यह भाव रखना चाहिए–

''भूल गए राग-रंग, भूल गए मकड़ी।
तीन बात याद रखी, नून, तेल, लकड़ी।।

(क) नीदरलैंड और इंग्लैंड की आपस में पट नहीं रही थी। नीदरलैंड का राजा विलियम अपनी नौसेना लेकर इंग्लैंड पर चढ़ दौड़ा। जहाज तट पर लगते ही विलियम जहाज से कूद पड़ा। फिसलन होने के कारण वह गिर पड़ा और उसकी हाथ की हड्डी टूट गई। दूसरा कोई होता तो मन में विचार करता कि यह तो अपशकुन हुआ–'प्रथम ग्रासे मक्षिकापातः।' पर वह तो संकल्प का धनी था। उसी मनःस्थिति ने इसे शकुन माना और सैनिकों को बताया कि मैंने शत्रु देश इंग्लैंड की सरजमीं पर अपने हाथ का पंजा गाड़ दिया। यही नहीं, अपनी सेना का मनोबल बढ़ाने हेतु उसने अपने पीछे खड़े जहाजों को अग्नि को समर्पित कर दिया। सैनिकों ने समझ लिया कि पीछे लौटने का मार्ग अवरुद्ध है। अब एक ही मार्ग शेष रह गया है, आगे बढ़ने का। फिर क्या था! पूरे मनोबल से युद्ध किया और विजयी हुए।

(ख) ऐसा ही एक प्रसंग छत्रपति शिवाजी महाराज के समय में देखने को मिलता है। इनके एक सेनापति तानाजी मालसुरे के पुत्र का विवाह होने जा रहा था। अभी वेद मन्त्र का उच्चारण हो रहा था। सारी रस्म हो चुकी थी केवल वर-वधू की अग्नि की सप्त प्रदक्षिणा ही शेष रह गई थी। शिवाजी महाराज ने अपनी माताजी की इच्छानुसार कोंडाना दुर्ग को हस्तगत करने हेतु सैनिक अभियान का आदेश दे दिया। जिसका नेतृत्व तानाजी को करने के लिए सन्देश आ गया। वैसे तो सामान्य स्थिति में सामान्य नियमों का पालन करने का विधान है। तानाजी के समक्ष यह एक ज्वलन्त समस्या आ खड़ी हुई–क्या करें, क्या न करें। उन्होंने निर्णय लिया कि यह एक असामान्य स्थिति में एक

असामान्य कार्य है। विवाह उसी समय रोक दिया गया। विवाह तो कभी भी हो सकता था, पर सैनिक अभियान नित्य नहीं हो सकता। तानाजी पुत्र का बिना विवाह किए कोंडाना दुर्ग का विजय करने चल पड़े। दुर्गपाल था बीजापुर सुलतान का एक दुर्दम्य सेनापति चन्द्रभानु–जो नित्य अपनी दोनों काँखों में दो बलिष्ठ जवान को दबाकर दुर्ग की दीवारों पर दौड़ा करता। उसका नित्य का भोजन था एक बकरे का बीस किलो मांस, पाँच किलो चावल, पाँच किलो आटा, पाँच किलो सब्जी, पाँच किलो घी-दूध आदि। ऐसे दुर्गपाल से टक्कर लेना कोई सामान्य बात न थी। अर्धरात्रि में सेना अपनी योजनानुसार कार्य में जुट गई। शिवाजी ने एक प्रिय जन्तु विषखोपड़ा के पैरों में रस्सी फँसाकर दुर्ग की दीवार पर फेंका, जहाँ वह चिपककर जो बैठा तो बैठ ही गया। फिर उसी रस्सी के सहारे चुपचाप बिना आवाज किए सैनिक चढ़ते गए, अन्दर से किले का दरवाजा खोल दिया। रात्रि के गहन अन्धकार में भीषण युद्ध हुआ। दुर्गपाल चन्द्रभानु ने तानाजी की गर्दन पर घातक प्रहार किया। फलस्वरूप गर्दन कटकर गिर पड़ा। फिर भी तानाजी का दोनों हाथ आधा घंटा तक तलवार चलाता ही रहा, मानो यमदूत चारों ओर घूमता फिर रहा हो।

ऐसे ही एक युद्ध में सेनानायक मुरारजी बाजीप्रभु का भी गर्दन कटकर गिर जाने पर भी दोनों हाथों में तलवार घूमती-नाचती रही, रुकने का नाम ही न ले रही थी।

पर चन्द्रभानु भी जीवित न बचा। तानाजी मारे गए–सुनकर मराठा सेना भागने न लगे, अतएव एक सेनानायक सूर्या जी ने वे सारी रस्सियाँ जलवा दीं। फलस्वरूप मराठा सेना जी-जान लगाकर लड़ी और कोंडाना दुर्ग पर झंडा फहरने लगा। 'गढ़ आला, सिंह गेला' ऐसा शिवाजी के मुख से वाक्य क्या निकला, उस दुर्ग का नाम ही सिंहगढ़ पड़ गया। यह सैनिकों की मनःस्थिति का परिणाम था, जो उस रात्रि कोंडाना दुर्ग पर गाज गिरी।

हजारों वर्ष पूर्व जिस प्रकार वराह रूप ने महासमुद्र में नीचे डूबती जा रही पृथ्वी को उबारा, वैसे ही आज डूबने जा रहे भारत को भी उबारनेवाली लोकशक्ति का अवतरण होना है।

महाराणा की उदारता

महाराणा प्रताप तीव्र ज्वर से पीड़ित लेटे थे। वैद्य की दवा का लेप कर रहे थे। तभी एक सैनिक ने प्रवेश किया और 'महाराणा जू की जय हो' कहकर एक ओर खड़ा हो गया। महाराणा ने लेटे-ही-लेटे पूछा–"उज्ज्वल सिंह! क्या सन्देश लाए हो?"

"अन्नदाता! कुँवर अमरसिंह की वीरता के आगे मुगल सेनापति अब्दुर्रहीम खानखाना मैदान छोड़कर भाग गए। कई मुगल सरदार बन्दी बना लिये गए हैं। कुँवर सा जू की सेना ने मुगल हरम को घेर रखा है।"

"अरे, गजब हो गया! मैं नहीं समझता था कि मेरा पुत्र अमरसिंह ऐसी कमीनी हरकत भी कर सकता है। उज्ज्वल सिंह मेरा घोड़ा तैयार करो। हमें युद्धभूमि में शीघ्र पहुँचना है।" ऐसा कहकर उसी तीव्र ज्वरावस्था में महाराणा उठ बैठे। वैद्यराज और महारानी कोई उन्हें रोक न सका।

चेतक पर सवार महाराणा सीधा मुगल हरम के शिविर के सामने जाकर रुके और पुकारा–"बड़ी बी साहिबा को मेवाड़ के सपूतों का साष्टांग प्रणाम! बड़ी बी साहिबा! जो सिर कभी मुगल बादशाह अकबर के सामने नहीं झुका, उसी सिर को मैं आपके सामने आपके सम्मान में झुकाता हूँ। आप मेरे पुत्र का अपराध क्षमा करें। कल प्रातः होते ही आप सबों को सुरक्षित पहुँचाने की व्यवस्था हो जाएगी। आज तो आपको मेवाड़ का रूखा-सूखा जो भी हो, स्वीकार करना पड़ेगा। माता और अतिथि दोनों ही रूपों में आप हमारे लिए पूजनीय हैं।"

"आप चिन्ता न करें। महाराणा तो हिन्दू कुल तिलक कहलाते हैं। अतः उसकी आन निभाना भी आप बखूबी जानते हैं–यह मुझे मालूम है। आप हम सबका आदाब कबूल कीजिए।" हरम में से एक महीन नारी स्वर गूँजा।

इधर बेगमात को युद्धभूमि में छोड़ आने के लिए सेनापति अब्दुर्रहीम खानखाना को अकबर ने खूब लताड़ा। तभी पहरेदार ने महाराणा की ओर से भेजा गया सन्देश सुनाया कि अगली सुबह तक राजकीय सम्मान के साथ सैनिकों की सुरक्षा में बेगमों की पालकियाँ रवाना हो रही हैं। वे सभी सुरक्षित हैं। यह सुनते ही बादशाह अकबर के मुँह से निकल पड़ा–"वाह रे फरिश्ते।"

नारी के लिए माता के समान आदर-सम्मान से ही कोई भी राष्ट्र व समाज गौरवान्वित होता है। प्रगति करता है। यही भारतीय संस्कृति की महानता है।

कर्मयोगी अशोक

भगवत् गौतम बुद्ध के अनुसार पाटलिपुत्र प्राचीन समय में अकाल, अग्नि और बाढ़ से अभिशप्त रहा है। महाराज अशोक का राज्यकाल था। भीषण अकाल पड़ा। जनता के त्राहिमाम पर महाराज ने राज्यकोष व अन्न भंडार खोल दिए। जगह-जगह अन्न वितरण होने लगा। प्रातः से सायं तक अन्न लेनेवालों की पंक्तियाँ टूटती नहीं दिखती। एक दिन एक बूढ़ा कृशकाय व्यक्ति भी आया। पंक्ति में खड़ा होने की स्थिति न होने के कारण पंक्ति से बाहर बैठ गया। और अन्त में वह उठकर बाँटनेवालों के पास पहुँचा! तब तक बाँटनेवाले, थककर दूकान उठा रहे थे। एक ने कहा–"बाबा! आज की खैरात बन्द हो गई, अब कल आना।" एक गठीले बदन का नौजवान बाहर खड़ा यह सब देख रहा था। तुरन्त वह सामने आकर बाँटनेवालों से बोला–"भइया! मैं बड़ी देर से

देख रहा था। यह वृद्ध व्यक्ति अपनी दुर्बलता के कारण पीछे रह गया। इसे भी अन्न दे दो।'' वाणी में मिठास और उसके प्रभावशाली होने के कारण बाँटनेवालों को विवश हो वृद्ध को अन्न देना ही पड़ा। वृद्ध ने किसी प्रकार अन्न की गठरी बाँध ली। पर उठाने में असमर्थ। नवयुवक ने कहा–''बाबा! लाओ, यह गठरी मैं पहुँचाए देता हूँ।'' और वह गठरी उठाकर वृद्ध के पीछे-पीछे चल दिया।

वृद्ध का घर नजदीक आ गया, तभी एक सैनिक टुकड़ी उधर से गुजरी। गठरी लेकर जाते हुए नौजवान को देखकर घोड़े पर सवार टुकड़ी का नायक, तुरन्त घोड़े से उतरकर उसका फौजी अभिवादन किया। नौजवान ने संकेत से नायक को कुछ बोलने से मना कर चले जाने को कहा। पर उस वृद्ध व्यक्ति का केश धूप में तो सफेद न हुआ था। यह देख वृद्ध ठिठककर खड़ा हो गया और नौजवान से पूछने लगा–''सच-सच बताओ, तुम कौन हो?'' उसने कहा–"मैं एक नौजवान हूँ और एक दुर्बल वृद्ध व्यक्ति की गठरी उसके घर पहुँचाने आया हूँ। चलो बताओ तुम्हारा घर किधर है?" पर तब तक वृद्ध व्यक्ति की पैनी निगाहों ने उस नौजवान को पहचान लिया था। वह स्वयं सम्राट अशोक हैं। वह तुरन्त महाराज के चरणों में लेटकर क्षमा माँगने लगा। हकलाते हुए बोला–''राजन! आप सचमुच प्रजापालक हैं। गरीबों के रक्षक हैं! आप सच्चे कर्मयोगी हैं।''

सच्चे कर्मयोगी की कोई निजी कामना नहीं होती। यश, मान-प्रतिष्ठा, समृद्धि उनके चरण चूमती है।

मल्हारी का कमाल

महाराष्ट्र के होल नामक गाँव के मुखिया का बेटा मल्हारी अपने पिता के मृत्योपरान्त अपने मामा के यहाँ खानदेश आ गया। वहाँ वह भेड़ें चराया करता। महत्त्वाकांक्षी होने के कारण वह भेड़ें चराना छोड़, नन्द दरबार के सरदार कदम पांडे की सेना में घुड़सवार सैनिक हो गया। वह उत्तरोत्तर उन्नति के शिखर पर चढ़ता गया।

एक बार उत्तर भारत के मोर्चे पर जब बाजीराव पेशवा की सेना की रसद समाप्त हो गई, तो उन्होंने मल्हारी को शत्रु के रसद भंडार को लूट लाने की जिम्मेवारी सौंपी। फलस्वरूप मल्हारी रात के अँधेरे में शत्रु के रसद भंडार पर छापामारी कर उसकी सारी रसद अपने साथ लाए और घोड़ों पर लादकर भाग चले। शत्रु सेना ने उसका पीछा किया। रसद पीठ पर लिये हुए घोड़े तेजी से भाग नहीं पा रहे थे। और लगा कि शत्रु सेना अब आ घेरेगी।

मल्हारी ने अपनी टुकड़ी एक सुरक्षित स्थान पर रोकी। सारी टुकड़ी के घोड़ों की नाल निकलवाकर उलटा लगवा लिया फिर अपनी छावनी की ओर चला गया। रात

में जलती मशाल के सहारे शत्रु सेना ने मल्हारी के घोड़ों की उलटी रुख से भटककर विपरीत दिशा की ओर चले गए और उन्हें गुमराह कर मल्हारी अपनी छावनी तक सुरक्षित लौट आया।

यही मल्हारी आगे चलकर पेशवा का प्रसिद्ध सेनापति मल्हार राव होलकर, मालवा का सूबेदार बना और इन्दौर के होलकर वंश की नींव डाली।

गुलाम बन गया सुलतान

जयचन्द कन्नौज का राजा था। इसकी पुत्री संयोगिता को स्वयंवर से हरण कर ले जानेवाले पृथ्वीराज चौहान से जयचन्द की ठन गई। राजपूतों में सोलंकी और गहरवार समुदाय भी जयचन्द के पक्ष में आ गए। इन लोगों ने अफगानिस्तान के मुहम्मद गोरी को सन्देशा भेजा। पृथ्वीराज पर चढ़ाई करने की पेशकश थी यह!

एक पर एक सोलह बार दिल्ली पर आक्रमण किया गोरी ने और हर बार बुरी तरह पृथ्वीराज ने उसे पराजित किया। गोरी, प्राणों की भीख माँग आगे हिन्दुस्तान पर चढ़ाई न करने की कसम खाकर छोड़ दिया जाता रहा। इस बार आमन्त्रण मिलने पर सोलंकियों और गहरवारों की मदद की आशा से वह पुनः दिल्ली पर चढ़ आया। इस बार इसकी फौज में एक लाख बीस हजार तीरन्दाज और तलवार से लैस घुड़सवार थे। इसकी मदद के लिए सोलंकियों, गहरवारों की सेना के साथ जयचन्द की सेना भी थी जिसमें 50 हजार तो केवल मुसलमान सैनिक थे—जो ज़िहादी जोश में थे।

संयोगिता-हरण में पृथ्वीराज के अनेक प्रसिद्ध राजपूत सरदार काम आ चुके थे, फिर भी पृथ्वीराज रास-रंग में डूबे इन बातों से बेखबर रहे। मुहम्मद गोरी के हमले की खबर पाकर तत्परता से सेना तैयार की और समर में उतर आए। इनके पक्ष में इनके रिश्ते के बहनोई चित्तौड़ के समर सिंह भी युद्धक्षेत्र में आ डटे। भयंकर युद्ध हुआ। गोरी ने डर जाने का नाटक रचा। सोचने की मोहलत माँग ली और गहरवार सेना पीछे से पृथ्वीराज पर टूट पड़ी। भागती हुई गोरी की सेना लौट पड़ी और इन दोनों के बीच में पृथ्वीराज की सेना बुरी तरह फँस गई। पाँसा पलट गया। पृथ्वीराज पकड़े गए। चित्तौड़ नरेश समर सिंह मारे गए। पृथ्वीराज ज़ीतते-जीतते पराजित हो गए। दिल्ली पर शहाबुद्दीन मुहम्मद गोरी का आधिपत्य हो गया। गोरी अपने एक गुलाम कुतुबुद्दीन ऐबक को दिल्ली के तख्त पर बिठा, वापस लौट गया।

अगले ही वर्ष पुनः अपनी सेना लेकर गोरी आ धमका और कन्नौज पर चढ़ाई कर दी। जयचन्द के 50 हजार मुस्लिम सैनिकों ने उसे धोखा दिया। गोरी की सेना के साथ मिलकर राठौरों, सोलंकियों, गहरवारों की सेना में कहर मचा दिया। जयचन्द की आँखों में तीर लगा। घोड़े पर सवार वह भागते-भागते गंगा नदी में घोड़े सहित गिर

पड़ा और बहाव में बह गया। कन्नौज से भी हिन्दू पताका उतर गया। एक हजार भव्य कलात्मक मन्दिर तोड़ दिए गए। चार हजार ऊँटों पर धन-सम्पत्ति अफगानिस्तान चला गया। साथ-साथ कई लाख हिन्दू स्त्रियाँ और पुरुष लूट के रूप में ले जाकर बेच दिए गए।

बड़े मनहूस दिन थे जब दिल्ली और कन्नौज में हिन्दू राज्य का दीप चिरकाल के लिए बुझ गया। बुझानेवाले ये हाथ हिन्दू के ही थे। उस दिन अफगानिस्तान का एक गुलाम दिल्ली का सुलतान बन गया। हिन्दुस्तान में विदेशी मुस्लिम राज्य की शुरुआत ही नहीं हुई, उसी दिन से मुस्लिम राज्य की जड़ जम गई।

रामशास्त्री का संकल्प

पेशवा के न्यायाधीश रामशास्त्री को पता चला कि अल्प वयस्क नारायण राव पेशवा की हत्या में उसके चाचा और संरक्षक राघोबा का हाथ है। वे राघोबा से मिलने गए। बोले—''श्रीमान, आप पेशवा पद पर अधिष्ठित हों इसमें मुझे कोई आपत्ति नहीं थी, क्योंकि नियमतः आप ही राज्य के उत्तराधिकारी हैं। किन्तु प्रमाणों से पता चलता है कि नारायण राव की हत्या में आपका हाथ है। इसलिए प्रधान न्यायाधीश के रूप में आपका पेशवा पद पर अधिष्ठित होना मैं सहन नहीं कर सकता। पेशवा पद पर हत्यारे का अभिषिक्त होना न्यायदेवता का अपमान है। अतः मेरा आदेश है कि पेशवा पद प्राप्त करने का प्रयत्न आप बन्द कर दें। बात यहीं समाप्त नहीं होती। हत्यारे के लिए न्यायविधान एक ही दंड देता है। इसलिए नारायण राव की हत्या के लिए मैं आपको आत्महत्या के प्रायश्चित्त का दंड देता हूँ।''

आज्ञा तो दे दी। किन्तु उत्तराधिकारी पेशवा को कौन पकड़े? उसे आत्महत्या के लिए कौन बाध्य करे? सेनानायक राघोबा की धाक चारों ओर फैली थी। अतः रामशास्त्री ने निश्चय किया कि राघोबा जब तक पेशवा पद पर रहेगा, तब तक पूना शहर का पानी नहीं पिऊँगा और अपने गाँव माहुली चले गए। बाद में राघोबा के हटाए जाने के बाद पुनः न्यायासन पर अधिष्ठित हुए।

औरंगजेब को चुनौती

''जहाँपनाह! मेरे पास इससे भी शक्तिशाली शेर है।'' अपनी बात काटी जाती देख औरंगजेब का मुँह गुस्से से लाल हो गया। वह बोला—''यशवन्त सिंह! तुम अपना शेर इस खूँखार शेर से लड़ाओ। यदि तुम्हारा शेर हार गया तो तुम्हारा सिर धड़ से कलम

कर दिया जाएगा।'' बिना भय के यशवन्त सिंह ने चुनौती स्वीकार कर ली। दूसरे दिन दिल्ली के लाल किले के मैदान में मोटी छड़ों का पिंजरा दो शेरों की लड़ाई के लिए रखा गया। भारी भीड़ जमा हुई। बादशाह ठीक समय पर उपस्थित हो अपने तख़्त पर बैठ गए। इतने में महाराज यशवन्त सिंह अपने 15 वर्षीय पुत्र पृथ्वी सिंह को साथ ले वहाँ पहुँचे।

''कहाँ है तुम्हारा शेर?'' बादशाह गरजे।

''मेरा शेर मेरे साथ है, लड़ाई शुरू होने की आज्ञा दीजिए।'' यशवन्त सिंह बोले।

बादशाह की आज्ञा से वह जंगली शेर पिजड़े से छोड़ा गया। लोगों की साँस उस समय रुक गई जब 15 वर्ष का बालक पृथ्वी सिंह अपने पिता को प्रणाम कर हँसते-हँसते पिंजरे में घुस गया। शेर पृथ्वी सिंह को घूर रहा था। उस बालक की आँखों का तेज देख शेर दुम दबाता पीछे हटा। किन्तु बालक ने नुकीले भाले से उसे छेड़ा और शेर ने क्रोधित हो बालक पर छलाँग लगाई। पृथ्वी सिंह ने एक ओर हटकर अपना खड्ग निकाला। यह देख यशवन्त सिंह गरजे–''बेटा! यह क्या कर रहे हो। निहत्थे पर शस्त्र चलाना धर्मयुद्ध नहीं।'' पृथ्वी सिंह खड्ग फेंक उस जंगली शेर पर टूट पड़ा। अपने नन्हे हाथों से उसने शेर का जबड़ा पकड़ा और काग़ज़ के समान उसका बदन चीर डाला। शेर के लहू से सना, जब पृथ्वी सिंह बाहर आया तो पिता ने प्यार से उसे गले लगा लिया। आकाश उसकी जय-जयकार से गूँज रहा था। औरंगजेब हक्का-बक्का होकर देखता रह गया। औरंगजेब ने षड्यन्त्र कर बाद में बालक की हत्या करवा दी।

धन्य है बुद्धिमान शत्रु!

उन दिनों नाना फड़नवीस पेशवा के प्रधानमन्त्री थे। निज़ाम हैदराबाद पर पेशवा का 3 करोड़ रुपया बकाया था। अनेक बार तकाज़ा करने पर भी जब इस रकम की अदायगी नहीं हुई तो नाना फड़नवीस ने सन्देश भेजा। यदि सीधी तरह से रकम प्राप्त नहीं हुई तो अन्य रीति से काम लिया जाएगा। प्रत्युत्तर में निज़ाम ने पूना की ओर अपनी सेनाएँ भेज दीं। कर्ज़ चुकाने के बजाय युद्ध के नगाड़े बजा दिए। मराठा सरदार तो तैयार थे ही। वे निज़ाम की मनोवृत्ति पहले ही जान गए थे। उन्होंने डटकर लोहा लिया। निज़ाम की सेना पराजित हुई। उसके अनेक सैनिक, असैनिक बन्दी बना लिये गए जिसमें कई महिलाएँ भी थीं। बन्दी असैनिक नागरिकों को नाना फड़नवीस के सामने पेश किया गया। नाना ने कहा–मराठा सेना निज़ाम की सेना से लड़ने गई थी न कि नागरिकों से। असैनिक नागरिकों को सम्मान के साथ मुक्त कर दिया गया। कैदी महिलाओं से क्षमा माँगते हुए उन्हें उनके घर तक पहुँचाया गया।

अपने नागरिकों को लौटता देख निज़ाम बहुत खुश हुआ। नाना फड़नवीस की उदारता और क्षमा भावना पर मुग्ध हो गया। निज़ाम ने तुरन्त नाना फड़नवीस को संदेसा भिजवाया–धन्य है तुम जैसा उदार और बुद्धिमान शत्रु! अब तुम जितनी रकम माँगो, देने को तैयार हूँ।

प्रसन्नजीत का उत्तराधिकारी

2500 वर्ष पूर्व की घटना है। राजा प्रसन्नजीत ने अपने उत्तराधिकारी की नियुक्ति हेतु योजनानुसार लगभग सौ राजपुत्रों को भोजन पर आमन्त्रित किया। सभी राजपुत्रों के सामने अच्छे-अच्छे व्यंजनों को परोसा गया। जैसे ही भोजन प्रारम्भ हुआ कि उस कमरे में चारों ओर से शिकारी कुत्ते भौं-भौं करते प्रवेश कर गए। सभी राजपुत्र भोजन छोड़कर, अपने प्राण बचाने हेतु भाग खड़े हुए। लेकिन श्रेणिक नामक राजपुत्र वहाँ आराम से बैठा भोजन करता रहा।

अगले दिन दरबार लगा। उत्तराधिकारी का निर्णय होना था। सारा नगर उमड़ पड़ा। सभी राजपुत्र भी आए। राजा प्रसन्नजीत ने सभी राजपुत्रों से पिछले दिन की घटना के विषय में पूछा। तो उन सभी ने राजा से शिकायत की कि उन लोगों के साथ बेतुका मजाक किया गया। शुक्र हुआ कि उन लोगों की जान बच गई।

श्रेणिक से जब पूछा गया कि वैसी स्थिति में उसने भोजन कैसे किया तो उसने कहा कि यह तो बड़ा आसान काम था। जो स्वयं ही खाते हैं, कुत्ते उसे काटते हैं। जो स्वयं तो खाते ही हैं दूसरों को भी खिलाते हैं, कुत्ते उसे कुछ नहीं कहते। मेरे सामने अनेक थाल पड़े थे। मैं स्वयं भी खाता रहा और अन्य थाल कुत्तों को देकर उन्हें भी खिलाता रहा। कुत्तों ने मुझे कुछ नहीं किया। मैंने भोजन कर लिया। और अन्ततः सर्वसम्मति से राजा प्रसन्नजीत ने उसे उत्तराधिकारी घोषित किया।

निजी तेलवाला दीपक

एक बार एक चीनी यात्री ने सम्राट चन्द्रगुप्त मौर्य से पूछा–"महाराज! आपके राज्य में सर्वत्र सुख-शान्ति है। प्रजा समृद्धशाली है। घी-दूध की नदियाँ बहती हैं। घरों में ताले नहीं लगाए जाते। कहीं अन्याय, अत्याचार, भ्रष्टाचार नहीं दिखता। यह सब कैसे सम्भव है?" सम्राट चन्द्रगुप्त ने इसका कोई उत्तर न दे, उस यात्री को प्रधानामात्य चाणक्य के पास भेज दिया।

आचार्य चाणक्य नगर से बाहर एक पर्णकुटी में रहते थे। वह चीनी यात्री सूर्यास्त के बाद वहाँ पहुँचा। आचार्य के आदेशानुसार वह फ़र्श पर बिछे एक आसन पर बैठ गया। पर्णकुटी में एक दीपक जल रहा था। आचार्य ने उसे बुझाकर एक दूसरा दीपक जला लिया। चीनी यात्री को बड़ा आश्चर्य हुआ। दीपक तो जल ही रहा था। उसे बुझाकर दूसरा दीपक क्यों जलाया गया! दोनों दीपकों में कोई भेद है क्या? चीनी यात्री ने अपनी शंका उपस्थित की। आचार्य ने अत्यन्त सहज भाव से कहा–"देखो बन्धु! पहला दीपक राज्य के तेल से जल रहा था। तब मैं राज्य कार्य में संलग्न था। दूसरा दीपक मेरा निजी है यह मेरे निजी तेल से जल रहा है। मेरा राज्य कार्य समाप्त हुआ। अब मैं आपसे निजी वार्तालाप कर रहा हूँ। अतः अपने निजी दीपक का प्रयोग कर रहा हूँ।"

चीनी यात्री अवाक् था। उसे अपने प्रश्न का उत्तर मिल चुका था। जिस देश के प्रधानमन्त्री का चरित्र इतना अत्युच्च हो, उस देश में अन्याय, अत्याचार कहाँ होगा, भ्रष्टाचार कैसे पनपेगा!

आभूषण का उपयोग

नेटाल (अफ्रीका) से स्वदेश लौटते समय महात्मा गांधी को अनेक आभूषण उपहार में मिले। आभूषणों का सही उपयोग उनकी समझ में नहीं आ रहा था। अतः उसे स्वीकार नहीं कर रहे थे! उनकी धर्मपत्नी कस्तूरबा बोली–"आपको इनसे क्या लेना-देना? ये तो हमें मिले हैं। इन पर मेरा और बच्चों का अधिकार है। ये बच्चों के विवाह में काम आएँगे।"

गांधीजी ने कहा–"ना! तुम अच्छी तरह जानती हो कि ये सारे उपहार हमें जन-सेवा के बदले मिले हैं। अतः इनका सदुपयोग जनहित में ही किया जाना चाहिए।"

मिले हुए सभी उपहार उन्होंने सार्वजनिक उपयोग के उद्देश्य से बैंक में जमा करवा दिए!

...तो मैं नंगा था

जिस प्रकार दीपस्तम्भ आने-जाने वाले समुद्री जहाजों का मार्गदर्शन करता है। उसी प्रकार महापुरुष वर्तमान और भावी पीढ़ी के लिए एक अच्छे मार्गदर्शक ही नहीं, बल्कि उनके प्रेरणा के केन्द्र बिन्दु होते हैं।

छत्रपति महाराज शिवाजी का जीवन अत्यन्त सरल व सादा था। अपने व्यक्तिगत उपयोग में सरकारी कोष का कम-से-कम उपयोग करते थे। अतः देखादेखी उनके अन्य सहयोगी भी अपने दैनन्दिन जीवन में उसी प्रकार का आचरण करते थे।

मुरारजी बाजीप्रभु उनके अन्यतम सहयोगी थे। वे पुरन्दर दुर्ग के किलेदार थे। कहते हैं कि एक व्यक्ति रात्रि के समय मुरारजी बाजीप्रभु से एक आवश्यक कार्य हेतु मिलने आया। तो बाजीप्रभु ने भीतर से ही सेवक द्वारा कहला दिया कि इस समय नहीं मिल सकते, वह प्रातःकाल आए। काम अत्यन्त आवश्यक था और मिलना न हो सका जिसका उसे दुख हुआ। वह दूसरे दिन महाराज शिवाजी से मिला और बाजीप्रभु की शिकायत की। शिवाजी इस शिकायत की गम्भीरता को समझते हुए बाजीप्रभु पर नाराज़ हुए। इसकी सफ़ाई देने के लिए बाजीप्रभु को दरबार में बुलाया। बाजीप्रभु के आने पर उस आदमी की शिकायत पर उनसे सफ़ाई माँगी। बाजीप्रभु ने सफ़ाई न देकर अपनी गलती स्वीकार कर ली और कहा कि महाराज जो सज़ा देना चाहें दे दें। उन्हें स्वीकार है। शिवाजी को लगा कि बाजीप्रभु बिना कोई हील-हवाला के दंड सहने को तैयार हैं। पर न मिलने का कारण क्या है—यह बताने को तैयार नहीं है। आखिर बात क्या है। तो शिवाजी ने कहा—''देखो सरदार! मैंने आपको दंड देने के लिए नहीं बुलाया है। किलेदार होने के कारण प्रजा का सुख-दुख देखना आप का कर्तव्य है। मैं नहीं समझता कि मेरा कोई भी अधिकारी इस काम में लापरवाही बरतता होगा। सम्बन्धित व्यक्ति से उस रात्रि आपके न मिलने के पीछे कोई-न-कोई कारण तो अवश्य होगा। मैं वह कारण जानना चाहता हूँ। यदि कोई ऐसी विवशता है जो आप बताना नहीं चाहते, तो मैं आपको विवश नहीं करूँगा। और यदि वह राज-काज में सहायक हो, तो आपसे आग्रह है कि बेहिचक आप उसे प्रकट करें।'' इस पर बाजीप्रभु ने कहा—''महाराज! जब आपका आग्रह है तो मुझे कहने में कोई लज्जा नहीं। बात ऐसी है कि मेरे पास पहनने के मात्र एक जोड़े ही वस्त्र हैं। एक पहनता हूँ, दूसरा स्नानोपरान्त सूखने देता हूँ। सप्ताह आते-आते दोनों गन्दे हो जाते हैं। अतः मैंने नियम ले रखा है कि प्रत्येक शुक्रवार की रात्रि दोनों गन्दे वस्त्र को धोता हूँ। रात्रि कमरे में नंगा सो जाता हूँ। प्रातः फिर उसे पहनकर राजकार्य में लग जाता हूँ। सम्बन्धित शिकायतकर्ता शुक्रवार की रात्रि में जब आया था, तो मैं नंगा था। ऐसी हीनावस्था में आपका कोई राज्याधिकारी प्रजा से किस प्रकार भेंट कर अपने राज्य की दैन्यावस्था को प्रकट कर राज्य की मर्यादा को भंग करे! बस इतना ही मेरा अपराध है।'' बाजीप्रभु अपने निजी खर्च के लिए राज्यकोष से नाममात्र की सेवा राशि लेते थे।

बाजीप्रभु की यह बात सुनकर महाराज शिवाजी की आँखों से आँसू टपक पड़े। उन्होंने सिंहासन से उठकर उन्हें गले लगा लिया। शिकायतकर्ता बाजीप्रभु के चरणों में गिर पड़ा। उसने कहा कि जिसके राज्य में ऐसे कर्तव्यपरायण, निर्लोभी राज्याधिकारी हों, वहाँ प्रजा कैसे दुखी रह सकती है। उसी दिन से उन्होंने अपने सभी

राज्याधिकारियों की सेवा-राशि भी बढ़ा दी, ताकि राशि के अभाव में राज्य-कार्य बाधित न हो।

मल्हार राव होल्कर

मुगल बादशाह औरंगज़ेब के सैनिक जत्थों में घोड़ों पर चढ़कर महाराष्ट्र के गाँवों में जिधर निकल जाते, तबाही छा जाती, वे फ़सल-घरों को जला देते, भेड़-बकरियों को मारकर खा जाते, जवान लड़कियों को उठाकर ले जाते।

एक बार दशहरा के शुभ मुहूर्त पर मराठों की प्रथानुसार छत्रपति शिवाजी के पुत्र साह जी महाराज के मन्त्री बाजीराव पेशवा, जो बड़े ही चतुर, साहस के धनी, दूरदर्शी एवं वीर पराक्रमी थे, अपने कई सैनिकों के साथ खानदेश के मुहिम पर निकले तथा होल गाँव से गुजर रहे थे कि एक वृक्ष के पीछे से एक मिट्टी का ढेला बड़ी जोर से उनके मुँह पर लगा। घोड़े को रोककर उन्होंने चारों ओर दृष्टि घुमाई तो एक छोटा-सा बालक गाँव की ओर भागता नज़र आया। अपने हाथों से गाल सहलाते हुए बाजीराव ने अपने सैनिकों को वहीं तम्बू लगाकर रात्रि-विश्राम का आदेश दिया। पेशवा के मुँह से खून आया था। उन्होंने गाँव में जाकर उस बालक को खोज लाने का आदेश सैनिकों को दिया।

पेशवा के सामने जब उस बालक को लाया गया तो उसके पीछे बालक के कई साथी, बालक की माँ और मामा भी साथ आए। बालक पितृहीन था। बालक ने आते ही आवाज़ कसी—"क्यों मिट्टी के ढेले से पेट नहीं भरा क्या?" सामने गाव-तकिए के सहारे गद्दी पर बैठे बाजीराव, उस बालक की निडरता देख दंग रह गए और बालक, गर्म ईंट से गाल को सहलाता हुआ उन्हें देखे जा रहा था। पेशवा ने पूछा—"तुमने मिट्टी का ढेला मुझ पर क्यों फेंका?"

बालक ने कहा—"घोड़ों पर चढ़कर तुम लोग बार-बार हमारे गाँव आकर हमारे गाँव की लड़कियाँ, भेड़-बकरियाँ लूट ले जाते हो। फ़सल जला देते हो। हर तरह से परेशान करते हो, क्यों?"

उसकी निर्भयता पर प्रसन्न हो पेशवा ने कहा—"मैं वह नहीं जो तुम समझते हो। मैंने तुम्हारे गाँव का कभी कोई अनिष्ट नहीं किया। देखो, तुम्हारी इस शरारत ने मेरे गाल की क्या दुर्दशा कर दी।"

बालक ने कहा—"तुम्हारी तरह ही सभी लोग घोड़ों पर आते और लूटमार कर चले जाते हैं। मुझसे गलती हुई।" पेशवा ने बालक की माँ और मामा से कहा—"यह बालक बड़ा होनहार है। एक दिन यह एक बहादुर सिपहसालार बनकर मराठा साम्राज्य को चार चाँद लगाएगा। इसे मैं सांहू जी महाराज की सेवा में लिये जा रहा हूँ।"

यही बालक आगे चलकर मराठा साम्राज्य का वीर सेनापति मल्हार राव होल्कर के नाम से शौर्य एवं पराक्रम का प्रतीक बनकर इतिहास में चमक उठा। मुगल सरदार इसके नाम से थर-थर काँपते थे।

तिलक का राष्ट्र-प्रेम

सन् 1907 में अखिल भारतीय कांग्रेस कमेटी का अधिवेशन सूरत (गुजरात) में हुआ। अधिवेशन एक मायने में असफ़ल रहा। कुछ असमाजिक तत्त्व मार्ग में जगह-जगह नेताओं का अपमान करने हेतु एकत्र थे। लोकमान्य बाल गंगाधर तिलक वापस पूना लौट रहे थे, तो लोगों ने उन्हें पुलिस के संरक्षण में जाने की सलाह दी।

देशभक्त, साहसी, निडर तिलक जी ने कहा–''अंग्रेजों की सेवा में रहनेवाले पुलिस की सहायता लेकर पहुँचने की अपेक्षा भैं अपने देशवासियों के हाथों मरना अधिक पसन्द करूँगा।''

असली सम्पत्ति सादगी

पेशवा के मुख्य न्यायाधीश रामशास्त्री एक कुलीन ब्राह्मण थे। अधिकार सम्पन्न, पर सादगी के मूर्त रूप! एक दिन पेशवा के महल में किसी कार्यवश इनकी पत्नी पेशवा-पत्नी से मिलने गई। मुख्य न्यायाधीश की पत्नी को सामान्य महिलाओं जैसे सादा वस्त्रों में आभूषण रहित देख पेशवा-पत्नी को बहुत दुख हुआ। महाराज पेशवा के सम्मान में क़मी महसूस हुई। अतः वापस जाने के समय पेशवा पत्नी ने सुन्दर, शोभनीय वस्त्रालंकार, बहुमूल्य आभूषण से अलंकृत कर ससम्मान पालकी में बिठाकर उन्हें भेजा।

कहारों ने न्यायाधीश के घर के दरवाजे पर पालकी उतारी। जहाँ कोई चौकीदार नहीं था। दरवाजा अन्दर से बन्द था। कहारों के खटखटाने पर रामशास्त्री ने दरवाजा खोला और पूछा–''क्या है?'' कहारों के इस उत्तर पर कि गुरु-पत्नी आई हैं। रामशास्त्री ने कहा–''भाई! तुम्हें शायद गलतफ़हमी हो गई है। सुन्दर वस्त्रों से विभूषित, बहुमूल्य आभूषणों से अलंकृत यह देवी किसी सम्पन्न घर की है। अतः इन्हें तो इनके महल में ले जाओ। यहाँ ये गलती से आ गई हैं।'' कहकर दरवाजा बन्द कर दिया। उनकी धर्मपत्नी उनके स्वभाव से बखूबी परिचित थी। वे पेशवा के महल में लौट आईं। सारे वस्त्राभूषण वहाँ उतार अपना पूर्व वस्त्र धारण कर, पुनः पैदल ही महल से अपने घर लौटीं। इस बार स्वागत के लिए रामशास्त्री दरवाजे पर खड़े मिले।

उन्होंने कहा–"देवी! आप ब्राह्मण पत्नी होते हुए भी अन्यों के बहकावे में आकर अपनी असली सम्पत्ति सादगी छोड़ आईं? जबकि आपको उन्हें मर्यादा पालन सिखाना था।" पत्नी लज्जित खड़ी थी।

प्रकृति का उपयोग

कांग्रेस कार्यकारिणी की बैठक में सम्मिलित होने के लिए एक बार महात्मा गांधी इलाहाबाद आए। वे पं. मोतीलाल नेहरू के आनन्द भवन में ठहरे। सुबह नित्य कर्म से निवृत्त होकर गांधी जी मुँह-हाथ धो रहे थे। जवाहरलाल नेहरू साथ खड़े हुए कुछ बातें कर रहे थे। कुल्ला करने के लिए गांधी जी जितना जल लिया करते थे, वह समाप्त हो गया तो उन्हें दूसरी बार जल लेना पड़ा। इस पर गांधीजी बड़े खिन्न हुए और बातचीत का सिलसिला टूट गया। जवाहरलाल ने इसका कारण पूछा तो गांधीजी ने कहा–"ध्यान न रहने से मैंने लिया हुआ पहला जल अनावश्यक रूप से खर्च कर दिया। अब मुझे दुबारा लेना पड़ रहा है। यह मेरा प्रमाद है।"

जवाहरलाल ने हँसते हुए कहा–"यहाँ तो गंगा-यमुना दोनों बहती हैं। रेगिस्तान की तरह पानी कम थोड़े ही है। आप थोड़ा अधिक पानी खर्च कर लें तो चिन्ता की क्या बात है?"

गांधीजी ने कहा–"गंगा-यमुना मेरे लिए ही तो नहीं बहतीं। प्रकृति में कोई चीज कितनी ही उपलब्ध हो, मनुष्य को उसमें उतना ही खर्च करने का अधिकार है, जितना उसके लिए अनिवार्यतः आवश्यक है। ऐसा न करने से दूसरों के लिए कमी पड़ेगी और वह प्रकृति की एक चोरी मानी जाएगी।"

महामना मदनमोहन मालवीय

एक लड़का दौड़ता हुआ डॉक्टर के पास पहुँचा उनसे अत्यधिक आग्रह करके एक रोगी को दिखाने ले गया। डॉक्टर ने देखा कि सड़क पर एक घायल कुत्ता पड़ा है। उसी के इलाज के लिए उसे लाया गया था। इस पर डॉक्टर बहुत झल्लाया। पर लड़का भी अपने आन का पूरा था। उसने कहा–"मनुष्य के समान ही कुत्तों को भी कष्ट होता है। हम मनुष्यों का ही दुख दूर करें और दूसरे प्राणियों का नहीं–क्या यह उचित है?" डॉक्टर झेंपा और उसने कुत्ते को दवा दी। कुछ दिनों में कुत्ता भी अच्छा हो गया।

इस बालक का नाम था–महामना मदनमोहन मालवीय, जिसने आगे चलकर बनारस हिन्दू विश्वविद्यालय की नींव रखी। भारतीय स्वतन्त्रता संग्राम में भरपूर योगदान दिया।

माता की आज्ञा सर्वोपरि

भारत के गवर्नर जनरल लॉर्ड कर्जन ने एक बार बंगाल के विद्वान और उच्च न्यायालय के न्यायाधीश आशुतोष मुखर्जी को विलायत जाने की सम्मति दी। श्री मुखर्जी स्वयं भी विलायत जाने की इच्छा रखते थे। उनके मित्र भी उनको इसकी सम्मति दिया करते थे। प्राचीन परम्परा को माननेवाली उनकी बूढ़ी माँ समुद्र यात्रा को शास्त्र के विरुद्ध मानकर उनको रोकती थीं। इसलिए मुखर्जी ने लॉर्ड कर्जन से कहा कि माँ के विरोध के कारण मैं विलायत नहीं जा सकता। लॉर्ड कर्जन ने कुछ सत्ता का भाव प्रकट करते हुए कहा–''अपनी माता से कहिएगा कि भारत के गवर्नर जनरल ने मुझे विलायत जाने की आज्ञा दी है।'' श्री मुखर्जी ने उत्तर दिया–''यदि आपका ऐसा खयाल है तो मैं आपको अभी बतला दूँ कि आशुतोष मुखर्जी अपनी माता की आज्ञा किसी भी दशा में भंग नहीं कर सकता। चाहे भारत का गवर्नर जनरल हो या उससे भी बड़ा कोई इसके लिए आज्ञा क्यों न दे!''

अरविन्द घोष का आवेदन

उन दिनों स्वतन्त्रता आन्दोलन जोर पकड़ रहा था। सरकारी शिक्षा संस्थाओं में शिक्षा का बहिष्कार होना आवश्यक ही था। उस समय आन्दोलनकारियों के पास न तो इतना धन था और न साधन ही। कुछ धन एकत्र हुआ तो महाविद्यालय की रूपरेखा बनाई गई। किन्तु उनके संचालन के लिए भी तो योग्य, अनुभवी व्यक्ति की आवश्यकता थी जो बिना बड़े वेतन के सम्भव नहीं था। विद्यालय की ओर से केवल 75 रुपए मासिक वेतन पर संचालक का विज्ञापन दिया गया। सब निराश ही थे कि अचानक एक आवेदन आया और वह भी एक ऐसे योग्य, अनुभवी व्यक्ति का जिसकी स्वप्न में भी आशा नहीं की जा सकती थी। बड़ौदा कॉलेज के अध्यक्ष अरविन्द घोष, जिन्हें उस समय अन्य सुविधाओं के साथ 700 रुपए मासिक वेतन मिलता था। वे नौकरी छोड़कर बंगाल के इस नव-राष्ट्रीय महाविद्यालय के लिए 75 रुपए मासिक वेतन पर काम करना चाहते थे।

नाई से शिक्षा

कांग्रेस के सुप्रसिद्ध नेता और बम्बई के उच्च न्यायालय के न्यायाधीश महादेव गोविन्द रानाडे को बँगला सीखनी थी। समय का अभाव और अध्यापक को ढूँढ़ने

की कठिनाई से बचने के लिए उन्होंने एक बँगला भाषी नाई से नित्य हजामत बनाने की व्यवस्था कर ली। वह जितनी देर हजामत बनाता उतनी देर वे उससे बँगला सीखते रहते। इस प्रकार उनकी शिक्षण व्यवस्था चलने लगी। एक दिन उनकी धर्मपत्नी ने यह देखा तो कहा–"इसे कोई देखे-सुनेगा तो आपका सम्मान घटेगा। भला अनपढ़ नाई से आप जज होकर इस प्रकार पढ़ें। यह भी कोई सम्मान की बात है?" रानाडे ने हँसते हुए कहा–"दत्तात्रेय ने तो 24 गुरु बनाए थे जिनमें कीड़े-मकोड़े और पशु-पक्षी भी थे। फिर मुझे नाई को गुरु बनाने में क्यों संकोच करना चाहिए!"

महर्षि कर्वे

नारी-पुनरुत्थान के पुनीत कार्य में लगे महर्षि कर्वे ने अपने रिश्ते की एक बाल-विधवा से विवाह कर लिया। उन दिनों रूढ़िवाद की जड़ों पर किसी ने चोट भी न की थी और वे हिली भी न थीं। पंचों ने कर्वे को बहिष्कृत कर दिया। एक बार गाँव के देव-मन्दिरों में उत्सव देखने वे भी जा पहुँचे। "बहिष्कृत को सामूहिक आयोजन में क्यों सम्मिलित किया जाए!" आवाजें उठीं और उन्हें वहाँ से हटा दिया गया। कर्वे ने कहा–"यह तो भगवान का घर है। जब दूर से चांडाल भी दर्शन कर लेता है तो मुझे क्यों रोकते हो? प्रसाद तो नीच लोगों को भी मिल जाता है। मुझे उससे वंचित क्यों करते हो?" इनकी नम्रता का तिरस्कार ही हुआ। महर्षि के तर्क उन पाषाण हृदयों को प्रभावित न कर सका। उन्हें मन्दिर प्रवेश न मिल सका। पर धैर्य और लगन का चमत्कार तो देखें! इन्हीं महर्षि के प्रयत्नों से महाराष्ट्र आज नारी प्रगति में अग्रणी है। उनकी संस्था में सैकड़ों नारियाँ उच्च शिक्षा प्राप्त कर समाज सुधार के आन्दोलनों को गतिमान बनाने में संलग्न हैं।

गुरु का सम्मान

वे राज्यपाल थे। नियम यह था कि राजकीय समारोह में उन्हें ही सबका नेतृत्व करते हुए मंच तक जाना था। पर उस समारोह में उनके गुरु 'सर यदुनाथ सरकार' भी उपस्थित थे। अब समारोह में शिष्य भले ही राज्यपाल क्यों न बन गया हो, गुरु के आगे कैसे चलता? उन्होंने अपने कर्मचारियों से कहा–"यहाँ मेरे गुरु उपस्थित हैं। उन्हें पीछे रखकर मैं आगे कैसे चल सकता हूँ? अपने नियम अपने पास रखिए। मैं वही करूँगा जो मुझे पसन्द है।"

फिर उन्होंने अपने गुरु सर यदुनाथ सरकार से आगे चलने का अनुरोध किया। जब सर यदुनाथ सरकार अपने स्थान पर जाकर बैठ गए, तभी उन्होंने अपना स्थान ग्रहण किया।

गुरु का आजीवन सम्मान करनेवाले ये राज्यपाल थे–स्व. हरेन्द्र कुमार मुखर्जी, जिन्होंने अपने जीवन की सारी कमाई कलकत्ता विश्वविद्यालय तथा अन्य पाँच संस्थाओं को दान कर दी।

देशभक्ति

बड़ोदरा में, एक कमरे में एक व्यक्ति रहता था। कमरे में एक चटाई बिछी थी। एक कुर्सी, एक टेबल, एक कोने में लिपटा हुआ मामूली बिस्तर। कमरा पुस्तकों से भरा हुआ था। बँगला, संस्कृत, अंग्रेजी, फ्रेंच, जर्मनी, रूसी, जापानी आदि अनेक भाषाओं की विविध विषयक पुस्तकों से! चटाई पर बैठा वह व्यक्ति एक पुस्तक पर झुका हुआ था कि विद्यार्थियों का एक शिष्टमंडल उनसे मिलने पहुँचा। विद्यार्थियों का नेतृत्व करनेवाले एक विद्यार्थी ने शिष्ट भाव से कहा–''सर, सुना है कि आप हमें छोड़कर जा रहे हैं!''

''हाँ, जा तो रहा हूँ।''

''सर, यहाँ यदि कुछ कम मिल रहा हो, तो हम लोग कुछ प्रयत्न कर सकते हैं। बात यह है कि हम लोग आप जैसे योग्य, अनुभवी अभिभावक से वंचित नहीं होना चाहते।''

''बच्चों! जहाँ मैं जा रहा हूँ, वहाँ की तुलना में यहाँ बहुत अधिक मिलता है। यहाँ मुझे 710 रुपए मासिक मिलता है। वहाँ मात्र 75 रुपए ही मिलेगा। कभी नहीं भी मिल सकता है। पैसों की बात नहीं है। यह तो देशप्रेम की बात है। जहाँ तक मुझसे वंचित होने की बात है, तो तुम्हें और योग्य व्यक्ति मिल जाएगा।''

बातचीत हो ही रही थी कि इसी बीच एक व्यक्ति कमरे में आया और उनके कान में झुककर कुछ कहा। सुनकर गम्भीर मुद्रा में उन्होंने टेबल पर एक तश्तरी में रखी हुई राशि की ओर संकेत कर दिया। उस व्यक्ति ने तश्तरी में रखी उस राशि में से दो हजार निकाला और चल दिया। उसके जाने पर विद्यार्थी ने उस व्यक्ति के विषय में जानना चाहा, तो उन्होंने कहा–''इस विषय में अब कुछ मत पूछो। हाँ, इतना समझ लो कि वह व्यक्ति एक बहुत बड़ा देशभक्त है। इससे अधिक मैं कुछ नहीं बता सकता। अब जाओ और मुझे कुछ देर एकान्त में रहने दो।''

विद्यार्थियों को नेतृत्व करनेवाले का नाम था कन्हैया लाल माणिक लाल मुंशी और जिनसे वह बातचीत कर रहा था, वह थे अरविन्द घोष–बड़ोदा कॉलेज के अध्यक्ष, जिसे छोड़कर वे जा रहे थे कलकत्ता में देशभक्तों द्वारा नवस्थापित राष्ट्रीय महाविद्यालय का कार्यभार सँभालने।

व्यर्थ जाति का ढोल पीटना छोड़ो

रेल में यात्रा कर रहे एक तिलकधारी सेठ ने अपना भोजन सेवन करना चाहा तो पास ही बैठे एक खद्दरधारी नेता को देखकर उन्हें शंका हुई। उन्होंने पूछा–''अजी नेता जी! आप किस जाति के हैं? गुस्ताखी माफ़ करना। जरा खास काम है, इसलिए पूछने की हिम्मत की अन्यथा...।''

''जाति न पूछिए साधु की, पूछ लीजिए ज्ञान' वाली कहावत नहीं सुनी क्या आपने सेठ जी?''

''साधु से नहीं पूछेंगे जाति, नेताजी! पर आप तो गेरुए कपड़े नहीं पहने हो। खादी तो आजकल मेहतर से लेकर ब्राह्मण, बनिए तक, सभी पहन लेते हैं। अपनी जाति बताने में आपको आपत्ति क्या है?''

''नहीं सेठ जी! जाति बताना या जाति छिपाना दोनों से ही कुछ फायदा नहीं,'' कहकर नेताजी पुनः अखबार पढ़ने लगे। पर सेठजी का आग्रह एक बार फिर सुनकर, वे कुछ सोचकर बोले–''किसी एक जाति का होऊँ तो बताऊँ!''

''तो फिर क्या, नेताजी! आपको वर्णसंकर मान लिया जाए। लगता है कि आपके पिताजी ने किसी अन्य जाति की लड़की से विवाह कर लिया होगा।''

पिता के चरित्र पर चोट थी। किन्तु नेताजी ने मार्मिक व्यंग्य की शैली में चुटकी लेते हुए कहा–''सेठ जी! जाति ही पूछ रहे हो तो सुन लो। प्रातःकाल जब मैं गांधीवादी जीवन के व्यवहार में ईमानदारी से जीने के लिए घर-आँगन, शौचालय की सफाई करता हूँ तो मैं पूरी तरह मेहतर हो जाता हूँ। जब मैं अपने जूते साफ करता हूँ तो चमार हो जाता हूँ। दाढ़ी बनाते समय नाई, कपड़ा धोते सयम धोबी, पीने का पानी भरते समय कहार, घर की बगिया को सँभालते समय माली, हिसाब-किताब करते समय बनिया और कॉलेज में छात्रों को पढ़ाते समय ब्राह्मण हो जाता हूँ। अब आप स्वयं फैसला कर लो कि मैं किस जाति का हूँ।''

उत्तर सुनकर डिब्बे के अन्य यात्रियों को भी आनन्द आ गया। एक ठहाका गूँजा। तभी स्टेशन आ गया। नेताजी को हार पहनाते, पैर छूकर अभिनन्दन करते लोगों को देख सेठजी ने किसी से पूछा–''नेताजी कौन हैं?'' उन्हें बतलाया गया कि ये आचार्य जे. पी. कृपलानी हैं। सुनते ही सेठजी क्षमा-चायना करने लगे। अब आचार्य कृपलानी बोले–''व्यर्थ जाति का ढोल पीटना छोड़ो–यही क्षमा है।''

दीनदयाल उपाध्याय की सादगी

''नहीं, इतना बहुत अधिक है।'' व्यवस्थापक की मेज़ के दूसरी ओर बैठे व्यक्ति ने कहा। कहनेवाले की वाणी में जितनी अधिक सरलता थी, सुननेवाले के चेहरे पर उससे

कहीं अधिक आश्चर्य के भाव थे। प्रौढ़ आयु के व्यवस्थापक ने सामने बैठे नवयुवक को एक बार सिर से पैर तक घूरा। साधारण मोटे सूत का धोती-कुर्ता, पैरों में टायर की सस्ती-सी चप्पल। कहीं से भी धनी नहीं दिखता था। फिर इतना वेतन लेने से इनकार क्यों? मन में एक पर एक भाव आ-जा रहे थे।

एक बार पुनः सामने रखी मार्कशीटों, प्रमाण-पत्रों का उलटा-पलटा। शुरू से लेकर आखिर तक प्रथम श्रेणी के अंक। योग्यता भी कम नहीं–एम.ए.एल.टी.। फिर बात क्या है? इतने पैसे क्यों नहीं लेना चाहता? मन के ऊहापोह ने पूछने के लिए विवश किया–"आप निर्धारित वेतन से कम क्यों लेना चाहते हैं?" उत्तर मिला–"भाई! मुझे दो धोतियाँ, दो कुर्ते तथा सामान्य भोजन की ज़रूरत है। मैंने खूब जोड़-घटाकर देख लिया है कि सब मिलाकर 30 रुपए में मेरा काम चल जाता है। इससे अधिक क्या करूँगा? दिया जा रहा वेतन 250 रुपए तो मेरे लिए अधिक से अधिक है।"

व्यवस्थापक ने पुनः कहा–"पर पूरा क्यों नहीं लेते हैं?

उत्तर मिला–"देखिए, अधिक रुपए का अर्थ है अधिक विलासिता। विलासिता नहीं तो संग्रह कह लीजिए, कृपणता कह लीजिए। मतलब एक ही है–घनीभूत संकीर्णता और निष्ठुरता।"

सुननेवाला दंग था। उसने कहा–"अधिक धन को अच्छे कामों में भी तो लगाया जा सकता है। निर्वाह भी प्रधानाचार्य के स्तर के अनुरूप होना चाहिए।"

"इन दो विरोधी बातों की कोई संगत नहीं। धन को अच्छे काम में लगाने की बात ठीक है पर एक के अधिक वेतन लेने का अर्थ है दूसरों के मन में लालच पैदा करना। उन्हें भागने के लिए विवश करना। इसलिए जिम्मेदार व्यक्ति का वेतन कम होना ही ठीक है। रही बात प्रधानाचार्य के स्तर की, तो उसका जीवन स्तर अन्य सभी की तुलना में अधिक ऊँचा होना चाहिए। जीवन स्तर के ऊँचे होने का अर्थ है व्यक्तित्व का अधिकाधिक सद्गुणों से युक्त होना। इस सम्बन्ध में मैं प्रयत्नशील हूँ।"

व्यवस्थापक सुनकर स्तब्ध। एक साधारण तबके का आदमी जिसका बचपन बिना माँ-बाप के बीता, शुरू से अब तक कष्ट झेलता आ रहा है। ऐसी स्थिति में इतनी निस्पृह और उन्नत मानसिकता। व्यवस्थापक ने पूछा–"गरीबी में रहते हुए ऐसी त्यागवृत्ति मन में कैसे पनपी?" वे बोले–"मन में भाव-श्रद्धा उमड़ पड़े तो गरीब जुलाहे कबीर स्वयं भूखे रहकर जैसे-तैसे कई भूखों का पेट भर सकते हैं और यदि अन्दर निष्ठुरता भरी पड़ी हो तो एक धन कुबेर भी अपने आश्रितों, नौकरों को भूखों मरने पर विवश कर सकता है। संवेदना उपजे तो सादगी आए बिना रह ही नहीं सकती।"

ये प्रधानाचार्य थे–पंडित दीनदयाल उपाध्याय–राष्ट्रीय स्वयंसेवक संघ के समर्पित कार्यकर्ता। जिन्हें पाकर समाज, देश ही नहीं, मानवता धन्य हो गई। भारतीय जनसंघ के प्रथम अखिल भारतीय अध्यक्ष हुए थे।

चन्द्रावती का संकल्प

"मैं हिन्दू के रूप में जन्मी हूँ, हिन्दू होकर ही जीना चाहती हूँ। हिन्दू रहकर ही मरना चाहती हूँ।" दृढ़ स्वर में चन्द्रावती ने न्यायालय के समक्ष अपना निश्चय सुनाया। उसके गरीब माँ-बाप एक मोपला मुसलमान का कर्ज चुकाने में असमर्थ। केरल के पोन्नारी नामक ग्राम में जाकर इस्लाम धर्म स्वीकार कर चुके थे। किन्तु किशोरी चन्द्रावती को यह स्वीकार नहीं था। वह चालाकी से पोन्नारी से भागकर कासरगोड़ ग्राम चली आई। वहाँ के राष्ट्रीय स्वयंसेवक संघ के संघचालक के पास, उनसे आश्रय माँगने। संघचालक जी वकील तो थे ही न्यायालय में मुक़दमा दायर कर दिया। जब माँ-बाप ने लड़की का कब्जा माँगा तो चन्द्रावती ने दृढ़ स्वर में नकार दिया। "किन्तु कोई हिन्दू है जो इसकी जिम्मेदारी ले? उसे ही मैं यह लड़की सौंप सकता हूँ।" न्यायाधीश ने अदालत में उपस्थित लोगों के सामने प्रश्न रखा।

तुरन्त कासरगोड़ का एक स्वयंसेवक आगे आया। व्यवसाय से दर्जी था वह। माताजी की इच्छा के विपरीत उस स्वयंसेवक ने उस कन्या से विवाह कर परधर्म में जाने के उस षड्यन्त्र को विफल कर दिया।

स्वयंसेवक की दृढ़ता

आन्ध्र प्रदेश के निर्मल जिले के एक गरीब स्वयंसेवक ने मजदूरी करते-करते बड़ी कठिनाई से कला-स्नातक की परीक्षा उत्तीर्ण की। छुट्टियों में मजदूरी व अध्यापन कार्य से कुछ पैसे जमा करना और उसी से किसी तरह अपनी पढ़ाई का खर्च चलाना–यह उसका क्रम था। पढ़ाई समाप्त होने पर भी दो वर्ष उसी दौरान अध्ययन करते हुए तथा लोगों के घरों में भोजन करते हुए उसे बिताना पड़ा। कुछ कारणवश उसे विवाहबद्ध होना पड़ा विवाह के लिए अपने कुछ मित्रों से उसे कर्ज़ भी लेना पड़ा। पर शीघ्र ही सरकारी नौकरी मिल जाने से जीवन की गाड़ी सुविधा से चलने को हुई। तभी आया 1974 का आपातकाल। तो वह भूमिगत कार्य में जुट गया और गुपचुप पत्रक बाँटने का कार्य करने लगा। उसके हितचिन्तकों ने समझाया–"भैया, अभी तक तो तू खाने को मोहताज था। अभी-अभी सरकारी नौकरी मिली है, विवाह भी हुआ है। ये पत्रक यदि सरकार के हाथ पड़ गए तो तुझे जेल की हवा खानी पड़ेगी। तुम्हारी पत्नी का क्या होगा? नौकरी से हाथ धोना पड़ेगा सो अलग। भैया, भगवान के लिए यह न करो।" स्वयंसेवक का निर्भीक उत्तर था–"यदि मेरी जिन्दगी 75 वर्ष की मान ली जाए तो उसमें से 25 वर्ष तो मैंने बिना नौकरी के ही बिताए और आगे यदि कोई बाधा न आए तो शायद 25 वर्ष तक नौकरी में रहूँ। उसके बाद का शेष 25 वर्ष तो

कुछ और कर के ही गुजारना पड़ेगा। इस प्रकार 50 वर्ष तो स्वयं ही कुछ-न-कुछ करके जीवन चलाना पड़ता है। तो 25 वर्ष की सरकारी नौकरी के लिए देश के प्रति अपना कर्तव्य भूल जाऊँ। नौकरी जाएगी तो जाए। कोई स्वतन्त्र कार्य करके जीवन चला लेंगे। किन्तु सरकारी नौकरी के लिए अपनी भावनाओं का गला घोंट दूँ—यह नहीं हो सकता।''

कर्तव्यनिष्ठ चपरासी

''यह गाड़ी तो कलेक्टर साहब की है, इसे जाने दो।''

''ठीक है भाई । कलेक्टर साहब की है तो क्या? मैं तुरन्त देख लेता हूँ। चुंगी लायक सामान की जाँच करना मेरा कर्तव्य है।''

चुंगी के चपरासी के मुख से यह बात सुनते ही जिलाधीश का पारा चढ़ गया। उन्होंने धक्का देकर उसे हटाना चाहा पर उसे हटा नहीं सके। गुस्से में आकर पास की दुकान से भीमगंज मंडी के नगर परिषद के अध्यक्ष को दूरभाष पर सारी बातें कहीं। अध्यक्ष ने जिलाधीश से कहा—''इसमें बुरा माननेवाली क्या बात है? कलेक्टर साहब! चपरासी ने ठीक ही किया है। आपको तो इसकी कर्तव्यनिष्ठा की प्रशंसा करनी चाहिए।''

कलेक्टर साहब ने गुस्से में थरथराते हुए कहा—''ठीक है। आप इसे इस बदतमीजी के लिए सस्पेंड कर रहे हैं या नहीं, या मैं ही निपटूँ।'' सस्पेंड कैसे कर सकता हूँ? वह तो नगर परिषद के प्रति अपने कर्तव्य को सही-सही निभा रहा है। अपनी जगह पर वह ठीक है।''

''तो आप भी उस चपरासी को ही ठीक कहेंगे। आप जैसे वरिष्ठ वकील और वयोवृद्ध नेता से ऐसी आशा न थी कि आप अफ़सरों की इज्जत से खिलवाड़ करवाएँगे अपने चार पैसों के कर्मचारियों से।''

''कलेक्टर साहब! आप ठीक कहते हैं। सीताराम की कर्तव्यनिष्ठा अपनी जगह ठीक है। आपको सामान की जाँच करवा लेनी चाहिए और चुंगी लायक माल हो तो उस पर चुंगी चुकानी चाहिए। इससे कतराने की जरूरत क्या है?''

गुस्से से बड़बड़ाते, कलेक्टरी दर्प दिखाते, कोटा के तत्कालील प्रसिद्ध आई.सी.एस. ऑफ़िसर हरिश्चन्द्र कार तक आए। तब तक सामान देखा जा चुका था। काफ़ी वस्तुएँ चुंगी चुकाने योग्य होने के कारण उनकी चुंगी की रसीद बकायदा बनाई गई।

नगर परिषद के कर्मचारियों की सभा में सीताराम की प्रशंसा में दस रुपए देकर उसे पुरस्कृत किया गया। बाद में कुछ अफसरों ने कलेक्टर साहब से क्षमा माँगने को उसे कहा। पर नगर अध्यक्ष ने कहा कि कर्तव्यपरायणता को नहीं समझनेवाले उस अफ़सर से क्षमा किस बात की? शर्म से यह क्यों झुके—वे क्यों नहीं! सीताराम बचपन से आर.एस.एस. के स्वयंसेवक थे।

दीन की उदात्त भावना

दीन-हीन, उपेक्षित, अनाथ व्यक्तियों के लिए समर्पित विश्वविश्रुत समाज-सेविका मदर टेरेसा एक बहुत ही गरीब परिवार के पास चावल लेकर पहुँचीं। उस परिवार में एक महिला और आठ बच्चे थे, जो क्षुधातुर थे। उस महिला ने चावल ले लिया और कहा कि आप ज़रा ठहरें। मैं अभी आती हूँ। वह चावल लेकर गई और जब लौटी, तो चावल का पात्र खाली था। मदर टेरेसा ने पूछा–"कहाँ गई थी?" उस महिला ने कहा–"मेरे सन्निकट की झोंपड़ी में एक मुस्लिम परिवार के सदस्य कई दिनों से भूखे हैं। उन्हें हमारे परिवार से भी अधिक आवश्यकता है भोजन की। यह चावल उन्हीं को दे आई हूँ।"

उसी समय महिला का एक पुत्र हाथ में डिब्बा लेकर आया और मदर टेरेसा के हाथ में दिया। मदर टेरेसा ने उस बालक से पूछा–"इसमें क्या है?" बालक ने उत्तर दिया–"मेरी माँ नित्य भोजन के समय थोड़ी चीनी खाने को देती हैं। मैंने स्वयं न खाकर थोड़ी-थोड़ी इसमें एकत्रित कर रखी है। मेरे जैसे छोटे बालक, जिन्हें चीनी देखने को नहीं मिलती, आप यह चीनी उन्हें बाँट दें।"

मदर टेरेसा उस महिला और उसके छोटे बच्चे की उदात्त भावना देखकर भाव विह्वल हो गईं। वस्तुतः दीन-हीन की सेवा ही ईश्वर की सेवा है।

डॉ. गणेश प्रसाद

प्रसिद्ध गणितज्ञ डॉ. गणेश प्रसाद के बचपन की एक घटना भी बताती है कि स्वाभिमान को जब ठेस लगती है, तब कैसी अपूर्व शक्ति जाग उठती है।

बालक गणेश प्रसाद 5वीं कक्षा में पढ़ते थे। गणित में अनुत्तीर्ण होने पर शिक्षक ने उन्हें 'फिसड्डी' छात्र की उपाधि दी। यह बात बालक गणेश को चुभ गई। उसने गणित पर ध्यान देना शुरू कर दिया। कुछ ही समय बाद सफलताएँ उसके चरण चूमने लगीं। यही बालक डॉ. गणेश प्रसाद एक धुरन्धर गणितज्ञ के रूप में प्रसिद्ध हुए।

नाराजगी में भी शिक्षा

अपने विशेष चरित्र के कारण तो हर कोई चर्चित रहा ही है। एक ऐसे भी महाराज हैं जो अपने चरित्र के कारण मरणोपरान्त भी लोगों के प्रिय हैं। वे हैं भूतपूर्व केन्द्रीय मन्त्री व प्रख्यात शिक्षाविद् डॉ. कर्ण सिंह के पिता स्व. महाराज हरि सिंह जी–जम्मू कश्मीर के अन्तिम महाराज। इन्हीं के पूर्वज थे जम्मू-कश्मीर राज्य के संस्थापक एवं

प्रथम महाराजा गुलाब सिंह जी, जिन्होंने 75 लाख रुपए देकर कश्मीर को अंग्रेजों से खरीदा था।

एक बार महाराजा हरिसिंह अपने एक विशेष मेहमान के साथ कार से कश्मीर से जम्मू आ रहे थे। उनकी गाड़ी रामवन के निकट पहुँची तो सामने से कुछ गुज्जर किशोरियाँ गुज़रती दिखाई दीं। जम्मू-कश्मीर की सुन्दरता और उसमें चार चाँद लगानेवाले यौवन का क्या कहना! उन किशोरियों को देखकर महाराजा हरिसिंह के मेहमान ने कहा– ''वाह! आपके राज्य में क्या लाजवाब चूजे हैं।'' इतना सुनना था कि महाराज हरिसिंह क्रुद्ध हो गए। उन्होंने फ़ौरन कार रुकवाई और उसका दरवाज़ा खोलकर अपने मेहमान को नीचे उतरने का संकेत दिया। मेहमान जैसे ही नीचे उतरे, हरिसिंह ने ड्राइवर को कार आगे बढ़ाने का इशारा किया और जम्मू आ गए। मेहमान जैसे-तैसे पहुँचे और राजमहल में हरिसिंह से मिलने जाने लगे। दरबान ने यह कहकर उन्हें अन्दर जाने से रोक दिया कि महाराज की आज्ञा नहीं है। दो-तीन दिन इसी प्रकार बीत गए। किसी प्रकार टेलीफोन पर बात करके मेहमान को महल में आने की आज्ञा मिली। भेंट होने पर महाराज ने रोष भरे स्वर में कहा कि जिसे वे चूजा कह रहे थे, वे उनकी बच्चियाँ थीं। उनके राज्य की प्रत्येक लड़की उनकी बच्ची समान है। जिस पर बुरी निगाह डालनेवाले को क्षमा नहीं किया जा सकता। विशेष मेहमान होने के कारण उन्हें कम सज़ा दी।

ऐसा भी होता है नाराज़गी व्यक्त करने का तरीका।

बापू की आशावादिता

सन् 1936 में बापू वर्धा से सेवाग्राम चले गए थे। वहाँ जाकर आसपास के ग्रामीणों से सम्पर्क करना प्रारम्भ कर दिया। नित्य उन लोगों को सफाई का महत्त्व बताते और नियमित रूप से उस क्षेत्र में सफाई का कार्य भी करते। कभी गलियों में झाड़ू लगाते, तो कभी मैले-कुचैले नौनिहालों को स्नान कराते और गन्दे कपड़े धोते। सप्ताह-दो सप्ताह की कौन कहे, बापू को महीनों लग गए। पर वहाँ के ग्रामीणों की वृत्ति में कोई परिवर्तन दिखाई नहीं दे रहा था। एक दिन एक कार्यकर्ता अवसर देखकर बापू से पूछ ही बैठा–''बापू! आपको इन व्यक्तियों की सेवा करते महीनों बीत गए, पर कोई परिणाम दिखाई नहीं देता। मुझे तो यहाँ के लोग पूरे गँवार ही दिखाई देते हैं।''

''बस इतने ही में धैर्य खो दिया आपने। अरे भाई, जिन ग्रामीणों की हम सदियों से उपेक्षा करते आए हैं। उनकी निस्स्वार्थ भाव से सेवा कुछ वर्षों तक तो करनी ही चाहिए। आपको बड़े धैर्य के साथ काम लेना होगा। देश इसी प्रकार प्रगति के पथ पर अग्रसर होता है। समाज के नवनिर्माण में किसी चमत्कार की आशा नहीं करनी

चाहिए। आज स्वच्छता के प्रति इनके मन में उपेक्षा का भाव भले ही हो, पर एक दिन अवश्य आएगा जब स्वच्छता इनके जीवन का अंग बन जाएगी।'' बापू ने मुस्कराते हुए कहा।

सुरेन्द्रनाथ शर्मा का आदर्श

सन् 1986 तक आसाम के प्रान्त संघचालक थे सुरेन्द्रनाथ शर्मा। प्रान्त सरकार के शासन के नागरिक आपूर्ति विभाग के उपसंचालक (डिप्टी डायरेक्टर) के पद से निवृत्त होने के बाद कलकत्ता की एक कम्पनी की गुवाहाटी शाखा के शाखा परिचालक नियुक्त हुए। उसी समय उनकी कन्या को भी कम्पनी में काम प्राप्त हुआ।

एक दिन उनकी कन्या ने अपनी बड़ी बहन को एक पत्र लिखा। अपने पिता के पास रखे डाक-टिकट लेने के लिए हाथ बढ़ाया। सुरेन्द्रनाथ जी ने प्रश्न किया–''टिकट क्यों चाहिए? किसे पत्र लिखा है?'' कन्या ने कहा कि अपनी दीदी को, तो असन्तुष्टि का भाव मुख पर लाते हुए बोले–''यह तुम्हारा व्यक्तिगत कार्य है। इस व्यक्तिगत कार्य के लिए ऑफिस का टिकट लगाया, तो इसे देखने के लिए कलकत्ता का यहाँ कोई नहीं है–यह सही है, पर मैं इसे बिलकुल पसन्द नहीं करता।'' फिर कन्या के हाथ वहीं रुक गए।

स्वयंसेवक का संकोच

सन् 1950 में आर.एस.एस. के पुणे संघ शिक्षा वर्ग में एक दिन जलेबी बनी थी। अधिकारियों की पंक्ति में आठ-नौ स्वयंसेवकों पर भोजन परोसने का दायित्व था। एक स्वयंसेवक वितरण न करके वैसे ही बैठा था। परमपूज्य गुरुजी का ध्यान उसकी ओर गया। भोजन प्रारम्भ होने के पूर्व ही वे उसके पास गए और कहा–''तू कैसे बैठा है? वितरण कर।'' उस स्वयंसेवक को बहुत संकोच हो रहा था। जब उसने परमपूज्य गुरुजी को बताया कि वह चर्मकार है और इसलिए संकोच कर रहा है तो गुरुजी को बहुत खराब लगा। गुरुजी ने उसका हाथ पकड़कर जलेबी की थाली उसके हाथ में दी और सर्वप्रथम अपनी थाली में परोसने को कहा।

शुद्ध राष्ट्रीय भाव

आर.एस.एस. से प्रतिबन्ध हटने के बाद स्थान-स्थान पर विशाल जनसभाओं का आयोजन हुआ। संघ कार्य पुनः प्रारम्भ करने के लिए गुरुजी का देशव्यापी दौरा हुआ।

पंजाब के जोशीले और भावुक लोगों ने सोनीपत स्टेशन पर गुरुजी के पहुँचते ही गगन भेदी जय-जयकार की–"परम पूजनीय गुरुजी अमर रहें, राष्ट्रीय स्वयंसेवक संघ अमर रहे।"

गुरुजी ने उन्हें तत्काल रोका और समझाया–"हमारे कंठों से जय-जयकार किसी विशेष व्यक्ति या संस्था का नहीं होना चाहिए। कोई भी व्यक्ति अथवा संस्था अमर न तो रह सकता है, न रहेगा। केवल राष्ट्र ही चिरन्तन है। अतः बोलना ही है तो भारत की जय कहो, भारत-माता की जय-जयकार करो।"

अपने प्रति किए गए किसी विशेष सम्मान की बात से ही.गुरुजी को पीड़ा होती थी। व्यक्ति अथवा संस्था से पूर्णतः निरपेक्ष होकर उनकी दृष्टि अविचल रूप से शुद्ध राष्ट्रीय भाव पर टिकी रहती थी।

स्वयंसेवक का धैर्य

टीलों, पहाड़ों तथा अरण्य से आवृत कर्नाटक के शिवमोग्गा जिले का एक गाँव, जहाँ न बस की सुविधा है, न बिजली का प्रकाश और न अन्य नागरिक सुविधाएँ। इस गाँव में आर.एस.एस. की शाखा प्रारम्भ हुए दो वर्ष ही हुए थे। तभी एक दिन एक घटना घटी। शाखा समाप्ति का समय था। पास ही किसी ने मधुमक्खियों के छत्ते को छेड़ दिया। सारी मक्खियाँ संघ-स्थान के चारों ओर मँडराने लगीं। प्रार्थना के लिए संपत हुआ। मुख्य शिक्षक की सीटी के संकेत पर प्रार्थना शुरू हुई। अभी दो पंक्तियाँ भी नहीं हुई थीं कि एक मधुमक्खी ने मुख्य शिक्षक के पैर में डंक मार दिया। मुख्य शिक्षक किंचित् भी विचलित न हुआ। मधुमक्खी के डंक मारने से जो पीड़ा हो रही थी, उसे सहन करता हुआ उसने प्रार्थना पूर्ण की, ध्वज-प्रणाम किया। और विकिर के पश्चात् ही अपने पैर से मधुमक्खी को हटाया।

भूल सुधार

भूतपूर्व उप-राष्ट्रपति गोपालस्वरूप पाठक के भतीजे एवं आई.ए.एस. अधिकारी अरुण पाठक कुछ वर्षों पूर्व बिहार राज्य सरकार के सचिव थे। जब वे बम्बई में अपने चाचा के यहाँ रहकर पढ़ रहे थे तो एक दिन उनकी कार की चपेट में एक नर्स बुरी तरह घायल हो गई। अरुण पाठक उसे अपनी कार में अस्पताल ले गए और इस दुर्घटना का दायित्व अपने ऊपर लेकर उसकी चिकित्सा का सारा व्यय स्वयं वहन किया। यह जानकर कि अब वह अपंग हो जाने के कारण नर्स का कार्य करने योग्य नहीं रह गई,

वह रोने लगी। पूछने पर ज्ञात हुआ कि उसकी बूढ़ी माँ और पढ़नेवाली छोटी बहन के जीवन-निर्वाह का भी भार उस नर्स पर है, जिसके कारण वह नर्स अत्यधिक चिन्तित थी। अरुण पाठक ने उसे आश्वस्त किया। उस नर्स की छोटी बहन से स्वेच्छा से विवाह कर लिया, जिसमें उसके चाचा ने पूर्ण सहयोग दिया।

अपनी गलती का इस प्रकार सुधार कर इस ईसाई नर्स के परिवार को बचानेवाले अरुण पाठक वाराणसी जिले के ब्राह्मण परिवार के हैं और बिहार राज्य सरकार के योग्य अधिकारी हैं।

सादगी और सज्जनता

लखनऊ के कृष्ण बिहारी सक्सेना केन्द्र सरकार में कृषि विभाग के डायरेक्टर पद पर कार्यरत थे। उनका विवाह रिजर्व बैंक के भूतपूर्व गवर्नर एस. जगन्नाथन की कन्या से हुआ।

एक दिन उनकी पत्नी इनकी सेवा में रखी हुई सरकारी जीप लेकर सिनेमा चली गई। सक्सेना ने जीप चोरी चले जाने की प्राथमिक सूचना पुलिस को दी। पुलिस ने इनकी पत्नी व जीप इनके निवास स्थान पर पहुँचाई। सक्सेना के आग्रह पर पुलिस ने 87 रुपए जुर्माना किया, जिसे सक्सेना ने भर दिया। इसी बात पर पत्नी से इनकी नोक-झोंक हो गई। मामले ने इतना तूल पकड़ लिया कि इनकी पत्नी ने तलाक की अर्जी दे दी। अदालत में जज के पूछने पर सक्सेना ने कहा कि मेरी पत्नी अपने होशोहवास में रहकर तलाक चाहती है और उन्हें कोई एतराज नहीं। तलाक स्वीकार हो गया।

सादा रहन-सहन वाले सक्सेना बराबर चप्पल पहनते हैं, धोती-कपड़े स्वयं धोते हैं और अपने हाथों से इस्तरी करते हैं।

राजेन्द्र बाबू की मितव्ययिता

आज अपने देश के केन्द्रीय मन्त्रियों एवं राज्याधिकारियों में राष्ट्रीय सम्पत्ति की लूट-खसोट की एक होड़-सी चल रही है। प्रतिभूति घोटाला, चीनी घोटाला, इंजिनों की खरीद का घोटाला, हवाला कांड, यूरिया कांड, पशुपालन कांड, आवास घोटाला, लखूभाई पाठक ठगी कांड ने प्रधानमन्त्री के साथ-साथ अनेक मन्त्रियों को जनता के कटघरे में लाकर खड़ा कर दिया है। स्वर्गीय डॉ. राजेन्द्र प्रसाद के जीवन का निम्नलिखित प्रसंग इस विषय में अनुकरणीय है।

एक बार राज्यों का दौरा करते हुए डॉ. राजेन्द्र प्रसाद राँची पहुँचे। इन दौरों के कारण उनके जूतों के तल्ले घिस जाने से उसकी कीलें उभर आई थीं, जिसके कारण पैरों में कील चुभने से दर्द हो रहा था। क्योंकि वे अहिंसक जूतों का ही प्रयोग करते थे, अतः आवास-स्थान से दस मील की दूरी पर अवस्थित अहिंसक चर्मालय केन्द्र पर अपने निजी सचिव को भेजकर अपने लिए एक जोड़ा नया जूता मँगवाया। सचिव से पूछा—"कितने में लाया।" उन्नीस रुपए में आया है। यह जानकर उन्हें दुख हुआ, क्योंकि पिछले ही वर्ष ऐसा जूता ग्यारह रुपए में आया था। जब सचिव ने बताया कि ग्यारह रुपएवाला जूता कमज़ोर होने के साथ कड़ा भी है, तो राजेन्द्र बाबू ने असन्तुष्ट होकर कहा कि जब ग्यारह रुपए से ही काम चल सकता है तो व्यर्थ में उन्नीस रुपए क्यों खर्च किये जाएँ?

राजेन्द्र बाबू ने इस बार सचिव को नहीं भेजा बल्कि किसी आने-जानेवाले से ग्यारह रुपएवाला जूता बदलकर मँगवाया। क्योंकि सचिव कार से जाते। अर्थात् जूते बदलने में जो पैसों की बचत होती, उससे अधिक तो पेट्रोल में खर्च हो जाते।

स्वतन्त्रता प्राप्ति के पश्चात् देश की आर्थिक स्थिति डाँवाँडोल थी। राष्ट्रीय धन का अपव्यय न हो, इस पर राजेन्द्र बाबू का विशेष ध्यान रहता था। इसी निमित्त उन्होंने अपने वेतन में से दस हजार की कटौती कर दी।

बात कितनी छोटी थी, पर गम्भीर थी। ये छोटी-छोटी बातें ही व्यक्ति को महान बनाती हैं।

ईश्वरचन्द्र विद्यासागर की सीख

हाबड़ा मेल प्लेटफॉर्म पर रुकते ही एक युवक ट्रेन से उतरा और 'कुली-कुली' पुकारने लगा। कुली नहीं मिला। युवक परेशान था कि इतने में साफ-सुथरा वस्त्र पहने एक व्यक्ति उसके पास आया और पूछा कि कहाँ जाना है। उसे पास के ही किसी विद्यालय में जाना था। साथ में एक छोटा-सा सूटकेस था। उस व्यक्ति ने बिस्तर कन्धे पर और हाथ में सूटकेस लिया और दोनों पैदल चल पड़े। विद्यालय पहुँचकर वह व्यक्ति बिना मजदूरी लिये चला गया और युवक ठगा-सा देखता रह गया।

दूसरे दिन वह युवक विद्यालय के प्राचार्य-कक्ष में प्राचार्य से मिलने गया, तो देखा कि प्राचार्य की कुर्सी पर वही व्यक्ति विराजमान है जो पिछले दिन स्टेशन से उसका सामान लाया था और बिना मजदूरी लिये चला गया था। युवक कुछ क्षण भौंचक-सा खड़ा रहा, फिर उनके चरणों में गिरकर क्षमा-याचना की, तो प्राचार्य ने

कहा–"अपना काम स्वयं करना सीखो और स्वावलम्बी बनो। जो सामान तुम स्वयं उठा सकते हो, उसके लिए दूसरों पर निर्भर करना ठीक नहीं।"

वह व्यक्ति उस समय के सुप्रसिद्ध शिक्षाविद् ईश्वरचन्द्र विद्यासागर थे।

दुर्गाबाई देशमुख की दृढ़ता

सन् 1922 के काकिनाड़ा कांग्रेस में खादी प्रदर्शनी लगी थी। प्रवेश द्वार पर एक दुर्बल-सी स्वयंसेविका पदस्थ थी। खादी प्रदर्शनी में प्रवेश हेतु दो आने का टिकट था।

खादी प्रदर्शनी देखने के लिए एक व्यक्ति बिना टिकट दिखाए प्रवेश द्वार से जब अन्दर जाने लगा तो स्वयंसेविका ने उसे रोककर टिकट माँगा। उस व्यक्ति ने अपनी जेब टटोली, पर पैसा नदारद। सो कहने लगा कि उसके पास तो पैसे नहीं हैं। स्वयंसेविका ने कहा कि कोई बात नहीं। कल पैसे लेकर आ जाएँ और देख लें। वहीं एक वयोवृद्ध कांग्रेसी सज्जन खड़े थे जिन्होंने उस स्वयंसेविका से कहा कि ये बहुत बड़े कांग्रेसी नेता हैं, इन्हें जाने दो। स्वयंसेविका ने कहा–"चाहे कितने बड़े नेता हों मुझे तो यही आदेश है कि बिना टिकट किसी को भी न जाने दिया जाए। मैं तो नियम को जानती हूँ, नेता को नहीं।" यह सुनकर उस व्यक्ति ने स्वयंसेविका की पीठ थपथपाई और उस वयोवृद्ध कांग्रेसी सज्जन से दो आना उधार माँगकर टिकट खरीदा और तब प्रदर्शनी देखने अन्दर गए।

यह स्वयंसेविका थीं दुर्गाबाई देशमुख, जो स्वातन्त्र्योतर काल में भारत की संसद सदस्या, योजना आयोग की सदस्या और समाज कल्याण बोर्ड की अध्यक्षा बनीं। और वह व्यक्ति थे पं. जवाहरलाल नेहरू जो भारत के प्रथम प्रधानमन्त्री बने।

तिलक की सहजता

सन् 1916, लखनऊ में कांग्रेस अधिवेशन था। दक्षिण भारत के भी प्रतिनिधि उसमें भाग लेने आए थे। ठंड का समय था। दक्षिण के प्रतिनिधियों का ठंड सहने का अभ्यास न था, क्योंकि दक्षिण में ठंड कम पड़ती है। कांग्रेस अध्यक्ष लोकमान्य तिलक तीन बजे रात्रि में अपने शिविर से निकलकर पाकशाला में आए, जहाँ सेवकगण निद्रा के वशीभूत खर्राटे ले रहे थे। तिलक जी ने स्वयं लकड़ी इकट्ठी की, ईंधन जलाया और पानी से भरा भगोना चूल्हे पर चढ़ा दिया। आवाज हुई, सेवकों की नींद उचट गई। देखा कि स्वयं तिलक जी चूल्हे के पास बैठे पानी गरम कर रहे हैं। पूछने पर तिलक जी ने बताया कि दक्षिण भारत के प्रतिनिधियों को उनके नित्य कर्म हेतु गरम पानी चाहिए। आप सभी थके-माँदे विश्राम कर रहे थे, अतः यह कार्य मैं स्वयं कर रहा हूँ।

सेवाभावी गांधी

महात्मा गांधी किसी की सेवा करने में कभी घबराते न थे। उनका एक अनुयायी कुष्ठ रोगी था। गांधीजी को प्राकृतिक चिकित्सा पर विश्वास था। 'मिट्टी-पानी, धूप-हवा, सब रोगों की एक दवा'–यह सिद्धान्त उनको मान्य था। अपने उस कुष्ठ रोगी की सेवा वे स्वयं प्राकृतिक चिकित्सा के आधार पर करते थे। तीन दिनों से उसकी मालिश भी चल रही थी, जिसे वह स्वयं कर रहे थे। इसी दरम्यान तत्कालीन वायसरॉय लॉर्ड माउंटबेटन से भारतीय स्वतन्त्रता को लेकर बातचीत भी चल रही थी। बातचीत का दौर थोड़ा लम्बा हो गया। कुष्ठ रोगी के मालिश का समय हो गया था। अतः गांधीजी ने माउंटबेटन से क्षमा माँगी और बातचीत बीच में ही छोड़ वायसरॉय हाउस से चल दिए।

सेवा के प्रति निष्ठा इस प्रकार होनी चाहिए।

गांधी जी की सहिष्णुता

एक बार गांधी जी अपने परम मित्र एवं विदेशी भक्त लाटन के साथ अफ्रीका के डरबन शहर की ओर जा रहे थे। एक अंग्रेज उन्हें पहचानकर 'अरे गांधी आया, गांधी आया' कहकर हल्ला करने लगा। फिर क्या था! अंग्रेजों की भीड़ जुट गई और गांधी जी पर सड़े-गले अंडों एवं पत्थरों की बौछार होने लगी। लाटन ने परिस्थिति की नाजुकता को देखते हुए उन्हें भाग चलने की सलाह दी। तब गांधी ने कहा–"मैं मृत्यु के डर से भाग नहीं सकता। ये गोरे लोग भी मेरे ही भाई हैं। आज न जाने क्यों, इन लोगों के मन में मेरे प्रति वहम पैदा हो गया है। कल ये अपनी इस गलती पर अफसोस करेंगे।"

लाटन ने बीच-बचाव करने का प्रयत्न किया तो दो चार हट्टे-कट्टे अंग्रेज युवक लाटन को खींचकर एक ओर ले गए और भीड़ ने गांधी जी को बीच में कर उनकी अच्छी तरह पिटाई की। तब तक वहाँ की पुलिस आ गई, जिसने गांधी जी को अपनी रक्षा में ले, घायलावस्था में उन्हें एक पारसी रुस्तम के घर लाई। पुलिस अधिकारी अलंकम्प ने गांधी जी से क्षमा माँगी और कहा–"आपके इस अपमान से हम सब दुखी एवं लज्जित हैं। आप बताएँ कि क्या आप आक्रमणकारियों को पहचान सकेंगे?" गांधी ने उत्तर दिया–"दो-चार को तो मैं पहचान लूँगा, पर इससे क्या लाभ? यदि सचमुच में उन लोगों ने कोई अपराध किया है तो अपनी इस कारस्तानी पर वे अवश्य ही पश्चात्ताप करेंगे।"

लाटन व अलकम्प, गांधी जी की इस सहिष्णुता पर दंग रह गए। दोनों का सिर नीचा था। सोच रहे थे कि कैसा है यह भारतीय। ईसा से कितना मिलता-जुलता! दुबला-पतला मानव, पर देवतुल्य।

राजेन्द्र बाबू की कर्तव्य-परायणता

भारत के राष्ट्रपति राजेन्द्र प्रसाद अपनी बड़ी बहन भगवती देवी को माँ के समान मानते थे। उनके प्रत्येक आदेश को भगवतादेश मानकर पालन करते। घर में वही एक ऐसी सदस्या थी, जो राजेन्द्र प्रसाद को डाँट भी सकती थी। भगवती देवी जहाँ यथार्थवादी थी, वहीं राजेन्द्र प्रसाद जी सरल चित्त व सीधे थे। मानव की नेकनीयती में विश्वास करते थे।

25 जनवरी, 1960 को भगवती देवी का देहान्त हो जाने से राजेन्द्र प्रसाद जी को इतना सदमा पहुँचा कि सारी रात्रि बहन की मृत्युशैय्या के निकट ही बैठे रहे। रात्रि के अन्तिम प्रहर में घर के किसी व्यक्ति ने उन्हें स्मरण कराया कि प्रातःकाल 26 जनवरी भारतीय गणतन्त्र की 10वीं वर्षगाँठ के अवसर पर राष्ट्रपति की हैसियत से उन्हें सलामी लेना है। बस तो फिर उनका वह निजी दुख राष्ट्रीय कर्तव्य के आगे ढँक गया। सलामी की रस्म के दौरान वे घंटों खड़े रहे–चेहरे पर न दुख की रेखा, न थकान और न क्लान्ति। सलामी की रस्म के उपरान्त वे फिर बहन की अर्थी के साथ यमुना तट तक गए। वहाँ भी काफ़ी देर तक रहे। उनकी कर्तव्य-परायणता से देश की जनता उन्हें अपना सिरमौर मानने लगी थी।

सरदार पटेल का धैर्य

सरदार वल्लभभाई पटेल भारत के प्रथम गृहमन्त्री थे। स्वतन्त्रता पूर्व ये वकील थे। किसी मुक़दमे के सिलसिले में न्यायालय में जज के सामने बहस कर रहे थे। तभी उन्हें अपनी धर्मपत्नी की मृत्यु का एक तार मिला, जिसे पढ़कर उन्होंने अपनी मेज पर रख दिया और पुनः बहस करने लगे। सारी न्यायालयिक प्रक्रिया के पश्चात् उन्होंने बताया कि घर से उनकी धर्मपत्नी की मृत्यु का समाचार मिला है।

जज, वकील, मित्रगण सभी अवाक् रह गए। किसी ने पूछा भी कि ऐसा समाचार मिलने पर भी आप बहस में भाग लेते रहे?

सरदार पटेल ने कहा–"क्या करता उस समय? यदि बीच में ही बहस करना छोड़कर चला जाता, तो मेरा मुवक्किल यह केस हार सकता था। तब यह उसकी मौत से कम दुखद नहीं होता। ईश्वर अपना कार्य करता है, मैं अपना कार्य करता हूँ। यही तो मेरे धैर्य की परीक्षा थी। प्रभु कृपा से मैं इसमें उत्तीर्ण हुआ।"

शास्त्री जी का राष्ट्राभिमान

पं. जवाहरलाल नेहरू के मृत्योपरान्त लाल बहादुर शास्त्री प्रधानमन्त्री के पद पर आसीन हुए। उन्हीं दिनों अन्न के भीषण अकाल के कारण जनता त्राहि-त्राहि कर रही थी। पर शास्त्री जी किसी देश के आगे अपनी झोली पसारने के स्थान पर देश को स्वावलम्बी देखना चाहते थे। एक दिन अपने परिवार के सभी परिजन को एक साथ रात्रि भोजन पर बैठने को कहा। यह एक अप्रत्याशित घटना थी। रात्रि भोजनोपरान्त उन्होंने परिवार के लोगों से एक सप्ताह का सायंकालीन भोजन न लेने का आग्रह किया, जिसका सभी ने पालन किया। सप्ताह उपरान्त पुनः सभी परिजन भोजन मेज पर एकत्र बैठे तो शास्त्री जी के ज्येष्ठ पुत्र ने अपने पिता से ऐसा आदेश देने का उद्देश्य पूछा। तब शास्त्री जी ने कहा–"मैं यह देखना चाहता था कि मेरा परिवार एक सप्ताह तक एक ही शाम भोजन कर रह सकता है या नहीं। इसके माध्यम से मैं देश को यह सन्देश देना चाहता था कि यदि देश का प्रत्येक नागरिक सप्ताह में एक दिन एक ही शाम भोजन करे तो देश में अनाज की समस्या दूर हो सकती है।" और फिर सम्पूर्ण देश में नागरिकों एवं जनता ने प्रत्येक सोमवार को सायंकालीन भोजन लेना बन्द कर दिया। यही नहीं बल्कि सम्पूर्ण देश में चलनेवाले होटल स्वेच्छापूर्वक रात्रि में बन्द कर दिए गए। यह एक-दो दिन नहीं, काफी अरसे तक जारी रहा। इस प्रकार पड़ोसी देशों के आगे अनाज के लिए हाथ नहीं पसारना पड़ा। हम अन्ततः आत्मनिर्भर हो गए।

नेताजी का बचपन

24 अगस्त, 1690 के दिन सुतनौनी, गोविन्दपुर और कलकत्ता–इन गाँवों को ईस्ट इंडिया कम्पनी के एजेंट जॉन चारनोक ने खरीदा। इन्हीं गाँवों का सम्मिलित क्षेत्र आज महानगरी कोलकाता है। इसी महानगरी की एक गन्दी बस्ती में हैजे के भयानक प्रकोप से हजारों लोग पीड़ित थे। एक छोटे-से बालक से जब यह सब न देखा जा सका तो अपने हमउम्र कुछ बच्चों का एक दल बनाकर हैजे से पीड़ित लोगों की सेवा करने लगा।

उस बस्ती में एक नामी अपराधी रहता था। हैजे की इस महामारी में वह अपनी कमाई करने की योजना बना रहा था। पर बालकों के इस सेवादल ने उसकी योजना न बनने दी। अतः वह तरह-तरह की रुकावटें डालकर सेवा कार्य करनेवाले बालकों को परेशान करने लगा। इसकी परवाह न करते हुए बच्चे अपने कार्य में जुटे रहे। भाग्य की बात! एक दिन वह अपराधी स्वयं भी हैजे की चपेट में आकर बिस्तर पकड़ लिया। बच्चों के दल को जब यह पता चला, तो पुरानी रंजिश भूलकर वे सभी वहाँ जाकर उसकी सेवा-सुश्रुषा में लग गए।

यह देख वह अपराधी फूट-फूटकर रो पड़ा। सेवा दल के नेता ने समझा कि मौत के डर से वह रो रहा है। अतैव उसे सान्त्वना देने के लिए कहने लगा–"भाई! घबराते क्यों हो? तुम्हारा घर बहुत गन्दा था, अतः हैजे की चपेट में आ गए। अब हम सबने मिलकर इस घर की सफाई कर दी है, तो बीमारी भी भाग जाएगी और तुम अच्छे हो जाओगे। बस तुम चुपचाप लेटे रहो।"

यह सुनते ही उस अपराधी ने उस बच्चे का हाथ पकड़कर रुँधे गले से कहा– "बेटे! मेरा घर ही नहीं, मेरा मन भी गन्दा था और तूने तो दोनों की ही सफाई कर दी। मैं बहुत लज्जित हूँ कि तुम्हारे इस सुन्दर सेवा कार्य में विघ्न डालता रहा। आज से मैं सारे बुरे कार्य बन्द कर देने की प्रतिज्ञा करता हूँ। तुम्हारे इस उपकार से मैं उऋण नहीं हो सकता। ईश्वर से यही प्रार्थना करता रहूँगा कि इसी प्रकार तुम समाज व देश की सेवा अहर्निश करते रहो, और तुम्हारी महानता की चर्चा घर-घर होती रहे।"

इतिहास गवाह है कि उस अपराधी की यह दिली तमन्ना एक दिन सच होकर रही। यही बालक बड़ा होकर नेताजी सुभाष चन्द्र बोस के नाम से विश्वविख्यात हुआ, जिससे जर्मनी का हिटलर और जापान का तोजो हाथ मिलाने में अपना गौरव मानता था।

बालक वल्लभ का साहस

गुजरात के कमरसद ग्राम में खेतों की हरियाली के बीच विचरण करता एक ग्यारह वर्ष का बालक, नरसिंह मेहता का गीत 'वैष्णव जन तो तेने कहिए, जे पीर पराई जाने रे' गुनगुना रहा था कि कानों में आवाज आई–'बचाओ-बचाओ; और वह दौड़ पड़ा, आवाज की दिशा में। दूर पगडंडी पर एक लड़की को साँड़ ने दबोचकर अपने सींगों से ऊपर उठाना चाहा। लड़की भय से चिल्ला रही थी। लड़के ने अपने हाथ की किताब नीचे फेंक साँड़ की दोनों सींगे पकड़ ली। साँड़ ने उसे धक्का दिया, पर लड़के ने अपने पैर जमीन पर अड़ा दिए और साँड़ को धक्का देना चाहा। लड़की छूट गई, फिर भी चिल्लाती रही सहायता हेतु। एक खेत से दूसरे, दूसरे से तीसरे तक आवाज गूँजती रही, जिसे सुनकर वहाँ कार्यरत किसान अपनी-अपनी लाठी ले दौड़ पड़े। भीड़ और लाठी देख साँड़ भाग खड़ा हुआ। लड़की गाँव की ही थी। एक किसान ने पहचानकर पूछा–"क्यों गौरी! क्यों चिल्लाई, क्या बात है?"

गौरी ने कहा–"काका! यह साँड़ मुझे उठाकर फेंकना चाह रहा था। तब तक यह वल्लभ आ गया और साँड़ की सींग पकड़ ली। जब साँड़ ने मुझे छोड़ वल्लभ पर आक्रमण किया, तो आफत आ गई। सहायता के लिए मैं चिल्ला उठी। खड़े हुए किसान ने वल्लभ को देख पूछा–"तुम तो वही बालक हो न, जिसने छह वर्ष की उम्र में अपने फोड़े को

गरम लोहे से स्वयं दाग दिया था। तुम्हारा यह दूसरा साहस देख हम सब प्रसन्न हैं।" और उसे अपने कन्धे पर उठा, एक जुलूस के रूप में गाँव लाया।

यही बालक आगे चलकर वल्लभ भाई पटेल के नाम से प्रसिद्ध हुआ, स्वतन्त्रता प्राप्ति के पश्चात् भारत का प्रथम गृहमन्त्री बना।

मनोयोगी गांधी

महात्मा गांधी ने अपने संस्मरण में लिखा है कि वैसे मेरा जन्म तो भारत में हुआ था, पर मेरा निर्माण अफ्रीका में हुआ। दक्षिण अफ्रीका में जातिवाद में उलझनेवाले लोगों को भड़कानेवाले दमनकारी तानाशाह जनरल स्मट्स ने बार-बार गांधी जी को जेल में ठूँसा, जेल में उनसे कड़ी मेहनत कराई। जेल में रहते हुए गांधी जी के भीतर अनेक गुणों का विकास हुआ और यहीं गांधी ने मोची से सीखी चमड़े के जूते बनाने की कला।

कुछ समयोपरान्त जब सभी बन्दियों को आम माफी के दौरान छोड़ा जाने लगा तो जनरल स्मट्स ने गांधी जी को मुक्त कर दिया। विदाई में गांधी जी ने जनरल स्मट्स को अपने हाथ से निर्मित सैंडल का एक जोड़ा अपनी ओर से विदाई के उपलक्ष्य में दिया। गांधी जी के जन्मदिवस के अवसर पर एक बार जनरल स्मट्स ने गांधी जी को एक पत्र भेजा। जिसमें लिखा था–मैंने उन सैंडिलों को गर्मियों के मौसम में कई वर्ष पहना। यद्यपि मैं मन में बराबर सोचता था कि मैं उसे पहनने के योग्य न था।

गांधी जी के प्रति अत्यधिक क्रूर भाव रखनेवाला अत्याचारी व्यक्ति भी अपने मन में ऐसे विचार रखता था।

निराला की महानता

महाकवि सूर्यकान्त त्रिपाठी 'निराला' की रचनाएँ विभिन्न प्रकाशकों द्वारा प्रकाशित की जाती रहीं। एक बार वे अपनी रचना की रॉयल्टी लेकर लौट रहे थे। मार्ग में एक भिखारिन ने उनसे भिक्षा माँगी। निराला जी ने उससे पूछा कि अब तक कितनी भिक्षा प्राप्त की है? भिखारिन ने कहा कि अभी तक तो कुछ नहीं मिला है। निराला जी ने अपने पॉकेट से एक रुपया निकालकर उसे दिया और पूछा–"अब कितने दिनों तक भिक्षा माँगने की आवश्यकता नहीं पड़ेगी?"

वह बोली–"तीन दिनों तक इस रुपया से मेरी जीविका चल जाएगी।"

निराला ने कहा–"यदि दस रुपए तुम्हें दूँ तो?"

भिखारिन ने कहा–"एक मास तक भिक्षा माँगने की आवश्यकता नहीं होगी।"

निराला जी ने पुनः पूछा–"और यदि सौ रुपए दूँ तो?"

उसने कहा–"फिर तो 5-6 मास तक काम चल जाएगा।" इतना सुन निराला जी ने अपने पॉकेट से रॉयल्टी के पूरे एक हजार रुपए उस भिखारिन को दे दिए और पूछा–"कि अब?"

भिखारिन ने कहा–"बेटे! अब तो भिक्षा माँगने से मुक्ति मिल गई। भगवान तुम्हें सदा सुखी रखे!" निराला जी ने सन्तोष की साँस ली, आनन्दित हो भिखारिन के चरण-स्पर्श किए, और रिक्शा पर चढ़ चलते बने। उस भीषण गर्मी में इन दोनों के बीच चल रहे वार्तालाप को सुन-सुनकर रिक्शावाला आश्चर्यचकित अपने भाग्य को कोसता हुआ, निराला जी को रिक्शा पर बिठा चला जा रहा था।

नेहरू का बड़प्पन

एक सज्जन कार में बैठे हुए दिल्ली की सड़कों पर कहीं जा रहे थे। कार की गति तीव्र थी। यकायक उस सज्जन ने ड्राइवर को कार रोकने को कहा। कार रुकते ही सज्जन उतरे और पैदल ही पीछे की ओर चलकर एक रिक्शेवाले के पास पहुँचे। पूछा–"तुम्हारी आँखों में आँसू! क्यों, क्या बात है?"

रिक्शावाला एक अनजान व्यक्ति को इस प्रकार सहानुभूतिपूर्वक पूछने पर धैर्य न रख सका। सिसकते हुए भरे गले से बोल पड़ा–"परिवार में अकेला कमानेवाला हूँ मैं। किराए का रिक्शा है। आज के किस्त के रुपए अभी तक न जमा कर सका और यदि आज किस्त जमा न हुई तो मालिक कल यह रिक्शा नहीं देगा। फिर परिवार को क्या खिलाऊँगा? यही चिन्ता मन को खाए जा रही है कि क्या करूँ?"

सज्जन ने कहा–"तो बैंक से ऋण लेकर अपना रिक्शा क्यों नहीं खरीद लेते? ताकि एक दिन पैसे पारिश्रमिक के न मिला, तो यह चिन्ता तो नहीं खाएगी।'

रिक्शावाले ने कहा–"मालिक! बैंकवाले हमें ऋण कैसे दे सकते हैं? न तो यहाँ मेरा कोई परिचित है और न कोई जमानत ही देनेवाला है।"

वे सज्जन रिक्शावाले को उसी समय बैंक ले गए। बैंक के सभी कर्मचारी उन्हें पहचानते थे, सभी उठकर उनके सम्मान में खड़े हो गए। उन सज्जन ने फॉर्म भरवाया, स्वयं जमानतदार बने और उसी समय ऋण दिलवाया।

दो वर्ष बाद रिक्शेवाले के लड़के का विवाह हुआ, तो निमन्त्रण-पत्र लेकर स्वयं उनके घर आया। पर सज्जन घर पर नहीं थे। घर आने पर निमन्त्रण-पत्र पढ़ा और ठीक समय पर रिक्शेवाले के निवास पर जाकर वर-वधू को आशीर्वाद दिया। रिक्शावाला गद्गद हो गया।

और ये सज्जन थे पं. जवाहरलाल नेहरू—भारत के प्रथम प्रधानमन्त्री। गरीबों के मसीहा, ऐसे महामानव सेवा का जो आदर्श हमारे सामने दिखा जाते हैं, वह अनुकरणीय है।

आभारी भारतेन्दु

साहित्यिक क्षेत्र में भारतेन्दु हरिश्चन्द्र का नाम कौन नहीं जानता। मेहमाननवाजी के लिए ये प्रसिद्ध थे। और एक दिन ऐसा भी आया कि अपनी छोटी-छोटी आवश्यकताओं की पूर्ति कर पाना भी भारी लगने लगा। ढेर सारे पत्र मेज पर पड़े रहते, पर दो पैसों के टिकट लगाना मुश्किल हो गया था। डाक खर्च वहन न कर पाने के कारण पोस्टकार्ड लिफाफे बिना टिकट लगाए पोस्ट नहीं कर पा रहे थे। तंगहाली का दौर था।

एक दिन उनसे मिलने कोई मित्र आए हुए थे। बिना टिकट लगे ढेर सारे पत्रों को मेज पर पड़ा देख, मित्र ने उनकी आर्थिक स्थिति का सहीं आकलन कर लिया। पाँच रुपए भारतेन्दु जी को देकर कहा कि आपको जाननेवाले, पत्रों के उत्तर की प्रतीक्षा में होंगे। इन्हें शीघ्र ही पोस्ट कर दें और जबर्दस्ती उनके पॉकेट में पाँच रुपए डालकर चले गए। वक्त ने करवट बदली। स्थिति सुधर गई, पैसा आने लगा और खूब आने लगा। मित्र अभी भी आता-जाता रहा, उससे मिलता रहा। और जब भी वह आता, भारतेन्दु अपने मित्र के हाथों में पाँच रुपए थमा देते। इनकार करने पर जबर्दस्ती मित्र के कोट में डाल देते।

एक बार खीझकर मित्र ने कहा—"बस-बस, बहुत हुआ। एक बार दो बार नहीं, बीसों बार पाँच-पाँच रुपए आपने मुझे दिए। अभी तक आपका मन नहीं भरा। जाओ, अब मैं नहीं लेता ये रुपए।"

इस पर भारतेन्दु ने हँसते हुए कहा—"मित्र! आपने बेसमय पाँच रुपए देकर मुझ पर जो अहसान किया उसे मैं कैसे भूल सकता हूँ। वही तो मेरा सहारा बना। प्रतिदिन क्या, सारी आयु मैं ये पाँच रुपए देता रहूँ तो भी आपके ऋण से उऋण नहीं हो सकता। आप कृपया बुरा न मानें।"

बुरे समय पर किया हुआ एक छोटा-सा उपकार भी, हम सदैव स्मरण रखें, तो यह जीवनधारा ही बदलकर रख दे।

सेवाभावी कार्य

लगभग 15 वर्ष पूर्व पटना महानगर के गांधी मैदान में बिहार, बंगाल और आसाम प्रान्तों के सरस्वती शिशु मन्दिर के दस वर्ष की आयु के प्रायः एक हजार बालकों का तीन

दिनों का सम्मेलन हुआ। ऐतिहासिक गांधी मैदान एक पूर्ण नगर में परिवर्तित हो गया था। तीन विशाल भोजनालय, पंडाल, 4-4 बच्चों के एक-एक पंक्तिबद्ध तम्बू, पचासों शौचालय व पानी के अनेक नल। प्रातः 4.00 बजे जागरण से रात्रि दस बजे विश्राम, निश्चित समय पर जलपान व भोजन। समस्त कार्यक्रम व्यवस्थित, अनुशासित ढंग से समयानुसार, कोई व्यतिक्रम नहीं। विशेष बात यह थी कि समस्त कार्यों का संचालन-सूत्र इन्हीं बच्चों के हाथ में। न कोई बाहर का नौकर-चाकर। न कोई बाहर का सुरक्षाकर्मी। ऐसे मौकों पर चोर-उचक्कों, जेबकतरों की बन आती है पर बच्चों द्वारा ऐसी कड़ी सुरक्षा कि क्या मज़ाल कोई अनजान व्यक्ति अन्दर प्रवेश कर जाए।

कार्यक्रम के दूसरे दिन इस अनोखे शिशु-संगम के निरीक्षण हेतु पटना के जिला कलेक्टर का वहाँ पदार्पण हुआ जो दक्षिण भारतवासी थे। इतनी सुन्दर अनुशासित व्यवस्था देखकर वे आश्चर्यचकित हो, वहाँ के सर्वाधिकारी से पूछ ही बैठे–"प्राचार्य महोदय! सरकार यदि लाखों रुपए फूँक दे, तब भी इतनी सुन्दर व्यवस्था, श्रेष्ठ परवरिश और फलस्वरूप सफल परिणाम सम्भव नहीं हो पाता। कम खर्च, पूरी किफायत के साथ आपने ऐसा विकट कार्य सहज ही पूर्ण सफलतापूर्वक कैसे कर दिखाया? क्या राज है?"

सर्वाधिकारी ने सहज शान्त स्वर में कहा–"जिलाधिकारी महोदय! सरकार द्वारा 'काम' होता है और मेरे यहाँ 'सेवा'। सरकारी काम वेतनभोगी सरकारी कर्मचारी द्वारा किया जाता है। ये सरकारी सेवक समय का हिसाब रखते हैं 6 घंटा या 8 घंटा। अपना यह निश्चित समय राम-राम करके किसी तरह पूरा कर अपना पल्ला झाड़कर भाग खड़े होते हैं। इसके विपरीत सेवाभावी तो कार्य को खोजते रहते हैं–एक पूरा हुआ नहीं कि दूसरा पकड़ लेते हैं। समाज व राष्ट्र के प्रति जागरूक प्रहरी सेवा का फल नहीं माँगता। न कोई लालच, न यश, मान-मर्यादा खोजना। पूर्ण समर्पित भाव से सेवा में लीन रहनेवाले लोग होते हैं वे।'

जिलाधिकारी शान्तचित्त हो सोचने लगे कि अधिकार की भावना से परे हटकर सेवा-भावना कैसे लायी जाए, समर्पित जीवन जीना सरकारी कर्मचारी कैसे सीखें!

आशुतोष मुखर्जी का सम्मान-बोध

जनसंघ के संस्थापक स्व. श्यामा प्रसाद मुखर्जी के पिताजी स्व. आशुतोष मुखर्जी कलकत्ता उच्च न्यायालय के जज थे। पर उन दिनों वे स्थानापन्न चीफ जस्टिस थे। भारत के प्रकांड विद्वानों में उनका शुमार होता था। गर्मियों में कलकत्ता के सवर्ण उच्च वर्ग के लोग जसीडीह, मधुपुर वायु परिवर्तन के लिए हर वर्ष आया करते थे। उनकी कोठियाँ भी यहाँ थीं। आशुतोष मुखर्जी हवा बदलने के लिए आए हुए थे और अब लौट रहे

थे कलकत्ता। मधुपुर प्लेटफॉर्म पर ट्रेन की प्रतीक्षा में वे प्लेटफॉर्म पर टहल रहे थे। बिलकुल सरल स्वभाव के साधारण कुर्ता-धोती में थे वे। साथ में कुछ बंगाली मित्र भी थे।

इतने में मधुपुर का यूरोपियन सब-डिवीजनल मजिस्ट्रेट भी ट्रेन पकड़ने हेतु वहाँ आया और प्रतीक्षालय से आरामकुर्सी बाहर निकलवा, उस पर अपनी टाँगें फैला लम्बा चुरुट पीने लगा। सर आशुतोष मुखर्जी टहलते हुए कई बार मजिस्ट्रेट के पास से गुजरे, पर वह उसी प्रकार बेअदबी से चुरुट पीता रहा। इसी समय सर आशुतोष मुखर्जी का चपरासी उनका सामान लेकर प्लेटफॉर्म पर आया। चीफ जस्टिस का चपरासी लाल बानात की वर्दी और जरी की चपरास! इसे देख मजिस्ट्रेट की उत्सुकता जागी और अपने पास चपरासी को बुलाया, पूछा कि किसका सामान लाए हो? जब उसे यह ज्ञात हुआ कि सादा पोशाक में टहलनेवाले सज्जन कलकत्ता उच्च न्यायालय के चीफ जस्टिस हैं, तो वह हड़बड़ाकर कुर्सी से उठ खड़ा हुआ, चुरुट फेंककर सर आशुतोष मुखर्जी के सामने जाकर उनको एक लम्बा-सलाम ठोंका। सर आशुतोष मुखर्जी ने उदासीन भाव से सलाम का जवाब दिया और उससे बिना कुछ बात किए पूर्ववत् टहलते रहे।

मुखर्जी महोदय ने अपने मित्रों को बताया कि मैं काफी देर से यहाँ टहल रहा था, इसके बाजू से कई बार गुजरा भी। वह बेअदबी से बैठा चुरुट पीता रहा। इसने सलाम हमें नहीं किया। इसने मेरा सम्मान नहीं किया। इसने तो मेरे अर्दली का सम्मान किया है।

अलौकिक कथाओं व आख्यानों से प्रेरक प्रसंग

बलिदान

मलिक काफूर ने अपनी विशाल बर्बर सेना लेकर दक्षिण भारत को रौंद डाला। मन्दिरों की नगरी मथुरा को ध्वस्त किए जाने का समाचार सुनकर, उसके चारों ओर रहनेवाले निवासियों में भय की लहर दौड़ पड़ी। मथुरा से 4-5 मील दक्षिण तिरुप्पार केन्द्रम् भगवान कार्तिकेय के विशाल मन्दिर के लिए प्रसिद्ध है, जो नामिलजाड़ के ऐसे ही छह मन्दिरों में एक है। उसे तोड़े जाने की आशंका से सभी के हृदय कम्पित हो उठे।

कुट्टी नामक एक दस वर्ष का बालक इस समस्या का हल खोज रहा था। वह सभी बुजुर्गों से पूछता फिर रहा था—इन मुसलमानों को कौन-सी चीज डरा सकती है, जिससे वे भाग खड़े हों। हताशा भरा उत्तर मिलता कि केवल भूत ही उन्हें डरा सकता है। कुट्टी तब पूछता कि भूत कैसे होते हैं? तब लोग कहते कि जो लोग आत्महत्या करके मरते हैं, वे ही भूत बनकर घूमते रहते हैं।

कुट्टी ने तब मन में विचार किया कि मैं स्वयं आत्महत्या करूँगा और भूत बनकर इन मुसलमान सैनिकों को मार भगाऊँगा। ऐसा निश्चय कर वह उस मन्दिर के गोपुरम पर चढ़ गया और तत्काल लगा दी छलाँग—भूत बन जाने की ललक में। प्राण तो उसने त्याग दिया—पता नहीं भूत बना कि नहीं और बर्बर सेना वहाँ आई कि नहीं। पर उस तिरुप्पार केन्द्रम् मन्दिर में एक शिलालेख आज भी देखने को मिलता है जो मुन्नू के पुत्र कुट्टी के इस अनुपम बलिदान की गाथा हमें सुना रहा है। हमें अपने धर्म और संस्कृति की रक्षा हेतु आगे आने को बुला रहा है।

पतिव्रता

चक्रवर्ती राजा भोज प्रति रात्रि वेस बदलकर प्रजा की स्थिति देखने निकलते थे। एक रात्रि एक मकान की खिड़की से अन्दर झाँककर देखा। एक स्त्री अपने पति की पादसेवा कर रही थी। पति उसके घुटनों पर सिर रखकर सो रहा था। पास ही अग्निकुंड से अग्नि की ज्वालाएँ निकल रही थीं जिसके पास ही उसका छोटा-सा पुत्र सो रहा था। सहसा वह पुत्र बीच में ही लुढ़ककर अग्निकुंड में जाने लगा। पर वह स्त्री, अपने पति की नींद खराब न हो, इसलिए चाहते हुए भी उसे नहीं पकड़ सकी। उसका पुत्र अग्निकुंड

में गिर पड़ा। उस पतिव्रता के शाप भय से अग्नि चन्दन के पंक के समान शीतल बन गया और उसके पुत्र की कुछ भी क्षति न हुई। यह देख महाराज भोज के मुँह से निकल गया—'हुताशनश्चन्दन पंक शीतलः'।

दूसरे दिन दरबार में इसी अधूरे श्लोक की पूर्ति करने के लिए महाराज भोज ने अपने सभी विद्वतजनों का आह्वान किया। इसकी समस्या-पूर्ति जब कोई न कर सका, तो कवि-सम्राट कालिदास ने आसन से उठकर, अपनी अलौकिक बुद्धिमत्ता का परिचय देते हुए निम्न श्लोक से इसकी पूर्ति की—

सुतं पतन्नं प्रसमीक्ष्य पावके, न बोधयामास पतिं पतिव्रता।
पतिव्रता शापभयेन पीड़ितो हुताशनश्चन्दन पंक शीतलः॥

इन्द्रियजित

सन्त तुकाराम कभी क्रोध नहीं करते थे—ऐसा किसी एक ने कहा। एक नौजवान इसको मानने को तैयार नहीं था। व्यक्ति समय-समय पर क्रोध करता ही है। नौजवान ने कहा कि मैं क्रोध दिलाकर ही छोड़ूँगा।

एक दिन तुकाराम जी नदी स्नान कर लौट रहे थे। भजन करते हुए। नौजवान ने उन पर थूक दिया। तुकाराम हँसकर पुनः स्नान करने चले गए। लौटने पर नौजवान ने फिर उन पर कुल्ला कर दिया। सन्त ने उसे धन्यवाद दिया। पुनः स्नानार्थ चल दिए। नौजवान बार-बार उन पर कुल्ला कर देता और सन्त उसका धन्यवाद कर पुनः पुनः स्नानार्थ लौट जाते। सौ बार इस तरह यह क्रम चलते रहने के बाद अन्ततः वह नौजवान लज्जित हो उनके चरणों पर गिरकर क्षमा माँगने लगा। सन्त तुकाराम ने कहा कि भइया! रोज तो मैं एक ही बार नदी स्नान करता था। आज तुम्हारी कृपा से अनेक समय तक स्नानोपरान्त भगवन स्मरण करने का जो सौभाग्य मिला, उसके लिए मैं तुम्हारा ऋणी हूँ। तुम दुखी मत हो।

जिसने क्रोध को वश में कर लिया, वही तो इन्द्रियजित है।

परिणति

समुद्र खौलाया जाने लगा, तो डरी-सहमी जल की बूँदें विधाता के पास जाकर कहने लगीं—"पितामह! हमें कष्ट क्यों देते हो, हमने तुम्हारा क्या बिगाड़ा है?" विधाता ने बहुतेरा समझाया—"बूँदो! तुम आकाश में उड़ोगी। जहाँ बरसोगी हरियाली फूटेगी और संसार को प्रसन्नता मिलेगी।" पर यह उपदेश बूँदों को अच्छा न लगा। वे लौटीं। विधाता को कोसती!

समुद्र ने जल की बूँदों को आकाश में फेंक दिया। फिर वे धरती पर गिरीं और बहते-बहते पुनः समुद्र में जा पहुँचीं। तब उन्हें पता चला कि वे तो व्यर्थ ही डरती रहीं, उनका तो कुछ नहीं बिगड़ा। कितने सुन्दर दृश्य देखने को मिले, विश्व-भ्रमण का सौभाग्य मिला, सो अलग!

उधर स्वाति-नक्षत्र आ गया, तो बूँदें एक बार फिर उमड़ीं। इस बार उनमें न भय था न उद्वेग। हँसती-खिलखिलाती बूँदें आकाश से झरने लगीं। कोई बाँस में गिरी तो वंशलोचन बन गई, कोई कदली में गिरी तो कपूर बनी और सीपी के मुख में गिरी तो मोती बन गई।

बूँदें इस सौभाग्य पर प्रसन्न हो रही थीं। विधाता विचार कर रहे थे कि मनुष्य भी संकट और साधनाओं से विचलित न होता, तो आज वह भी बूँदों के समान वंशलोचन, कपूर और मोती बन गया होता। एक बार स्वयं को प्रत्यावर्तन हेतु प्रस्तुत किया जाए तो परिणति स्वयं देखने को मिलती है।

अग्नि-परीक्षा

ढलते सूरज की आखिरी किरणों से किले का मैदान रक्ताभ हो चला। लोग 10-10, 5-5 के झुंड में आ-आकर वहाँ जमा होने लगे। धीरे-धीरे मैदान भीड़ से भर गया। अचानक धौंसा बजा और खामोशी छा गई। हाथी पर बैठा हुआ एक भव्य राजपुरुष किले के भीतर से निकला। कोतवाल अली इब्राहिम अपनी जगह से उठ, हाथी से उतर रहे उस राजपुरुष के सामने अदब से जाकर खड़ा हो बोला–''हुजूर! तैयारियाँ पूरी हो गई हैं।'' ये हुजूर थे तत्कालीन ब्रिटिश गवर्नर जनरल वारेन हेस्टिंग्स। वह काशी पर काबिज हो, रामनगर के किले में डेरा डाले पड़ा था। अली इब्राहिम काशी के कोतवाल थे।

उन्हीं दिनों अली इब्राहिम के सामने चोरी का एक मामला आया। मैदागिन के एक व्यापारी पुरुषोत्तम साहू का कहना था कि जब वे अपनी गद्दी पर बैठे हुए रुपए गिन रहे थे, तो शंकर दनदनाता हुआ भीतर दाखिल हुआ और झपट्टा मारकर रुपए ले भागा। शंकर ने अपनी सफ़ाई में शहर कोतवाल से कहा–''पुरुषोत्तम से मेरी पुरानी रंजिश है। इसलिए उसने मुझ पर झूठा दोषारोपण किया है। मैं तो उसकी दूकान के पास से भी नहीं गुजरा।''

सिर्फ़ यही एक मामला नहीं था। कृषीश्वर भट्ट नामक एक ब्राह्मण ने रामदयाल तीर्थ पुरोहित पर एक ऐसा ही इल्जाम लगाया था। उसका कहना था कि रात के सन्नाटे में रामदयाल उनके घर में घुसा और पेटी में रखे 70 रुपए लेकर भाग गया। रामदयाल ने भी अपने ऊपर लगाए गए अभियोग स्वीकार करने से साफ़ इनकार कर दिया।

अली इब्राहिम के पास अभी तक ऐसा कोई केस नहीं आया था जिसमें वादी के पास अपराध प्रमाणित करने के लिए कोई सबूत न हो। उनकी अन्तरंग मंडली में महादेव शास्त्री नामक एक नैयायिक भी थे जिनसे अली इब्राहिम ने इस दोनों मामलों की चर्चा की। शास्त्री जी ने कहा कि जब प्रमाण नहीं है, तो मिताक्षी प्रणाली का सहारा लो।

शहर कोतवाल ने हैरानी से पूछा–''मिताक्षी प्रणाली? यह भला कौन-सा तरीका है?''

शास्त्री जी हँसकर बोले–''जब किसी पक्ष के पास कोई सबूत नहीं रहता, तो हिन्दू विधि-शास्त्र अग्नि-परीक्षा का आदेश देता है जो एक चिरन्तन सत्य है। तुम चाहो तो काशी में इस प्रयोग को कर सकते हो। विधान मैं दूँगा।''

दोनों मामलों के वादी-प्रतिवादियों से अली इब्राहिम ने बातचीत की तो कृषीश्वर भट्ट बोले–''ठीक तो है। जब प्रमाण ही नहीं है तो दूध का दूध और पानी का पानी करने के लिए सिवाय इस प्रणाली के दूसरा मार्ग ही क्या है?'' दोनों ही उभय पक्ष हिन्दू थे। हिन्दू राज्यों में उक्त विधि प्रचलित रही। अतः सच-झूठ का फैसला करने हेतु इसी मिताक्षी प्रणाली को अपनाने के प्रति शंकर, पुरुषोत्तम, कृषिधर भट्ट एवं रामदयाल ने अपनी आस्था व सहमति जाहिर की।

उधर अंग्रेज गवर्नर जनरल वारेन हेस्टिंग्स के कानों तक भी यह बात पहुँची। चमत्कारों के देश भारतवर्ष में होनेवाली अविश्वसनीय दास्तानों के प्रति उसकी जिज्ञासा बड़ी प्रबल थी। अतः शहर कोतवाल ने वारेन हेस्टिंग्स की रुचि को देखते हुए इस समूचे प्रकरण की जानकारी उसे दी। स्वयं इस तमाशे को अपनी आँखों से देखने का आग्रह किया। इस घटना की खबर जंगल की आग की तरह चारों ओर फैल गई। फैसले का दिन निर्धारित हो गया। इस नियत दिन रामनगर के किलेवाले मैदान में एक बड़ी-सी भट्ठी खोदी गई जिस पर रखा गया एक बड़ा-सा लोहे का कड़ाहा। जिसमें गरम तेल खौल रहा था। भट्ठी के पास ही लोहे का एक गोला पड़ा हुआ था, जिसे आग की लपटों में तपाकर गरम किया जाना था। अली इब्राहिम ने पुरुषोत्तम साहू से कहा–''अभी भी सोच लो, शंकर यदि अपराधी प्रमाणित नहीं हुआ, तो तुम्हें जेल जाना होगा।'' लेकिन पुरुषोत्तम अपने दुराग्रह पर कायम रहा।

वारेन हेस्टिंग्स स्वर्णमंडित कुर्सी पर बैठ गया। पंडितों के एक दल ने आकर देवी-देवताओं की पूजा की। बाद में अग्नि को घी से आहुति दी। फिर गोबर से भूमि पर नौ वृत्त अंकित किए। इस तरह न्याय का प्रारम्भिक विधान अग्नि को विधि देकर किया गया।

पहले अभियुक्त शंकर को लाया गया जिसके गंगा-स्नान के कारण उसके वस्त्र अभी भी गीले थे। वारेन हेस्टिंग्स ने पूछा कि क्या शंकर हाथ की सफ़ाई जानता है? महादेव शास्त्री ने दृढ़ता से कहा–''मुझे बिल्कुल विश्वास नहीं है। इस आदमी के हाथ

धुलवाओ।" वारेन हेस्टिंग्स के सामने उसके दोनों हाथ धुलवाकर उसके माथे पर ताड़ का पत्ता बाँध दिया गया, जिस पर अभियोग का विवरण लिखा हुआ था।

महादेव शास्त्री ने लोहे का गोला उठाकर धधकती हुई लपटों में फेंक दिया। इसी बीच पंडितों ने पीपल के सात पत्ते, सात दूर्वादल, टेसू के सात फूल और जौ के सात दाने, दही में भीगे सात धागों से बाँधकर शंकर के दोनों हाथों में रख दिए। लोहे का गोला अब तक लाल होकर दहकने लगा था जिस सुलगते हुए लौहपिंड को देखकर हेस्टिंग्स भी दहल उठा। चिमटे से पकड़कर उस सुलगते लौहपिंड को महादेव शास्त्री ने शंकर की दोनों हथेलियों पर रख दिया। लेकिन जलता हुआ लाल लौहपिंड न होकर जैसे मिट्टी का लोंदा हो, शंकर उसे अपने हाथों से उठाए एक के बाद एक गोबर निर्मित सात वृत्तों में से होता हुआ चला और आठवें वृत्त में खड़े होकर उसने वह जलता हुआ गोला नौवें वृत्त में फेंक दिया। यह देखकर काशी का आकाश हर-हर महादेव के तुमुल स्वरों से गूँज उठा।

शंकर अभियोग से मुक्त हो गया। न कभी देखी और न कभी सुनी ऐसी हकीकत को वारेन हेस्टिंग्स अपनी आँखों से देख चुका था। पर दहकते हुए गोले की शंकर के ऊपर क्या प्रतिक्रिया हुई, यह देखना अभी बाकी था। उसने शंकर को पास बुलाया और उसकी दोनों हथेलियों को अपने हाथों में लेकर गौर से देखा जो बिलकुल बेदाग थीं। हेस्टिंग्स विस्मित हो उठा। ईश्वरीय न्याय ने सिद्ध कर दिया कि शंकर बेगुनाह है। पुरुषोत्तम साहू का चेहरा भय से पीला पड़ गया। उसे तत्काल हिरासत में ले लिया गया, पर कृषीश्वर भट्ट का मुक़दमा अभी शेष था।

वारेन हेस्टिंग्स के सामने ही महादेव शास्त्री ने पीपल का पत्ता खौलते हुए तेल के कड़ाह में छोड़ा जो तत्काल जलकर राख हो गया। फिर रामदयाल को लाया गया जो तनिक भी भयभीत न था। महादेव शास्त्री ने शहर कोतवाल से एक स्वर्ण अँगूठी माँगी। कोतवाल ने अँगूठी निकाली तो वारेन हेस्टिंग्स ने उसका परीक्षण किया और शास्त्री जी से पूछकर कड़ाहे के खौलते तेल में डाल दिया। अब रामदयाल से कहा गया कि उस स्वर्ण अँगूठी को कड़ाह में हाथ डालकर निकाले। रानदयाल ने निर्भीकतापूर्वक उस खौलते तेल के कड़ाह में हाथ डालकर अँगूठी निकालकर शास्त्री जी के हाथों में दे दी। उसके हाथ में खौलते तेल का कुछ भी प्रभाव न था। हेस्टिंग्स अवाक् देखते रहे। कृषीश्वर भट्ट को कैद कर लिया गया।

आत्मज्ञान

कोलकाता के पाइकपाड़ा के राजघराने के भक्त थे लालाबाबू। इनका एक मन्दिर है वृन्दावन में। अपने कोलकाता के निवास में एक दिन ये प्रातः चिन्तन में थे कि धोबिन

आई। उसने धुलने के लिए लालाबाबू के कपड़े उनकी पत्नी से माँगे। कमरा बन्द देख उनकी पत्नी ने कह दिया कि 'वे सोए हैं।' धोबिन ने पूछा—अभी तक सोए हैं? लालाबाबू के कानों में धोबिन के ये शब्द पड़ते ही उनके हृदय पर चोट लगी कि मैं अभी तक सोया पड़ा हूँ? वैराग्य बिना भक्ति क्या? शीघ्र ही पिछले दरवाजे से निकलकर वे चल पड़े ब्रजधाम को। पीछे-पीछे खोज करते हुए उनके पुत्र-पौत्र वृन्दावन आए। पर उन्होंने पुनः कोलकाता जाना स्वीकार न किया। वृन्दावन में मन्दिर बना दिया। स्वयं मन्दिर के द्वार पर कुटिया बनाकर रहने लगे। इतनी विनम्रता कि मृत्यु पूर्व कहा—''मुझे ब्रज की रज में घसीटकर ले जाया जाए—कन्धों पर नहीं।'' नित्य ब्रजवासियों के घरों से मधुकरी लाना और भजन करना उनके जीवन का क्रम बन गया।

एक बार श्रीरंगजी का मन्दिर बनाते समय एक कोने को लेकर विवाद हो गया। श्रीरंग मन्दिर बनानेवाले सेठ और लालाबाबू के बीच मुक़दमा चला। काफ़ी दिन बीत गए। एक दिन लालाबाबू को ज्ञान हुआ—अरे! मैं तो यहाँ भजन करने आया और थोड़ी-सी जगह के लिए लड़ रहा हूँ। सेठजी के मन्दिर में प्रातः ही जहाँ भिक्षुओं को चने बँट रहे थे, वे जाकर उस पंक्ति में नंगे पैर खड़े हो गए। सेठ के सेवक यह देखते ही सेठ को इसकी सूचना दी। सेठजी अवाक्, दौड़ें। लालाबाबू से गले मिले और बोले—"तुम जीत गए। मैं अपने अभिमान में तुमसे पिछड़ गया।" मुक़दमा वापस ले लिया गया।

इस विवादित बुर्ज को आज लोग काना बुर्ज कहते हैं। न तो सेठजी ने इसे पूरा किया और न लालाबाबू ने वह जगह ली। वह सर्वजन हिताय बनकर रह गया।

क्षमता विकास की तरकीब

(क) प्रो. राममूर्ति भारत के बहुत ही शक्तिशाली व्यक्ति हुए हैं। वे अपनी छाती पर हाथी खड़ा कर लेते। दस मन का पत्थर उठा लेते। मोटरगाड़ी को रस्सी से बाँध और उसे दाँतों से पकड़ चलती मोटरगाड़ी को रोक लेते। एक दिन कॉलेज के कुछ छात्रों ने उनसे उनकी भीम की सी शक्ति का रहस्य पूछा। प्रो. राममूर्ति ने कहा, ''मैंने यह नहीं किया कि जब मन हुआ कोई भारी चीज उठा ली। मैंने किया यह कि जो बोझ मैं आसानी से उठा सकता था, वह दिन में कई बार नियम से उठाता रहा और वजन उठाने की शक्ति बढ़ती गई।''

(ख) एक व्यक्ति साँड़ उठानेवाले के नाम से प्रसिद्ध हो गया। उसकी गाय ने एक बछड़े को जन्म दिया। प्यार से उस बछड़े को उसने गोद में उठा लिया। अब वह नित्य उस बछड़े के साथ ऐसा करता रहा। बछड़ा नित्य बढ़ता गया। पर, बछड़े को उठाना उसने छोड़ा नहीं। बछड़े को दोनों कन्धों पर उठाकर वह नाचता भी था। जिस क्रम

से बछड़ा बढ़ता रहा, उसकी शक्ति भी उसी क्रम से बढ़ती गई। तीन वर्ष का समय बीतते-बीतते वह साँड़ उठानेवाले जवान के नाम से जाना जाने लगा।

हम बड़ी शक्ति छोटे-छोटे बहुत से प्रयत्न करके ही प्राप्त कर सकते हैं। छोटी-छोटी चीजें मिलकर पूर्णता का रूप ग्रहण करती हैं, पर पूर्णता तो छोटी चीज नहीं।

संशय निवारण

एक आश्रम में अरसे से शिक्षा ग्रहण कर रहे एक शिष्य ने एक दिन अपने गुरु के सामने संशय प्रकट किया—"गुरुदेव! आपकी इतने दिनों की शिक्षा के बावजूद मेरे जीवन में कोई परिवर्तन नहीं आया। आप बताएँ तो सही कि मैंने कुछ सीखा या नहीं?"

गुरु ने कहा—''ठीक है, अपना काम करते रहो। समय आने पर जवाब मिल जाएगा।" इसके बाद साप्ताहिक हाट वाले दिन उस शिष्य को बुलाकर गुरुदेव ने कहा, "बाजार से जाकर एक कलश मदिरा ले आओ।" शिष्य हैरान, फिर भी गुरु की आज्ञा का पालन किया। मदिरा आने पर गुरु ने फिर कहा—''अब बाहर जाकर कुल्हड़ भर-भरकर इससे कुल्ला करो, पूरा कलश खाली कर दो। पर ध्यान रहे, बिना कुल्ला एक बूँद भी नष्ट न हो, पर कंठ के नीचे एक बूँद भी न उतरे।''

शिष्य इन अटपटे आदेशों से पहले से ज्यादा हैरान हुआ। पर, आज्ञा पालन तो करना ही था। पूरा कलश खाली कर वह गुरु के पास पहुँचा, तो गुरु ने पूछा—''कहो वत्स! तुम नशे का अनुभव कर रहे हो क्या?''

शिष्य ने कहा—''कैसा नशा गुरुदेव! मदिरा की एक बूँद भी तो गले के नीचे नहीं गई।''

गुरु ने कहा—''मैंने तो तुम पर बहुतेरा ज्ञान उड़ेला। पर, तुमने तो रंचमात्र भी आत्मसात् नहीं किया। फिर तुम्हारे जीवन में परिवर्तन आए भी तो कैसे?''

कहीं हम लोगों के साथ भी तो ऐसी बात नहीं। हम विचार करें कि 'आधी गई, थोड़ी बची, आगे की सुधि ले।' हम जो सुनें, विचार करें, उसे आत्मसात् करें।

अल्लाह का मार्ग

इस्लाम धर्म के प्रवर्तक मोहम्मद साहब के दामाद हजरत अली बहुत पराक्रमी थे। बड़े लोगों के विरोधी भी कम नहीं होते। सो एक दिन एक विरोधी मार्ग में इन्हें मिल गया। उस समय वे मोहम्मद साहब के साथ कहीं जा रहे थे। इन्हें देख वह विरोधी अनाप-शनाप बातें कहने लगा। पर वे उसका कोई प्रत्युत्तर न देकर अपने मार्ग पर चलते रहे। मोहम्मद

साहब के सामने यह घटना घट रही थी वे मुस्कराने के सिवा कोई प्रतिक्रिया नहीं दिखा रहे थे। अपनी बातों का कोई प्रभाव होता न देख वह विरोधी उन्हें अपशब्द कहने पर उतारू हो गया। हरजत अली की सहनशक्ति जवाब दे गई। वे विरोधी को पकड़कर उसकी पिटाई करने लगे। यह देख मोहम्मद साहब वहाँ से भाग खड़े हुए। हजरत अली उनके इस अप्रत्याशित व्यवहार से आश्चर्यचकित हो गए। पुनः मिलने पर उन्होंने मोहम्मद साहब से पूछा, "जब मेरा विरोधी मुझे बुरा-भला कह रहा था तो आप मुस्करा रहे थे। पर जैसे ही मैंने उसकी पिटाई करना प्रारम्भ किया तो आप मुझे सहयोग क्या देते, उलटा भाग खड़े हुए। ऐसा क्यों?"

मोहम्मद साहब ने बड़े प्यार से उन्हें देखा और कहा–"उसके अनर्गल प्रलाप पर तुम्हारे मौन को देख, मैं तुम्हारी सहनशक्ति पर प्रसन्न हो रहा था। ज्यों ही तुमने अपना संयम खोकर प्रतिशोध की भावना से उसे पीटना प्रारम्भ किया, तो वहाँ से हट जाना ही मैंने उचित समझा। अल्लाह के मार्ग पर चलनेवाले तो चट्टान की तरह अडिग होते हैं। वर्षा की बूँदों का उन पर कोई प्रभाव नहीं पड़ता।"

कौवे की सीख

एक छोटे बालक के घर के मुँड़ेर पर एक काला कौवा नित्य आ बैठता और काँव-काँव चिल्लाता रहता। एक दिन उस बालक ने अपनी माँ से पूछ ही लिया–"माँ! यह कौवा काला क्यों होता है और इतनी सुबह नित्य आकर क्या कहता रहता है?"

माँ ने कहा–"पुत्र! सुबह-सुबह आकर यह सबको सावधान करते हुए कहता है–आओ! सब लोग मुझे ध्यान से देखो और सुनो, चिन्तन करो कि भक्ष्य-अभक्ष्य खाने तथा उचित-अनुचित का बिना विचार किए कुछ भी करते रहने से मेरा यह शरीर कितना काला-कुरूप तथा वाणी कितनी कर्कश हो गई है। यही शिक्षा हम सबको देने यह कौआ सवेरे-सवेरे आ जाता है ताकि हम सारा दिन दुष्कर्म एवं दूषित खान-पान से बच सकें।"

पवित्र कार्य

(क) इस्लाम के प्रवर्तक मोहम्मद साहब मक्का से मदीना आए। मदीना में एक मस्जिद बनानी थी। मजदूरों का अभाव था। यह देख मुहम्मद साहब स्वयं अपने कन्धों पर ईंट-पत्थर ढोकर ले आते थे।

(ख) जीसस ने अपने 'लास्ट सपर' में शिष्यों की जमात को उपदेश देने से पूर्व अपने प्रिय बारह शिष्यों का पैर स्वयं अपने हाथों से धोया। स्वयं ऐसा उदाहरण प्रस्तुत किया कि वे सभी भी ऐसा ही व्यवहार अन्य लोगों के साथ करें।

(ग) पांडवों ने राजसूय-यज्ञ का आयोजन किया, जिसमें देश के कोने-कोने से ऋषि-महर्षि, राजा-महराजा पधारे। अलग-अलग व्यवस्था सबने अलग-अलग सँभाली। भीम ने भोजन-व्यवस्था, अर्जुन ने अतिथि सत्कार, दुर्योधन ने अनुदान विभाग, कर्ण ने कोष-विभाग सम्हाली। पर भगवान कृष्ण ने भोजनोपरान्त सबके जूठे पत्तलों को उठाने का तथा अतिथियों के पाद-प्रक्षालन का भार स्वयं अपने ऊपर लिया।

उपरोक्त सभी प्रसंग आदर्शवादी नेतृत्व के हैं, न कि अवसरवादी नेतृत्व के–जो आज चारों ओर दिख रहा है। 'विष्णु सहस्रनाम' में भगवान विष्णु का एक विशेषण आया है–''अमानि''–अर्थात् स्वयं अपने लिए मान की इच्छा न करनेवाला! 'जब मैं था तो हरि नहीं, अब हरि हैं मैं नाहीं।' जहाँ 'मैं' हो, वहाँ आदर्शवाद रह ही नहीं सकता। अहंवादी नेतृत्व तो आने-जाने वाला है।

कुल-संस्कार

एक शेर को कहीं एक सियार का बच्चा मिल गया। उसे उठाकर अपनी गुफ़ा में लाया और अपने दो बच्चों के साथ रखकर पाला। जवान होने पर तीनों बच्चे शिकार करने निकले। अपने से बड़े विशाल हाथी को देख सियार का बच्चा भाग निकला। उसके कुल के लोगों ने अपने से बड़े जानवरों का शिकार कभी किया ही न था।

सभी का अपने कुल का एक संस्कार होता है। श्रीराम के कुल का संस्कार था–''रघुकुल रीति सदा चलि आई, प्राण जाय पर वचन न जाई।'' युधिष्ठर के कुल का संस्कार था सत्यवादी होना। वैसा ही श्री हरिश्चन्द्र, राणा प्रताप, छत्रपति शिवाजी आदि के कुल का संस्कार रहा।

गिलहरी से शिक्षा

गौतम बुद्ध अनेक वर्षों की तपस्या को फलीभूत होते न देख, निराश हो एक झील के किनारे एक वृक्ष की छाया में बैठे थे। उन्होंने देखा–एक गिलहरी झील के पानी में जाती थी, अपना शरीर डुबोती थी, फिर किनारे आकर अपने शरीर को झाड़ पुनः-पुनः झील में शरीर को डुबो, किनारे आ अपने शरीर को झाड़ती। कौतूहलवश गौतम बुद्ध ने गिलहरी से इसका कारण पूछा। गिलहरी ने कहा कि अभी मुझे फुरसत नहीं जवाब देने की। पास में ही एक पक्षी था जिसने बताया कि एक बार आँधी में गिलहरी के दो बच्चे वृक्ष पर से झील में गिरकर पानी में बह गए। उसी का बदला लेने के लिए गिलहरी ने संकल्प लिया है कि वह और उसके सन्तान पुश्त-दर-पुश्त यह काम तब तक करते रहेंगे, जब तक वह झील सूख न जाए। गौतम बुद्ध उससे प्रेरणा ले फिर

से लक्ष्य प्राप्ति के कार्य में दूने उत्साह से जुट गए। वे बोधगया आए, वहाँ ज्ञान प्राप्त किया। किसी कार्य की असफलता से घबराकर उसे छोड़ बैठना जीवन से हार बैठना है।

अवतार का कारण

एक बार अकबर ने बीरबल से पूछा कि हिन्दुओं के भगवान को बार-बार अवतार क्यों लेना पड़ता है? क्या उनका कोई घर-द्वार नहीं? बीरबल ने उत्तर देने के लिए समय माँग लिया।

बीरबल ने अकबर के बालक की लकड़ी की एक हूबहू प्रतिमूर्ति बनवाई। उसे एक सरोवर के पास झाड़ी में छिपाकर रख दिया। कुछ दिनों बाद बीरबल-अकबर साथ घूमते हुए उस सरोवर के पास से गुजरे। उसी समय बीरबल के संकेत पर एक सेवक ने उस प्रतिमूर्ति को सरोवर में उछाल दिया। अकबर ने देखा कि उसका पुत्र सरोवर में डूब रहा है। तैरना न जानने पर भी अकबर ने सरोवर में तुरन्त छलाँग लगा दी। तब तक अन्य अंगरक्षकों ने अकबर और उस प्रतिमूर्ति—दोनों को सरोवर से निकाल दिया। अकबर ने उस प्रतिमूर्ति को देख, पूछा कि किसने उसके साथ यह मज़ाक किया है। सभी सेवक चुप। तब बीरबल ने कहा कि यह कार्य मेरा है, वह भी आपके प्रश्न का उत्तर देने के लिए। आपने देखा अन्य सेवकों के रहते हुए स्वयं तैरना न जानते हुए भी अपने एकमात्र पुत्र को बचाने हेतु आप खतरे में कूद पड़े। हमारा भगवान तो सर्वशक्तिमान है। वे अपने भक्त को कष्ट-विपत्ति में क्योंकर छोड़ सकते हैं! भक्तों के लिए उन्हें इस धरती पर अवतार लेना ही पड़ता है।

औदार्य

सम्पूर्ण उत्तर भारत के मूर्धन्य सन्त स्वामी अखंडानन्दजी का शरीर शान्त हो गया। वृन्दावन उसी दिन से रो रहा था। श्री प्रभुदत्त ब्रह्मचारी एवं अन्यान्य विशिष्ट सन्तगण, सभी रो रहे थे। उसी समय एक सन्त, जो वृन्दावन में वास करते थे, बरसाना में कथा कहने के लिए पधारे थे। लोगों ने उनसे कहा कि कोने-कोने से सन्तों का समागम वृन्दावन (मोतीझील) के स्वामी अखंडानन्द आश्रम में हो रहा है। क्या आप वहाँ नहीं जाएँगे? उस सन्त ने कहा कि जाना तो मुझे भी है, पर भगवत-कथा छोड़कर कहीं जाते हुए मुझे बड़ी पीड़ा होती है।

क्या औदार्य है!

प्रतिप्रश्न

काशी के संन्यासी राजश्री प्रबोधानन्द सरस्वती ने अभिमानवश नीलांचल में श्री चैतन्य महाप्रभु को विशुद्ध गाली भरा निम्न श्लोक भेजा—

विश्वमित्र पराशर प्रभृतयो वाताम्बु पर्णाशिनः
एते स्त्रीमुख पंकजं सुललितं दृष्टेव मोहगताः।
शाल्यान्नः संधृतं षयोदधियुतं ये भुंजते मानवा
स्तेषामिन्द्रिय निग्रहो यदि भवेद्विन्दुस्तेरत सागरः ॥

भावार्थ—विश्वमित्र, पराशर आदि मुनिगण वायु, जल-पत्र मात्र भक्षण करके भी स्त्री का सुन्दर मुख दर्शन कर मोहग्रस्त हो जाते तो दूध, घी, दही, अन्न भक्षण करनेवालों का क्या कहना! वे यदि इन्द्रियों को वश में रख सकें तो चटक पक्षी भी सागर पार कर सकता है।

पत्र महाप्रभु को मिला। पढ़कर चुप रहे। पर उनके शिष्य देश के सुप्रसिद्ध नैयायिक पंडित एवं वेदान्ती सार्वभौम भट्टाचार्य से नहीं रहा गया। उन्होंने महाप्रभु से छिपाकर श्लोक का निम्न उत्तर लिख भेजा—

सिंहोबली द्विरदशूकर मांसभोगी संवत्सरेण कुरुते रतिमेकबारं।
पारावतस्तृण शिखा कणा मात्र भोगी कामी भवेत्वदिनं वदकोऽत्रहेतु ॥

भावार्थ—बलवान सिंह, हाथी, शूकरादि मांस भक्षण करके भी वर्ष में मात्र एक बार क्रीड़ा करते हैं। पर कपोत सामान्य भोजन का कण मात्र खाकर नित्य क्रीड़ा करता है इसका कारण बताओ।

रावण नहीं, 'रामण'

राजा भोज के दरबार में एक बार पंडितों की गोष्ठी में रावण शब्द पर बहस छिड़ गई। किसी ने रावण शब्द के औचित्य पर, तो किसी ने राभण शब्द पर बल दिया, उचित ठहराया। कालिदास के एक शिष्य ने तो राभण शब्द पर बल देते हुए इसे सिद्ध करने के प्रयत्न से कहा—"बकारै अभणनीतिराभणः" अर्थात् जो बकार का उच्चारण न करता हो। राजा भोज ने सब विद्वानों की सहमति से महाकवि कालिदास को इस शब्द का उचित प्रतिपादन करने को कहा। तो कालिदास ने अपने शिष्य का ही समर्थन करते हुए कहा—"भकारःकुंभकर्णै च भकारश्च विभीषणै। तयोनज्येष्ठे च श्रेष्ठे च भकारः कि न विद्यते।" अर्थात् जब कुम्भकर्ण और विभीषण दोनों भाइयों के नाम में 'भकार' है तो दोनों के ज्येष्ठ व श्रेष्ठ भाई के नाम में 'भकार' क्योंकर न हो। सभी पंडित निरुत्तर हो चुप हो गए।

पांडित्य प्राप्त कर लेने के बावजूद कितने विद्वान ऐसे हैं जो पांडित्य-कला के ज्ञान के अभाव में अपना-अपना पक्ष प्रमाण सहित सिद्ध करने में असमर्थ होते हैं। बिरले ही पंडित इस कला में माहिर होते हैं।

हृदय-परिवर्तन

वाराणसी में नन्दनसाहु नाम की एक गली है। यह गली वहाँ के रहनेवाले एक नन्दनसाहु सेठ के नाम पर है। था तो वह बहुत धनी और कृपण था। एक निर्धन ब्राह्मण अपनी कन्या के विवाह के लिए कुछ धन की जुगाड़ में एक दिन नन्दनसाहु के पास आया उनसे विनती की। सेठ ने अगले दिन आने को कहकर टाल दिया। ब्राह्मण का वहाँ कोई परिचित न था, जहाँ वह रहकर अपने भोजन-पानी की व्यवस्था करता। अतः कुछ खाकर गंगाघाट पर सो गया।

दूसरे दिन ब्राह्मण पुनः सेठ के सामने उपस्थित हुआ और सेठ ने पुनः उसे अगले दिन आने को कहा। नित्य वह जाता और सेठ नित्य टाल देता। कई मास लगातार जाने पर भी सेठ उसे अगले दिन आने को कह टाल देता। ब्राह्मण ने निराश निरुपाय होकर निम्न श्लोक लिखकर एक दिन उस सेठ को दिया–

आदौ नकार परतो नकारः मध्ये नकारेण्या हतो दकार।
इत्थं नकारः त्रयसयुतस्य कोदानशक्तिखलु नन्दनस्य।

अर्थात्–जिसके नाम का आदि और अन्त अक्षर अस्वीकार सूचक 'नकार' है, मध्य एक दानसूचक 'दार' था भी, तो उस पर भी 'नकार' ने चोट दे रखी है (नन्दन), उस नन्दन नाम धारण करनेवाले में भला दानशीलता कैसे आ सकती है! इस श्लोक ने सेठ पर आश्चर्यजनक प्रभाव डाला। फिर तो उसके दरवाजे पर जो भी आता कभी निराश नहीं लौटता। उसकी दानशीलता के कारण उस गली का नाम ही 'नन्दनसाहु गली' पड़ गया।

नीलवर्ण की महिमा

दक्षिण भारत के एक महाविद्यालय में भारत के एक बहुत बड़े महात्मा का प्रवचन चल रहा था। प्रवचनोपरान्त उन्होंने छात्रों से एक प्रश्न पूछा कि अपने यहाँ सभी प्रतिमाओं एवं चित्रों में भगवान को नीलवर्ण क्यों दिखलाया जाता है? पाँच मिनट तक सन्नाटा छाया रहा। किसी भी छात्र ने उत्तर नहीं दिया तो महात्मा बोले कि इस प्रश्न का उत्तर प्राप्त किए बिना क्या मुझे यहाँ से जाना पड़ेगा? तब एक दुबला-पतला विद्यार्थी उठ खड़ा हुआ। सभी अध्यापक-छात्रों की नज़र उस पर गड़ गई कि वह क्या उत्तर देता

है। उस कृशकाय छात्र ने विनम्रतापूर्वक कहा–"स्वामी जी! उस प्रभु की अपरम्पार महिमा व विशाल स्वरूप की तुलना क्या संसार की किसी मौलिक वस्तु से की जा सकती है। यह नीलवर्ण तो विशालता, अनन्तता व व्यापकता का द्योतक है। अगाध, अनन्त आकाश एवं महासागर का रंग भी नीलवर्ण है। सभी भक्तजन अपने प्रभु की विशालता, व्यापकता व अनन्यता का अनुभव कर सकें, इसलिए ये नीलवर्ण दिखाए गए हैं।"

सभी उस उत्तर पर मुग्ध हो गए। महात्मा ने पीठ ठोंककर उस छात्र को आशीर्वाद दिया–"पुत्र! तुम्हारी प्रज्ञा शक्ति भविष्य में तुम्हारा मार्गदर्शन करेगी। तन, मन, धन से तुम भारतीय संस्कृति का प्रचार-प्रसार करते हुए एक दिन देश का नाम रोशन करोगे–ऐसा मुझे विश्वास है।"

और यह आशीर्वाद सत्य ही चरितार्थ हुआ। महात्मा गांधी के नेतृत्व में स्वतन्त्रता-संग्राम में उस छात्र ने बढ़-चढ़कर भाग लिया और एक दिन स्वाधीन भारत के प्रथम गवर्नर जनरल का पद सुशोभित किया। यही विद्यार्थी चक्रवर्ती राजगोपालाचारी के नाम से विख्यात हुए।

बँटवारा

सन्त तुकाराम को कहीं से कुछ गन्ने प्राप्त हुए जिन्हें लेकर वे घर आ रहे थे। रास्ते में बच्चे मिल गए और तुकाराम उन्हें एक-एक गन्ने बाँटते गए। घर पहुँचते-पहुँचते केवल एक गन्ना शेष रहा। तुकाराम की पत्नी को गन्ने घर आने की पूर्व सूचना मिल चुकी थी। वह बहुत से गन्ने घर आने की आशा लगाए बैठी थी। तुकाराम के हाथ में मात्र एक ही गन्ना देखकर पत्नी का कर्कश स्वभाव और उग्र हो गया। कारण पूछा तो तुकाराम ने सारी बात सरलतापूर्वक बता दी। क्रुद्ध पत्नी ने वह एक गन्ना भी उनकी पीठ पर दे मारा। गन्ने के दो टुकड़े हो गए।

हँसते हुए सन्त तुकाराम ने कहा–"देवी! तुमने ठीक बँटवारा कर दिया। इन दो टुकड़ों में एक तुम ले लो, दूसरा मुझे दे दो। जो कुछ थोड़ा-बहुत भगवान ने दिया, उसे मिल-बाँटकर खाना ही ठीक है।"

तृप्ति के साधन

ईसा अपने शिष्यों के साथ धर्म-प्रचार के लिए जा रहे थे। रास्ते में रेगिस्तान पड़ा। दूर तक कोई गाँव दिखाई नहीं देता था। भोजन की समस्या उत्पन्न हुई तो ईसा ने कहा कि जो कुछ तुम्हारे पास है उसे इकट्ठा कर मिल-बाँटकर खाओ। शिष्यों के पास कुल मिलाकर पाँच रोटी और कुछ तरकारी थी। गुरु ने उसे इकट्ठा किया और मन्त्र बल

से अन्नपूर्णा बना दिया। शिष्यों ने भरपेट खाया और जो भूखे भिखारी उधर से निकले वे भी उसी से तृप्त हो गए। सोलोमन नामक शिष्य ने पूछा,–"गुरुवर! इतनी कम सामग्री में इतने लोगों की तृप्ति का रहस्य क्या है?" ईसा ने कहा–"हे शिष्यों! धर्मात्मा वह है जो स्वयं का नहीं सबकी बात सोचता है। अपनी बचत सबके काम आए, इसी विचार से तुम्हारी पाँच रोटी अक्षय अन्नपूर्णा बन गई। जो जोड़ते हैं भविष्य के लिए, वे ही भूखे रहते हैं। जिन्होंने देना सीख लिया है उनके लिए तृप्ति के साधन आप आ जुटते हैं।"

देवत्व के गुण

एक बार देवता मनुष्यों के किसी व्यवहार से क्रुद्ध हो गए। उन्होंने दुर्भिक्ष को पृथ्वी पर भेजकर मनुष्यों के होश ठीक कर देने की आज्ञा दी। दुर्भिक्ष ने अपना विकराल रूप बनाया। फिर क्या था! देखते ही देखते अन्न-जल के अभाव में असंख्य मनुष्य रोते-कलपते मृत्यु के मुख में जाने लगे। दुर्भिक्ष अपने इस कृत्य पर इठलाता, दम्भपूर्वक अपनी सफलता का मूल्यांकन करने निकला। उस भयंकर विनाश के बीच उसने एक प्रेरक दृश्य देखा। एक भूखे व्यक्ति को कहीं से कुछ खाने को मिल गया। पर वह उसे स्वयं न खाकर, भूख से छटपटाते, मरण तुल्य एक बूढ़े कुत्ते को खिला दिया। इस करुण दृश्य को देखकर दुर्भिक्ष का हृदय विगलित हो उठा। आँखें छलक पड़ीं। दुर्भिक्ष ने अपनी माया समेटी और वापस लौट पड़ा। देवताओं ने उससे शीघ्र लौट आने का कारण पूछा। दुर्भिक्ष ने कहा, "देव! मैंने वहाँ जाकर अपनी माया फैलाई, अनेक मृत्यु की गोद में समा गए। पर सहृदयता का एक जीवन्त आदर्श वहाँ देखा, तो लगा मानो मैं देवलोक में ही हूँ। धरती पर मैंने स्वर्ग के ही दृश्य देखे। अन्ततः विवश हो मैं लौट आया।"

देवत्व के गुण जहाँ विराजमान हों, वह स्थान तो स्वर्ग तुल्य ही माना जाएगा।

सत्यकाम की निष्ठा

बालक सत्यकाम महर्षि गौतम के गुरुकुल में पहुँचा। आचार्य को वन्दन करके उसने विद्या प्राप्त करने की इच्छा प्रकट की। महर्षि ने पूछा–"तुम्हारा वर्ण, गोत्र क्या है?" उसने बताया–"मेरी माता को गुजारे के लिए अपनी युवावस्था में अनेक पुरुषों की सेवा करनी पड़ी। उसी समय मेरा जन्म हुआ। अतः वर्ण-गोत्र अज्ञात है।"

गौतम ने उठकर बालक को छाती से लगा लिया और कहा–"अपनी हानि और निन्दा की परवाह न करते हुए जो निर्भयतापूर्वक सत्य को कह सकता है–वह ब्राह्मण

ही है। फिर भले ही वह किसी भी रज-वीर्य से पैदा हुआ हो। मैं तुम्हें ब्राह्मण मानकर उपनयन करूँगा और प्रेमपूर्वक शिक्षा दूँगा। चलो, मेरे गुरुकुल में प्रवेश करो।"

ब्रह्मज्ञान

जाबालि के पुत्र सत्यकाम को एक दिन गौतम ऋषि ने अपने गोशाले से छाँट-छाँटकर दुर्बल, कृशकाय गौओं को वन में चराने हेतु देकर कहा कि गौएँ संख्या में अधिक हो जाएँ और हृष्ट-पुष्ट हो जाएँ तो आश्रम में ले आना। बालक सत्यकाम ने उन कृशकाय गौओं को वन में ले जाते हुए मन में विचार किया कि एक सहस्र सशक्त गौओं को लेकर ही अब आश्रम में वापस लौटूँगा। गौओं को लेकर वह वन के ऐसे भाग में आ गया जहाँ हरियाली थी और खाने को भरपूर घास थी। फिर वह अपने काम में ऐसा मशगूल हुआ कि आश्रम व गुरु को भूल सा गया।

सत्यकाम की निष्ठा व गौओं की सेवा को देख पवन देव एक बैल के रूप वहाँ नित्य आते और उसे ब्रह्मज्ञान की बातें बताते। इस प्रकार ब्रह्मज्ञान के तेज से पूरित होकर महर्षि गौतम के समक्ष उपस्थित हुआ उनके चरणों में नत-मस्तक होकर उन्हें बहुसंख्य हृष्ट-पुष्ट गौओं को समर्पित किया उनसे विद्या की याचना की। महर्षि गौतम ने कहा कि तुम्हारे चेहरे का तेज देखकर यह प्रतीत हो रहा है कि तुमने ब्रह्मज्ञान प्राप्त कर लिया। अब कोई विद्या प्राप्त करना शेष नहीं रहा। सत्यकाम ने कहा कि बिना गुरु-कृपा के मेरी विद्या व्यर्थ है तब महर्षि गौतम ने बड़ी प्रसन्नता से उसे गुरु-दीक्षा दी।

सच्चा सौदा

"माँ मैं सौदा लेकर आ गया।"

"कौन सा सौदा करके इतनी जल्दी आ गए बेटा! तुम्हारे पास सामान तो कुछ भी दिखाई नहीं दे रहा।"

"सामानवाला सौदा इस संसार के लोग करते हैं। जिस संसार के सौदे के लिए सामान की आवश्यकता नहीं पड़ती और वही सौदा करके मैं आया हूँ।"

"कैसे?"

"सारे रुपयों का अनाज गरीबों को बाँट आया हूँ। माँ, वे बहुत भूखे थे। उनकी भूख मुझसे नहीं देखी गई।"

"खैर, अब कैसे भी अपने घर का काम चल ही जाएगा। तू निश्चिन्त रह।"

माँ बेटे के सौदे पर गद्गद हो गई थी। दूसरों के दुखों को अपना माननेवाला वह बालक नानक था। आगे चलकर वही नानक सिख पन्थ के प्रवर्तक गुरुनानक बने।

अस्थि-दान

वृत्रासुर से परास्त होकर निराश देवता ब्रह्मा जी के पास पहुँचे और पूछा–"भगवन्! विजय के लिए हम किस अस्त्र का प्रयोग करें?" ब्रह्मा जी ने कहा–"धातुओं से बने अस्त्र उतने प्रभावशाली नहीं हो सकते, जितने तप और त्याग से बने आयुध प्रभावशाली होते हैं। तपस्वी की हड्डियों से ही वज्र बनाया जा सकता है। यदि तुम लोग तप और त्याग विनिर्मित वज्र बना लो तो जीत तुम्हारी ही होगी। जाओ, इसके लिए प्रयत्न करो।"

देवता तपस्वी की अस्थि गिरि, कानन, कन्दरा में तलाशने लगे। महर्षि दधीचि ने अपनी दिव्य दृष्टि से कौतुक देख देवताओं को अपने पास बुलाया और हड्डियाँ देने के लिए शरीर का परित्याग कर दिया। तपस्वी दधीचि की अस्थियों का वज्र बना जिससे वृत्रासुर मारा गया और उसकी सेना परास्त हुई। विजयोत्सव मनाने एकत्रित हुई देवसभा में गुरु बृहस्पति ने कहा–"देवताओं! विजय का स्थायित्व शक्ति पर निर्भर है। शक्ति आयुधों में नहीं, तप-त्याग में भरी रहती है। यदि तुम सदैव अपराजित रहना चाहते हो, तो तप और त्याग की शक्ति एकत्रित करो। इसमें प्रमाद करोगे तो फिर कभी कोई वृत्रासुर तुम्हें परास्त करने को खड़ा नहीं होगा।"

धर्म-कार्य

विश्व हिन्दू परिषद के तत्त्वावधान में 18 नवम्बर, 1983 को गंगासागर से चले कपिल रथ और गोहाटी से चले परशुराम रथ के मिलने के उपरान्त रिक्त हुए पावन जल-कुम्भों को अपनी उपयात्रा हेतु ले जाने के लिए आन्ध्र के कार्यकर्ता टाटानगर पहुँचे। स्टेशन पर कुम्भों को गार्ड-ब्रेकवान में जब लदवाने के लिए ले जाया गया, तो कोई बड़ा आसामी मिल गया–ऐसा सोचकर 10-12 कुली दौड़कर गाड़ी के पास आए और ब्रेकवान में जल-कुंभो को चढ़ाने के लिए 200 रुपए माँगने लगे। उनकी माँग सुनकर साथ गए कार्यकर्ताओं ने उन कुलियों को उस कलश के बारे में बताया। पिछली रात को ही कुछ कुली रथों के दर्शन के लिए कार्यक्रम स्थल पर हो आए थे। उनमें से दो-तीन कुली आगे बढ़कर कहने लगे कि यह शुभ कलश हमारे माथे पर रखो। अब तो कलश उठाने के लिए सबमें होड़-सी लग गई। सबने मिलकर बड़ी सरलता से उसे पार्सल आफिस

में पहुँचाया, और वहाँ से ब्रेकवान में सावधानी से लदवा दिया। जब कार्यकर्ता इनाम के बतौर उनसे कुछ लेने का आग्रह करने लगे तो वे कहने लगे, "हमसे यह पाप मत करवाओ बाबू! ५हले ही अनजाने में 200 रुपए माँगकर हमने पाप किया। इस धर्म-कार्य में हमारा यही छोटा-सा सहयोग समझो।"

सहयोगी-वृत्ति का लाभ

देवताओं और असुरों में अपने-अपने बड़प्पन को लेकर विवाद उठ खड़ा हुआ। 'कौन बड़ा है' इसका फैसला ब्रह्मा पर छोड़ा गया। परीक्षा हेतु ब्रह्मा ने देवताओं और असुरों को एक ही दिन अपने यहाँ भोजन पर निमंत्रित किया। भोज निमित्त असुर बिना कुछ खाए-पिए भूखे पेट पहुँचे। इसके विपरीत देवगण अल्पाहार लेकर पहुँचे। प्रतीक्षा के बाद असुरों का नम्बर पहले आया और वे भोजन पर बैठे। अनेक प्रकार के व्यंजन सामने परोसा देख असुरों की भूख और तीव्र हो गई। अतः जैसे ही भोजन करने के लिए हाथ बढ़ाया ब्रह्मा ने रोक दिया। उन्हें पहले एक मन्त्र सुनाकर दुहराने को कहा। मन्त्र पढ़ते ही असुरों का हाथ सीधा का सीधा रहा, तिरछा नहीं हो रहा था जिस कारण भोजन का ग्रास मुँह में जाना सम्भव नहीं रह गया। असुरों के चिढ़ जाने पर मन्त्र वापस लिया। तदुपरांत असुरों का भोजन हुआ और जो जितना खा सकता था खाया।

यही प्रक्रिया देवताओं के साथ दुहराई गई। पर देवताओं ने बिना किसी प्रकार की प्रतिक्रिया दिखाए इस परीक्षा में सफल होने के निमित्त मंडलाकार पंक्ति बनाई। हाथ सीधा रहने पर भी अपने सामने बैठे हुए दूसरे देवताओं को सीधे हाथ से ही (जो नहीं मुड़ता था) उसकी इच्छानुसार खिलाने लगे। अतः हाथ सीधा होने के कारण अपने मुँह में नहीं जाते हुए भी, सभी देवतागण अपनी-अपनी रुचि के अनुसार भरपेट भोजन कर सन्तुष्ट हो गए। इस प्रकार असुरों की पशु-प्रवृत्ति देवताओं की सद्‌गुण प्रवृत्ति यानी दूसरों की चिन्ता अर्थात् दूसरों को खिलाकर अन्त में स्वयं खाना, संकट में एक-दूसरे की सहायता करना–विजयी हुआ।

तप की शक्ति

महाभारत कालीन घटना है।

शंख और लिखित–दो ऋषि। दोनों सगे भाई। जंगल में, आश्रम में रहते थे। बड़ा भाई आश्रम चलाता था। एक दिन छोटा भाई कहीं बाहर से थका-माँदा, भूखा-प्यासा आया। बगीचे में आम के सुन्दर वृक्ष थे और कुछ पके आम नीचे गिरे पड़े थे। बड़ा

भाई भी आश्रम में नहीं था। इन आमों के लिए अब किससे पूछे। भूखा है उन आमों को उठाकर, धो-धाकर खा लिया। बड़े ऋषि जब जाए तो छोटे ने कहा कि उससे आज एक गलती हो गई। बड़े भाई की आज्ञा बिना उन गिरे हुए आमों को खा लिया। बड़े ने कहा कि तुमने अनुचित कार्य किया और चोरी की है। अतः राजा के पास जा, अपना अपराध बताकर सजा भोगो। तत्काल छोटा भाई राजा के पास आया और सारी बातें बताईं। राजा ने कहा कि ऋषि गलत काम नहीं करते और गिरे आमों को उठाकर खाना कोई चोरी नहीं। अतः सज़ा भी नहीं मिलेगी। छोटा भाई लौटकर बड़े ऋषि के पास पहुँचा। पर बड़े ऋषि ने उसे पुनः राजा के पास सजा माँगने के लिए भेजा। ऋषि की आज्ञा का आदर कर राजा ने विधि अनुसार चोरी की सज़ा में उसके दोनों हाथ कटवा दिए। शरीर पर चादर डालकर छोटा भाई आश्रम पहुँचा। बड़े भाई को बताया कि वह सज़ा काट आया। सन्ध्याकाल होने को आया। बड़े ऋषि ने कहा कि सन्ध्योपासना का समय हो गया। चलो नदी के तट पर सन्ध्या करें। दोनों ऋषि नदी तट पर आए। बड़े भाई ने हाथ-पैर मुँह धोए और उपासना के लिए बैठ गए। पर छोटा भाई खड़ा ही रहा। बड़े भाई ने कहा कि हाथ-पैर धोओ। छोटे भाई ने चादर शरीर पर से उतारा। तब उसके दोनों कटे हाथ देख, बड़े भाई के आँखों में आँसू आ गए। वह उठा, छोटे भाई को अपने हाथों के शेष अंग पानी में डालने को कहा। पानी में डालते ही दोनों हाथ पूर्ववत् जुड़ गए। बाद में दोनों ने राजा का मंत्रिपद सुशोभित किया। उन दिनों अस्तेय की ऐसी ही महिमा थी—यह हमारा उज्ज्वल इतिहास रहा।

बड़े भाई का नाम शंख था। इस घटना से प्रभावित राजा हंसध्वज ने दोनों भाइयों को अपना मन्त्री बना लिया। महाभारत युद्ध के बाद अश्वमेध यज्ञ हेतु निकले अश्व को राजा की आज्ञा से उनके वैष्णव भक्त पुत्र मोरध्वज द्वारा पकड़ लिये जाने पर अर्जुन द्वारा वध कर दिया गया था। किसी कारणवश द्वेष के कारण मन्त्री शंख ने राजाज्ञा का उल्लंघन करने के कारण मोरध्वज को खौलते तेल के कड़ाह में डाल दिया था, पर मोरध्वज को कुछ न हुआ।

दान देने का ढंग

वैष्णव सम्प्रदाय के सन्त राघवाचार्य वाराणसी आए। एक सेठ एक तोड़े सिक्के लेकर अपने मुनीम के साथ उनके दर्शन हेतु पहुँचा। राघवाचार्य अपने शिष्यमंडल के साथ भक्तों के बीच बैठे हुए थे। सेठ ने चरण स्पर्श कर उनकी सेवा में सिक्का भरा थैला, उनके पास इस तरह रखा कि झन्न से आवाज हुई। राघवाचार्य जी ने कहा, "वे उस तोड़े को स्वीकार नहीं कर सकते।" सेठ ने पूछा—"क्यों?" उन्होंने उत्तर दिया—"तुमने यह रकम दान की इच्छा से नहीं दिया, बल्कि कामनाओं की तृप्ति के लिए दिया है

इस तरह कि उसकी झन्नाहट से सभी को जानकारी हो जाए कि सेठ ने दान दिया है ताकि उसकी मान-प्रतिष्ठा हो। दान तो दिया जाता है दाहिने हाथ से इस तरह कि बायाँ हाथ को भी पता न चले कि दान दिया गया।"

नवधा भक्ति

रामभक्त शबरी जब 11 वर्ष की थीं तो उसके माँ-बाप ने उसकी शादी की तैयारी की। शबरी के पिता, शादी के भोज के लिए पशु इकट्ठा करने लगे। शबरी ने अपनी माँ से अपनी शादी के के दिन इतने पशुओं की बलि दिए जाने की बात सुनकर दुखित हुई। पशुओं को बचाने का एक ही उपाय था। सो पशुओं को आज़ाद कर वह घर से भाग निकली। उसके परिवार के लोग उसे खोजने के लिए चारों ओर दौड़ पड़े। मार्ग में एक ऊँट की लाश पड़ी देख, शबरी उसी ऊँट के अस्थि पंजर में घुसकर दो-तीन दिन छिपी रही। फिर छिपते-छिपाते जंगल में घुस गई। पास में ही मातंग ऋषि का आश्रम था। निम्न वर्ग की होने से कहीं ऋषिगण, तपस्वी, ब्रह्मचारी बुरा न मानें ऐसा वह उनसे सदा दूर एवं अप्रकट रहती थी। सेवा कार्य का अभ्यास रहने के कारण वह रोज 3 बजे रात्रि में ही आश्रम एवं आस-पास के स्थान को बुहार देती। गन्दगी दूर कर देती। गोबर से लीप देती। समिधा की लकड़ियाँ बीनकर एक स्थान पर एकत्रित कर दिया करती। मातंग ऋषि ने आश्रम एवं आस-पास की जमीन की इतनी सफाई कभी नहीं देखी थी। इस परिवर्तन का कारण ब्रह्मचारियों से जानना चाहा, पर इसका उत्तर किसी के पास न था। कई ब्रह्मचारी इसकी खोजबीन में लगे। एक ब्रह्मचारी, सारी रात जागकर पहरे पर लगा। शबरी पकड़ी गई और मातंग ऋषि के पास लाई गई। शबरी की कहानी सुनकर मातंग ऋषि ने उसकी रहने की व्यवस्था आश्रम में ही कर दी और कहा कि एक दिन भगवान राम यहाँ आएँगे, तुम्हारा उद्धार करेंगे। उस दिन से शबरी और दूने उत्साह से सेवा करने लगी। वह ऋषियों के मल-मूत्र भी साफ कर देती तथा ऋषियों के उठने के पूर्व ही पम्पासर में स्नान कर आती। आस-पास के आश्रमों में रहने वाले दंडकारण्य के ऋषियों को शबरी का मातंग ऋषि के आश्रम में रहना एवं उसका उस सरोवर में स्नान करना, जहाँ वे करते थे, नहीं भाया। उन लोगों ने मातंग ऋषि को मतंग कहा, चरित्रहीन कहा और उनका सामाजिक बहिष्कार कर दिया। शबरी का सरोवर में स्नान करने की मनाही कर दी। उसी दिन से सरोवर के जल का रंग लाल एवं दुर्गन्धयुक्त हो गया। शबरी आश्रम छोड़कर दूर चली गई पर घबराई नहीं। धैर्यपूर्वक सभी लांछनाओं एवं अपमान को सहते हुए अपना कार्य चुपचाप करती रही। भगवान राम के आने के मार्ग को साफ करती, कंकड़-पत्थर, काँटों को बीनकर एक ओर रख देती। मातंग ऋषि के कथनानुसार भगवान राम के आने की प्रतिदिन प्रतीक्षा करने लगी।

श्रीराम के लिए नित्य अच्छे-अच्छे फल-फूल इकट्ठा करती। इस प्रकार प्रतीक्षा करते-करते शबरी 60 वर्ष की हो गई, किन्तु उसकी नित्य दैनन्दिन की क्रिया में कोई व्यतिक्रम नहीं आया। 11 वर्ष की उम्र से लेकर 60 वर्ष की उम्र तक धैर्य धारण करना भी एक तपस्या ही थी। असाधारण कार्य था, जिसे अनपढ़ शबरी ने किया। राम एक दिन आए। आने पर किसी ऋषि के आश्रम पर नहीं गए। सीधे शबरी की कुटिया पर आए। कहते हैं कि उस दिन शबरी ने जो बेर के फल लाकर रखे थे, उनमें से कौन खट्टा है, कौन मीठा चख-चखकर अलग कर लिया गया। राम ने शबरी के जूठे बेर प्रेम से खाए। लक्ष्मण को भी खाने का संकेत किया। इस प्रकार शबरी की नवधा भक्ति का प्रसाद खाया। उनके आगमन की बात सुनकर आस-पास के आश्रम के ऋषिगण उनका दर्शन करने आए। अपने आश्रमों में चलने का आग्रह करने लगे। शबरी के प्रति ऋषियों द्वारा किए अपमान को भी श्रीराम कैसे भूलते। ऋषियों ने उन्हें अपना दुखड़ा सुनाया कि सरोवर के जल में कीड़े पड़ गए हैं—जल दुर्गन्ध युक्त हो गया है। इस कारण वे अत्यन्त कष्ट में हैं। श्रीराम के कहने पर ऋषियों ने शबरी से सरोवर में स्नान करने का आग्रह किया। शबरी के पुनः सरोवर में स्नान करते ही जल पूर्ववत् स्वच्छ एवं निर्मल हो गया। भगवान की दृष्टि में जाति का नहीं, भावना का मूल्य है।

आज भी सन्त-महात्मा उस भीलनी शबरी की नवधा भक्ति की चर्चा करते नहीं अघाते। कहते हैं कि शबरी के वंशज आज भी उत्तर प्रदेश के बाँदा जिले में हैं। वन के साधकों ने उसे साथ नहीं रहने दिया। उनके प्रति कोई शत्रुभाव न रखते हुए अपनी अलग कुटिया डाल इस जाति (भील) ने अलग-थलग रहने का फैसला किया। कुसंगति का विकल्प नहीं अपनाया। आज कितने लोग ऐसी चुनौती स्वीकार करते हैं? सोचते हैं कि अच्छे लोग साथ नहीं देते, तो क्या करें, बुरों का साथ कर लेते हैं। दूरदृष्टि से काम नहीं लेते। यदि अच्छे लोगों के मन में यह भाव आ जाए कि किसी दीन-हीन जाति-कुल के आने से उनकी अच्छाइयाँ चौपट हो जाएँगी, तो यह वैचारिक विकृति के अलावा और कुछ नहीं हो सकता, उनके तमाम प्रयत्न व्यर्थ जाते हैं।

आदेश पालन

एक बार कबीर ने अपनी पत्नी को दिन में दीपक जलाकर लाने को कहा जबकि दिन होने के कारण कमरे में अँधेरा न था। पत्नी दीपक जलाकर चुपचाप रख गई।

फिर एक बार कबीर ने बर्तन में रखे घी को नाली में फेंक आने को कहा और पत्नी निसंकोच उसे फेंक आई।

कबीर का एक मित्र उन दोनों अवसरों पर उपस्थित था। उसने कबीर की पत्नी से पूछा कि दिन में दीपक जलाने की आज्ञा और घी को व्यर्थ नाली में फेंक

आने का आदेश, बिना किसी एतराज के आपने मान क्यों लिया? पत्नी ने कहा कि मेरा पति पागल नहीं है। वह एक सन्त है और उसके आदेश का मैं अक्षरशः पालन करती हूँ।

भीगने का कारण

एक बार सन्त अफलातून अपने भक्तों के बीच बैठे थे। उनकी पत्नी ने उन्हें नमक ला देने को कहा। सन्त ने कहा कि जाकर ला देता हूँ। दूसरे दिन सन्त अफलातून भक्तों के संग सत्संग कर रहे थे। उस समय उनकी पत्नी दीवार पर चूने की पुताई कर रही थी। उसे नमक की याद आई तो, सन्त से पूछ बैठी कि के 'नमक लाए?' सन्त ने कहा कि 'भूल गया लाना।' इतना सुनना था कि पत्नी चूने के पानी सहित हाँड़ी सन्त के सिर पर दे मारी और उनका पूरा शरीर चूने के पानी से भीग गया। भक्तों ने कहा कि यह क्या हुआ? सन्त ने कहा कि जगदम्बा ने प्रसन्न हो वर्षा कर दी और मैं भीग गया।

राम की सेना

'रामचरितमानस' में एक बड़ा ही सुन्दर प्रसंग आया है। भगवती सीता की खोज में श्रीराम दल-बल सहित सुदूर दक्षिण में आ गए थे। देश के अन्तिम छोर पर, जहाँ समुद्र ही समुद्र था और उसके पार थी श्रीलंका। लंका पहुँचने के लिए समुद्र पार करना था। सीता की खोज में समुद्र लाँघकर कौन जाएगा? समुद्र लाँघा कैसे जाए? ये प्रश्न थे। सभी चुप थे। जामवन्त वृद्ध थे। जामवन्त ने कहा कि किसी समय उन्होंने अनेक असाध्य कार्य सम्पन्न किए हैं! पर, अब सर्वथा असमर्थ हैं। अर्थात् उसने भूतकाल की याद की, वर्तमान की चिन्ता है पर भविष्य का प्रश्न अभी नहीं उठा। राम दल में तीन प्रकार के सैनिक थे, नायक थे। एक वर्ग भूतकाल की बात सोच सकता है भविष्य की नहीं और वर्तमान में अपने को कुछ करने में अशक्त मानता है। इस वर्ग का नेतृत्व जामवन्त करते हैं। दूसरा वर्ग भूतकाल की सोचता ही नहीं और भविष्य के प्रति आश्वस्त नहीं यानी आनेवाला समय पार नहीं कर सकता। पर वर्तमान उसके हाथ में है–चाहे तो कुछ कर सकता है। ऐसे तरुण वर्ग का नेतृत्व अंगद कर रहा है। एक तीसरा वर्ग भी था–चुप, शान्त, निर्विकार स्थिति में। मानो इस सबसे उसका कोई सम्बन्ध नहीं। जो करना हो वह अन्य करे। यह वर्ग समझता है कि वह किसी काम का नहीं, सर्वथा अयोग्य है।

अंगद ने कहा कि मैं समुद्र लाँघ तो सकता हूँ पर वापस नहीं आ सकता। माँ सीता का सन्देश श्रीराम तक नहीं आ सकता, जबकि श्रीराम का सन्देश माँ सीता को प्राप्त हो सकता है।

तीसरे वर्ग का नेतृत्व पवन-सुत हनुमान कर रहे थे। जामवन्त ने कहा कि यह कार्य हनुमान कर सकते हैं–पर हनुमान चुप। जामवन्त ने बार-बार आग्रह किया हनुमान से–फिर भी वे चुप। वृद्ध व्यक्ति के शब्दों में वह जोश नहीं होता जो तरुण वर्ग के पास होता है। अंगद ने हनुमान की कमजोर नस पकड़ी। अंगद ने हनुमान से कहा–"वीर! अरे तुम्हारा तो जन्म ही राम-कार्य के लिए हुआ है। जो जन्मते ही सूर्य को अपने हाथों से पकड़ लेने को लपका था, उसके सामर्थ्य का तो कहना ही क्या! अरे तू कैसा वीर है, जो माँ सीता को श्रीराम का सन्देश जाकर देने के स्थान पर चुप और शान्त बैठा है। क्या तू अपने सामर्थ्य को भूल गया है।" तरुणों के ऐसे वर्ग को उसकी योग्यता एवं सामर्थ्य की याद दिलाकर जब उत्साहित किया जाता है तो वह हुंकार उठता है। ऐसा वर्ग वह आग है जो यदि बहक जाए तो देश के स्वप्नों को भस्मसात कर दे और यदि निर्माण की भट्ठियों के रूप में नियंत्रित कर ली जाए तो देश का चित्र ही बदलकर रख दे। प्रारम्भ से ही यह देश आग और यौवन का ऐसा ही धनी देश रहा है। हनुमान अब भला शान्त रह सकते थे! उन्होंने इतना सुनते ही अपना स्वरूप पर्वताकार कर लिया और हम सब जानते हैं कि तब हनुमान ने लंका पर क्या-क्या जुल्म ढाए। श्रीराम ने पूरे युद्ध में जितने असुरों का संहार किया उससे अधिक करीब अस्सी हजार असुरों का संहार अकेले कुछ ही घंटों में किया और तब मेघनाद के ब्रह्मास्त्र से बाँधे जा सके।

!!

जाकी रही भावना जैसी

भगवान राम दल-बल सहित समुद्र पार कर लंका की धरती पर उतर गए। उचित स्थान देख वहाँ खुले आकाश के नीचे अपना पड़ाव डाल दिया। रात्रि का समय। पूर्णिमा का शरच्चन्द्र अपनी अपूर्व छटा धरती पर बिखेर रहा था। भगवान राम धरती पर लेटकर अपने प्रमुख सहयोगी एवं सेनानायकों से वार्ता कर रहे थे और उन सभी के विचारों को जानने का प्रयास कर रहे थे। वहाँ उपस्थित अपने सभी सहयोगियों को पूर्ण चन्द्र दिखाते हुए उन्होंने उसके श्यामलारूपी धब्बे का कारण पूछा। सभी ने अपने-अपने ढंग से अलग-अलग विचार रखे।

सुग्रीव बहुत दिनों तक राज्य-सुख से वंचित रहा था। उसकी पत्नी को उसके बड़े भाई बालि ने अपने महल में रख लिया और उसे राज्य से निष्कासित कर दिया था। वर्षों तक निर्वासित, एकाकी जीवन व्यतीत करने के बाद उसे सत्ता-सुख के उपभोग का अवसर मिला था।

विभीषण भी वहीं पर थे। उसके बड़े भाई रावण ने उसके सीने पर भरी सभा में अपना पाद प्रहार कर उसे राज्य से निर्वासित कर दिया था। यह पीड़ा उसे बराबर सालती रहती थी। उसने अपने विचार इसी सन्दर्भ पर इसी प्रकार रखे कि लगता है राहु का पाद-प्रहार चन्द्रमा पर हुआ हो जो धब्बे के रूप में अब तक दिख रहा है।

कह हनुमंत प्रभु ससि तुम्हार प्रिय दास।
तव मुरति बिधु उर बससि सोइ स्यामता अभास॥

सुग्रीव अब पूर्ण रूप से उस सीमित राज्य का सुखोपभोग करने में लीन हो गया था और उसे धरती के सिवा अन्य कुछ दिखता ही न था। उसने कहा कि लगता है इस धरती की परछाईं चन्द्रमा पर पड़ने के कारण वहाँ श्यामलता आ गई है। ब्रह्मा ने अति सुन्दर चन्द्रमा के मध्य भाग को लेकर कामदेव की पत्नी रति के चेहरे को गढ़ा है। इसी कारण चन्द्रमा का मध्य भाग रीता हो जाने के कारण श्यामल रंग का दिख रहा है।

भगवान राम तो शरणागत-वत्सल ठहरे—सभी को प्रेम से गले लगानेवाले। उन्होंने अपने विचार रखे कि समुद्र मन्थन के फलस्वरूप चन्द्रमा भी उत्पन्न हुए और विष भी प्रकट हुआ। अतः रिश्ते में दोनों बहन-भाई हुए। चन्द्रमा शीतल है और विष में गर्मी है, ऊष्मा है। भाई ने अपनी बहन के कष्ट को नहीं देख सकने के कारण अपने हृदय में स्थान देकर उसकी उष्णता को शीतलता प्रदान की है।

अपनी-अपनी मानसिकता के आधार पर सभी ने अपना-अपना विश्लेषण प्रस्तुत किया। पर हनुमान चुप, शान्त बैठे रहे। अतः अपने सेवक हनुमन्त लाल से भी अपने विचार व्यक्त करने का आग्रह किया। तब हनुमन्त लाल ने कहा कि प्रभु! ये बातें मुझे जँची नहीं। मेरा अनुमान है कि चन्द्रमा के मध्य भाग में जो कालिमा दिख रही है, वह तो आपके श्यामल रंग की परछाईं मात्र है। चन्द्रमा ने आपकी मूर्ति अपने हृदय में धारण कर रखी है। ऐसा ही गोस्वामी श्री तुलसीदास जी के उपरोक्त दोहे में वर्णित है।

अपने-अपने मन की भावना के अनुरूप सभी ने अपनी-अपनी व्याख्या रखी। भिन्न-भिन्न प्रकृति के लोग किसी चीज़ की प्रतिक्रिया में अपने मन के भावों को ही प्रकट करते हैं। Angle of vision differs as per sentiments of individuals.

आत्मसंयम

कलकत्ता के हाईकोर्ट के जज स्व. श्री गुरुदास बनर्जी तत्कालीन वायसराय के साथ कानपुर से कलकत्ता के लिए यात्रा कर रहे थे। कलकत्ता विश्वविद्यालय कमीशन सम्बन्धी

किसी आवश्यक चर्चा के लिए वायसराय ने उन्हें अपने ही डिब्बे में बुला लिया। बातचीत के मध्य भोजन का समय हुआ तो वायसराय ने उनसे भोजन करने का अनुरोध किया। बनर्जी साहब ने उत्तर दिया—''मैं ट्रेन यात्रा में कुछ नहीं खाता। थोड़ा सा गंगाजल रखे हुए हूँ, वही पी लेता हूँ।'' वायसराय को विश्वास नहीं हुआ। इतना प्रगतिशील व्यक्ति भी धार्मिक मान्यताओं का इतनी कट्टरता के साथ पालन कर सकता है। उन्होंने कहा—''तो फिर लड़के को ही भोजन ग्रहण करने के लिए कहिए।'' पर लड़के ने कहा—"मेरे पास घर की बनी थोड़ी-सी मिठाई है, सो जलपान कर लिया है। अन्य कोई वस्तु ग्रहण नहीं करूँगा।"

वायसराय आश्चर्यचकित रह गए। उन्होंने कहा—''आप लोग उपवास कर रहे हैं तो मैं भी भोजन कैसे ग्रहण करूँगा?" वायसराय की आज्ञा से इलाहाबाद में गाड़ी रोक दी गई। वहाँ बनर्जी ने अपने पुत्र सहित त्रिवेणी स्नान किया। उसके बाद ट्रेन आगे बढ़ी। लौटने पर वायसराय को धन्यवाद देते हुए बनर्जी ने कहा—''कुछ खा-पी लेने से किसी की जाति जाती हो इस सम्बन्ध में मेरा कोई तर्क नहीं। पर इन नियमों के पालन से आत्मसंयम और अनुशासन की शिक्षा मिलती है। हमारे धर्म और संस्कृति में अनुशासन का महत्व है, इसलिए मैंने इन्हें हृदय से स्वीकार किया है।

अर्जुन का आदर्श

देव-दानव युद्ध में अर्जुन देवताओं की सहायता के लिए देवलोक गए। इनके पराक्रम के आगे दानव नहीं ठहर सके। देव पक्ष विजयी हुआ। देवताओं ने आभार प्रकट करने के लिए उपहारस्वरूप देवलोक की सर्वोत्तम सुन्दरी उर्वशी को अर्जुन की सेवा में भेजा। अर्जुन ने उस पर कोई ध्यान नहीं दिया क्योंकि यहाँ आने का उद्देश्य भोग-विलास नहीं था। कौरवों के विरुद्ध शक्ति अर्जन था। अपने परोक्ष कार्य में असफल होने पर उर्वशी ने अर्जुन से कहा—''मैं आप ही जैसा एक सुन्दर वीर पुत्र पाना चाहती हूँ, मेरी अभिलाषा पूर्ण करें।"

अर्जुन ने उसका अभिप्राय समझकर कहा—''जो तुम चाहती हो, वह बन पड़े या नहीं, इसका कोई ठिकाना नहीं। हो सकता है कि कन्या ही जन्मे। यदि पुत्र भी हो तो आवश्यक नहीं कि मेरे समान पराक्रमी हो। फिर सन्तान को मेरी जितनी आयु का होने तक तुम्हें लम्बी प्रतीक्षा करनी होगी। इन सभी कठिनाइयों का मैं एक क्षण में समाधान किए देता हूँ। तुम मुझे आज से ही अपना पुत्र मानो और मैं तुम्हें कुन्ती समान माता मानूँगा।'' यह कहकर अर्जुन ने अपना मस्तक उसके चरणों पर रख दिया। उर्वशी निरुत्तर हो गई और उलटे पैरों वापस चली गई, अर्जुन को एक वर्ष नपुंसकता का शाप देकर।

इस आदर्श पर मुग्ध हो भोगवादी जीवन व्यतीत करनेवाले देवताओं ने उसे नया उपहार भेजा—गांडीव धनुष जो लक्ष्यवेधी बाण चलाता था और किसी युद्ध में पराजित न होता था।

आदर्शवादी घाटे में नहीं रहते। उन्हें यश भी मिलता है और बहुमूल्य अनुदान भी।

गुरु-कृपा

भगवान कृष्ण के गुरु संदीपन ऋषि थे, पर आत्मज्ञान के गुरु ब्रह्मऋषि उपमन्यु थे। ऋषि ने उपमन्यु अपने गुरु गौतम के पास जाकर आत्मज्ञान की विनती की। ऋषि ने अपने गोशाला की गायों को वन में ले जाकर चराने का आदेश उन्हें दिया। गायों को वन में चराने के दरम्यान और वन में कोई बस्ती न होने के कारण, भोजन का कोई अन्य साधन न देख, उपमन्यु ने उन्हीं गायों के दूध से अपनी उदरपूर्ति की। कुछ काल पश्चात् गुरु ने उपमन्यु को बुला भेजा। उसके भोजन की व्यवस्था के विषय में पूछने पर जब यह विदित हुआ कि आवश्यकतानुसार बछड़ों को दूध पी लेने के उपरान्त उपमन्यु गायों का दूध पीकर निर्वाह कर लेता था। गुरु ने उपमन्यु से कहा कि बिना अनुमति के दूध पीकर उसने अनुचित कार्य किया। उन्हें सन्देह हो गया कि कहीं उपमन्यु के प्रति दया भाव रख बछड़े स्वयं दूध कम पीकर, अधिक दूध उसके लिए छोड़ देते हों। अतः गायों का दूध पीने से उसे मना कर दिया। उपमन्यु पुनः गायों को लेकर वन में चला गया। अब जब उपमन्यु को भूख लगी तो कोई अन्य उपाय न देख, दूध पीने के बाद बछड़ों के मुँह से जो दूध की झाग सी निकलकर भूमि पर गिर जाती थी, उसे ही उठाकर उसने चाटना प्रारम्भ किया। काफी दिन बीतने पर गुरु ने उसे पुनः बुलाया। पूछने पर ज्ञात हुआ कि उपमन्यु झाग खाकर निर्वाह कर रहा है। तब गुरुजी ने कहा कि बछड़े दया कर बहुत सा झाग गिरा देते होंगे और स्वयं भूखे रह जाते होंगे। अतः झाग खाने से मना कर दिया। उपमन्यु पुनः गायों को लेकर वन में चला गया। अब तो खाने को कुछ भी नहीं था सिवाय पत्तों और घास के। गायों के समान इसने भी पत्ते खाना प्रारम्भ कर दिया। पतझड़ आने पर पत्ते भी न रहे। भूखा रहते-रहते वह कृशकाय हो गया। तभी बसन्त आगमन होने से वृक्ष की नई हरी कोंपलें निकलने लगीं। इन कोंपलों को खाकर उपमन्यु अपनी क्षुधा निवृत्ति करने लगा। लगातार कई दिनों तक पत्ते खाने से शरीर में अत्यन्त खुश्की आ गई। उष्णता बढ़ गई। अतः नेत्र ज्योति नष्ट हो गई। ऐसी अवस्था में एक गाय की पूँछ पकड़कर वह गायों को चराने जाने लगा। गाएँ झुंड में रहती थीं, एक ही स्थान पर बैठती थीं। एक दिन भारी आँधी आई, और ओलावृष्टि होने लगी। गाएँ इधर-उधर भागने लगीं। दुर्भाग्यवश उपमन्यु के हाथ से गाय की पूँछ छूट गई। गायों को पुनः एकत्रित करने के लिए जब वह इधर-उधर

भटकता फिर रहा था, तब एक कुएँ में वह गिर पड़ा और अन्दर एक अवलम्ब का सहारा ले टिका रहा। इसी प्रकार कई दिन व्यतीत हो गए तो गुरुजी ने एक शिष्य को वन से उसे बुला लाने भेजा। उपमन्यु को कहीं न पाकर, शिष्य निराश हो लौट आया। तब ब्रह्मर्षि गौतम अपने शिष्यों सहित वन में उसे ढूँढ़ने के लिए निकले। वे उपमन्यु को नाम लेकर जोर-जोर से पुकारने लगे। गुरुजी की आवाज पहचानकर उपमन्यु ने उत्तर दिया कि वह कुएँ में गिरा पड़ा है। उसे कुएँ से निकाला गया। उसे अन्धा देख गुरुजी बड़े दुखित हुए। उसे श्रुति का एक मन्त्र उच्चारण करने को कहा। मन्त्रोच्चारण करते ही उसकी आँखों में पूर्व ज्योति आ गई। इसके पश्चात् गुरुजी ने उसके मस्तक पर ज्योंही हाथ फेरा, वह समाधिस्थ हो गया और उसे आत्म-साक्षात्कार हुआ।

आचार्य लोग कठिन परीक्षा लेने के उपरान्त जब शिष्य को आत्मज्ञान का अधिकारी समझते थे, तभी आत्म-साक्षात्कार करवाते थे। शिष्य भी श्रद्धा, विश्वास एवं भक्तिपूर्वक गुरु के पास जाकर उनकी सेवा करते थे। अरुणि ने खेतों की मेड़ को पानी के तेज बहाव से टूट जाने के कारण, लेटकर अपने शरीर को ही मेड़ बना दिया था ताकि गुरुजी के खेतों को क्षति न पहुँचे।

धर्म का आचरण

बहुत पहले भारत में धर्म-अधर्म का स्वरूप लोग समझते थे और तदनुसार कार्य करते थे। प्रजा सुखी थी, चारों ओर शान्ति थी। भक्तराज प्रह्लाद के पुत्र विरोचन एवं एक ब्राह्मण पुत्र में एक लड़की से विवाह करने के प्रश्न पर विवाद हो गया। लड़की कहती थी जो दोनों में श्रेष्ठ होगा, उसी से विवाह करूँगी। और यह निर्णय नहीं हो पा रहा था कि श्रेष्ठ कौन है। इसमें एक शर्त यह भी थी कि जिसका विवाह नहीं हो पाएगा यानी हार जाएगा, उसका सिर काट दिया जाएगा। मामला अनिर्णीत होने पर ब्राह्मण पुत्र ने विरोचन के सामने विचार रखा कि राजा प्रह्लाद पर निर्णय देने का भार सौंप दिया जाए। विरोचन सहर्ष तैयार हो गया यह सोचकर कि पिता अपने एकमात्र पुत्र के प्राण बचाने हेतु उसके ही पक्ष में निर्णय देंगे।

सारी बातें राजा प्रह्लाद के समक्ष रखी गई। प्रह्लाद द्विविधा में थे। यदि विरोचन के पक्ष में निर्णय दे तो अधर्म हो जाएगा। ब्राह्मण पुत्र के पक्ष में जाएँ तो एकमात्र सन्तान से हाथ धोना पड़ेगा। सारी प्रजा उनका निर्णय सुनने को उत्सुक खड़ी थी। देवगण भी आ गए।

राजा प्रह्लाद ने कहा कि विरोचन अधर्मी, निरंकुश, असत्यवादी एवं हत्यारा है जबकि ब्राह्मण पुत्र धर्मात्मा, सत्यवादी है अतः ब्राह्मण पुत्र ही श्रेष्ठ है। इस पर ब्राह्मण पुत्र अति प्रसन्न हुआ। उसने प्रह्लाद से कहा कि मैं आपका न्याय देखना चाहता था। वास्तव

में आप धर्मानुकूल आचरण करनेवाले राजा हैं। मैं विरोचन को क्षमा करता हूँ। आपसे आग्रह करता हूँ कि उसे प्राणदान दें और उस लड़की से उसका विवाह कर दें! मैं अपना दावा वापस लेता हूँ। वह ब्राह्मण कुमार ऋषि अंगिरस पुत्र सुधन्वा था। राजा एवं प्रजा दोनों को धर्माधर्म के स्वरूप की जानकारी होती थी।

सुदामा उद्धार

भगवान कृष्ण के एक ब्राह्मण मित्र थे सुदामा—कामना रहित, जितेन्द्रिय, इन्द्रिय के धर्म से विरक्त, ब्रह्मलीन। दारिद्र्य की पराकाष्ठा पर थे। एक दिन उनकी पत्नी सुशीला ने कहा कि द्वारकाधीश श्रीकृष्ण आपके मित्र हैं, यदि आप उनके पास जाएँ तो वे आपको बहुत-सा द्रव्य दें। इस पर सुदामा ने कहा कि आज तक मैंने किसी के आगे झोली नहीं फैलाई, बिन माँगे मिल गया तो खा लिया, अन्यथा भूखा ही सो गया। हाँ, मित्र के दर्शन किए वर्षों हो गए। लेकिन खाली हाथ कैसे जाऊँ? उनकी पत्नी ने पड़ोस के घर से माँगकर चार मुट्ठी चावल अपनी फटी साड़ी के टुकड़े में बाँधकर उन्हें पकड़ा दिया। कई जगह पर गाँठ लगी फटी-चिथड़ी धोती पहने सुदामा अपने मित्र श्रीकृष्ण का दर्शन करने पैदल द्वारकापुरी चल पड़े। पेट पीठ से जा लगा था। दरिद्रता के कारण तिलक लगाने के लिए रोली नहीं जुटा पाये, तो ईंट घिसकर तिलक लगाई। 'भज राधारमण हरिगोविन्द मुरारे' कीर्तन करते जा रहे थे। मार्ग में प्यास लगी, तो दो बूँद पानी पिया और ठाकुर जी को धन्यवाद दिया कि प्रभु! आपकी बड़ी कृपा कि पीने को पानी तो उपलब्ध करा रहे हो। भगवान कृष्ण अपने भक्त की व्यथा समझ रहे थे। परिचारिकाएँ, सेवक नाना प्रकार के भोजन-व्यंजन लाए, पर प्रभु को भूख कहाँ! आज तो उनका भक्त मित्र केवल पानी पीकर भी उनका धन्यवाद करके ही सो गया। उन्होंने तुरन्त योगमाया से कहा—देखो, बगीचे में कुएँ के पास मेरा एक भक्त मित्र पानी पीकर भूखा सो गया है। उसे बिना जगाए, अपने प्रभाव से द्वारका ले आओ। संकेत मिलना था कि सुदामा द्वारका पधार गए। द्वारका में आकर जैसे ही सुदामा की आँखें खुलीं, नगर की चकाचौंध देखकर वे चकित रह गए। द्वारपाल से पूछा कि कौन-सा नगर है। उसने उत्तर दिया कि पंडित जी यह द्वारकापुरी है। सुदामा सोचने लगे—यह कैसे सम्भव हुआ है। उन्होंने द्वारपाल से कहा कि भैया! यहाँ हमारे मित्र द्वारकाधीश—श्रीकृष्ण कहाँ रहते हैं? द्वारपाल ने आश्चर्य से उसे सिर से पाँव तक निरीक्षण करते हुए कहा कि द्वारकाधीश का महल तो यही है, पर वे तुम्हारे मित्र कैसे हो सकते हैं? यह तो करोड़पतियों का नगर है। तो सुदामा ने कहा कि आप कृपया उन्हें यह सूचना तो दो कि—

मैं तो श्रीकृष्ण का तालिब हूँ, मेरा यार भी है सरकार भी है।
हे कृष्ण तुम्हारी उल्फत में, गुलजार भी है और खार भी है।

कहाँ तो ऐश्वर्यवान, सर्वस्वामी कृष्ण महाराज और कहाँ यह अकिंचन ब्राह्मण– मन में ऐसा भाव रखकर द्वारपाल भगवान कृष्ण के पास जब पहुँचा तो भगवान श्रीकृष्ण ने उससे पूछा कि अरे! तुम रो क्यों रहे हो? द्वारपाल ने कहा कि क्या बताऊँ, महाराज! जो दरवाजे पर देखा है, उसके बारे में सोचता हूँ तो मन कुछ और हो जाता है और आपके दर्शन करता हूँ तो विचार कुछ और हो जाते हैं। उसने कहा–

सीस पगा न झगा तन पे, प्रभु पांय उपानह की नहीं सामा,
धोती फटी सी लटी दुपटी, प्रभु जाने को आए बसि केहि ग्रामा।
दुर्बल देह द्वारे खड़ा द्विज, देख रह्यो वसुधा अभिरामा।
पूछत दीनदयाल को नाम, बतावत आपनौ नाम सुदामा।।

सुदामा का नाम सुनते ही भगवान कृष्ण पलंग से उठ बैठे, रानियों को एक ओर हटाते हुए दौड़ पड़े, नंगे पाँव ड्योढ़ी की ओर। और आते ही सुदामा को गले लगा लिया। और लाकर अपने सिंहासन पर बैठा दिया, स्वयं उनके चरणों में नीचे विराज गए। रानियों ने जब भगवान को अतिथि के चरणों में बैठा देखा, तो उनको पंखा झलने लगीं। रुक्मिणी, सत्यभामा सेवा पूजा की तैयारी करने लगी।

मणि मंडित चौकी कनक ता ऊपर बैठाय,
पानी धरे परात में पग धोवन को लाय।
देखि सुदामा की दीन दशा करुणानिधि करुणाकर रोए।
पानी परात को हाथ छुयो नहीं नैनन को जल सो पग धोए।

–नरोत्तम कवि

विप्र पद हाथ में लियो है त्रिलोकीनाथ, देख दीनताई, दीनताई उर छाई है।
काँटे बिनाई धूल टूटे पग फाटे पर, सोए भाग जागे आज पास युदराई है।।
पूजन को चन्दनादि पानी कनक झारी, झारी बिसारी प्रेमधार यों बहाई है।
नैन नीर भरे क्यों करुणानिधि रोए, सींची अँसुवन माल अँसुवन चढ़ाई है।।

सुदामा जी के पैर में बिवाई फट रही थी, उसमें काँटा उलझ रहा था। भगवान कृष्ण रेशमी पीताम्बर से काँटा निकालना चाहते हैं। सुदामा के सूखे चरणों में पीताम्बर उलझ गया। कृष्ण ने खींचा तो सुदामा बोले–"मित्र मेरे को दुखता है, आप रहने दो।" श्रीकृष्ण रो दिए।

ऐसे बेहाल बिवाइन सो लग कंटक जाल लगे पग जोए,
हाय सखा दुख पाए महा, तुम आए इतै न कितै दिन खोए।
देख सुदामा की दीन दशा करुणा करि के करुणानिधि रोए,
पानी परात को हाथ छुयौ नहीं, नैनन के जल सो पग धोए॥

रुक्मिणी, सत्यभामा की आँखों से आँसू झर पड़े। रुक्मिणी ने सत्यभामा से कहा– "बहन, तुम ठाकुर जी को सँभालो, यह सेवा मैं करती हूँ। ब्राह्मण का चरण महारानी रुक्मिणी ने हाथ में लिया। अपने बालों का जूड़ा खोला। अलकावलियों का झाड़न

बनाकर ब्राह्मण के चरणों की धूल निकालने लगी। यह है सुदामा के निष्काम भजन का आनन्द! लक्ष्मी और नारायण दोनों ही चरणों में विराजमान हैं। तत्पश्चात् महारानी रुक्मिणी ने कहा–''सुदामा भैया! आप वस्त्र बदल लें।'' उन्हें नए वस्त्र पहनाया। मोतियों की माला पहनाई। सुन्दर, स्वादिष्ट भोजन कराया। फिर अपने शयन मन्दिर में सुलाने ले गए। भगवान श्रीकृष्ण अपने मित्र सुदामा जी के पैर दबाते-दबाते कहने लगे–''मित्र! सन्दीपन आश्रम की बातें आपको याद होंगी जब हम दोनों साथ पढ़ते थे। एक बार गुरुपत्नी ने हम दोनों को समिधा लेने वन में भेजा और मार्ग में भूख लगने पर चना-मुरमुरा खाने को दिया था। मूसलाधार बारिश होने लगी थी। कुछ समय के लिए हम दोनों बिछुड़ गए थे। जब पुनः मिले तो आप एक वृक्ष की डाल पर बैठे अकेले चना खा रहे थे। भूख मुझे भी लगी थी। मैंने अपने हिस्से का चना माँगा तो आपने कहा था कि मुझे जोरों से भूख लगी थी, सो दोनों के हिस्से के खा लिये। याद है, इस पर मैंने क्या कहा था? मैंने आपको शाप दिया था कि जा सुदामा, तूने दूसरे के हिस्से की खाई है, तू दरिद्र ही रहेगा। मित्र, मेरे कारण तुम्हें बहुत कष्ट हुआ। मैं तुम्हारे चरण दबाकर क्षमा माँग रहा हूँ।" इस पर सुदामा बोले–''हे कृष्ण! तुमने शाप थोड़े ही दिया था, वह तो तुमने वरदान दिया था। ना वह वरदान देते, न मैं भजन-पूजन में मन लगाता।''

इसी क्रम में सवेरा हो गया। कृष्ण ने पूछा–''भैया! हमारी भाभी ने कुछ भेजा तो होगा मेरे लिए।'' सुदामा असमंजस में पड़ गए कि जहाँ सुन्दर, स्वादिष्ट व्यंजनों से स्वागत हुआ, वहाँ अपनी पत्नी की फटी-चिथड़ी धोती के टुकड़े में बँधे सूखे चार मुट्ठी चावल के दाने किस मुँह से भेंट करूँ! सुदामा ने चावल की पोटली को अपनी काँख में दबा लिया। भगवान समझ गए और सुदामा के यह कहने पर कि मार्ग में खो गया, उन्होंने यह कहकर कि काँख में क्या दबा रखा है, उसे झपटकर छीन लिया। पोटली में चावल देखकर अति प्रसन्न मन से कहा कि इस प्रकार के चावल तो बचपन में खाया था और अब इसकें लिए तरस रहा था। भाभी कुछ समझदार हैं जो मेरे लिए यह भेजा और एक मुट्ठी चावल का फाँका लिया। एक लोक की सम्पत्ति सुदामा जी को दे दी। दूसरी मुट्ठी को फाँका तो दूसरे लोक की सम्पत्ति दे दी। पर जैसे ही तीसरी मुट्ठी फाँकने को हाथ बढ़ाया, तभी रुक्मिणी जी ने हाथ पकड़ लिया।

हाथ गह्यौ प्रभु को कमला। कहौ नाथ कहा हरि में चित्त धारी,
तदुल खाए मुट्ठी प्रभु ने दोई, दीन कियो दो लोकि बिहारी।
खाए मुट्ठी, तीसरी अब नाथा, कहाँ निज वास की आस बिचारी,
रंक ही आप समान कियौ हरि, चाहत आपन होत भिखारी॥

हे भगवान! आप क्या सोचकर खा रहे हो? ना प्रिये, तीन लोकों की सम्पत्ति देकर भी इसके भजन के पुण्य से उऋण नहीं हो सकता। रुक्मिणी जी कह रही हैं–मान जाओ। भगवान कह रहे हैं–छोड़ दो हाथ। सुदामा जी समझ गए कि कहीं और कोई लीला

न हो जाए। अतः बोले–''मित्र, मैं चलता हूँ।'' यह नीति है कि जब अतिथि के आगमन पर घर के लोग लड़ने लगें, तो अतिथि को चाहिए कि वह चल दे। श्रीकृष्ण ने कहा–''अच्छा मित्र! जा तो रहे हो, पर ये नए वस्त्र यहीं उतार दो और अपने पुराने वस्त्र पहन लो, क्योंकि तुम सरल स्वभाव के हो। मार्ग में इन बहुमूल्य वस्त्रों के कारण तुम संकट में पड़ सकते हो।" कृष्ण ने सोचा कि धन की इच्छा तो पत्नी की थी, तो मित्र को प्रलोभन में क्यों फँसाया जाए! ऐसा कहते हुए वे सुदामा से बोले–"हे मित्र, भूलना नहीं मुझे याद करते रहना।"

सुदामा जैसे ही घर लौटे, उन्हें फिर उसी प्रकार से बसा हुआ नगर दिखाई दिया, तो वे अचरज में पड़ गए। द्वारकापुरी से तो लौट आए, अब यह कौन सी पुरी आ गई? यहाँ तो रजवाड़े का सा डेरा दिख रहा है। हो सकता है कि किसी राजा ने हमारी जमीन दबा ली है। ब्राह्मणी बच्चों को लेकर कहीं तीर्थ चली गई होगी। पेड़ के नीचे बैठ के दुखी एवं चिन्तित सुदामा माला फेरने लगे। सुदामा की पत्नी का तो हाल ही विचित्र था। उसके यहाँ सम्पन्नता कदम चूम रही थी। ज़री-डोरियों के वस्त्र, हीरों-पन्नों के आभूषण! पैसा आने पर बोलचाल भी धीमी हो गई। दिन भर पंखा झला जाने लगा। पायदान, पीकदान, सारा खानदान पास में ही रहने लगा। अब तो सारी बातें ही बदल गईं। किसी ने सूचना दी–''राजमाता! आपके पंडित जी की हुलिया का व्यक्ति बगीचे में पेड़ के नीचे बैठा माला फेर रहा है।'' पंडिताइन ने खिड़की खोलकर देखा, "हे राम! ये तो गए नहीं दिखाई देते।" शीघ्र सेवक-सेविकाओं सहित वे चल पड़ीं। चार सेवक सुदामा के पास गए और बोले–"महाराज! राजमाता आ रही हैं, आप खड़े हो जाएँ।" सुदामा संकोचवश खड़े हो गए कि पता नहीं राजमाता क्या व्यवहार करें। इतने में ही ताम-झाम, इत्र-गुलाबजल छिड़काव के साथ पंडिताइन वहाँ पहुँचीं, पालकी से नीचे उतरीं, बोलीं "प्राणनाथ!" सुदामा जी घबराकर पीछे हटे कि पता नहीं कौन स्त्री है। पंडिताइन ने कहा–"मैं आपकी पत्नी हूँ।" सुदामा बोले–''मेरी पत्नी कई जगहों से फटी पैबन्द लगी आधी धोती पहनती थी, आधी धोकर सुखा लेती थी। अरे, उसके पास तो इतने पैसे भी न थे कि अपने नन्हे बच्चे को गो-दुग्ध दे सके। बच्चे के जिद करने पर आटा घोलकर दूध की जगह दे देती थी। वह इतने लाव-लश्कर कहाँ से लाएगी?" तभी उसने अपना घूँघट उठा दिया। सुदामा ने पहचाना–"अरी सुशीला! इतना सारा अड़ंगा आया कहाँ से! राधे, राधे! समझा। हमारे तन पर से अपने कपड़े उतरवा लिये और मुझ पर द्वारकाधीश इतने कृपालु हो गए। क्यों झूठ बोलती हो?" पत्नी ने कहा–"प्रभु की लीला अपरम्पार है। दे तो घर भर दे और ले तो सब कुछ ले लें।" सुदामा महल में गए, पर न कभी गलीचे पर बैठे, न सोने की थाली में कभी भोजन किया। जमीन पर सोते, चना-चबैना खा-खाकर दिन-रात भजन करते रहते। कहते कि भगवान यदि धन देवे तो मन्दिर बनवाओ, सेवक बनकर ठाकुर जी की सेवा करो, परोपकार में लगाओ।

किसी भी व्यक्ति को जहाँ उसके पुण्य कर्मों का फल कभी न कभी मिलता है, वहाँ प्रत्येक व्यक्ति को उन उपकारों का बदला भी किसी-न-किसी रूप में चुकाना पड़ता है जो कोई व्यक्ति उसके ऊपर करता है।

त्रेता में केवट ने राम के पैर धोए थे। उसी केवट रूपी सुदामा के पैर श्रीकृष्ण ने द्वापर में धोया।

प्रेमिका के चरण-रज

गोपी प्रेम को लेकर नारद के मन में संशय था। एक बार नारद जब द्वारकापुरी पधारे, तो भगवान कृष्ण ने उनके संशय-निवृति हेतु भीषण सिर-पीड़ा का नाटक किया। नारद उनकी सिर-पीड़ा देख चिन्तित हो, उनसे इसका निवारण पूछा। भगवान श्रीकृष्ण ने कहा कि यदि किसी प्रेमिका के पैरों का रज मेरे माथे में लगाई जाए तो पीड़ा हरण हो। नारद ने कहा कि यह कौन-सी कठिन बात है! अभी लाता हूँ।

वे देवी रुक्मिणी के पास पहुँचे। उनके चरण-रज इस हेतु माँगा। रुक्मिणी ने कहा कि इतना भयंकर पाप मैं नहीं कर सकती। नारद एक-एक कर सभी पटरानियों के पास गए और उन सभी ने ऐसा ही उत्तर दिया कि पत्नी अपने इष्ट-देव के मस्तक पर लगाने के लिए अपना चरण-रज देकर लोगों को मुँह कैसे दिखा सकेगी। यह तो असम्भव है। अन्य सभी रानियों ने नारद को वापस लौटा दिया। नारद निराश श्रीकृष्ण के पास मुँह लटकाए वापस लौट आए। नारद के लटके मुँह को देखकर श्रीकृष्ण ने कहा कि एक बार वृन्दावन की गोपियों के पास जाकर देखो, शायद वहाँ आपका काम बन जाए।

नारद ने वृन्दावन आकर गोपियों के समक्ष उपस्थित होकर उनकी चरण-रज माँगी। इतना सुनते ही गोपियों के नयनों से अश्रुधारा बह चली। उन सभी ने झट अपने-अपने आँचल फाड़, अपनी चरण-धूली उसमें रखकर नारद को दे दी। नारद ने कहा भी कि ऐसा करके जो पाप अर्चन करोगी, क्या उसकी कोई चिन्ता नहीं? तो गोपियों ने कहा— ''मेरा प्रभु सिर की पीड़ा से व्याकुल हो छटपटा रहा हो, तो मेरे ऐसे जीवन को धिक्कार है। हम सब ऐसे सौ अपराधों का दंड भुगतने को तैयार हैं, पर अपने प्रियतम की क्षणिक पीड़ा भी सहन नहीं कर सकतीं। अतः मुनिवर! आप अब शीघ्र लौट जाएँ और हमारे चरण-रज को प्रियतम के मस्तक पर लगाकर उन्हें शीतलता प्रदान करें। भले ही हमें कोटि-कोटि नरक की पीड़ा और दुख भोगना पड़े।'' नारद के संशय का निवारण हो गया। नारद ने देखा गोपियों का कृष्ण के प्रति अनन्य प्रेम। इस प्रेम में त्याग है। अतः इष्ट-प्रेम में उससे दूर रहकर भी पास ही है।

मन के भाव का प्रभाव

रैदास नाम के एक बड़े सिद्ध सन्त हुए हैं, जाति के चर्मकार थे। उनकी सिद्धि की बात सुनकर गुरु गोरखनाथ इसे जाँचने के लिए इनके पास अपने शिष्यों के साथ आए। रैदास जी ने उनका आदर-सत्कार करने के उपरान्त इनके आने का कारण पूछा। गुरु गोरखनाथ ने कहा कि आज गंगास्नान का समय नहीं मिला। अतः आपसे आग्रह है कि आप सिद्ध सन्त हैं, यहीं गंगा का दर्शन करा दें। रैदास भी देखना चाहते थे कि गोरखनाथ के मन में पवित्र गंगा के प्रति भाव कैसा है! रैदास ने पास ही रखी एक कठौत में चमड़े के तीन-चार छोटे-छोटे टुकड़े डालकर एक कपड़े से उसे ऊपर से ढक दिया। थोड़ी देर बाद कपड़ा हटा दिया तो कठौत गंगाजल से भरा था जिसमें चमड़े के तीन-चार टुकड़े तैर रहे थे। गोरखनाथ ने उस जल को स्पर्श करने से इनकार कर दिया। इतने में रैदास की बेटी, जो यह सब देख रही थी, आकर उस जल के कुछ अंश गटागट पी गई।

कुछ समयोपरान्त रैदास की उस बेटी का ब्याह हुआ। गोरखनाथ भी आशीर्वाद देने हेतु आमंत्रित थे। वे भी पहुँचे। सभी को प्रसाद दिया जा रहा था। गोरखनाथ ने भी अपना कमंडल आगे कर दिया, जिसमें प्रसाद डाल दिया गया। गोरखनाथ देखकर स्तब्ध कि उनका कमंडल भरा हुआ है। आज तक अनेक राजा-महाराजाओं और धनकुबेरों ने, जिसने भी उनके कमंडल में बोरियों अन्न-धन डाला, कमंडल कभी भरा नहीं, खाली ही रहा। आज यह कमंडल रैदास की बेटी द्वारा दिए थोड़े से प्रसाद से भर गया! रैदास की पुत्री से गोरखनाथ ने इसका कारण पूछा। रैदास की पुत्री ने कहा कि हमारे शरीर की सारी क्रियाएँ मन के भाव पर निर्भर करती हैं। गंगा का पवित्र जल सारे पापों को धो देता है। उस पवित्र जल को चमड़े के तीन-चार छोटे टुकड़े कैसे अपवित्र कर सकते हैं। आपके इनकार कर देने पर मैंने उस जल को पवित्र भाव से ग्रहण कर लिया। यह तेज उसी का प्रभाव है जो कभी न भरनेवाला आपका कमंडल भर गया।

निष्काम कर्म का प्रभाव

एक पत्नी अपने सन्त पति की रात भर चरण-सेवा करती रही। सुबह जब नौकर आया तो यह जानकर कि रात भर वह सोई नहीं, पूरे नगर में चर्चा का विषय बना दिया। सर्वत्र प्रशंसा होने लगी। यह देख पड़ोस की एक दूसरी स्त्री भी रात भर अपने पति की सेवा उसके विरोध के बावजूद करती रही। दूसरे दिन वह सभी जगह निन्दा का पात्र बनी।

कहने का अर्थ है कि निष्काम क्रिया मन के भाव के साथ हो, तो उसका आश्चर्यजनक प्रभाव होता है।

आँखें नीची होने का कारण

कुरुक्षेत्र के मैदान में उत्तरायण की प्रतीक्षा में भीष्म पितामह शर-शैय्या पर लेटे हुए हैं। अनेक ऋषिगण, कौरव-पांडव उनके सामने खड़े हैं। श्रीकृष्ण भी सिर नीचे किए खड़े हैं। पराशर ऋषि ने श्रीकृष्ण से पूछा कि तुम आँखें नीचे किए क्यों खड़े हो? श्रीकृष्ण ने कहा कि भीष्म पितामह ने अपने वृद्ध पिता शान्तनु के लिए कितना बड़ा त्याग किया। अपनी सौतेली माँ को दिये वचन की रक्षा के लिए आजन्म ब्रह्मचर्य व्रत लिया और उनकी प्रत्येक इच्छा का आदर किया। दूसरी ओर एक मैं हूँ कि जिस माँ-बाप ने मुझे जन्म दिया, उसे छोड़कर गोकुल चला गया। दूसरे माँ-बाप ने पाला-पोसा तो बड़े होने पर उन्हें भी छोड़कर मथुरा चला आया। भला मैं पितामह के सामने आँखें ऊँची कैसे करूँ?

भीष्म की प्रतिज्ञा

आज तक कोई भी पुत्र अपने पिता से इच्छा-मृत्यु का वरदान नहीं पाया, जो गंगा-पुत्र भीष्म ने पाया अपने पिता शान्तनु से। महाभारत-युद्ध में अर्जुन के बाणों से क्षत-विक्षत भीष्म को उत्तरायण सूर्य की प्रतीक्षा छह मास करना था। सूर्य जब दक्षिणायण रहता है, तो देवगण विश्राम करते रहते हैं। अतः युद्धक्षेत्र में छह महीना विश्राम हेतु अर्जुन ने बाणों की शैय्या तैयार कर दी। एक काँटा चुभने से, काँटा के निकल जाने पर भी घंटों उसकी चुभन हम अनुभव करते रहते हैं। भीष्म भी छह मास बाणों की चुभन महसूस करते हुए उसी पर पड़े रहे। प्यास लगने पर स्वर्ण-पात्र में सुवासित जल अपने हाथ में लेकर दुर्योधन उपस्थित है, जिसे वे अस्वीकार कर देते हैं। दुर्योधन का पापार्जित अन्न-जल ग्रहण करते रहकर उन्होंने दुर्योधन के पाप-कर्मों की ओर से अपनी आँखें मूँद रखी थीं। अब अन्तिम समय में भी उसी जल का सेवन क्यों करें! अतः मरणासन्न अवस्था में अर्जुन के बाणों द्वारा प्राप्त पृथ्वी तल के अमृत तुल्य जल का ही पान किया, क्योंकि वह दूषित रक्त अब उनके शरीर से निकल चुका था।

श्रद्धा की शक्ति

एक बार बुद्ध भिक्षाटन के लिए निकले। एक गरीब ने उनको सूखी रोटी का टुकड़ा दिया। उन्होंने बड़ी प्रसन्नता के साथ सारा टुकड़ा ले लिया। अगले द्वार पर उनको स्वादिष्ट भोजन दिया गया। 'ले भिक्षु' कह उनके भिक्षा-पात्र में डाल दिया। बुद्ध ने उसे हाथ

तक न लगाया। आगे जाकर भोजन कुत्तों के आगे डाल दिया। साथ चलते शिष्य ने आश्चर्य से पूछा—"भगवन्! आपने यह क्या किया! क्या आधी रोटी से आपका पेट भर गया। अरे! इतना स्वादिष्ट भोजन आपने फेंक दिया!" तथागत हँसकर बोले—"हाँ! भूखा होने के बाद भी मैंने फेंक दिया।" शिष्य ने इसका कारण पूछा। भगवान बुद्ध ने मुस्कराकर कहा—"उसमें श्रद्धा न थी।"

श्रद्धापूर्वक दिया गया छोटा-सा दान लाखों रुपए के दान से बढ़कर होता है। श्रद्धा में शक्ति और आकर्षण होता है।

अपना-अपना स्वार्थ

महाभारत युद्ध के पश्चात् कौरव-पुत्रों के वियोग से दुखी धृतराष्ट्र ने सत्संग द्वारा दुख हलका करने के लिए विदुर से चर्चा के दरम्यान पूछा—"विदुर! हमारे पक्ष का एक-एक योद्धा इतना सक्षम था कि उन सभी ने अपने-अपने सेनापतित्व काल में पांडवों के छक्के छुड़ा दिए। सबको विदित था, यह जीवन-मरण का युद्ध है। यह ध्यान में रख सेनापति बनने पर ही अपना पराक्रम प्रकट करने की जगह कर्तव्य-बुद्धि से एक साथ पराक्रम दिखाते, तो क्या युद्ध जीत न पाते?"

विदुर ने कहा—"बात ठीक है। आपका चिन्तन सही है। परन्तु अकेले अधिक यश बटोरने की लिप्सा और अपने को सर्वश्रेष्ठ सिद्ध करने की अहन्ता ने कर्तव्य को सोचने, उसे निभाने की उमंग पैदा करने का अवसर ही नहीं दिया। यदि कर्तव्य ही सोचा होता तो कौरव अपने भाई पांडवों को उनका हक देकर युद्ध टाल सकते थे। जो जैसा करता है, वैसा पाता है। सभी सेनापतियों का अपना-अपना स्वार्थ उन्हें ले डूबा।"

धर्म का स्वरूप

एक बार अर्जुन ने श्रीकृष्ण से पूछा कि धर्म क्या है? धर्मात्मा क्या है? श्रीकृष्ण ने अर्जुन को कहा कि चलो तुम्हें धर्मात्मा का दर्शन कराते हैं। अर्जुन को लेकर श्रीकृष्ण एक ब्राह्मण के यहाँ पहुँचे। ब्राह्मण की दो पत्नियाँ थीं। अतिथि को घर आया देखकर ब्राह्मण ने दोनों को आदर-सत्कार के साथ बिठाया और भोजन के लिए आमन्त्रित किया। श्रीकृष्ण ने इसे स्वीकार कर लिया। इस शर्त पर कि ब्राह्मण भी उन्हीं के साथ बैठकर भोजन करेगा। ब्राह्मण बड़ा पसोपेश में पड़ा। पर अतिथि सत्कार के कारण उसे स्वीकार करना पड़ा। भोजन तैयार हो जाने पर उसने अपनी बड़ी पत्नी

को परिवेषन करने को कहा। बड़ी पत्नी को गए काफी देर हो गई, पर वह लौटी नहीं। यह देखकर ब्राह्मण ने अपनी दूसरी पत्नी को परिवेषन हेतु भेजा। वह भी नहीं लौटी। भोजन में काफी विलम्ब हो गया। परिवेषन हेतु गई दोनों पत्नियों को लौटते न देख, ब्राह्मण स्वयं अन्दर देखने गया। देखता क्या है कि दोनों पाकशाला में मृत पड़ी हुई हैं। ब्राह्मण को भी लौटने में विलम्ब होते देख श्रीकृष्ण अर्जुन सहित अन्दर गए, तो देखा कि ब्राह्मण शोकमग्न खड़े हैं। दोनों स्त्रियाँ फर्श पर मृत पड़ी हैं। उन्होंने ब्राह्मण से इसका कारण जानना चाहा। ब्राह्मण ने कहा–''भगवन्, एक बार मैं गुरुकुल से विद्याध्ययन कर घर लौट रहा था। मार्ग में प्यास लगी। एक जगह कुएँ पर कुछ स्त्रियाँ अपने घड़ों में पानी भर रही थीं। उनमें से एक से मैंने कहा कि बहन! मुझे प्यास लगी है। इस भाई को कृपया जल पिलाकर इसकी प्यास बुझाओ। और उसने जल पिलाया। सायंकाल हो गया था, सन्ध्योपासना का समय था। उसी गाँव में एक परिवार में ठहरने की व्यवस्था हो गई। उस परिवार के मुखिया की दो लड़कियाँ विवाह योग्य थीं। उसने मुझे उपयुक्त पात्र समझ, अपनी दीन-हीन दशा का वर्णन कर मुझसे एक लड़की का उद्धार करने का आग्रह किया। मैंने स्वीकार कर लिया, विवाह हो गया। घर आने पर पता चला कि यह तो वही लड़की है जिसने मुझे जल पिलाया था, जिसे मैंने बहन कहकर सम्बोधित किया था। एक बार बहन-भाव आ गया तो उसे पत्नी-पद पर कैसे बिठाऊँ! उसे उसके मैके भी अब नहीं भेज सकता। घर पर रहेगी तो मेरा भोजन, पति-भाव से ही बनाएगी। अतः निर्णय लिया कि अपना भोजन स्वयं ही बनाया करूँगा और उसी दिन से यह कार्य मैंने प्रारम्भ कर दिया।

"कुछ समय पश्चात् मुझे कार्यवश ससुराल जाना पड़ गया। पत्नी साथ में थी। सास-ससुर को भी यह बात मालूम हो चुकी थी। उनको एक पुत्री और थी। उन्होंने दूसरी पुत्री के विवाह का प्रस्ताव रखा। मेरी स्वीकृति मिलने पर उसके साथ विवाह हो गया। विदा होने के समय सास ने मुझसे कहा कि जिस प्यार से पहली पत्नी को रखा है, उसी प्रकार दूसरी के साथ भी व्यवहार करना। सास के कहने का अर्थ दूसरा था। पर मैंने उसे सहज रूप से लिया। पहली पत्नी को भगिनीवत् रखा था, उसी प्रकार दूसरी पत्नी को भी रखने लगा। वे दोनों अपना भोजन स्वयं बनाती, उनका बनाया मैं नहीं खाता।

आज जब अतिथि सत्कार हेतु मुझे आपके साथ भोजन करने की स्वीकृति देनी पड़ी, तो तय था कि दोनों पत्नियों द्वारा पकाया भोजन अब मुझे ही करना पड़ेगा। इन दोनों ने मुझे धर्म-संकट से बचाने हेतु अपने प्राण त्याग दिए।''

अर्जुन की आँखों में आँसू आ गए। धर्म के लक्षण, स्वरूप का उसे ज्ञान हुआ। इस परिवार का उसने निःसंकोच धर्मात्मा स्वीकार कर लिया।

आँखों को दंड

विद्वत्पुरुष-महात्मा की कौन सी वाणी कब हमारी दिशा परिवर्तन कर देगी, यह कौन कह सकता है?

वृन्दावन में सन्त वैरागी बाबा का नित्य प्रातः अहीरपाड़ा में लीला माँ के घर पर एक घंटे का सत्संग होता था। भगवत् कथा कहते-कहते वे भाव-विह्वल हो जाते। आँखें सावन-भादों की झड़ी लगा देतीं। कोई ऐसा श्रोता, भक्त नहीं होता, जो उनका साथ न देता। हाँ, एक श्रोता अवश्य ही ऐसा था जिसकी आँखें कभी नम न होतीं। इस कारण वह अपने को सबसे अलग-थलग महसूस करता। अतः उसने इसका एक उपाय ढूँढ़ निकाला। सत्संग में जाते समय वह एक पोटली मिर्च की बुकनी पॉकेट में रखकर ले जाता। जब अन्य श्रोता व भक्तों की आँखों से आँसू निकलते देखता तो चोरी-छुपे वह भी मिर्च की बुकनी अपनी आँखों में डाल लेता। तब उसकी आँखों से भी अश्रु बाहर आने लगते। आजू-बाजू के भक्तों ने इस परिवर्तन को देखा, परखा और उसकी चोरी पकड़ी गई। भक्तों ने उसकी यह बात वैरागी बाबा को बताई।

वैरागी बाबा को उस व्यक्ति से मिलने की इच्छा हुई और एक भक्त को साथ ले, पता पूछते-पूछते उसके घर जा पहुँचे। उस व्यक्ति ने सन्त को अपने घर पर बिना पूर्व सूचना के आने पर आश्चर्य किया। फिर बड़ी प्रसन्नता से उन्हें आदर-सत्कारपूर्वक बिठाया। अब उनसे आगमन का कारण पूछा। सन्त ने प्रतिप्रश्न के रूप में उत्तर दिया—"भगवत् कथा के मध्य आज तक आपकी आँखों से कभी आँसू न निकले, आज अचानक आँसू कैसे निकल पड़े?" उस व्यक्ति ने अपना अपराध स्वीकार करते हुए सारी बातें सत्य-सत्य बता दीं। इस पर सन्त ने कहा कि आप तो परम वैष्णव हो। उस व्यक्ति ने आश्चर्यपूर्वक पूछा—"सो कैसे?" तब सन्त ने कहा—"प्रभु की जहाँ लीला-कथा हो रही हो। प्रभु की महिमा का जहाँ गुणगान हो रहा हो। भक्तों की आँखों से आँसुओं की झड़ी लग गई हो। वहाँ एक भक्त ऐसा भी बैठा हुआ है जिसकी आँखें कठोर बनी हुई अश्रुपात न करें, तो वह प्रभु-भक्त उन आँखों को दंड न दे तो और क्या करे! जिस प्रभु ने अपने हाथों से इन सुन्दर आँखों का निर्माण कर उसे जगत के सुन्दर दृश्यों का अवलोकन करने का सौभाग्य प्रदान किया। उसी प्रभु के प्रति इन आँखों की कृतघ्नता! कोई कैसे बर्दाश्त करे? आपने मिर्च की बुकनी लगाकर उसे उचित ही दंड दिया।"

अपने पक्ष में सन्त की इस मार्मिक वाणी पर वह व्यक्ति रो पड़ा। सन्त के श्री चरणों पर गिरकर अपने आँसुओं से उनको धोने लगा। क्या वास्तव में उसने अपनी आँखों को दंड दिया था? यह प्रश्न बार-बार उसके मानस-पटल पर उभरने लगा। सन्त की इस एक वाणी ने उसकी काया पलटकर रख दी। अब वह अहर्निश प्रभु का चिन्तन करने लगा। वैरागी बाबा के सत्संग में अब तो ये झूमते हुए। नाचते हुए कीर्तन करते हैं।

यह व्यक्ति थे मुंगेर के वकील—विश्वनाथ प्रसाद गुप्ता—मेरे एक मित्र!

मीरा का विषपान

भगवान कृष्ण की भक्त मीराबाई को उनके देवर चित्तौड़ के राणा ने काफी दुख दिया। यहाँ तक कि उनके प्राण-हरण के निमित्त हलाहल से भरा प्याला पीने को दिया। इसको हाथ में लेने पर उनकी आँखों से आँसू आ गए। लोगों ने पूछा कि प्राण-भय से रोने लगी? मीरा ने कहा कि आज तक बिना प्रभु को भोग लगाए कुछ नहीं लिया। आज विवश हो रही हूँ कि इस हलाहल से प्रभु का भोग कैसे लगाऊँ? यह सुनकर इष्ट ने कानों में कहा कि मीरा! तू इसे होंठों से लगा तो सही। मुझे तो बचपन से ही विषपान का अभ्यास है। मैं विष पी जाऊँगा, और अमृत तुम्हारे लिए छोड़ दूँगा। कहा जाता है कि मीराबाई ने ज़हर पी लिया, पर उसे कुछ न हुआ।

राणा ने मीराबाई को मारने के अनेक प्रयत्न किए। पर, भक्त मीरा को कभी भी कोई आँच न आई। राणा के द्वारा दिए गए कष्ट व सन्ताप से ऊबकर मीरा ने सन्त तुलसीदास को पत्र लिखकर उनसे कष्ट निवारण का उपाय पूछा। सन्त तुलसीदास ने एक पद की रचना कर उन्हें भेजा, जो इस प्रकार था कि त्याज्य कौन है—

जाके प्रिय न राम वैदेही, तजिये ताहि कोटि बैरी सम यद्यपि परम सनेही।
तज्यो पिता प्रहलाद, विभीषण बन्धु, भरत महतारी,

बलि गुरु तज्यो कन्त ब्रज वनितन भयो मुदमंगलकारी
नाता नेह राम के मर्नियत सुहृद सुसेव्य जहालौ
अंजन कहाँ आँख जेहि फटे बहुत के कहो कहालौ
तुलसी सो सब भाँति परमहित पूज्य प्राण तो प्यारौ
जाहो हाथ सनेह पद ऐतो मतौ हमारौ॥

वस्तुतः भक्तिक्षेत्र में नियम रसानुभूति से बनते हैं।

रैदास की भक्ति

सन्त रैदास जी से चित्तौड़ की महारानी झाली ने जब शिष्यत्व ग्रहण किया, तो ब्राह्मणों ने इसका काफी विरोध किया। उनके विरोध को समाप्त करने के लिए महारानी ने एक योजना बनाई। निश्चित हुआ कि जिसकी पूजा से भगवान की मूर्ति पास आ जाएगी, उसे ही मान्यता दी जाएगी। ब्राह्मणों ने पूजा-अर्चना की तथा खूब स्तुति की भगवान की। पर सब व्यर्थ! रैदास जी की बारी आई। उनकी आँखों से अश्रुधारा बह चली। वे करुण स्वर में गाते हुए भगवान को पुकारने लगे कि या तो वे अपना पतितपावन

नाम चरितार्थ करें या उन्हें अपने पास बुला लें। उनकी भक्ति एवं भाव-निष्ठा ऐसी प्रबल थी कि भगवान का विग्रह स्वतः उनकी छाती से आ लगा।

सन्त रैदास अछूत जाति के थे। छुआछूत के भेदभाव ने हिन्दू समाज को खोखला कर दिया है। छुआछूत की विभिन्न किस्में आज भी प्रचलित हैं। गढ़वाल के अनेक क्षेत्रों में आज भी स्त्रियों का बनाया कोई नहीं खाता। छोटा बच्चा माँ की भक्ति करेगा, पर माँ के हाथ का बना भोजन नहीं करेगा। रसोई बनाने के बदले ब्राह्मण-क्षत्रियों की स्त्रियाँ खेतों पर काम करती हैं।

भक्ति में कोई वर्ण नहीं होता

युधिष्ठिर ने एक बार राजसूय यज्ञ किया। यज्ञ की सफलता का यह चिह्न माना गया कि आकाश में स्वतः घंटा-ध्वनि होने लगेगी। कहा जाता है कि युधिष्ठिर ने इस यज्ञ में असंख्य ब्राह्मणों को भोजन कराया। किन्तु घंटा-ध्वनि नहीं हुई। यज्ञ में भाग लेनेवाले ब्राह्मणों में अनेक सामवेद के आचार्य, अनेक ॠग्वेद के, अनेक यजुर्वेद या अथर्ववेद के आचार्य थे। इसी प्रकार एकाधिक वेदों के ज्ञाता, शास्त्रों के ज्ञाता और महापंडित थे। फिर भी इन ब्राह्मणों में से कोई नहीं बता सका कि यज्ञ में क्या त्रुटि हुई। अन्ततः श्रीकृष्ण से उपस्थित संकट के निवारणार्थ प्रार्थना की गई। श्रीकृष्ण ने कहा कि ये सभी आमंत्रित ब्राह्मण विद्या के अहंकारी हैं। भक्ति भाव तो इनमें लेशमात्र नहीं। अवश्य ही कोई भक्त ऐसा रह गया है जिसे आमंत्रित नहीं किया गया है। वह भूखा रह गया है। पता किया गया तो ज्ञान हुआ कि वह भक्त महल का एक श्वपच (चांडाल) था। श्रीकृष्ण के कहने पर युधिष्ठिर ने उसे सादर आमंत्रित किया। उस श्वपच ने कहा कि महाराज! मैंने तो आमंत्रित ब्राह्मणों के उच्छिष्ट प्रसाद ग्रहण कर लिये हैं। पर महाराज युधिष्ठर के विशेष आग्रह पर उसे आना पड़ा। महारानी द्रौपदी ने बड़ी स्वच्छता से अनेक प्रकार के सुन्दर, सुस्वादु व्यंजन तैयार किए। अपने हाथों से उसे सुन्दर आसन दे बिठाया और स्वयं ही परिवेषसन कर उसे खिलाया। पहला ग्रास उसके मुँह में जाते ही, आकाश में घंटा-ध्वनि हुई, पर हलकी धीमी-सी। श्रीकृष्ण ने कहा कि फिर कोई दोष रह गया दिखता है। पर जाँच करने पर कोई भी त्रुटि न मिली। तब द्रौपदी से पूछा गया कि भोजन उसने ठीक से नहीं बनाया या परिवेषन में कुछ गड़बड़ी हुई? तब द्रौपदी ने कहा कि इस श्वपच को बड़े लगन एवं परिश्रम से अलग-अलग बनाए व्यंजनों को एक साथ मिलाकर खाते देख, मेरे मन में इसके प्रति निन्दा के भाव आए थे कि वस्तुतः है तो यह भंगी ही, उत्तम व्यंजनों को ग्रहण करने का ढंग क्या जाने? श्रीकृष्ण ने कहा कि यह अतिथि का अपमान हुआ। इससे भगवतोपचार हुआ, यज्ञ की सफलता में पुनः व्यवधान हुआ। अस्तु श्रीकृष्ण के कहने पर पुनः भोजन दुबारा बनाया गया, उस श्वपच

से पुनः विशेष आग्रह कर उसे बिठाया गया और इस बार प्रेम से प्रसाद खिलाया गया। इस बार उसके प्रत्येक ग्रास पर घंटा की ध्वनि हुई। यज्ञ सफलतापूर्वक सम्पन्न हुआ।

भक्ति में कोई वर्ण नहीं होता। ईश्वर से और जाति से कोई सम्बन्ध नहीं। जाति और कुलीनता के अभिमान में जो डूबा रहता है उसका उद्धार नहीं होता। वैष्णवों की जाति केवल भक्ति है।

हरिव्यास जी की महिमा

वृन्दावन में श्री हरिव्यास जी नामक एक महात्मा रहते थे। उनके शिष्य ओरछा नरेश उन्हें ले जाने के लिए बुलाने आए। हरिव्यास जी लता-वृक्षों से जाने की आज्ञा माँगने लगे। उसी समय एक भंगिन भी मदनमोहन जी के प्रसादस्वरूप कुछ जूंठा भात लिये जा रही थी। हरिव्यास जी ने उसमें से एक मुट्ठी भात लेकर बड़े प्रेम से खाया। यह देख ओरछा नरेश को अति दुख हुआ। हरिव्यास जी की बुद्धि भ्रष्ट हो गई, ऐसा मान उन्हें ओरछा नहीं ले जाने की ठानी। इससे भ्रष्टाचार को बढ़ावा मिलेगा, उन्होंने ऐसा सोचा। कुछ दिनों बाद ओरछा रियासत में अकाल पड़ा। प्रजा की मान्यता थी कि महात्मा का अपमान होने के कारण यह सूखा पड़ा है। यह दैवी कोप इसी कारण है। विवश हो ओरछा नरेश को वृन्दावन आकर गुरु से क्षमा माँगनी पड़ी। उनको आदर सहित ओरछा ले आए। इसके बाद ओरछा रियासत में अच्छी वर्षा हुई।

श्री हरिव्यास जी ने अपने यहाँ एक पंडित से भोजन की व्यवस्था हेतु क्या प्रबन्ध किया जाए, यह पूछा। पंडित जी ने खिचड़ी की इच्छा प्रकट की। तदनुसार व्यवस्था की गई। चमड़े के मश्क में लाए गए पानी से पंडित जी ने भोजन बनाया। खिचड़ी के लिए घी, हरिव्यास जी ने चमड़े की पादुका में भेजा। पंडित जी अत्यन्त कुपित हुए। तब हरिव्यास जी ने कहा कि महाराज, आपने जिस प्रकार के पात्र से जल लेकर भोजन बनाया है, उसी वस्तु से बने कटोरे में मैंने घी भेजा। अब आप इसमें दोष बताएँ। पंडित जी को अपनी त्रुटि का ज्ञान हुआ और हरिव्यास जी से क्षमा-याचना की।

सामाजिक रीति और आचार में विचित्रताएँ देश-काल के अनुसार पैदा होती रहती हैं।

संचित कर्मफल

महाभारत युद्ध की समाप्ति के उपरान्त एक दिन धृतराष्ट्र ने श्रीकृष्ण से पूछा कि मैं अपने सौ जन्मों की बात जानता हूँ। उन सभी जन्मों में मेरे आचरण धर्मानुकूल रहे। तो फिर किस पाप का परिणाम है कि मेरे जीवन-काल में ही मेरे सौ पुत्र मर गए। श्रीकृष्ण

ने उत्तर दिया–राजन! आप अपने 101वें जन्म की बात नहीं जानते। उस जन्म में भी आप राजा थे और आपके आचरण धर्मानुकूल ही थे। एक दिन आपके उद्यान में एक हंसिनी ने क्रमशः सौ अंडे दिए। आपके भृत्य ने पहले तो उसके एक अंडे को चुराकर और तलकर आपको खिलाया। जब वह आपको बहुत ही अच्छा लगा, तो आपने भृत्य से पूछा। इस प्रकार शनैः-शनैः वे सभी अंडे मँगाकर आपने खा लिये। यह आपके उसी 101वें जन्म के संचित कर्म का फल है कि आपके जीवन काल में ही सभी पुत्र काल कवलित हो गए।

शास्त्रकारों ने कर्म तीन प्रकार के बताए हैं–संचित, प्रारब्ध और क्रियमाण। क्रियमाण कर्म वह है जो हम करने जा रहे हैं। जो कर्म हमारे साथ चल रहे हैं और जिसका फल हम भोग रहे हैं–वह है प्रारब्ध कर्म। संचित कर्म वह है जो तिजोरी में बन्द रुपयों की तरह हमारे द्वारा पूर्वजन्मों में संचित किया गया था और साथ के कोष के घटने के बाद व्यवहार में अब आएगा। पर महात्माओं के कर्मों के दो ही वर्ग हैं–संचित और प्रारब्ध। उनके अच्छे संचित कर्मों का वे लोग ओट लेते हैं जो उनके गुणों के प्रशंसक होते हैं और जो निन्दक होते हैं, वे उनके बुरे संचित कर्मों को ले लेते हैं। इस तरह महात्माओं के संचित कर्म विलीन हो जाते हैं। महात्मा कर्मों के बन्धन से मुक्त हो जाते हैं। क्योंकि उनका कोई क्रियमाण कर्म नहीं होता, जिससे कि संचित या प्रारब्ध कर्म बन सके।

जब पाप और पुण्य का भोग बाकी होता है, तभी कोई भी व्यक्ति जन्म लेता है। बिना पाप-पुण्य के मिश्रण के किसी का भी जन्म नहीं होता।

भक्तमाला का सुमेरु

गोस्वामी तुलसीदास जी के एक सहपाठी नन्दराय दास जी उर्फ नाभाजी पहले रामभक्त थे। विद्योपरान्त वे वृन्दावन आए और वहीं बस गए। नन्दराय दास जी ने गोस्वामी तुलसीदास को कई बार वृन्दावन आने का आमन्त्रण दिया। अतः कृष्ण की क्रीड़ास्थल के दर्शन हेतु तुलसीदास जी वृन्दावन में आए और ज्ञानगुदड़ी में श्री तुलसी राम दर्शन स्थल पर पहुँचे। कृष्ण उपासक सन्त नाभा जी ने उस दिन चौरासी कोस (एक कोस–4 मील) ब्रजमंडल के साधु-सन्तों को वहाँ भंडारा दिया था। सारा पंडाल खचाखच भरा था। दरवाजे के एक कोने में जहाँ साधु-सन्तों के जूते-चप्पल थे, थोड़ी खाली जगह देख गोस्वामी जी भी किसी प्रकार बैठ गए। वृन्दावन में कोई उन्हें पहचानता भी न था। अतः जूते-चप्पलों के पास बैठनेवाले उस वैष्णव सन्त को भोजन पात्र देने का कोई औचित्य नहीं समझा गया। उनके आजू-बाजू बैठे सन्तगणों के पास भोजन पात्र भी थे और बैठने के आसन भी। अतः तुलसीदास जी करपात्र में रोटी-दाल, सब्जी

लेकर भोजन करने लगे। जब खीर की बारी आई तो उपयुक्त पात्र के अभाव में खीर लेना अस्वीकार कर दिया। परिवेषन करनेवाले ने भगवान के भोग-प्रसाद खीर की उपेक्षा न करने का उनसे आग्रह किया। विवश हो तुलसीदास जी ने पास ही में रखे एक सन्त का जूता उठाकर उसी में खीर डाल देने को कहा। पर परिवेषनकर्ता ने विरोध किया। गोस्वामी जी ने उसे समझाया कि सन्त के उस जूते से श्रेष्ठ और कौन सा अच्छा पात्र हो सकता है। इस जूते के भीतर सन्त के पैरों का पवित्र रज, जूते के बाहर तली में भगवान श्रीकृष्ण की क्रीड़ास्थली का पवित्र रज! और इतने सुन्दर पवित्र पात्र में श्री भगवान का पवित्र भोग-प्रसाद खीर! फिर भी कहते हो यह उपयुक्त पात्र नहीं है। परिवेषनकर्ता अवाक् निरुत्तर! दौड़ा–भागा आया सन्त शिरोमणि नाभा जी के पास जो उस समय विचारमग्न ध्यानावस्था में बैठे थे। उन्होंने भक्तों की एक माला तैयार की थी–'भक्तमाला।' पर माला का सुमेरु किसे बनाए? कोई उपयुक्त सन्त नहीं मिल रहा था। इसी चिन्तन में लीन थे। नाभा जी कि परिवेषनकर्ता ने उन्हें भोजन पर बैठे एक अद्‌भुत सन्त की वह अद्‌भुत बात सुनाई। यह सुनते ही नाभा जी की विचार-तन्द्रा टूटी और वे उछल पड़े। 'मिल गया, मिल गया' कहते हुए वे दौड़ पड़े परिवेषनकर्ता के साथ। भोजन पर बैठे समस्त साधु-सन्त आश्चर्यचकित! कि सन्त शिरोमणि नाभा को क्या मिल गया! कइयों ने उनसे पूछा कि क्या मिल गया उन्हें, जो इतना उत्तेजित होकर दौड़ पड़े? नाभा जी दौड़ते आए, बोले कि सुमेरु मिल गया। गोस्वामी तुलसीदास को उन्होंने गले लगा लिया। बाद में परिचय मिलने पर समस्त मंडली अत्यधिक प्रसन्न कि श्रीराम भक्त गोस्वामी तुलसीदास का वृन्दावन में प्रथम बार पदार्पण हुआ। इनके गुरुभाई नन्दराय दास राम भक्त से श्रीकृष्ण भक्त बन गए–प्रिया प्रीतम के उपासक बन गए, वृन्दावन आकर। पर गोस्वामी जी तो कृष्ण भक्त नहीं। उन्होंने श्रीकृष्ण के प्रति भक्ति भाव रखा पर उनकी प्रतिमा के आगे नतमस्तक न हुए।

अभय राम वाली कुंज में श्रीकृष्ण की आरती के बाद जब तुलसीदास जी ने नमन किया तो पुजारी परशुराम ने व्यंग्य में कह दिया–

''अपने-अपने इष्ट को नमन करे सब कोय।
ईष्ट विहीने परशुराम, नवै सो निर्गुण होय।"

इस पर तुलसीदास जी ने प्रार्थना की–

''कहा कहूँ छवि आपकी भले बने हो नाथ,
तुलसी मस्तक नवतु है जब धनुष बाण लो हाथ।''

और शीघ्र ही–

कित मुरलीकृत चन्द्रिका कित गोपिन को साथ।
अपने जन के कारनै कृष्ण भये रघुनाथ।

सभी लोग विस्मित हुए और महन्त तब झेंप गया। जैसे विल्वमंगल की रुचि रखने को श्री रघुनाथ वेणुधारी बने थे, वैसे ही यहाँ श्रीकृष्ण रघुनाथ बनें।

तुलसी की रुचि में और राम-कृष्ण में अभेद-दृष्टि की विजय कराई।

तुलसीदास कृत 'रामचरितमानस' आज भारत के प्रत्येक हिन्दू घरों में एक मान्य ग्रन्थ है। इसे पढ़नेवाले जानते हैं कि चरित्र क्या होता है! गाँवों में घर-घर इसका पाठ होता है।

मीरा की कृष्ण-भक्ति

भक्तिमति मीरा के जीवन की घटना है। जब वह 4-5 साल की रही होगी तब एक साधु उसके घर मेहमान हुआ। प्रातः उठकर साधु ने गुदड़ी में लिपटी कृष्ण की मूर्ति निकालकर पूजा की। मोर-मुकुटधारी, बाँसुरी बजाते उस सलोनी मूर्ति को देख मीरा मचल पड़ी। साधु को उस मूर्ति से लगाव था। उसने देना स्वीकार न किया और दूसरे दिन चला गया। मीरा सुध-बुध खो बैठी। मूर्ति के लिए खाना-पीना बन्द। उसकी आँखों से आँसू बहते रहे।

कभी-कभी कुछ मूर्तियाँ इतने प्रेम से गढ़ी जाती हैं कि वे जीवन्त हो उठती हैं। अपनी सारी पूजा, सारी प्रार्थना ढाल दी जाती है उसमें, मूर्तिकार द्वारा। उस मूर्ति की तरंग ही ऐसी थी कि छोटी मीरा पागल और दीवानी हो गई। यही उसकी विरहाग्नि की शुरुआत थी।

साधु दूसरे गाँव में चला आया था। रात सपना आया उसे। कृष्ण खड़े कह रहे हैं उसे कि मूर्ति जिसकी है उसे लौटा दे जाकर। तूने बहुत दिन रख ली। यह तेरी नहीं, उसकी अमानत है। अब नाहक मत ढो। यह अमानत लौटा दे उस छोटी बच्ची को। मूर्ति उसकी है जिसके हृदय में मूर्ति के लिए प्रेम है। वर्षों से प्रार्थना-पूजा करनेवाले उस साधु को आज के पूर्व तक कृष्ण कभी दिखाई न पड़े, न दर्शन दिया। अतः वह बहुत घबरा गया और आधी रात को ही भागा-भागा मीरा के घर आया। उसे जगाकर उस छोटी मीरा के चरणों पर गिर पड़ा, मूर्ति उसकी गोद में दे दी।

मीरा की यात्रा की यह शुरुआत थी। उसके जीवन में क्रान्ति ला दी। दो वर्ष बाद उसके पड़ोस में किसी का विवाह था। मीरा ने अपनी माँ से पूछा कि सबका विवाह होता है। मेरा विवाह कब होगा, किससे होगा? कृष्ण की मूर्ति को मीरा हृदय से लगाए खड़ी थी। माँ ने मजाक में कह दिया कि तेरा वर यही है तेरा गिरधर गोपाल। सात-आठ वर्ष के उस भोले-भाले मन ने मान लिया कि यही उसका पति है। क्रान्ति हो गई। मीरा उस पर सबकुछ न्योछावर कर बैठी।

जब मीरा छोटी थी उसकी माँ मर गई। तब बाबा ने पाला। वह भी चल बसे। 18 वर्ष की उम्र में उसका विवाह हुआ। पति भी मर गए। ससुर ने उसे सँभाला, तो वे भी चल बसे। फिर पिता ने उसकी जिम्मेदारी ले ली और वे भी मर गए। 32 वर्ष

की उम्र तक उसके जीवन में जो भी सम्बन्धित महत्त्वपूर्ण व्यक्ति थे, जिनको भी मीरा ने चाहा था, प्रेम किया था, एक-एक कर सभी मर गए। जितना भी प्रेम कहीं था–बँटा था, वह सब सिकुड़ता गया। सारा प्रेम गोपाल पर उमड़ता गया। माँ से लगाव था, सो माँ का प्रेम गया, वह सभी गोपाल पर चढ़ता गया। जगत से सम्बन्ध टूटता गया और कृष्ण के राग में वह डूबती गई। बाढ़ की तरह कृष्ण-प्रेम उमड़ता गया। घर उसे नहीं समा सका। कृष्णमय होकर वह मगन हो नाचने लगी–घर आँगन में, मन्दिरों में, सत्संगों में।

आज से साढ़े पाँच सौ वर्ष पूर्व का राजस्थान जहाँ स्त्रियाँ बिना घूँघट के बाहर नहीं आती थीं। ऐसी स्थिति में राजघराने की मीरा साधारण जनों के बीच रास्तों पर नाचे! क्या हुआ कि वह नाच परमात्मा के लिए था। फिर भी नाच तो नाच ही है। जबकि उसके निकटतम सभी उसे छोड़कर जा चुके थे। उसका देवर विक्रम राणा यह खुला अपमान कैसे बर्दाश्त कर लेता। उसका देवर राणा विक्रमजीत सिंह यह कैसे बर्दाश्त करता कि एक राजकन्या साधारण जनों से मिले? घूँघट उघाड़ दे! रास्ते में, मन्दिरों में नाचे। नाचते समय वस्त्रों का भी ध्यान न हो। क्रोधी दुष्ट प्रकृति के युवक राणा ने अन्ततः मीरा की हत्या के निमित्त हलाहल भरा प्याला भेजा। कोई भी वैष्णव भक्त बिना अपने ठाकुर को भोग लगाए, कैसे कोई खाद्य वस्तु ग्रहण करे! मीरा असमंजस में रो पड़ी कि वह अपने ही हाथों से गोपाल को हलाहल कैसे अर्पण करे! पर अपने भक्त के मान की रक्षा भगवान स्वयं करते हैं। गोपाल ने कहा कि मीरा! तू क्यों बावली हो रही है। मुझे तो बचपन से ही विष-ही-विष मिला और मैं अभ्यस्त हूँ। अरे! अमृत तुम्हारे लिए छोड़ देता हूँ। फिर राणा ने फूलों के साथ साँप की पिटारी भेजी, मीरा की सेज पर काँटे बिछवा दिए। पर मीरा ने प्रेम और भक्तिपूर्वक सभी का सहर्ष स्वागत किया।

यदि हमारा मन भीतर से बिलकुल शुद्ध, निर्मल और निर्दोष है, तो विष भी हमारे पात्र में जाकर निर्मल, निर्दोष हो जाएगा। यदि हमारा पात्र मन गन्दा है, हजारों वर्ष की गन्दगी उसमें इकट्ठी हो तो उसमें अमृत डालने पर भी विष हो जाएगा। सब कुछ हमारी पात्रता पर निर्भर है। हमारे भीतर जो है वही अन्ततः निर्णायक होता है। मीरा ने देखा ही नहीं कि वह विष है। राणा ने भेजा है तो जो मिलता है उसे प्रभु ही भेजनेवाला है। उसके अतिरिक्त तो कोई भी नहीं। तो भेजा हुआ विष कैसे होगा! और अमृत समझकर पी गई मीरा। सम्मोहनविद् जानते हैं कि मनुष्य के मन के काम करने की प्रक्रिया क्या है। यदि किसी व्यक्ति को सम्मोहित कर उसके हाथ में अंगारा रख दिया जाए और कह दिया जाए कि एक ठंडा कंकड़ तुम्हारे हाथ में रखा है तो अंगारा भी उसे जलाता नहीं। अंगारा रखा रहता है हाथ पर। फिर भी हाथ जलता नहीं क्योंकि मन स्वीकार करता है कि हाथ पर ठंडा कंकड़ है। इसके विपरीत भी होता है। सम्मोहित अवस्था में उसके हाथ पर साधारण-सा ठंडा कंकड़ रख कह दिया जाए कि हाथ पर

जलता कोयला रखा है तो वह घबराकर उसे फेंक देगा। और देखेगा कि हथेली में फफोला पड़ गया। जलने के पूरे लक्षण आ जाएँगे।

पिटारी में जहरीला साँप और मीरा को श्याम दिख पड़ा। उठाकर गले में डाल लिया। साँप इतने अभद्र और जड़ नहीं होते जितना कि मनुष्य। साँप को इतना ज्ञान होता है कि कौन मित्र है कौन शत्रु! शत्रु भाव से उसके पास जाओ तो अपनी आत्मरक्षा के लिए वह आक्रमण कर देगा और जीवनपर्यन्त बदला लेने का प्रयत्न करेगा। मीरा ने प्रेम से उसे गले लगाया, तो साँप ने समझ लिया उसका मित्र भाव, डसा नहीं। मीरा जिस भाव में थी, सारा जगत वैसा ही हो गया। पर एक पर एक इतनी घटनाएँ घटीं कि मीरा को राजस्थान छोड़ कृष्णनगरी वृन्दावन आना पड़ा।

मीरा का नियम था कि जब वह बाहर निकलती थी तो अपने हाथ में एकतारा लिये बजाती, नाचती निकलती थी। और यह स्वाभाविक है कि जब एक सुन्दर युवती रास्ते पर नाचती-गाती निकलेगी तो उसके पीछे-पीछे स्त्री-पुरुषों का हुजूम भी चलेगा ही। वृन्दावन में साहु जी के मन्दिर के पीछे मीरा का मन्दिर है, जहाँ मीरा वृन्दावन वास के समय रहती थी। यहाँ से मीरा नाचती-गाती निकलती वृन्दावन के सबसे प्रतिष्ठित मन्दिर के लिए, जहाँ स्त्रियों का प्रवेश निषिद्ध था। शास्त्रानुसार ब्रह्मचारियों को स्त्रियों से दूर रहना चाहिए। तो उस मन्दिर का महन्त ब्रह्मचारी था। अतः उसने व्यवस्था कर रखी थी कि मन्दिर में स्त्रियों का प्रवेश न हो। लेकिन जब मीरा नाचती-गाती आ रही हो तो उसके पीछे भक्तों का हुजूम भी होगा–प्रेम का शराब चहुँओर छलकाती, मदमस्त! और उस मस्ती में जो द्वारपाल खड़े थे–ठिठककर खड़े हो गए, भूल गए कि स्त्रियों को रोकना है। लहर थी, मीरा प्रविष्ट हो गई, पहुँच गई बीच मन्दिर कक्ष में। पुजारी पूजा कर रहा था कृष्ण की, उसके हाथ से पूजा का थाल गिर गया। वर्षों से उसने किसी भी स्त्री को देखा न था।

द्वार पर खड़े द्वारपाल डूब गए भाव में! रस में! यह जो मदमाती, अलमस्त मीरा के साथ लहररूपी हुजूम आया, क्षण भर को द्वारपाल भूल ही गया कि उसका काम क्या है। और जब होश आया, तब तक मीरा मन्दिर के भीतर जा चुकी थी। बिजली की कौंध की तरह! एकतारा बजाती मीरा नाच रही थी गिरधर गोपाल के आगे। पुजारी तो घबरा गया, पर भाव में डूबा नहीं। पुजारी इस जगत में सबसे ज्यादा अन्धे लोग हैं। और पंडितों से ज्यादा जड़बुद्धि खोजना कठिन है।

तो पुजारी ने पूछा–ऐ औरत! तू यहाँ कैसे घुस आई? क्या तुम्हें मालूम नहीं कि यहाँ स्त्रियों का प्रवेश निषिद्ध है? मीरा ने उत्तर दिया–मैं तो सोचती थी कि वृन्दावन में केवल गोपियाँ-ही-गोपियाँ हैं और पुरुष मात्र एक कृष्ण है। आज ज्ञात हुआ कि कृष्ण का एक प्रतियोगी पुरुष और है और वह तुम हो।

पुजारी घबराया-सा निरुत्तर खड़ा रहा। पंडित व पुजारियों के पास बँधे हुए प्रश्नों के उत्तर होते हैं। ऐसा प्रश्न तो मीरा के पूर्व किसी ने रखा ही न था कि दूसरा भी

कोई पुरुष है। उसको इसका भान न रहा था कि पुरुष तो केवल एक कृष्ण है और शेष सभी उसकी प्रेयसियाँ हैं, गोपियाँ हैं।

इस घटना के बाद मीरा के लिए अड़चनें खड़ी होने लगीं। सन्त पुरुषों के साथ हमने सदा दुर्व्यवहार किया है और मीरा को वृन्दावन टिकने नहीं दिया गया। मीरा को वृन्दावन छोड़ना पड़ा। वह द्वारका आ गई।

वर्षों बाद राजस्थान की राजनीति बदली। मेवाड़ की गद्दी बदली। मेवाड़ की गद्दी पर राणा सांगा का कनिष्ठ पुत्र–राणा प्रताप का पिता उदयसिंह बैठा। मीरा के प्रति उदयसिंह के मन में श्रद्धा के भाव थे। राजमहल की राजकुमारी-बहू गाँव-गाँव भटके, यह अपमान कैसे सहा जाए! तो उदयसिंह ने सन्देश पर सन्देश मीरा को आदर सहित लाने को भेजा। और अन्त में सौ ब्राह्मण-पुरोहितों सहित जत्था भेजा। किसी भी प्रकार मीरा को लिवाने हेतु। मीरा ने कहा कि अच्छा! मैं अपने प्रियतम से आज्ञा ले लूँ। वह रणछोड़दास के मन्दिर के अन्दर गई। कृष्ण की मूर्ति में विलीन हो गई। फिर वापस बाहर न आई।

जिस मीरा ने कृष्ण को अपने में समा लिया था, जिस भक्त ने अपने इष्ट को अपने हृदय में बिठा रखा था, क्या वह कृष्ण उसका इष्ट इतना अनुदार हो जाता कि भक्त की इच्छा का अनादर कर उसे अपने में समाविष्ट नहीं कर सकता था। भक्त संकुचित हृदय का हो सकता है पर भगवान का हृदय तो विशाल है।

मधुकर शाह की विवशता

दोनों सगे भाई सनातन और रूप गोस्वामी बंगाल के नवाब के एक मुख्यमंत्री दूसरे वित्त मंत्री थे। गौरांग महाप्रभु के दोनों शिष्य उनके आदेशानुसार पद-प्रतिष्ठा, ऐश्वर्य-वैभव छोड़, वृन्दावन चले आए। कृष्ण लीला-स्थली का प्राकट्य करने। इस समय तक सम्पूर्ण ब्रज-मंडल जंगल-झाड़ में तब्दील हो गया था और लीला-स्थली सर्वसाधारण की दृष्टि से विलुप्त हो चुका था।

ओरछा नरेश मधुकर शाह के दाहिने हाथ श्री हरिराम व्यास थे। वे विरक्त हो वृन्दावन चले आए थे । मधुकर शाह इनके बिना तड़प उठे, और स्वयं इन्हें लेने चले आए। वापस चलने के लिए बहुत आग्रह करने पर व्यास जी ने कहा–अच्छा, ठीक है कल मैं अपने आत्मीय जनों से विदा ले लूँ।

शाह बड़े आश्चर्य में थे कि यहाँ कौन है इनका आत्मीय। अतः टोह में रहे। देखते क्या हैं कि व्यास जी वहाँ के वृक्ष-लताओं से लिपट-लिपटकर रो रहे हैं। एक-एक से सिसक-सिसककर गले मिल रहे हैं। यह दृश्य देखकर भला कौन ऐसा क्रूर व्यक्ति होगा, जो फिर साथ चलने को विवश कर देगा। अन्ततः मधुकर शाह इन्हें वहीं छोड़ अकेले

चले आए। व्यास जी वृन्दावन में रह गए। बीच बाजार में, जहाँ व्यास जी रहकर साधना करते थे। आज प्रायः वहाँ रास-लीला होती है।

महावीर का भीषण संकल्प

महावीर जैन ने सारे राजसी सुख छोड़कर साढ़े बारह वर्ष तक उत्तरोत्तर कठिन तप किया, और अन्तिम क्षण तक कसौटी में कसते चले गए। पाँच मास पच्चीस दिन के अन्तिम उपवास के बाद भी पारण की जो तेरह अपवाद शर्तें रखीं, वह अन्यतम आत्मपरीक्षण के लिए ही। ऐसे संकल्प दानी के आगे सारी सृष्टि झुक जाती है।

आज तक जितने महापुरुषों ने तप किया, सहा है, अपने आपको समझा है। उनमें महावीर जैन का उदाहरण अप्रतिम है। उन्हें जितेन्द्र कहा जाता है। वे इन्द्रियों पर विजय करनेवाले कहलाए। संन्यास लेना भूखे-पीड़ितों के बस की बात नहीं। न उनकी जो ऐश्वर्य छोड़ना नहीं चाहते।

महावीर जैन का प्रारम्भिक जीवन देखें। वे राजकुमार थे। किसी बात की कमी न थी। फिर भी निर्विकार भाव से सब कुछ छोड़कर साधना के मार्ग पर चल पड़े। साढ़े बारह वर्ष तक कठोर तप किया। इस अवधि में उनके उपवास उत्तरोत्तर बढ़ते गए। साढ़े बारह वर्ष में कुल पारण मात्र 342 थे। उपवासों में दो दिवसीय 227, तीन दिवसीय 12, पाक्षिक 72, मासिक 12, डेढ़ माही 2, दो माही 6, ढाई माही 2, तिमाही 2, चार माही 7 और छमाही 2 का समावेश था। अन्तिम छमाही उपवास के पारण के लिए उन्होंने अत्यन्त विषम संकल्प लिया कि अन्न ग्रहण तभी करूँगा जब कोई राजकुमारी हाथों में हथकड़ी और पाँवों में बेड़ी लगाए, घर की देहरी पर एक पैर भीतर एक पैर बाहर किए, लुंचित केश, जीर्ण वस्त्र, उबाले हुए उड़द के बाफले (एक खाद्य पदार्थ) सूप में लेकर, सजल नेत्र भिक्षा दे। कुल 13 विचित्र शर्तें थीं और इन सब का योगायोग प्रायः असम्भव था। पर धर्म की रक्षा करनेवाले की धर्म भी रक्षा करता है–धर्मो रक्षति रक्षितः। ऐसे संकल्प धनी के आगे सृष्टि की सारी प्रतिकूलताएँ अनुकूल होती चली जाती हैं। असम्भव भी सम्भव हो जाता है। महावीर जैन के पारण के निमित्त ही मानो अनुकूल परिस्थितियाँ बनती चली गईं। राजकीय उथल-पुथल हुई। युद्ध पलायन की स्थिति बनी और वह अन्तिम योगायोग भी बना जिसमें उन्हें पारण करना था।

महावीर जैन की माता त्रिषला की 6 बहनें और थीं। सभी दिग्गज राजाओं को ब्याही थीं। इनमें एक बहन धारिणी धर्मप्रिय चम्पानरेश दधिवाहन को ब्याही थी। वैभवशाली चम्पा में पूर्ण धर्माचरण का वातावरण था। उनकी एकमात्र कन्या वसुमति अनिन्द्य सुन्दरी थी। चम्पा के पड़ोस में एक अन्य बहन मृगावती का राज्य कौशाम्बी था। कौशाम्बी का राजा शतानीक अत्यन्त लोभी, ईर्ष्यालु था। साम्राज्य विस्तार के लोभ

में उसने एक दिन चम्पा पर अचानक धावा बोल दिया। धर्मप्रिय दधिवाहन को अपने ही परिजन की ऐसी ओछी हरकत पर मर्मांतक पीड़ा हुई। रक्तपात से बचने के लिए बगैर युद्ध किए वे किसी अज्ञात स्थान की ओर निकल गए। अतः शतानीक के आदेश से कौशाम्बी में खूब लूटपाट हुआ। शतानीक के एक सारथी ने मौका पाकर राजमहिषी धारिणी और उनकी बेटी वसुमति का अपहरण कर लिया। जब वह जंगल मार्ग से गुजर रहा था तो धारिणी ने अपनी शील रक्षा हेतु जीभ खींचकर आत्महत्या कर ली। सारथी इतना दुखित हुआ कि वसुमति को अपने घर लाकर बेटी की तरह रखने का आश्वासन दिया। सारथी की पत्नी ने वसुमति का सौंदर्य देख सोचा कि कहीं यह उसकी सौत बनकर उसका जीना हराम न कर दे। उसने वसुमति को बाजार में बिकवा दिया। एक वेश्या ने बीस सहस्र स्वर्ण मुद्रा दे उसे खरीदा, पर वसुमति के यह कहने पर कि सुसंस्कारों में पली वह अपनी जान दे देगी, पर सर्वभोग्या न बनेगी। वेश्या ने उसे लौटा दिया। एक वृद्ध श्रेष्ठी ने उसे 25 हजार स्वर्ण मुद्राओं में खरीद लिया। यह सोचकर कि वह निःसन्तान है, अपनी सन्तान की तरह रखेगा। पर श्रेष्ठी की वृद्धा पत्नी भी उसे देख भड़क उठी। श्रेष्ठी उस पर जान छिड़कने लगा। उसके व्यक्तित्व में निर्मल सुवास देख उसे चन्दनबाला पुकारता।

एक दिन सेठानी ने सेठ को वसुमति के सिर पर स्नेह से हाथ सहलाते देखा तो तय कर लिया कि इस आँख की किरकिरी को दूर करना ही होगा। मौका भी शीघ्र ही मिल गया। श्रेष्ठी एक दिन कहीं बाहर गया। सेठानी ने वसुमति के हाथों में हथकड़ी लगा दी। नाऊ को बुलाकर उसकी विशाल केशराशि का मुंडन करा दिया। आक्रोश में उसके वस्त्र फाड़ दिए। तलघर में ले जाकर पैरों में बेड़ियाँ डाल दीं ताकि वह ऊपर निकलकर न आ सके। इसके बाद मानो श्रेष्ठी को भी दंडित करने के लिए सेठानी ने पाकशाला में ताले जड़ दिए। फिर निश्चिन्त हो बाहर अन्यत्र चली गई। श्रेष्ठी घर लौटा—आवाज लगाई, बेटी चन्दना! तभी घर की नौकरानी ने तलघर की ओर इशारा किया। श्रेष्ठी ने उस ओर जाकर आवाज लगाई तो वसुमति की क्षीण आवाज सुनाई पड़ी। उसने उसे बाहर निकाला। कई दिनों की भूखी-प्यासी बेजान सी हो गई थी। रसोईघर में ताले बन्द देख, वह अस्तबल से घोड़ों को खाने के लिए रखे उड़द एक सूप में ले आया, पर हथकड़ी लगी वसुमति खाती कैसे। वह लुहार बुलाने भागा।

ठीक इसी क्षण भगवान महावीर अपने अन्तिम छमाही उपवास के अन्तिम चरण में कौशाम्बी की गलियों में पारण की भिक्षाचरी के लिए घूम रहे थे। उन्हें वसुमति हाथ में उड़द का आहार लिये दिखी। पारण हेतु महावीररूपी एक संन्यासी को अपने द्वार पर खड़ा देखकर वह पुलकित हो आगे बढ़ी। महावीर की 12 शर्तें एकदम पूरी थी। पर, वसुमति की आँखों में आँसू न थे जो तेरहवीं शर्त थी। धैर्य की यह अन्तिम परीक्षा थी कि महावीर लौट पड़े। ऐसा देख वसुमति की आँखों में आँसू उमड़ पड़े कि मेरा ऐसा दुर्भाग्य! उसने कातर हो आवाज लगाई...स्वामी जी, स्वामी जी!

आँसुओं में डूबे वसुमति के तेरहों शर्तों की पूर्णता के साथ खड़े देख, भगवान महावीर विवश हो लौटे। उड़द के बाफले ग्रहण कर लिया। भगवान महावीर की कठोर साधना के आगे सृष्टि झुक गई। उनकी तेजस्वी ऊर्जा ने वसुमति को बन्धनमुक्त एवं पूर्ववत् लम्बी केशराशि वाली परिपूर्ण सुन्दरी में बदल दिया। महावीर ने पूर्णतः तृप्त हो ॠजुवावत नदी की ओर प्रस्थान किया। वसुमति सहित तमाम कौशाम्बीवासी उनके पीछे चल पड़े।

लोकहित की साधना करनेवाला अपनी परवाह नहीं करता, और अन्तिम क्षणों में पलायन का कोई अवसर भी नहीं रखता। महावीर जैन के जीवनकाल में उनका अनुसरण करनेवालों में 36 हजार साध्वियाँ, 14 हजार साधु और 1 लाख 47 हजार पूर्ण संयमी श्रावकगण थे।

सत्संग का प्रभाव

एक बार नारद मुनि ने भगवान कृष्ण से सत्संग और कुसंग के प्रभाव जानना चाहा। कृष्ण ने उन्हें एक नारकीय जीवन व्यतीत करनेवाले व्यक्ति के पास भेजा। नारद के पहुँचते ही उस व्यक्ति की मृत्यु हो गई। नारद को लगा कि यह तो कुछ कहने-सुनने के पहले ही चल बसा। वे जब पुनः कृष्ण के पास पहुँचे। उन्होंने एक तोते के पास उन्हें भेजा। नारद के पहुँचते ही तोते ने भी दम तोड़ दिया। नारद की उलझन और बढ़ गई। इस बार कृष्ण ने उन्हें एक गाय के नवजात बछड़े के पास भेजा। वह भी तड़पकर ऐंठ गया। नारद को लगा कि अपने आगमन में ही गड़बड़ी है। प्रश्नोत्तर के लिए जिसके पास भी जाता हूँ, उसकी जिन्दगी जवाब दे जाती है। अपराध-बोध से नारद काफी दिन कृष्ण के पास न गए, पर जिज्ञासा शान्त न हुई। फिर एक दिन पहुँचे और कहा—"कहीं भेजें नहीं। यहीं समाधान कर दें।" लेकिन कृष्ण ने उन्हें एक राजा के नवजात शिशु के पास जाने को फिर बाध्य किया। नारद जब वहाँ पहुँचे तो उस दुधमुँहे बच्चे ने कहा—"नारद जी! तुमने मुझे पहचाना नहीं?" नारद को अवाक् देख बच्चे ने पुनः कहा—"मैं वही नारकीय व्यक्ति हूँ। तुम्हें देखते ही जिसकी मृत्यु हो गई थी। दरअसल, मैं महापापी था। तुम्हारे आगमन से मुझे पापमय जीवन से छुटकारा मिला। कर्मभोगों के लिए ही मैं तोते और गाय की योनि में आया। तुम्हारे आने से मेरे बन्ध कटते गए। तुम्हारे कारण ही मेरा जन्म राजा के घर सुख-सुविधाओं के बीच हुआ।"

वास्तव में नारद मुनि स्वयं अपने पुण्यों के प्रताप से सदा ही देवी-देवताओं के सत्संग में रहनेवाले ब्रह्मचारी महात्मा थे। जिसे वे अपना साहचर्य देते, जीवन धन्य कर देते।

पाप पीछा नहीं छोड़ता

कुरुक्षेत्र में शर-शैय्या पर लेटे भीष्म पितामह ने भगवान श्रीकृष्ण को सम्मुख देखकर गद्गद हो अपने भाग्य की सराहना करते हुए पूछा–"भगवन! एक बात मेरी समझ में नहीं आई।" श्रीकृष्ण ने पूछा–"वह क्या?"

''जीवन भर कोई पाप मैंने नहीं किया, फिर भी इस शर-शैय्या पर मुझे इतने दिन लेटना क्यों पड़ा?''

पितामह की यह बात सुनकर भगवान ने मुस्कराकर कहा–"यह कर्मफल किसी और जन्म का भी हो सकता है।''

भीष्म ने आँखें मूँद लीं। कुछ पल बाद आँखें खोलकर बोले–''पिछले सौ जन्मों से तो एक भी पाप मुझसे नहीं हुआ।''

''थोड़ा और पीछे की ओर देखिए," श्रीकृष्ण ने कहा। भीष्म ने पुनः आँखें मूँद लीं और सौ जन्मों से पीछे की ओर देखना आरम्भ किया। उन्होंने देखा कि वे किसी देश के राजा के रूप में रथ पर सवार हो कहीं जा रहे हैं। मार्ग में एक साँप को पड़ा देख सोचा कि वह रथ से कुचल जाएगा। अतः तुणीर से बाण निकालकर धनुष पर चढ़ाकर साँप की ओर छोड़ दिया। बाण ने साँप को वेग से हटा दिया। साँप एक काँटेदार वृक्ष पर जा गिरा, सैकड़ों काँटे उसके शरीर में चुभ गए।

आँखें खोल भीष्म ने वह सब कुछ भगवान को सुना दिया। भगवान बोले–''जितने काँटे उस साँप के शरीर में लगे थे, उतने ही बाण आपके शरीर में लगे हैं–न एक कम न एक ज्यादा।''

''पर वह तीर तो मैंने साँप के प्राण बचाने के लिए छोड़ा था।'' पितामह ने कहा। पर उनके कुछ और कहने से पहले ही श्रीकृष्ण ने उनकी सन्तुष्टि यह कहकर की– "पाप चाहे किसी भी अवस्था में हो, वह पाप ही होता है और सौ जन्मों के बाद भी मनुष्य का पीछा नहीं छोड़ता।"

रबिया का सन्देश

मुसलमान सन्त रबिया के यहाँ एक मौलवी आए और रबिया से पूछा–"वह पवित्र कुरान-शरीफ का पाठ करती है क्या?" रबिया ने कहा–''हाँ।'' तो मौलवी ने कहा– " थोड़ी देर के लिए मुझे दो। उसमें मुझे कुछ देखना है।" रबिया ने दे दिया।

रबिया ने कुरान में एक जगह एक लाइन काटकर लाल स्याही से कुछ दूसरा लिख रखा था। यह देख मौलवी को बड़ा दुख हुआ। कुरान तो स्वयं खुदा के पैगम्बर का आयत है। उसे सुधारने का अधिकार इनसान को नहीं। अतः उसने रबिया से उसका जवाब माँगा।

आयत में कहीं लिखा था कि खुदा के बन्दों से मुहब्बत करो, पशुओं से घृणा करो, उनका तिरस्कार करो। रबिया ने इस लाइन को काटकर उसकी जगह लिख दिया था। सारी दुनिया खुदा के बंदे हैं और सभी मुहब्बत के पात्र हैं। तो रबिया ने कहा–''ये सारी धरती खुदा ने बनाई। जितने प्राणी, जीव-जन्तु हैं सभी उसी के पैदा किए हुए हैं और वह सबका बाप है। फिर बाप तो सबको ही प्यार करेगा–घृणा नहीं। इसलिए मैंने इसे सुधार दिया है।''

रबिया के इस कार्य को अनधिकृत मान इस्लामिक जगत में उसकी निन्दा की गई।

मेहनत की सार्थकता

वृन्दावन में निधि कुंज में एक सन्त रहा करते थे–श्री हरिदास जी। संगीत सम्राट तानसेन के गुरु थे, प्रज्ञा-चक्षु थे। ये श्रीराधे को अपना इष्ट मान उनकी ही पूजा-अर्चना करते। किसी से अन्न-वस्त्र, धन स्वीकार नहीं करते थे। स्वीकार्य वस्तु केवल तीन ही थी–सुगन्धित फूल, सुवासित इत्र व फल–इसके सिवा कुछ नहीं।

रावलपिंडी के एक खत्री शिष्य प्रायः उनके पास वृन्दावन आया करते। एक बार जब वे निधि कुंज आए तो स्वामी हरिदास जी यमुना पुलिन पर थे एक सत्संग में। वे खत्री महोदय अपने साथ एक बोतल सुगन्धित, बेशकीमती इत्र लाए जिसकी उस समय कीमत थी एक हजार रुपए। वे इत्र की बोतल लिये यमुना पुलिन पर पहुँचे और स्वामी हरिदास जी का चरण-स्पर्श कर उनके सामने इत्र की बोतल रख दी।

स्वामी हरिदास जी सखी ललिता के अवतार माने जाते हैं, जो श्रीराधे की प्रिय सखियों में प्रमुख थी। उस समय हरिदास जी उन्मनी मुद्रा में गो-लोक धाम में चल रही भगवान कृष्ण की बाल-लीला का मानसिक आनन्द ले रहे थे। उस समय वहाँ होली का रास रंग चल रहा था। इसी तल्लीनावस्था में हरिदास जी को भास हुआ कि श्रीराधा रानी का रंग का पात्र खत्म हो रहा है और राधा रानी ललिता सखी को कह रही है कि शीघ्रातिशीघ्र रंग लाओ। ललितावतार श्री हरिदास जी ने आव देखा न ताव, इत्र की बोतल का कॉर्क खोला और जमीन पर वहीं उलट दिया सारा इत्र। यह देख खत्री महोदय का चेहरा उदास हो गया, मन खिन्न हो गया।

कुछ समय पश्चात् स्वामी हरिदास जी भौतिक जगत में जब वापस आए तो उस शिष्य से कहा कि चलो श्री बिहारी जी का दर्शन कर आवें। दोनों चल दिए। दरवाजे के समीप पहुँचे ही थे कि उसी इत्र की भीनी-भीनी सुगन्ध मिली। अन्दर घुसने पर उस इत्र की सुगन्ध तीव्र हो गई और ठाकुर के सामने आते ही और तीव्रतर हो गई।

सामने देखा तो ठाकुर के सारे वस्त्र गीले थे उसी इत्र से। भक्त खत्री महोदय का मन प्रसन्न हो गया और अपनी मेहनत की सार्थकता पर वे झूम उठे। वाह रे ठाकुर! बलिहारी है।

गुरु गोरखनाथ की महिमा

सन्त रैदास जब जवान थे तब उनके पिता ने कुछ काम धन्धा न करने के कारण दोनों पति-पत्नी को घर से निकाल दिया। बन्धन मुक्त होने से रैदास ने प्रसन्न मन पत्नी के साथ एक खुले मैदान में एक नीम के वृक्ष के नीचे अपना अड्डा जमाया और अब वहीं रहकर ईश्वर का भजन-पूजन करने लगे। उनकी ख्याति बढ़ी, ईश्वर भक्त जानकर पास-पड़ोस के लोगों ने उन्हें खाने-पीने की चिन्ता से मुक्त कर दिया। उनके पास लोगों की भीड़ बढ़ने लगी। धीरे-धीरे उनके आजू-बाजू अन्य लोग भी अपनी-अपनी कुटिया बनाकर रहने लगे। चहुँओर से ब्राह्मणों की टोली भी उनके इर्द-गिर्द अपनी बस्ती बनाकर रहने लगी। उन ब्राह्मणों से लोगों ने, आलोचकों ने कहा –"भाई! वह तो अछूत है और तुम सब ब्राह्मण! कैसे रहते हो वहाँ?" ब्राह्मणों ने कहा–"भईया! अब तक तो भजन पूजन जो भी करता था, उससे मन एकाग्र नहीं होता था। पर जब से यहाँ आकर रहने लगा हूँ, मन की एकाग्रता बढ़ गई, हृदय प्रफुल्लित रहने लगा है।"

एक दिन नाथ सम्प्रदाय के प्रवर्तक महायोगी गुरु गोरखनाथ ने उनके दरवाजे पर पहुँचकर हाँक लगाई–''अरे रैदास! मैं बड़ा प्यासा हूँ। मैंने सुना है कि तू बड़ा भक्त है। मुझे जल पिलाकर मेरी तृषा को शान्त कर।" रैदास ने बाहर निकलकर उन्हें देखा तो कहा–''ओहो! मेरे गुरु आए हैं। अहोभाग्य मेरा!'' उन्होंने आव देखा न ताव। सामने देहाती जूता रखा था। उसे अपने कपड़े से झाड़-पोंछकर अभिमंत्रित जल उसमें डालकर गुरु गोरखनाथ के सामने लाए। गुरु गोरखनाथ ने इसे अपना अपमान समझकर उन्हें झिड़का–"रैदास! तुम्हें इतनी भी अकल नहीं कि कैसे पात्र में अतिथि को जल दिया जाता है? जाओ, मैं नहीं पीता।" यह कहकर वे वहाँ से चल दिए।

इस घटना के सोलह वर्ष बीत चुके थे। गुरु गोरखनाथ मुल्तान में थे। उनके शिष्य ने घोषणा की थी कि उनके गुरु के पात्र को कोई सा भी व्यक्ति किसी भी वस्तु से चाहे भर दे। मुल्तान के समस्त धनी-मानी व्यक्तियों ने धन-दौलत, अन्न-वस्त्र आदि से उनके कमंडल को भरने की भरसक चेष्टा की। पर वह कमंडल था कि भरता ही न था। पता नहीं रुपए-पैसे, अन्न आदि कहाँ गायब हो जाते! सभी निराश लौट आते। एक 30 वर्ष की युवती ने भी यह देखा-सुना। वह गुरु गोरखनाथ के शिष्य को बोली– "यदि गुरुजी कृपा कर मेरे घर चलें तो मैं उनका यह पात्र भर दूँगी।" गुरु गोरखनाथ ने कहा–"जहाँ एक से एक दिग्गज असफल होकर लौट गए, तो यह अबोध लड़की

हमें चुनौती देने आई है। तो चलो, देखूँ इसकी भी शक्ति को!" गुरु गोरखनाथ उस युवती के निवास पर पहुँचे और किसी भी अन्न से पात्र भर देने को कहा। वह युवती घर के अन्दर गई, एक छोटी-सी कटोरी में अन्न लेकर आई। गुरु गोरखनाथ देखकर हँस पड़े। कहा–''बस इतना ही!'' युवती ने कहा–"प्रभु! अभी इतना-सा तो भरकर देख लो।" और युवती ने कटोरी के एक कोने का ही अन्न कमंडल में डाला कि पात्र भर गया, शेष अन्न कटोरी में पड़ा ही रह गया। गुरु गोरखनाथ को अपनी सिद्धि पर पूर्ण भरोसा था। आज एक साधारण-सी युवती के सामने उनका अहं गल गया। श्री गोरखनाथ जी ने युवती से पूछा–"देवी! जिस पात्र को आज तक कोई भी व्यक्ति किसी भी वस्तु से पूर्ण न कर सका, वह तुमसे सम्भव कैसे हो सका! यह रहस्य यदि मुझे बता सको तो तुम्हारा मेरे ऊपर अनुग्रह होगा।'' युवती ने कहा–"आज से 16 वर्ष पूर्व आपको मैंने बनारस में सन्त रैदास के दरवाजे पर देखा था, जब आपने जूते के पात्र में अभिमंत्रित जल को लेने से मना कर दिया था और चले आए थे वापस। उस अभिमंत्रित जल का उस लेन-देन के चक्कर में कुछ छींटा मेरे मुख पर पड़ गया था जिसका प्रभाव अभी आप देख चुके हैं। मैंने कोई साधना नहीं की है।" यह सुनते ही गुरु गोरखनाथ उसी समय आकाश मार्ग से बनारस को चल पड़े।

सन्त रैदास की कुटिया पर पहुँचकर अलख लगाई। सन्त रैदास बाहर आए और देखकर बोले–''अरे! मेरे गुरु जी आए हैं। कोई शीघ्र ही अच्छी तरह से मिट्टी से लोटा साफ कर गंगा जल लाओ।'' श्री गोरखनाथ जी ने कहा–"बस करो रैदास! मुझे तो वही पुराना जल चाहिए जो पिछली बार तुमने मेरे सामने उपस्थित किया था।'' रैदास जी ने कहा–''वह जल तो मुल्तान पहुँच गया, जहाँ से आप आ रहे हैं। अब तो यह गंगाजल ही मिलेगा।" फिर कहा–''प्यासे थे तब पिया नहीं, जिन पिया पिया को जान लिया। भूला जोगी फिरे दिवाना, वह पानी मुल्तान गया।''

सन्त रैदास ने गुरु गोरखनाथ की तरह तपश्चर्या नहीं की थी। वे तो भगवान के नाम का गुणगान व कीर्तन में ही मस्त रहनेवाले जीव थे। अहर्निश भगवान का नाम लेते रहना, जिनके प्रताप से बड़े-बड़े राजा, धन्नासेठ उनके शिष्य हो गए।

निष्काम-सेवा

राजस्थान के सुमेर नामक किसी गाँव के एक किसान के घर सुलतान नामक एक पुत्र हुआ। वह अत्यन्त सुन्दर व हृष्ट-पुष्ट था। उम्र के साथ-साथ उसकी सुन्दरता व स्वास्थ्य में बढ़ोतरी होती रही–जो देखता वह देखता ही रहता। जब वह जवान हुआ तो लोगों की सम्पन्नता व ऐश्वर्य प्रदर्शन देखकर उसके प्रति आकर्षित नहीं होता। उसकी एकमात्र इच्छा होती थी–विश्व के सर्वश्रेष्ठ पुरुष की दासता करने की।

उसने एक दिन बाजार जाते समय भारी तामझाम के साथ एक व्यक्ति की सवारी निकलते देखा। वह व्यक्ति हाथी पर सिंहासन के ऊपर बैठा था। उसके पीछे खड़ा एक व्यक्ति चँवर डुला रहा था। लोग उसकी जय-जयकार कर रहे थे। उसने लोगों से पूछा कि यह कौन व्यक्ति है? तो मालूम हुआ कि ये वहाँ के सबसे बड़े राजा हैं। उसकी इच्छा हुई उनकी सेवा करने की। हाथी पर सवार उस व्यक्ति की नजर जब सुलतान पर पड़ी तो उसने उसकी सुन्दरता और बलिष्ठ शरीर को देखकर उसे अपना अंगरक्षक बनाने की सोची। उसने सुलतान को इशारे से बुलाया और पूछा कि मेरे यहाँ नौकरी करोगे? सुलतान ने पूछा कि आप कौन हैं? उन्होंने कहा कि मैं भरतपुर का राजा हूँ। सुलतान सहर्ष तैयार हो गया। उन्होंने पूछा कि क्या तनख्वाह लोगे? सुलतान ने कहा कि कुछ नहीं चाहिए मुझे। निस्स्वार्थ भाव से वह वहाँ रहकर सेवा करने लगा।

एक बार भरतपुर के राजा जयपुर नरेश के आमन्त्रण पर वहाँ पहुँचे। सुलतान उनका अंगरक्षक होने के कारण वहाँ गया हुआ था। उसने देखा कि जयपुर नरेश के सामने भरतपुर के राजा साष्टांग दंडवत् कर रहे हैं। सुलतान के भवों पर बल पड़ गए, उसे भरतपुर के राजा से जयपुर नरेश बड़े मालूम पड़े। अतः जयपुर नरेश की नौकरी करने की इच्छा होने लगी। उधर जयपुर नरेश की भी दृष्टि सुलतान पर पड़ी तो जयपुर नरेश ने सुलतान को अपनी सेवा में दे देने के लिए भरतपुर के राजा से आग्रह किया। सुलतान उनकी सेवा में आ गया। अब वह हाथ में भाला, कमर में तलवार लटकाकर सुन्दर पोशाक में जयपुर नरेश की सेवा में रहने लगा। कई वर्ष बीत गए।

एक बार जयपुर नरेश किसी उत्सव के उपलक्ष्य में श्री राधा दामोदर मन्दिर में उनके दर्शन हेतु पहुँचे, साथ में सुलतान भी था। जयपुर नरेश श्री राधा दामोदर के सामने जाकर साष्टांग लेट गए। जयपुर नरेश ने कहा कि ये ऐसी शख्सियत है जिसके सामने दुनिया का बड़े से बड़ा राजा भी झुक जाता है। सुलतान ने कहा–''तो महाराज! क्या मैं उनकी सेवा नहीं कर सकता हूँ?'' जयपुर नरेश ने श्री राधा दामोदर के पुजारी को कहा–"सुलतान मेरा प्रिय पात्र है और आज से वह मन्दिर की सेवा में रहेगा।" सुलतान को कहा गया कि वह श्री राधा दामोदर की सेवा में रहकर उनकी पहरेदारी करेगा, पर वह मन्दिर के अन्दर न जाएगा। रात हुई। सुलतान हाथ में भाला, कमर में तलवार लटकाए पहरा देने लगा। आवाज लगाता–''खबरदार, होशियार!'' यह सुनकर पुजारी ने कहा–"नहीं, ऐसा नहीं बोलना। केवल श्री राधे-श्री राधे की धुन लगाना।'' सुलतान ने पूछा–"ये श्री राधे कौन हैं?" तो पुजारी ने कहा–"श्री राधे वह शख्सियत है जिसके दर्शनों के लिए सारी दुनिया लालायित रहती है, पर दर्शन होता है बिरले को ही।

उस दिन सुलतान के मन में श्री राधे के दर्शन की लालसा जाग उठी। रात की पहरेदारी के समय मन से श्री राधे, श्री राधे की रट जो लगी, तो उसका मन्त्र ही

बन गया। मन मन्त्र के साथ एकाकार हो जाए और मन्त्र का मन के साथ सामंजस्य बैठ जाए, तो अद्‌भुत शक्ति का स्फोट होता है। कुंडलिनी का जागरण होने लगता है। फिर मन में जो विचार उठता है वह कार्यान्वित होने लगता है। सुलतान के मन में श्री राधे के दर्शन की तीव्र लालसा और श्री राधे की मन्त्र जाप मन के साथ तय हो जाना–यह फलीभूत होने लगा। ठीक सोलहवें दिन–आषाढ़ के पुरुषोत्तम मास की एकादशी। रात्रि में मन्दिर का फाटक बन्द था। बाहर सुलतान पहरेदारी कर रहा था और मन में श्री राधे-श्री राधे की धुन। बारह का घड़ियाल बजा और मन्दिर का फाटक स्वयं खुल गया। सुलतान अवाक् खड़ा है, आवाज आई–सुलतान! सुलतान ने पूछा–''कौन हैं आप?'' आवाज आई–"मैं वहीं हूँ जिसकी सेवा में तू लगा है।" सुलतान ने कहा–"मैं जिसकी सेवा में हूँ उसका तो अभी तक मैंने दीदार भी नहीं किया।" आवाज आई–"आज तुझे उसका दीदार करने का मौका मिलने ही वाला है।" तभी सुलतान ने देखा कि एक ज्योति-पुंज फाटक के बाहर दिखी। मंदिर के अन्दर की युगल जोड़ी नुपूर की हलकी, झीनी आवाज के साथ छुमुक-छुमुक चाल से चलती उसके आगे से निकली और सुलतान को पीछे आने का संकेत किया। सुलतान युगल जोड़ी के पीछे-पीछे चलकर यमुना किनारे चला आया, जहाँ अन्य गोपियाँ पहले से ही उपस्थित थीं। और फिर सुलतान ने जो देखा तो उस पर दिलोजान से फिदा हो गया। रास-लीला प्रारम्भ हुई और घंटों चलती रही। चार का घड़ियाल बजने पर युगल जोड़ी वहाँ से वापस चल पड़ी, सुलतान को वापस चलने का संकेत किया। मन्दिर में आने पर श्री राधे ने सुलतान से कहा–''सुलतान! मेरे पैरों के पायल खुल गए हैं, उसे ठीक कर दो।'' सुलतान ने उसे ठीक से बाँध दिया। श्याम सुन्दर ने तब कहा–"सुलतान! मेरे हाथों में थोड़ी चोट लग जाने से सूजन सी आ गई है। क्या तुम इसे ठीक कर सकते हो?'' सुलतान ने नस-नाड़ी की मालिश की और अपनी कमर का अँगरखा फाड़कर उनके हाथों में बाँध दिया। अब युगल जोड़ी ने शयन में जाने के पूर्व सुलतान से कहा–''सुलतान! आज हम लोग काफी थक गए। देखना, मेरे शयन में विघ्न न पड़े।'' सुलतान ने कहा–''मेरे मालिक! आप निश्चिन्त हो शयन करें। मैं यहाँ मुस्तैद हूँ।'' ठीक 4 बजे मंगल आरती का समय हुआ, तो पुजारी ने ठाकुर की आरती का पट खोला। एक नजर ठाकुर की ओर डाला, तो वहाँ नजारा ही बदला हुआ था। ठाकुर के हाथ में सुलतान का फटा अँगरखा बँधा देखा, ठकुरानी के पैरों में उलटा पायल बँधा देखा। उसे ठीक कर वह आरती सजा, घंटा जैसे ही बजाया, बाहर से सुलतान की जोरदार दहाड़ सुनाई पड़ी–''अरे! कौन हमारे ठाकुर के शयन में बाधा डाल रहा है। तुरन्त बाहर आओ, अन्यथा मैं तेरी हड्डी-पसली चूर-चूर कर दूँगा।'' पुजारी थर-थर काँपता हुआ फाटक खोलकर बाहर आ गया और बोला–"मंगल आरती का समय हो गया है। सुलतान ने कहा–''कुछ नहीं। ठाकुर अभी-अभी शयन में गए हैं। उन्हें शयन करने दो।''

पुजारी ने दौड़कर मन्दिर के संचालक को यह सूचना दी। संचालक ने नरेश को सूचना दी। सभी वहाँ शीघ्र ही उपस्थित हुए। सुलतान का फटा अँगरखा देखा। पूछा कि यह कैसे फट गया। सुलतान ने तब सारी बात बता दी। संचालक, जयपुर नरेश की आँखों से अश्रुधारा बहने लगी और सुलतान के भाग्य को सराहा।

सुलतान ने एक संकल्प लिया कि वह दुनिया के सबसे बड़े आदमी की सेवा करेगा और निष्ठापूर्वक इस कार्य में जुट पड़ा। एक को छोड़ा, दूसरे को पकड़ा। दूसरे को छोड़ा, तीसरे को पकड़ा। कहते हैं न–''हिम्मते मर्दां, मददे खुदा'', तो इसका संकल्प फलीभूत हुआ। जहाँ भी सेवा की, निष्काम की।

सन्त ज्ञानेश्वर

लगभग 600 वर्ष पूर्व की बात है। महाराष्ट्र के एक प्रसिद्ध सन्त थे ज्ञानेश्वर। सन्त ज्ञानेश्वर की महाराष्ट्र में घर-घर में पूजा होती है। इनकी लिखी 'ज्ञानेश्वरी' का हर घर में 'गीता' की तरह नित्य पाठ होता है। ये तीन भाई, एक बहन थे। निवृतिनाथ, ज्ञानेश्वर, सोपानदेव और मुक्ताबाई। सबसे बड़े निवृतिनाथ बीस वर्ष के, ज्ञानेश्वर 16 वर्ष, तीसरे 14 वर्ष, मुक्ता बाई 12 वर्ष की–और सभी सेर पर सवा सेर–योगसिद्ध थे। इन्हीं के समकालीन थे एक प्रसिद्ध योगी चांगदेव जिनकी उम्र 1400 वर्ष की थी।

सन्त ज्ञानेश्वर की ख्याति बढ़ते-बढ़ते योगी चांगदेव के कानों में भी पहुँची। उसके मन में सन्त ज्ञानेश्वर से मिलने की इच्छा हुई। उसने पत्र लिखा इस आशय का। पर सम्बोधन को लेकर संशय में पड़ गया। ज्ञानेश्वर उम्र में काफी छोटे हैं, पर चिरंजीव लिखना जँचता नहीं, क्योंकि विद्वान और पहुँचे हुए सन्त हैं। पूज्य या आदरणीय भी सम्बोधन नहीं कर सकते, क्योंकि स्वयं को उससे ऊँचा मानते हैं। कई बार पत्र लिखा, फाड़ दिया। अन्त में एक कोरा कागज सन्देशवाहक के हाथों भेज दिया। पत्र सन्त ज्ञानेश्वर को मिला। उन्होंने एक नजर देखा और मुक्ताबाई को बढ़ा दिया। मुक्ताबाई ने पत्र देखकर कहा–''इतनी उम्र चांगदेव की हो गई फिर भी वह कोरा का कोरा ही रहा। उसके पल्ले अभी तक कुछ भी नहीं पड़ा, तभी तो उसने कोरा कागज भेजा है।''

ज्ञानेश्वर जी ने कहा–''नहीं बहन! ऐसी बात नहीं। इतने लम्बे समय तक इस संसार में रहकर भी भौतिक जगत की मलिनता उसे छू न सकी और वह कोरा ही है। इसी बात को यह पत्र दर्शाता है।''

निवृतिनाथ ने कहा–''यदि ऐसी बात है, तो क्यों नहीं इस कोरे पर अपनी छवि अंकित कर दी जाए?''

फिर क्या था! सन्त ज्ञानेश्वर ने सन्देशवाहक के द्वारा उन्हें मिलने के लिए आमंत्रित किया। आमंत्रण स्वीकार कर श्री चांगदेव ज्ञानेश्वर बन्धुगण से मिलने चल पड़े। उनकी

सवारी थी सिंह और उसके गर्दन में जीवित विशाल सर्पों की रास। तीव्र गति तूफान की तरह। सर्प फुंकारते हुए। कुछ कोसों की दूरी रह गई थी। यह सूचना ज्ञानेश्वर बन्धुओं को मिली। उस समय प्रातःकाल का समय था और सन्त ज्ञानेश्वर मुक्ताबाई के साथ दीवार पर बैठकर दातुन कर रहे थे। उन्होंने मुक्ताबाई से कहा–"बहन! इतनी दूर से चांगदेव मुझसे मिलने आ रहा है। हमें भी आगे बढ़कर उसकी अगवानी करनी चाहिए।" इतना कहना था कि दीवाल, जिस पर ये दोनों बैठे थे, स्वयं चल पड़ा चांगदेव की ओर। दूर से आते हुए चांगदेव ने जब यह देखा तो उसको अत्यन्त आश्चर्य हुआ। उसके आज्ञावर्ती तो पशु और सरीसृप थे, जो जीवित प्राणी थे। पर ज्ञानेश्वर के अधीन तो जड़ पदार्थ तक है। स्वयं दीवार पर चढ़कर आए मेरी अगवानी में। उसका अहं गल गया और वह, दौड़कर संत ज्ञानेश्वर के चरणों में गिर पड़ा। संत ज्ञानेश्वर ने उसे उठाकर गले लगाया। मुक्ताबाई ने उसे दीक्षा दी।

जुबैदा का सौभाग्य

वृन्दावन के भागवत कथाकार पं. श्याम सुन्दर जी संगीताचार्य अपने बचपन की रास-लीला में श्री ठाकुर का पार्ट अदा करने के समय एक प्रसंग सुना रहे थे।

श्री द्वारकाधीश मन्दिर में नित्य प्रातः-सायं एक मुसलमान शहनाई वादन किया करता था। एवज में उसे डेढ़ रुपए सेवा राशि और एक पत्तल ठाकुर का प्रसाद मिला करता। उसकी पत्नी का देहान्त हो चुका था जिससे जुबैदा नाम की एक बेटी थी। पचास वर्ष पूर्व डेढ़ रुपए की कीमत थी। इससे दोनों बाप-बेटी किसी प्रकार गुजारा कर रहे थे। पर भविष्य के लिए कुछ बचा नहीं पाते थे।

जुबैदा अब जवान हो गई थी। बाप को उसकी शादी की चिन्ता हुई। वह द्वारकाधीश के मन्दिर के गोस्वामी के पास गया और अपना दुखड़ा रोया। गोस्वामी ने खजांची को बुलाकर डेढ़ रुपया प्रति माह के हिसाब से एक वर्ष का अग्रिम अठारह रुपए उसे देने को कहा। भला इतनी छोटी-सी रकम से जुबैदा की शादी होती! मँगनी तो पहले ही हो चुकी थी। शादी का दिन निश्चित हो चुका था। रकम जुटाना जरूरी था। सायं मन्दिर से लौटने के बाद जुबैदा के बाप ने उससे कहा कि वह रकम की जुगत में जा रहा है। लौटने में विलम्ब होगा।

बाप की चिन्ता को देख जुबैदा भी परेशान रहने लगी थी। अतः बाप के जाने के बाद घर का दरवाजा बन्द कर वह मन्दिर गई। ड्योढ़ी के बाहर दरवाजे के पास खड़ी हो उसने बाहर से ही द्वारकाधीश को नमन किया और कातर स्वर में श्री ठाकुर को मन ही मन पुकारने लगी–"हे ठाकुर! मैं सुनती आ रही हूँ कि तुम दीनदयाल हो, कृपानिधान हो। मैंने तो सुना है कि समय पड़ने पर कितनों की टेर तुमने सुनी है।

द्रौपदी की लाज की रक्षा तुमने ही की है। मेरी शादी का दिन निश्चित हो गया। पैसों के अभाव में यदि यह शादी रुक गई, तो मेरा अब्बा अपनी जान दे देगा और मैं बेसहारा हो जाऊँगी। क्या तू मेरे ऊपर रहम न करेगा? क्या मैं तेरी बेटी नहीं? सच कहती हूँ यदि तुमने मेरी लाज न रखी तो मैं निश्चित ही यमुना में डूबकर अपने प्राण दे दूँगी।'' इतना कहकर वह लौटने लगी कि किसी ने उसका हाथ पकड़ लिया। घूमकर देखती क्या है कि एक नवयौवना सर्वांग सुन्दरी उसका हाथ पकड़े, उसकी ओर देखकर मुस्करा रही है और उसके बाजू में एक साँवला-सलोना पीताम्बरधारी खड़ा मुस्करा रहा है। इतनी सर्वश्रेष्ठ सुन्दरी और बाँका-सलोना युवक आज तक उसने कहीं देखा नहीं था। जुबैदा पूछ बैठी कि आप दोनों कौन हो और मेरा हाथ क्यों पकड़ रखा है? उस सुन्दरी ने कहा कि अभी-अभी तुम जिसके आगे रो रही थी, ये वही द्वारकाधीश हैं और मैं हूँ इनकी पटरानी रुक्मिणी। तुम निराश न लौटो, इसलिए मैंने तुम्हारा हाथ पकड़ लिया है। फिर उन्होंने अपनी कमर से लगी एक लाल पोटली निकालकर उसे थमाई और कहा कि इस पोटली से जब जितनी आवश्यकता हो उतनी ही राशि निकालकर खर्च करना पर इतना ध्यान रखना कि शादी की रस्मअदायगी के बाद इस लाल पोटली को मन्दिर में लौटा देना। इतना सुनते ही जुबैदा की आँखों से आँसू निकल पड़े और वह उनके चरणों में लोट गई। रुक्मिणी जी ने उसे झुककर उठाया और अपने गले लगा लिया। जुबैदा ने कहा कि जब आपने मुझ पर इतनी कृपा की है तो एक कृपा और करो कि मेरी शादी में थोड़ी देर के लिए ही सही, पर मेरी कसम अवश्य आना। युगल जोड़ी उसे आशीर्वाद दे चले गए। जुबैदा लाल पोटली लेकर घर गई। उसका अब्बा घर लौटा तो जुबैदा ने उन्हें गमगीन, निराश लौटते देख वह लाल पोटली उन्हें सौंपकर सारी कहानी कह सुनाई, तो उसका अब्बा रो पड़ा। कितनी सौभाग्यशालिनी है उसकी बेटी जुबैदा। काश! वह बाहर न जाता! जुबैदा की शादी अच्छी तरह सम्पन्न हुई। बराती के सभी लोगों को विदाई में कपड़े और कुछ नगद राशि भी मिली। बराती विदा हो गए। लोगों ने जुबैदा के अब्बा से पूछा कि तुम्हारे पास तो पैसे नहीं थे। पैसे जुगाड़ करने के लिए दरवाजे-दरवाजे मारे-मारे फिरे। फिर इतनी ठाठ-बाट से शादी कैसे हो गई? जुबैदा के अब्बा ने कहा कि सारी कृपा द्वारकाधीश की है।

इधर प्रातःकाल होने पर मन्दिर का पट खुला तो पुजारी ने देखा कि श्री द्वारकाधीश और रुक्मिणी जी के वस्त्र हल्दी और पीले चावल से रँगे पड़े हैं। मन्दिर में हड़कम्प मच गया। रुक्मिणी जी के कमर की लाल पोटली भी वहाँ न थी। मंगल आरती न हो सकी। पूर्ण सफाई के निमित्त पट बन्द हो गया। सफाई होने पर ठाकुर जी को नए वस्त्र से अलंकृत करने के बाद ही सायंकाल दर्शनार्थ पट खुला।

शादी की समाप्ति पर जुबैदा का अब्बा सायंकाल मन्दिर पहुँचा और लाल पोटली को लौटाकर सारी दास्तान उन्हें सुना दी। पुजारी ने पूछा कि क्या द्वारकाधीश आए थे। उसने कहा कि हाँ, आए थे और जुबैदा को हृदय से लगाकर आशीर्वाद भी दे

गए। पुजारी ने कहा–"तभी मैं आश्चर्यचकित था कि पट बन्द है, फिर किसी के अन्दर आने का प्रश्न ही नहीं फिर ठाकुर के वस्त्रों पर पीले चावल कहाँ से आ गए? वर्षों से ठाकुर की सेवा में हूँ। पर ठाकुर जी का दर्शन नहीं हुआ। जुबैदा सौभाग्यशालिनी है।"

प्रश्न है कि हम कितना विश्वास और श्रद्धा रखते हैं! हमारी प्रत्येक क्रिया में विश्वास और श्रद्धा का पुट मिल जाए तो हमारी क्रियाएँ निरर्थक नहीं जाएँगी। कातर स्वर से, हृदय में पूर्ण समर्पण भाव लेकर हम अपने प्रभु को पुकारते कहाँ हैं!

साधना की शक्ति

कई सौ वर्ष पूर्व की बात है। उस समय जयपुर नगरी का निर्माण न हुआ था। राजा पृथ्वीसिंह आमेर में रहते थे और राजा, प्रजा शैव मतावलम्बी थे। इनके राजगुरु नाथ सम्प्रदाय के एक सिद्ध सन्त थे। उन्हीं दिनों सन्त शिरोमणि स्वामी रामानुजाचार्य के आदेश से उनके शिष्य श्री अग्रहरि जी वैष्णव धर्म के प्रचारार्थ वहाँ आए और एक वृक्ष के नीचे अपना आसन जमाया। धर्म प्रचारार्थ राजा पृथ्वीसिंह से सहयोग की अपेक्षा की। राजा ने कहा कि अपने राजगुरु की अवेहलना मैं कैसे करूँ? हमारे राजगुरु को आप अपना शिष्य बना लें, तो राजा-प्रजा दोनों वैष्णव धर्म स्वीकार कर लेंगे। श्री अग्रहरि उनके क्षेत्र से बाहर आकर एक स्थान पर टिक गए। राजगुरु ने अपनी मन्त्र शक्ति से अग्रहरि जी के चारों ओर अग्नि प्रज्वलित कर दी कि वे जीवित जल जाएँ। अग्रहरि जी की भी साधना कम न थी। उन्होंने अपनी साधना-शक्ति से चारों ओर की अग्नि को पिंडीकृत कर सिमटा लिया। राजगुरु घबराकर उनके चरणों में गिर पड़ा और उनका शिष्यत्व ग्रहण कर लिया। फिर तो सारी प्रजा वैष्णव हो गई।

वेश्या की भक्ति

आज से एक हजार वर्ष पूर्व की बात है। श्री रामानुजाचार्य जी अपने हजारों शिष्यों के साथ वैष्णव धर्म प्रचारार्थ दक्षिण भारत के प्रवास पर थे। घूमते-घूमते वे एक स्थान पर पहुँचे जहाँ एक बड़ा बगीचा था। स्वामी रामानुजाचार्य ने अपने शिष्यों सहित वहीं अपना पड़ाव डाल दिया।

वह बगीचा एक वेश्या का था। रामानुजाचार्य ने वहाँ पड़ाव डाला था यह जानकर उस वेश्या का हृदय उल्लसित हो उठा। वह समझ नहीं पा रही थी कि ऐसा क्यों हो रहा है। वेश्या का हृदय तो धन देखकर अथवा रसिक, ऐश्वर्यशाली ग्राहकों के आगमन

से ही गद्गद और आनन्दित होना चाहिए। आज न तो धन मिला और न ही ऐसा कोई ग्राहक ही फिर मन कमल की तरह क्यों खिल उठा! बाद में किसी सेवक से ज्ञात हुआ कि उसकी बगिया में रामानुजाचार्य जी अपने शिष्यों सहित पड़ाव डाले हैं। तत्काल उनके दर्शन हेतु वह चल पड़ी। पर उनके सामने कुछ दूरी पर पहुँचकर वह ठिठक गई। उसके असमंजस को देख रामानुजाचार्य ने उससे समीप आने को कहा। तो उसने कहा कि प्रभु! मैं एक वेश्या हूँ और आप जहाँ टिके हैं वह बगीचा मेरा ही है। आपका यहाँ आगमन सुनकर मैं आपके दर्शनार्थ आई हूँ। रामानुजाचार्य ने उससे कहा कि तुम्हारे कथन से तो ऐसा प्रतीत हो रहा है मानो तुम्हें अपने व्यवसाय से ग्लानि है। वेश्या ने अपना सिर झुका लिया। फिर कहा–"प्रभु! आपके लिए मैं भेंटस्वरूप कुछ स्वर्ण-मुद्राएँ लाई हूँ। कृपया स्वीकार करें।" रामानुजाचार्य ने कहा–"तुम्हारी भेंट मैं स्वीकार नहीं कर सकता। हाँ, मेरे साथ श्रीरंग जी चलो, तो श्री भगवान उसे स्वीकार कर लेंगे।"

वेश्या सहर्ष चलने को तैयार हो गई। उन दिनों 3 करोड़ के धन की वह स्वामिनी थी। उसने लगभग डेढ़ करोड़ रुपए मूल्य का रत्नजड़ित स्वर्ण मुकुट बनवाकर स्वामी जी के साथ श्रीरंगपट्टनम को प्रस्थान किया। सभी ने श्रीरंग भगवान के प्रांगण में पदार्पण किया। रामानुजाचार्य जी की लोकप्रसिद्धि के कारण वहाँ के पंडे-पुजारियों ने उनकी मंडली में एक वेश्या के साथ रहने का विरोध करने का साहस नहीं किया। सभी लोगों को मालूम हो गया कि वेश्या ने एक रत्नजटित बहुमूल्य स्वर्ण-मुकुट श्री भगवान के चरणों में अर्पित करने की इच्छा प्रकट की है। इसलिए भी पुजारीगण शान्त और चुप थे।

रामानुजाचार्य उस वेश्या को साथ ले श्रीभगवान के मन्दिर में प्रवेश करते हैं। पर इसके आगे वेश्या का कदम नहीं बढ़ रहा। उसकी घृणित स्थिति ने उसके पैरों को बाँध दिया और उसने श्री भगवान को अपनी छाया से अपवित्र करना स्वीकार न किया। रामानुजाचार्य ने उसे आश्वस्त किया, तो वह स्वर्ण-मुकुट लेकर आगे बढ़ी। फिर ठिठककर खड़ी हो गई। रामानुजाचार्य ने पूछा कि अब क्या हो गया? तो वह धीरे से बोली कि मैं अभी-अभी रजस्वला हो गई। अब नहीं जा सकती। रामानुजाचार्य ने पुजारियों से श्रीभगवान से आदेश माँगने को कहा। उसी समय श्रीभगवान के मस्तक का एक पुष्प नीचे गिर पड़ा। इसी को स्वीकृति मानकर उस वेश्या को स्वयं अपने हाथों से श्री भगवान के मस्तक पर स्वर्ण मुकुट पहनाने की आज्ञा प्रदान की गई। वेश्या जब उस स्वर्ण मुकुट को पहनाने श्रीभगवान के समीप गई तो उसका कद छोटा और श्री भगवान का मस्तक ऊँचा होने के कारण पुनः समस्या खड़ी हो गई। तभी लोगों ने देखा कि भगवान का मस्तक स्वयं झुक गया है। स्वर्ण मुकुट मस्तक पर बड़ी सहृदयता से शोभायमान हो गया।

आज भी श्री भगवान का मस्तक उसी प्रकार नत है।

वेश्या का उद्धार

ब्रजमंडल के रसिक भक्तों में एक भक्तमाल श्री कृष्णदास का भी नाम आता है। श्री नाभा स्वामी ने भक्तमाल पुस्तक में इनका उल्लेख किया है।

श्रीकृष्ण दास जैतपुर ग्राम में रहते थे, जो 84 कोस परिक्रमा मार्ग में आता है। यह प्रसंग आज से पाँच सौ वर्ष पूर्व का है।

श्री कृष्णदास दिल्ली गए हुए थे। दिल्ली-दरबार में एक वेश्या को देखा तो उसका उद्धार करने की नीयत से उससे कहा कि यदि मेरे राजा साहब की सेवा में आ जाओ तो वे तुम्हें मालामाल कर देंगे। इनका कहने का आशय था कि इस पतित जीवन से तुम मुक्त हो जाओगी। वेश्या ने समझा कि भौतिक सुख-सम्पदा मिल जाएगी। वह चल पड़ी उनके साथ। जैतपुर आने पर सारे गाँव में हल्ला मच गया कि श्रीकृष्णदास जी अपने साथ एक वेश्या को लाए हैं। पर चूँकि उनकी प्रसिद्धि थी अतः लोग विरोध न कर पाए।

अगले दिन श्री कृष्णदास वेश्या को लेकर मन्दिर आए। श्री भगवान के विग्रह का दर्शन कर वह वेश्या निहाल हो गई। देखी तो देखती रह गई। फिर तो इसके पैर स्वयंमेव थिरकने लगे, अंग-अंग में फड़कन आ गई और वह नृत्य करने लगी। नृत्य में इतनी मशगूल हो गई कि अपना सुध-बुध खो बैठी। आज तक ऐसा नृत्य उसके जीवन में किसी ने देखा न था। लोगमन्त्र-मुग्ध होकर उस अनुपम नृत्य को देख रहे थे। आज नृत्यांगना को समय का ज्ञान न रहा, अपने शरीर का भी होश न रहा, नृत्य करते-करते गिर पड़ी ठाकुर के सामने और उसके प्राण-पखेरू उड़ गए।

लोगों ने बड़े भाव से उसकी वहीं पर समाधि बना दी। आज भी उसका समाधि-स्थल उस गाँव के एक छोर पर विराजमान है। परिक्रमा में जानेवाले भक्तगण उसकी समाधि को काटकर बाईं ओर से निकल जाया करते हैं।

भक्ति का पुरस्कार

आज से अस्सी वर्ष पूर्व की एक घटना का उल्लेख बंगाल के सुप्रसिद्ध विद्वान पं. गोपीराज कविराज ने अपनी पुस्तक 'साधु दर्शन एवं सत्प्रसंग' में किया है। प्रसंग शशिभूषण सान्याल नामक एक अत्यन्त सरल, संयमी व विनीत स्वभाववाले बंगाली भक्त का है, जो चिकित्सा के मर्मज्ञ थे। उन्हें आयुर्वेद, एलोपैथी, क्रोमोपैथी जैसी विभिन्न प्रणालियों का उन्हें तात्त्विक और प्रायोगिक ज्ञान था।

दूर-दूर से चिकित्सार्थ आनेवाले बीमार व्यक्तियों की बड़ी संख्या सदैव उनके दरवाजे पर बनी रहती। इसके अलावा शास्त्र अध्ययन करनेवाले शिक्षार्थियों की भी भीड़ बनी

रहती। सबकी निःशुल्क सेवा करने के साथ-साथ अभावग्रस्तों की भोजन व्यवस्था भी उन्हीं पर थी जिसे वे अपना कर्तव्य समझकर करते थे।

वाराह नगैर (कलकत्ता) में रहते समय एक बार उनके समक्ष ऐसा अर्थ-संकट उपस्थित हुआ कि निराहार रहने की नौबत आ गई। ब्राह्मण-वृत्तिवालों के लिए भेषज का आश्रय लेना शास्त्रानुसार निषिद्ध माना गया है। अतः इसे अपना जीविकोपार्जन का साधन नहीं बनाकर भगवत शरणागति चले गए। विवश हो उन्होंने दो दिन विल्व पत्र का रस स्वयं भी ग्रहण किया और परिवार के सभी सदस्यों को दिया। तीसरे दिन भी दोपहर को यही व्यवस्था रही। दोपहर पश्चात् तीन बजे नित्य नियमानुसार ब्रह्मसूत्र पर सुन्दर व नवीन विवेचना तथा मीमांसा प्रारम्भ की, जिसमें आस-पास के विद्वत्गण और श्री रामकृष्ण परमहंस के अन्तरंग शिष्य स्वामी अभेदानन्द भी उपस्थित थे। उसी समय उनके नाम से एक रजिस्ट्री डाक लेकर डाकिया आ गया। डाकिया के जाने के पश्चात् लिफाफा खोला तो उसमें पत्र के साथ पाँच सौ रुपया भी संलग्न था। यह राशि किसी मित्र नामधारी ने भेजा था। पत्र-प्रेषक ने लिखा था कि गत रात्रि में स्वप्न में भगवान भोले शंकर ने आकर कहा कि फलाना जगह पर मेरा एक परम भक्त कई दिनों से आहार की व्यवस्था न होने के कारण सपरिवार निराहार है जिससे मुझे असह्य कष्ट हो रहा है। अतः शीघ्रातिशीघ्र उसके भोजन की समुचित व्यवस्था होनी ही चाहिए। नींद खुलते ही मित्र महोदय ने स्वप्नदृष्ट नाम-पता नोट किया और पाँच सौ रुपया बीमाकृत लिफाफा उक्त पते पर भेज दिया। पत्र पढ़ते ही सान्याल महाशय के आँखों से अश्रुपात होने लगे।

जिस व्यक्ति ने हँसते-हँसते अपने प्रिय मृत शिशु को श्मशान ले जाकर चिता पर सुलाया, वे आज इस प्रकार शोक विह्वल हो अश्रुपात करने लगे—यह बात वहाँ उपस्थित सज्जनों को न तो समझ में आ रही थी और न किसी की बुद्धि इसे स्वीकार कर रही थी। उन लोगों के जिज्ञासा करने पर सान्याल महाशय ने वह पत्र उन लोगों को पढ़ने को दे दिया और कहा कि उनका एकमात्र अवलम्ब प्रभु हैं जिन्हें सब कुछ उन्होंने समर्पण कर रखा है। उन भगवान के लिए यह तो एक निमिष मात्र का व्यापार है। उनकी इसी करुणा की बात स्मरण कर उनके नेत्र सजल हो उठे हैं। यह सुनते ही सभी उपस्थित गण आनन्द विभोर हो ईश्वर का नाम कीर्तन करने लगे।

समस्त सृष्टि के एक मात्र स्वामी के प्रति अगाध श्रद्धा व अटल विश्वास के साथ अपना मान-अपमान, सुख-दुख जैसी हर परिस्थिति को उनका मंगल विधान समझकर अपना समस्त भार उन्हें सौंप दिया जाए तो फिर भक्त की सारी जिम्मेदारी प्रभु अपने कन्धों पर वहन कर लेते हैं। यही है भगवत् शरणागति। गीता का समर्पण योग यही है। भगवान कृष्ण ने इसी को कहा है—"योगक्षेमं वहाम्यहम्"।

संग्रह-वृत्ति का त्याग

ऐश्वर्य की चकाचौंध से भरे-पूरे विद्याभ्यासी, महाकवि, उज्जयिनी नरेश भोज अपने सजे-सजाए शयनकक्ष में विश्राम कर रहे थे और अपने जीवन की उपलब्धियों पर गर्व कर रहे थे। इसी स्थिति में उनके मन के उद्गार वाणी के रूप में अधरों पर प्रस्फुटित होने लगे–

चेतोहरा युवतयः सुहृदयोनुकूलाः सद्बान्धवो प्रणति गर्भश्च भृत्याः
गर्जन्ति दन्तिनिवहास्तरलस्तुरंगा...

तीनों पंक्तियों को एक साथ जोड़कर हर्षित मन से बार-बार गाने लगे, पर काफी कोशिशों के पश्चात् भी चौथी पंक्ति की कड़ी जुट नहीं पा रही थी और छन्द की चौथी कड़ी की रचना करने में कठिनाई का अनुभव हो रहा था। तभी एक ठहाके की गूँज के साथ छन्द की वह पंक्ति हवा में गुँजित हो उठी–"सम्मीलने नयनोर्नहि किंचिदस्ति।" ऐसी तेज और प्रखर ध्वनि गूँजी की महाराज भोज काँप उठे। ध्वनि की ओर दृष्टि गई तो देखा कि भूत भावन महाकालेश्वर के अनन्य आराधक अवधूत विक्रान्त भैरव महाराज भोज पर अलौकिक कृपा करने हेतु साक्षात् सामने खड़े हैं।

अपने कक्ष में अवधूत विक्रान्त भैरव को देख अचम्भित महाराज ने शीघ्र उठकर उनके चरणों में प्रणाम किया। महाराज को अपनी बाँहों में भरते हुए उन्होंने अपनी कही उस नवीन पूरक पंक्ति का अर्थ महाराज को समझाया।

चेतोहरायुवतयः सुहृदयोनुकूलाः,
सद्वान्धवो प्रणति गर्भश्च भृत्याः।
गर्जन्ति दन्तिनिवहास्तरलस्तुरंगा,
सम्मीलने गनयोर्नहि किंचिदस्ति॥

चित्त को लुभानेवाली कमनीय युवतियाँ, स्वभावानुकूल मित्रजन, स्नेही बन्धुओं का साहचर्य, अनुरागी सेवकों की अटूट सेवावृत्ति, द्वार पर चिंघाड़ते मदमस्त हाथियों और हिनहिनाते हुए शक्तिसम्पन्न चंचल घोड़ों का वैभव–मृत्यु की छाया में आँखों को बन्द करते ही कुछ भी शेष नहीं रह जाता।

धारानगरी नरेश की मोह-निद्रा टूटी कि न जाने कब किस रूप में मृत्यु आ जाए। अतः त्याग और वैराग्य का भाव तरंगित हो उठा और उनके भावजगत में काव्य का नया छन्द सृजित हो उठा–

अनित्यानि शरीराणि विभवो नैव शाश्वतः
नित्यं सन्निहितो मृत्यु कर्तव्यो धर्मसंग्रहः।

यह शरीर अनित्य क्षणिक है। सांसारिक वैभव भी सदा साथ रहनेवाला नहीं, पर

मृत्यु सदैव निकट रहती है। अतः धर्म (विवेक) को ही महत्त्व देना चाहिए और संग्रह-वृति को त्याग देना चाहिए।

महाराज भोज मोहान्धकार से ऊपर उठ रहे थे।

लोकहितकारी चमत्कार

आज से प्रायः पाँच सौ वर्ष पूर्व की यह घटना है। पुण्यतीर्थ पंडरपुर के पास पुरन्दरगढ़ में एक सेठ का महलनुमा भवन था। अपने पिता वरदाप्प से विरासत में उसे अपार सम्पत्ति मिली थी। स्वयं भी कुशल व्यापारी होने के कारण विजयनगर और गोलकुंडा राज्यों से बहुमूल्य रत्नों का व्यापार करके अपनी सम्पत्ति की कई गुणा वृद्धि कर ली थी।

धन की मादकता भी गजब की होती है। धन जितना आता है, उतनी ही इसकी प्यास भी बढ़ती जाती है, और-और पाने की ललक बढ़ती जाती है। अन्य नशीले पदार्थ तो बिना उपयोग किए कोई प्रभाव नहीं दिखाते किन्तु धन प्राप्त होते ही सारे स्नायु तंत्र उत्तेजित हो जाते हैं, लोभ अधिकाधिक बढ़ जाता है, दुर्गुणों का समावेश होने लगता है। ऐसा ही कुछ इस सेठ के साथ भी घटित हुआ। इसकी कृपणता दिनोंदिन बढ़ती गई। पर इसकी धर्मपत्नी ठीक इसके विपरीत स्वभाव की थी।

एक दिन एक ब्राह्मण ने गद्दी पर आकर ग्रामीण बच्चों की शिक्षा हेतु विद्यालय खोलने के लिए आर्थिक सहयोग माँगा। सेठ ने दूसरे दिन के लिए उसे टाल दिया। दूसरे दिन ब्राह्मण के पहुँचने पर पुनः टाल दिया गया। ब्राह्मण नित्य उसकी गद्दी पर पहुँचता। एक दिन सेठ ने खोजकर खोटे सिक्कों की थैली उसके सामने पटककर कहा कि इसमें से कोई एक सिक्का निकाल लो और चलते बनो। ब्राह्मण भी अपनी धुन का पक्का था। गद्दी से वापस वह सेठ के निवास पर जाकर सेठानी से सहायता की याचना की। सेठ की कृपणता के कारण सेठानी का अपना स्वयं का कोई रोकड़ न था। अतः अपने पिता से प्राप्त नाक का स्वर्णफूल निकालकर लोकसेवा निमित्त 'त्वदीयं वस्तु तुभ्यमेव समर्पयामि' कहकर ब्राह्मण को दे दिया। ब्राह्मण को भी शायद खिझाने में आनन्द आता हो, वह उसी समय सेठ की गद्दी पर जाकर उस स्वर्णफूल को वहाँ जमा कर उसके एवज में उसका प्रतिमूल्य माँगा। सेठ उस स्वर्णफूल को पहचान गया। उसने ब्राह्मण को रुकने को कहा, स्वर्णफूल तिजोरी में बन्द किया और दौड़ता हुआ अपने भवन पहुँचा। घर आकर अपनी धर्मपत्नी के नाक पर दृष्टि डाली, तो नाक सूना पाया। पूछा कि नाक का फूल कहाँ है? पत्नी घबरा गई, बोली कि अन्दर की अलमारी में रख दिया है। सेठ ने अन्दर से लाने को कहा। सेठानी चिन्तित हो अन्दर आई। झूठ अब कैसे छिपे! ग्लानि से भर गई सेठानी और इस ग्लानि से बचने के लिए वह आत्महत्या करने पर उतारू हो गई।

एक कटोरी में विष घोल ली, भगवान को स्मरण किया कि प्रभु! मेरे पति को सद्बुद्धि दे और इस शरीर का त्याग करने के लिए हमें क्षमा करना। जैसे ही उसने विष भरा प्याला ऊपर उठाया कि 'टप्प' की आवाज के साथ कटोरे में कुछ गिरा। चौंककर कटोरे में देखा, तो वही नाक का फूल वहाँ था। प्रसन्न मुद्रा से वह बाहर लौटी और वह स्वर्णफूल सेठ के हाथों पर रख दी। सेठ अवाक्! दौड़ा-दौड़ा दुकान पर आया तिजोरी खोली तो नाकफूल वहाँ न था। ब्राह्मण के चेहरे पर मुस्कान थी। सेठ ब्राह्मण के चरणों पर गिर पड़ा। इसी समय दिव्यद्रष्टा, यतिश्रेष्ठ स्वामी व्यासराय जी वहाँ उपस्थित हुए। ये विजयनगर राज्य के महराज कृष्णदेव के गुरु थे। इन्होंने सेठ को सम्बोधित करते हुए कहा–"श्रीनिवास! धन अमृत भी है और विष भी। यदि इसे धर्म के मार्ग से, श्रेष्ठ रीति से अर्जन कर सत्प्रवृति द्वारा लोकहित में व्यय किया जाए तो यह अमृत है, क्योंकि व्यक्ति और समाज इससे जीवन पाता है। इसके विपरीत वैभव प्रदर्शन, विलास हेतु अथवा छल-कपट के लिए उपयोग हो तो फिर यह विष है। इससे जहरीली भावनाएँ पनपती हैं। इसका तीन ही उपयोग हो सकता है–व्यक्तिगत परिवार के लिए, समष्टिगत लोकहित में, अथवा चोर-डाकू या राज्य द्वारा छीन लिए जाने में। कृपण व्यक्ति इसका उपयोग न करे तो छीना जाना अवश्यम्भावी है।"

सेठ श्रीनिवास और उसकी धर्मपत्नी लक्ष्मी ने उनकी आज्ञा शिरोधार्य कर शीश नवाया। दूसरे दिन अपनी सारी सम्पत्ति लोकहितार्थ विभिन्न आश्रमों, गुरुकुल, चिकित्सालयों को अर्पित कर, सर्वथा अपरिग्रही हो पंढरपुर पहुँच गए। नाम कीर्तन, भगवत-कथा के माध्यम से जन-जीवन में धार्मिक भावनाओं के प्रचार-प्रसार में लग गए तथा जीवन जीने की कला का प्रशिक्षण देने लगे। वे कहने लगे कि धन संग्रह व सुविधा संग्रह का अर्थ है–भगवान पर अविश्वास, समाज पर अविश्वास। यदि व्यक्ति को स्वयं पर विश्वास हो तो आवश्यकता पड़ने पर जब कभी भी अपने छोटे पेट के लिए आवश्यक मात्रा में कमा लेगा, शेष लोकहित में अर्पण कर देगा। यदि समाज पर भरोसा है तो अपनी उपार्जित सम्पत्ति को यह सोचते हुए व्यय करेगा कि जिस समाज की वह सेवा कर रहा है, वह उसके जीवन-निर्वाह की व्यवस्था अवश्य करेगा। यदि प्रभु पर विश्वास हो तो उसका सतत चिन्तन होगा कि हमारे लोकहित में लगे रहने के कारण हमारा योगक्षेम वही प्रभु वहन करेंगे।

पंढरपुर में काफी कष्ट झेलने के उपरान्त वे विजयनगर चले आए, जहाँ के नरेश कृष्णदेवराय से पूर्व से ही उनका रत्नों का व्यापार होता आ रहा था। उन दिनों वे एक कुशल व्यापारी के रूप में जाने जाते थे। आज उन्हें एक सर्वथा अपरिग्रही भक्त पुरन्दर दास के रूप में अपने राज्य में देखकर नरेश कृष्णदेव राय आश्चर्यचकित हुए, श्रद्धा व भक्तिभाव से अपने गुरुभाई के समक्ष नतमस्तक हो गए। 40 वर्षों तक परिव्राजक के रूप में जन-जीवन में, अपने गुरु की कृपा से कवित्व शक्ति का जागरण कर भक्ति गीतों के माध्यम से भाव-संवेदना एवं विचारशीलता का संचार करते

हुए 80 वर्ष की आयु में संवत् 1562 में शरीर त्याग दिया। कर्नाटक संगीत के ये उद्धारक कहे जाते हैं। इनके पाँच लाख श्लोकों के कीर्तन पद दक्षिण भारत में आज भी प्रिय हैं।

धर्म-कार्य पर निछावर

आज से लगभग पचास वर्ष पूर्व इटली में वैटिकन सिटी के पोप ने दक्षिण महासागर के एक द्वीप में कुष्ठ रोगियों के बीच जीसस का सन्देश प्रचारित-प्रसारित करने हेतु और जीवनपर्यन्त उन्हीं कुष्ठ रोगियों के मध्य रहकर उनकी निःस्वार्थ भाव से सेवा करने के लिए किसी नौजवान को आगे आने का आह्वान किया।

बेल्जियम का एक पन्द्रह वर्षीय युवक डेनियल इस पवित्र कार्य हेतु पोप के समक्ष उपस्थित हुआ। उसकी इस छोटी-सी आयु को देख पोप ने अस्वीकार कर दिया। युवक अपनी ज़िद पर अड़ा था। तब पोप ने उसके माँ-बाप की लिखित स्वीकृति माँगी। माँ-बाप की जब लिखित स्वीकृति मिली, तभी पोप की आज्ञा से वह उस द्वीप में आया और उन कुष्ठ रोगियों के बीच रहकर उनकी सेवा करने लगा। वर्षों उनके बीच रहने से वह भी कुष्ठ रोगी बन गया और वहीं उसकी मृत्यु भी हुई।

इतिहास साक्षी है कि वह सारा द्वीप ईसाई हो गया।

धन्य हैं वे माँ-बाप जिन्होंने जानबूझकर अपने कलेजे के टुकड़े को इस धर्म-कार्य पर न्योछावर कर दिया।

पुरुषोत्तम का दर्शन

ब्रजभूमि! वैशाख के शुक्लपक्ष की रात्रि। एक पंडित बड़ी भावमयी भागवत कथा बाँच रहे थे और श्रोतागण भावविभोर हो सुनने में तन्मय थे। उसी समय डाकू दुर्जन सिंह उस सन्नाटे का लाभ उठाकर पास के घरों में घुस पड़ा। तभी उसके कानों में पंडित जी की वाणी गूँजी कि यशोदा मैया ने अपने लाला को करोड़ों रुपयों का हीरे, जवाहरातों एवं मणि-मुक्ता से अलंकृत स्वर्णाभूषण पहना, सजा-सँवारकर बड़े प्रेम से बाल सखाओं श्रीदामा, मनसुख, मधुमंगल आदि के साथ गौओं को चराने के निमित्त विदा किया।

दुर्जन सिंह ने सोचा कि छोटी-मोटी वस्तुओं को लूटने के निमित्त मैं मारा-मारा फिरता हूँ। यदि यह अपार सम्पत्ति हाथ लग जाए, तो शेष जीवन आनन्द से कट जाए। और महज छोटे बालकों से ही तो निबटना है जो अत्यन्त सरल होगा। यह सोचकर वह कथास्थल से थोड़ी दूर हटकर कथा के समाप्त होने की बाट जोहने लगा। पंडित

जी कथा समाप्त करने के पश्चात् जब घर जाने लगे तो दुर्जन सिंह उनके पीछे लग गया। जब एकान्त, खुला मैदान आ गया, तो उसने पंडित जी को कठोर स्वर में रुकने का आदेश दिया। लट्ठधारी, लम्बा, बलिष्ठ आदमी देख पंडित जी थर-थर काँपने लगे। उसने कहा कि आप डरो मत। मुझे केवल इतना बता दो कि कथा में दो बालकों के विषय में जो आपने बताया वह सत्य है क्या? और यदि सत्य है तो वे दोनों बालक गौएँ चराने कहाँ जाते हैं? पंडित जी समझ गए कि है तो यह डाकू, पर निरक्षर और सरल हृदय है। तब पंडित जी ने उन दोनों बालकों का परिचय और स्वरूप का वर्णन करने के बाद बताया कि यहाँ से दक्षिण दिशा में वृन्दावन में यमुना तट पर कदम्ब वृक्ष के नीचे प्रायः उनके दर्शन होते हैं। वहीं चले जाओ।

सारा विवरण सुनकर दुर्जन सिंह कन्धे पर लाठी रख चल दिया वृन्दावन की ओर। चलते-चलते रात्रि बीत गई। भोर होने को आई। देखा कि एक बड़ा ही सुहावना, हरा-भरा वन है। कल-कल ध्वनि करती एक नदी बह रही है। पास में ही एक कदम्ब का वृक्ष भी है। आस-पास आँखें दौड़ाने पर एक छोटा-सा पर्वत, घना जंगल और एक बड़ा-सा हरा-भरा चरागाह भी दिख गया। वह समझ गया कि यही वह स्थान होगा, जहाँ ये बालक आते होंगे। और वह छिपकर उन बालकों के आने की बाट जोहने लगा।

पौ फटा। सवेरा हुआ, आकाश रोली के रंग से रंगीन लाल चमकने लगा और फिर आग का एक बड़ा-सा लाल गोला प्राची दिशा में छिटक पड़ा। कहीं दूर से वंशी की हलकी सुरीली-सी स्वर-लहरी तरंगित हो उठी दुर्जन सिंह के कानों में। स्वर-लहरी पास आती गई, और पास। और उसने देखा पंडितजी के बताए हुए रंग-रूप, स्वरूप जैसा, कुछ अन्य बालकों के संग उन दो बालकों को, जिनकी वह बड़ी उत्कंठा से प्रतीक्षा कर रहा था। फिर क्या था? वह अपने छिपे स्थान से निकला, कन्धे पर लाठी रखे उनके सामने आकर बोला–''खड़े रहो, बच्चों! और आभूषण निकालकर मुझे दे दो, अन्यथा देखते हो यह लाठी।''

साँवले से बच्चे ने कहा–''लाठी से क्या होगा? मैं अपने आभूषण तुम्हें नहीं दे सकता।'' और चिल्लाया–"बाबा!"

बच्चे के चिल्लाते ही डाकू झपटकर बच्चे के मुँह पर हाथ रखकर मुँह जैसे ही बन्द करना चाहा, ऐसा लगा मानो पूरे शरीर में विद्युत प्रवाह दौड़ गया और दुर्जन सिंह चेतनाशून्य हो धरती पर गिर गया। होश आने पर उसने गौर से बच्चों को देखा तो उनके सुन्दर-सलोने मुख पर न्योछावर हो गया। उसके मन के सारे कलुष मिट गए। बच्चे के मुख का शीतल, मधुर स्पर्श का क्षणिक सुख वह विस्मरण नहीं कर पा रहा था। लगता था कि उसके सामने बैठकर उसके मुख-चन्द्र का ही अवलोकन करता रहे। अतः उसने बच्चे से कहा–''अब तुम लोग जहाँ जाना चाहो, जा सकते हो। पर एक क्षण के लिए मुझे नित्य यहाँ दर्शन दे जाया करो। ऐसा लगता है कि तुम्हारे दर्शन किए बिना मैं जी न सकूँगा।''

बच्चे ने कहा–"और यदि तुमने हम लोगों को मारा और आभूषण छीन लिये तो?"

दुर्जन सिंह ने कहा–"अब कौन मारे और कैसे मारे! तुम्हें तो देखते ही हमारी सारी निष्ठुरता गायब हो गई। अब तो तुम्हें प्यार करने का मन करता है।"

बच्चे ने कहा–"तो ठीक है। हम नित्य यहाँ आया करेंगे। पर एक बात तुम्हें माननी पड़ेगी हमारी, अन्यथा मैं रूठ जाऊँगा।"

दुर्जन सिंह ने कहा–"अब तो मैं तुम्हारी सारी बातें मानने को तैयार हूँ, बशर्ते तुम नित्य दर्शन दो।"

बच्चे ने कहा–"तो फिर हमारे ये सारे आभूषण तुम ले जाओ। तुम्हारे किसी काम आएँगे।"

दुर्जन सिंह–"तुम कहते हो, तो ले जाता हूँ। मैं फिर आऊँगा। पर आभूषण के लिए नहीं, केवल तुम्हारे दर्शन पाने को।"

दुर्जन सिंह आभूषणों की पोटली लेकर लौट आया। रात्रि में कथा की समाप्ति के पश्चात् दुर्जन सिंह ने पंडित जी को सारी बातें बताईं और आभूषण की पोटली दिखाते हुए कहा कि देखिए यह रहा सोने की वंशी और सिर पर का मोहन चूड़ा, कानों के मणि कुंडल, हाथों के कंगन आदि। पंडित जी सुनकर हक्के-बक्के रह गए। संसार को तिनके के समान त्यागकर, भूख-प्यास-नींद की उपेक्षा कर जीवन भर उस अनादि, अनन्त पुरुषोत्तम का दर्शन बड़े-बड़े योगी जो नहीं कर पाए, वह भाग्य इस साधारण डाकू को कैसे प्राप्त हो गया! पंडित जी ने क्षण भर ठहरकर पूछा–"क्यों भाई! क्या तुम मुझे उनके दर्शन करा सकते हो?" दुर्जन सिंह ने कहा–"तुम्हें विश्वास न होता हो, तो कल ही मेरे साथ चलो।"

पंडित जी पूरे अविश्वास के साथ केवल इस घटना का पता लगाने के लिए दूसरे दिन साथ चल दिए। नियत स्थान पर पहुँचने पर पंडित जी ने देखा कि एक सुन्दर-सा वन है, छोटी-सी नदी बह रही है, कदम्ब का वृक्ष भी है। फिर भी न तो यह ब्रज है और न यह यमुना जी है, पर दीखता कुछ वैसा ही है। सवेरा हुआ और मोहक वंशी की मधुर धुन सुनाई पड़ी दुर्जन सिंह से थोड़ी दूरी पर विलक्षण प्रकाश फैल गया और दो बच्चे दुर्जन सिंह के पास आकर खड़े हो गए। दुर्जन सिंह ने अपने पीछे खड़े पंडित जी की ओर देखा। पर पंडित जी को न तो वंशी की धुन सुनाई पड़ी और न वे बच्चों को देख पा रहे थे। दुर्जन सिंह ने तब बच्चे से कहा–"देखो, मैं ये सब आभूषण तुम्हें लौटाने आया हूँ, जो तुमसे ले गया था। ये सब ले लो। पर भइया! ये पंडित जी को विश्वास नहीं हो रहा है। यदि तुम इन्हें दिखाई न दोगे तो ये मेरी बात पर विश्वास कैसे करेंगे! इन्हें भी दर्शन दो।"

बच्चे ने कहा–"सरल हृदय, निष्कपट विश्वास ही मुझे देखने की शर्त है। तुम परिस्थितिवश डाकू बने हो, परन्तु अन्तर्मन निश्छल है पर पंडित जी नियमित मेरी कथा कहते तो हैं, परन्तु उनके ध्यान में मैं नहीं बल्कि अधिकाधिक धन अर्जन एवं

सम्मान प्राप्त करना रहता है। वे मुझे नहीं, बल्कि सम्पन्न लोगों को प्रसन्न करने का प्रयास करते हैं।"

पंडित जी ने रोते हुए इसे स्वीकार किया और मान लिया कि भगवत् दर्शन की पात्रता चतुर बुद्धि नहीं बल्कि सरल हृदय है। आज तक वे भागवत कथा बिना देखे ही सुनाते आ रहे थे।

दुर्जन सिंह ने इसी समय पंडित जी तथा बच्चे को एक साथ हाथ का स्पर्श किया ही था कि पंडित जी के कर्मों का प्रायश्चित्त हो गया और मुरली मनोहर की दिव्य झाँकी का दर्शन हो गया। इस घटना के बाद डाकू दुर्जन सिंह न रह गया। अब वह जगन्नाथदास गोस्वामी के रूप में जाना जाने लगा। प्रभु एवं उनके भक्तों की सेवा में लग गया। पंडित जी भी निश्छल हृदय से जगह-जगह भगवत कथा का मर्म समझाते हुए जनमानस को यह बताने लगे कि निश्छल विश्वास, सरल हृदय, निष्कपट भावना एक डाकू को सन्त बना देती है।

निर्मल हृदय की पुकार

एक पहाड़ी के ऊपर भगवती माँ के दर्शनार्थ कुछ भक्त बस द्वारा गए। दर्शनोपरान्त कुछ खा-पी और विश्राम कर पुनः बस से जैसे हँसते-खेलते गए, वैसे ही लौट चले। पहाड़ी से नीचे उतरते समय अकस्मात् बस का ब्रेक फेल कर गया। चालक को पसीना आ गया। चालक की घबराहट देख बस के सभी यात्री घबरा उठे। चूँकि बस पहाड़ी से नीचे ढलान में उतर रही थी, अतएव उसे सँभालना चालक के लिए कठिन प्रतीत हो रहा था, यद्यपि विपरीत दिशा से आते हुए वाहनों से अपनी बस को किसी प्रकार काटकर बचा रहा था। यदि थोड़ी-सी असावधानी हुई तो बस हजारों फीट गहरे खड्ड में गिरकर चकनाचूर हो सकती थी, यात्रियों का बचना नितान्त असम्भव था।

देखा जाता है कि ऐसे असमय में लोग भगवान को याद करने लगते हैं। ऐसा ही यहाँ भी हुआ। सभी यात्रियों के हाथ जुड़ गए, भावातिरेक से सभी माँ भगवती को स्मरण करने लगे, प्रार्थना करने लगे। सजल नयनों से सबके मुख से एवं शुद्ध हृदय से एक ही आवाज आ रही थी—माँ! रक्षा करो!

कहते हैं कि आर्त भाव से पुकारने पर दैवी शक्तियाँ आपकी सहायता को दौड़ पड़ती हैं। अचानक चमत्कार हुआ। बस पहाड़ की बाजू की दीवाल से सटकर एकदम रुक गई। कहीं खरोंच तक न आई, कोई हानि न हुई। जहाँ यात्रियों के हाथ-पैर भय व आतंक से शिथिल हो गए थे, मानो मुँह सूख गए थे, वहाँ खुशी और आनन्द से सभी की आँखों से खुशी के आँसू निकल आए और एक आवाज गूँजी सबके हृदय से—जय माँ, भगवती!

श्रीमद्भागवत में ऐसी अनेक कथाएँ हैं कि किसी एक का होकर भक्त ने आर्त स्वर से किसी देवता को पुकारा, तो उसकी गुहार वहाँ अवश्य पहुँचती है और उसकी प्रार्थना अवश्य सुनी जाती है। आचार्य श्रीराम शर्मा ने 'अखंड ज्योति' पत्रिका में ऐसे कई उदाहरण प्रस्तुत किए कि संकट की घड़ी में लोगों को दैवी सहायता प्राप्त हुई। द्वितीय विश्वयुद्ध में मित्र-राष्ट्रों एवं भारत में प्रायः सभी मन्दिर-मस्जिद-गिरजाघरों में सामूहिक प्रार्थनाएँ की जाने लगीं। फलस्वरूप धुरी-राष्ट्रों ने हार स्वीकार कर युद्ध बन्द किया। उस समय सबकी जिह्वा पर एक ही आवाज उभरी–V for Victory.

यह एक अकाट्य प्रमाणित सत्य है–पर शर्त है कि आर्त भाव से, निर्मल शुद्ध हृदय से भगवान को पुकारा जाए।

मंत्र की परख

साधु-सन्तों के पास प्रायः लोग अपनी-अपनी समस्याओं के निदान हेतु आया करते हैं। एक व्यक्ति बहुत दुखित मन से एक साधु के पास आया शान्ति की तलाश में। साधु ने उसे एक मन्त्र बताकर नित्य जाप करने को कहा। मन्त्र साधारण था। प्रायः उस मन्त्र को वह सुना करता। व्यक्ति ने उस मन्त्र की जगह एक अच्छा, सुन्दर-सा मन्त्र साधु से माँगा। साधु ने अपने झोले से एक हीरा निकालकर दिया और बाजार जाकर पाँच-छः लोगों से उस हीरे का मूल्य पूछकर आने को कहा।

व्यक्ति बाजार में आया तो सामने एक कुम्हार मिला। कुम्हार ने उस हीरे के एवज में चार घड़े देना चाहा। आगे एक माली मिला जिसने उसे चार सुन्दर फूलों का हार देना चाहा। और आगे आया तो एक वस्त्र विक्रेता ने उसे चार थान सुन्दर वस्त्र से हीरा बदलना चाहा। कई लोगों से मिलता हुआ अन्ततः एक जौहरी से मिला। इतना मूल्यवान हीरा एक साधारण व्यक्ति के पास देखकर जौहरी ने आश्चर्य प्रकट किया। तब उस व्यक्ति ने सच-सच सारी बातें उसे बता दीं। तब जौहरी ने कहा कि यह हीरा अत्यन्त मूल्यवान है जिसकी कीमत कम से कम नौ लाख होनी चाहिए।

व्यक्ति ने वापस लौटकर साधु को सारी जानकारी दी। साधु ने कहा–"क्या अब भी मन्त्र की कीमत बताना शेष रह गया है! जिस प्रकार कुम्हार-माली हीरा की परख न होने से उसे साधारण वस्तु समझकर उसका मूल्य आँक नहीं पाए, उसी प्रकार मन्त्र की कीमत तू कैसे जान पाएगा? मैंने जो मन्त्र तुम्हें दिया, वह तो अमूल्य है।

विश्वामित्र का संकल्प

महाराज विश्वामित्र हजारों सैनिकों को लेकर एक बार शिकार पर निकले। एक हिरण का पीछा करते-करते, थके-प्यासे वसिष्ठ ऋषि के आश्रम में आ गए। वशिष्ठ ऋषि ने

उनका उचित आदर-सत्कार कर उनका और उनके सभी सैनिकों के भोजन की उचित व्यवस्था अति शीघ्र कर दी। यह देख महाराज विश्वामित्र को घोर आश्चर्य हुआ। अपनी इस जिज्ञासा का समाधान करने का वसिष्ठ जी से आग्रह किया। तो ऋषि ने बताया कि इस सबका कारण उनकी कामधेनु गाय है जो उनकी सारी आवश्यकताओं की पूर्ति करती है। इस पर विश्वामित्र जी ने कहा कि आप की आवश्यकता अति अल्प है, जबकि हमारी अधिक है। अतः इस गाय को मैं ले जाता हूँ। यह कहकर उन्होंने अपने सैनिकों को आदेश दिया उस गाय को हाँक कर ले चलो। पर ऐसा न हो सका। वसिष्ठ जी ने क्रोधित हो, अपनी मन्त्र शक्ति से सैनिकों को समाप्त कर दिया। विश्वामित्र पराजित हो लौट आए। ऋषि के तपोबल के सामने पराजित होने से विश्वामित्र ने संकल्प लिया कि वे इससे भी अधिक तपोबल प्राप्त करेंगे। राजपाट त्याग कर वे तपस्या करने हेतु वन को प्रस्थान कर गए। ऋषि पद प्राप्त करने के लिए उन्होंने 15 हजार वर्ष तक तपस्या की। अपनी घोर तपस्या के बल पर उन्होंने त्रिशंकु को सदेह स्वर्ग भेजना चाहा। इन्द्र द्वारा अवरोध पैदा करने पर उन्होंने त्रिशंकु के लिए एक दूसरे स्वर्ग का निर्माण कर दिया।

ऋषि पद प्राप्त कर राजर्षि, तत्पश्चात् ब्रह्मर्षि पद भी प्राप्त किया।

भगवत् कृपा से क्षुधा तृप्ति

भजन-पूजन आजकल दिखावे की चीज रह गई है। हम दिन-रात भगवत् भजन करते रहते हैं और चाहते हैं कि भगवान हमें सुखी रखेगा, दुःख-पीड़ा से मुक्त रखेगा। फिर भी हम गरीब बने हुए हैं, दीन-दुखी हैं। कारण केवल एक ही है–प्रदर्शन। भावपूर्वक मन से प्रभु की भक्ति की जाए, तो भगवान तक वह पहुँचती है, सुनी जाती है।

वृन्दावन के वंशीधर की एक घटना है।

सन्त प्रभुदत्त ब्रह्मचारी वहाँ आए हुए थे। उनके साथ सेवक एवं भक्तों की अच्छी संख्या थी। उनके भोजन की व्यवस्था सेवकों ने सँभाल रखी थी।

एक दिन उनके सेवकों ने बताया कि आज भोग-प्रसाद बनाने के लिए कुछ भी अन्न नहीं है। प्रभुदत्त ब्रह्मचारी ने पूछा–"ईंधन और जल तो है। चढ़ा दो पानी चूल्हे पर और कीर्तन करो।" चूल्हे पर चढ़ा-चढ़ा पानी सूख गया। जब सेवकों ने बताया तो ब्रह्मचारी जी ने कहा–"मन से कीर्तन करो और चूल्हे पर पुनः पानी चढ़ा दो।" पानी फिर सूख गया। तब ब्रह्मचारी जी ने कहा–"मन से कीर्तन नहीं हो रहा। जब तक दिल से कीर्तन न करोगे, प्रभु की दया न होगी।"

इस बार सेवकगण मन लगाकर ढंग से कीर्तन कर ही रहे थे कि पगड़ी बाँधे एक सेठ प्रभुदत्त ब्रह्मचारी के समक्ष हाथ जोड़कर उपस्थित हुआ और उनसे विनती करने लगा कि उसकी कुछ सेवा स्वीकार करें। प्रभुदत्त ब्रह्मचारी अपने सेवकों की ओर देखकर

मुस्कुरा दिए। सेठ की सेवा स्वीकार की गई और भगवत् कृपा से सभी की क्षुधा की तृप्ति हुई। जो निराशा में पहले डोल रहे थे, हृदय से उठी प्रार्थना ने उसे आशा में बदल दिया।

अवरोधमुक्त कीर्तन

वृन्दावन के प्रातः स्मरणीय सन्त पं. जगन्नाथ प्रसाद भक्तमाल जी को उनके एक शिष्य ने कहा कि आज एक खुशखबरी मिली है। पूछने पर उसने बताया कि उसका एक पन्द्रह वर्षीय पुत्र जहाँ से आया था वहीं चला गया। पंडित जी ने पूछा कि फिर इसे खुशखबरी कैसे कहते हो? शिष्य ने कहा कि अब भगवान के भजन में कोई अवरोध न रहा, इस कारण।

यह था दैन्य भाव।

ऐसा ही एक प्रसंग चैतन्य महाप्रभु का है। वे अपनी मंडली सहित अपने एक शिष्य श्रीनिवास पंडित के घर पहुँचे। श्रीनिवास पंडित के एकमात्र पुत्र का शव घर के अन्दर पड़ा था और घर के आँगन में महाप्रभु अपनी मंडली सहित संकीर्तन कर रहे थे। श्रीनिवास पंडित की आँखों में आँसू नहीं, चेहरा निर्मल था। यही नहीं, उन्होंने अपनी पत्नी को भी निर्देश कर रखा था कि संकीर्तन के समय यदि रोने की आवाज बाहर आई, तो वे अपने प्राण दे देंगे। जब महाप्रभु ने पूछा कि आज संकीर्तन में आनन्द क्यों नहीं आ रहा, तो यह भेद खुला। शिष्य की इस निष्ठा पर महाप्रभु दंग रह गए।

पं. श्रीनिवास कच्चा केला और अन्य फल सस्ते भाव पर बेचकर येन-केन-प्रकारेण जीवन निर्वाह करते थे। इस बात से दुखित हो महाप्रभु जानबूझकर उनके यहाँ से केले मँगवाया करते। महाप्रभु की इतनी कृपा उन पर थी कि पंडित जी के पुराने टूटे-फूटे बर्तन में भी महाप्रभु पानी पी लिया करते।

भगवत् स्वरूप

एक बार सूर्यग्रहण के अवसर पर कुरुक्षेत्र में भगवान द्वारकाधीश अपनी सभी पटरानियों के संग पधारे, जिसे सुनकर ब्रजवासी गोप-गोपियों के संग ब्रजेश्वरी श्री राधारानी भी आईं। द्वारकाधीश की पटरानियों ने श्री श्याम-श्यामा जू की पावन प्रेम की बातें तो पहले से ही सुन रखी थीं। आज उसी प्रेम की अमर-बेलि श्री ब्रजेश्वरी की तेजपुंज स्वर्णिम आभा को अपनी आँखों से देखा तो वे सभी अपने आपको श्रीराधे से नीचा पातीं।

एक रात्रि श्री रुक्मिणी जी अपने स्वामी की चरण-सेवा कर रही थीं। प्रभु की आँखों में नींद नहीं। कारण पूछने पर प्रभु ने कहा कि ब्रजेश्वरी गोदुग्ध लेने की अभ्यस्त हैं, जो अभी तक उन्हें मिल नहीं पाया और वे बेचैन हैं। इसी चिन्ता में मैं सो नहीं पा रहा। रुक्मिणी जी तत्काल उठकर बाहर आईं और स्वयं गरम दूध ले जाकर ब्रजेश्वरी को पिलाया। वापस लौटकर पुनः प्रभु की चरण-सेवा करने को तत्पर हुईं तो अवाक् रह गईं। जाने के पूर्व चरण-तल तो यथावत् था, पर अब उन चरण-तलों में छाले पड़ गए थे। यह क्या बला है? पूछने पर प्रभु ने कहा–"देवि! तुमने शीघ्रतावश श्री ब्रजेश्वरी को गरम दूध पिला दिया। उससे उनके हृदय में जलन होने लगी। मेरे चरण उनके हृदय में सदा विराजमान रहते हैं, अतएव मेरे पैरों में ये छाले पड़ गए।" यह सुन रुक्मिणी अत्यन्त लज्जित हुईं।

ऐसी ही एक घटना रामकृष्ण परमहंस के जीवन में घटी। एक व्यक्ति एक गदहे को छड़ी से पीट रहा था उनके पास जाने के मार्ग पर। इस मार से गदहे को तो वे छुड़ा नहीं पाए विवश थे। आश्रम में आने पर लोगों ने देखा कि उनकी पीठ पर कई नीली लकीरें पड़ी हुई हैं। ऐसी कई घटनाएँ देखने में आई हैं।

सभी प्राणियों में अपना ही स्वरूप देखनेवाले, भगवत् स्वरूप हो जाते हैं।

दान की वृत्ति

एक गृहस्थ और उसकी पत्नी बड़ी धार्मिक प्रकृति के थे। गृहस्थ सोकर उठता तो पत्नी जल उपस्थित कर देती। कुल्ला कर, मुँह धोकर वह शौच जाता तो स्नानघर में दातौन, साबुन-तेल, अँगोछा व धोती रख देती। शौच से निवृत्त हो, दाँत-मुँह साफ कर स्नान करता। तब तक पत्नी पूजा-गृह में देव-पूजा की सामग्री तैयार रखती। पति के पूजा-गृह में जाने पर पत्नी रसोईघर में जाकर पूजन निमित्त भोग-प्रसाद तैयार करती। दिनचर्या बँधी हुई थी। दोनों अपने-अपने धर्मानुसार कर्म करते जाते। दोनों एक-दूसरे के पूरक थे।

सन्तान निमित्त एक दिन दोनों ने भगवान का भजन-पूजन किया। ब्राह्मण को प्रसाद खिलाया, गौ-माता की सेवा की और एक ही पलंग पर एक साथ आकर सो गए। नौ मास बाद एक पुत्री का जन्म हुआ। उसका लालन-पालन धार्मिक परिवेश में होने लगा। यौवनावस्था में प्रवेश करते ही शुभ-मुहूर्त में उसका विवाह हुआ। ससुराल आने पर परिस्थिति ठीक विपरीत मिली। उसका पति तो विवेकी था, पर सास-ससुर कंजूस थे। भोजन के लिए राशन तौलकर मिलता। ससुर किसी भी साधु-संन्यासी को घर पर फटकने नहीं देता। सास भिक्षुओं को भिक्षा नहीं देतीं। कन्या जब बहू बनकर इस घर में आई तो वह अपने स्वभावानुसार सन्त-फकीरों को कुछ खिलाकर ही स्वयं कुछ खाती। पर

यहाँ तो रुकावट आ गई। सन्तों को बिना खिलाए, वह एक ग्रास भी मुँह में नहीं लेती थी। अतः अब भूखी रहने लगी। सास ने देखा की बहू ने आज भोजन नहीं किया, तो कारण पूछा। कन्या ने कह दिया कि पेट में दर्द है। दूसरे-तीसरे दिन भी भूखी रही और बहाना किया कि दस्त हो रहा है। इस प्रकार भूखी रहते हुए कई दिन हो गए। भगवत् भक्त होने के कारण भगवान विष्णु से न रहा गया। इस समस्या का हल निकालने एक दिन लक्ष्मी संग उधर से गुजरे। दोनों ने भिक्षुक वेश में कन्या के दरवाजे पर आकर भिक्षा माँगी। कन्या ने कहा कि बाबा! हम लोग स्वयं भिखारी हैं और मेरे पास देने को कुछ भी नहीं है। सास यह सुनकर आग-बबूला हो गई। कन्या से कहा कि भिक्षा देने की इच्छा है तो अपनी रोटी में से दे सकती हो। यह सुन कन्या ने भिक्षुक रूपी लक्ष्मी-नारायण को कहा कि बाबा कल आना, पर बासी रोटी ही दूँगी। सास ने सोचा कि बहू कहीं अधिक रोटी न बना दे, अतः साथ-साथ रसोई-गृह में जा भोजन बनाकर उसमें ताला लगा दिया। रात्रि को कन्या ने अपने हिस्से की चार रोटी रख ली। भिक्षुक वेशधारी विष्णु के आने पर दो रोटी उन्हें दे दी। रोटी मिलने पर भगवान विष्णु ने पूछा कि बेटी तुम्हारी उम्र क्या है? सोलह वर्षीया कन्या ने अपनी उम्र 17 वर्ष बताई। पति, ससुर की उम्र पूछने पर क्रमशः 8 और 3 वर्ष बताई। सास की उम्र पूछने पर बताया कि उनका तो अभी जन्म भी नहीं हुआ। भीतर बैठी सास यह सब सुनकर क्रोध में पागल हो रही थी। भिक्षा लेकर लक्ष्मी-नारायण चले आए और लक्ष्मी के साथ ही भोग-प्रसाद पाया। भगवान के मुँह में ग्रास जाते ही कन्या की कई दिनों की उपवासजन्य क्षुधा की स्वयमेव तृप्ति हों गई।

बेटे के आने पर सास ने नमक-मिर्च लगाकर उसे सारी बात बता बहू को घर से निकाल देने को कहा। विवेकी पति ने अपनी पत्नी से सारा विवरण माँगा और सफाई देने को कहा। कन्या ने कहा—“मेरी उम्र 16 वर्ष की होने पर भी एक वर्ष अधिक इसलिए बताई कि माँ के गर्भ धारण करने के समय ही उसका संस्कार हो चुका था। आपकी उम्र 8 वर्ष इसलिए बताई कि आज से 8 वर्ष पूर्व अन्य बच्चों की देखादेखी एक फकीर को आपने भी कुछ पैसे दान दिए थे। और ससुर की उम्र 3 वर्ष इसलिए बताई कि एक दिन वे अपने एक साथी व्यापारी के साथ जब जा रहे थे तो साथी व्यापारी दुकान जाने के मार्ग में उन्हें लेकर एक मन्दिर में घुसा। उस व्यापारी ने देव-पूजन हेतु कुछ पैसे चढ़ाए और ससुर जी से भी चढ़वाया जो उन्होंने विवशतावश चढ़ाया। यह 3 वर्ष पूर्व की बात है। सास का जन्म अभी नहीं हुआ का अर्थ यह है कि अब तक दान देने का भाव इनमें जन्मा ही नहीं है। उन्होंने काफी धन इकट्ठा कर रखा है जिसे वे अपने पलंग के पास की जमीन में गड्ढा बनाकर रखा है और उसे दरी डालकर छिपा दिया है।” सारी बात सुनकर उसका पति इस बात की सत्यता परखने हेतु अपनी माँ के कमरे में जाकर उसी दरी पर बैठ गया। माँ ने दरी पर न बैठकर अपने ही पास बैठने का बार-बार आग्रह किया, पर वह उसी दरी पर बैठकर अपने हाथों से खड्ड

को टटोलता रहा। फिर माँ से कहा कि मेरे पैरों के नीचे कुछ गड़ रहा है, दरी हटाकर देखता हूँ। पर माँ ने दरी हटाने से मना कर दिया। बेटे की जिद करने पर माँ ने सच्ची बात बता दी।

बेटे को लगा कि मेरी पत्नी को इस घर में आए अभी कुछेक दिन ही हुए हैं, और इतनी सारी रहस्य की बातें वह जान गई! अवश्य ही वह देवी स्वरूपा है। उस दिन से कन्या का पति भी अपने हिस्से की रोटियों में से आधी साधु-सन्तों के लिए अलग रखने लगा। अपने वस्त्रों में से आधा भिक्षुकों को बाँटने लगा। देखादेखी उसके पड़ोसियों ने भी यह परम्परा प्रारम्भ कर दी। अब तो सारा गाँव, देखादेखी वैसा ही करने लगा। चहुँओर सुख-शान्ति रहने लगी।

मन की शुद्धि

श्री वल्लभ महाप्रभु गोकुल के ठकुरानी घाट पर रहकर भजन-पूजन करते थे। उनके एक शिष्य ने दीक्षोपरान्त गुरु से पूछा—"'जय-जय'! मुझे अब क्या करना चाहिए! गुरु ने कहा—"वत्स! अपने आचार-धर्म का निष्ठापूर्वक पालन करना ही अब तुम्हारा कर्तव्य है। प्रातः उठकर अपने गुरुजनों का चरण-स्पर्श, तदुपरान्त युगल-सरकार की सेवा में लग जाना, अधिक से अधिक शुद्ध रहना अर्थात् स्नान करना, वस्त्र धोकर पहनना, भोजन में हर प्रकार की शुद्धता का खयाल रखना। आचार तुम्हारा प्रथम कर्तव्य है। इससे भगवान की प्राप्ति होगी।"

शिष्य ने विचार किया कि शुद्ध रहकर तरे तो क्या तरे! यह तो सभी करते हैं। गौरव की बात तो तब हो जब अशुद्ध रहकर तरा जाए। यह विचार कर वह यमुना किनारे श्मशान में चला आया और एक वृक्ष के नीचे अपना आसन जमा दिया। बोला कि अब देखना है कि तारनहार मुझे कैसे तारता है! जब कोई शव लेकर आता तो छिप जाता। लोगों के जाने के बाद, शव लेकर आनेवाले, जौ की हाँडी जो वहाँ छोड़ जाते, उसी जौ के आटे की रोटी उसी शवाग्नि पर सेंककर खाता। तब कहता कि अब देखता हूँ कि वह मुझे कैसे तारता है! शव के वस्त्रों को अपने शरीर पर धारण करता, कभी स्नान करता, कभी नहीं करता और कहता कि अब देखता हूँ कि मुझे वो कैसे तारता है! क्या शराफत उसने बरती! इसी पर एक शायर ने कहा है—

शराफत को सरे आफत, दुआ को बददुआ समझे।
मेरे यार घनचक्कर, अगर समझे तो क्या समझे।।

(तो ऐसा शरीफ वो बन बैठा)

इधर केरल देश का राजा गलित कोढ़ से पीड़ित, भैरोपुर के एक वैद्यराज के पास अपने उपचार हेतु आ रहा था। बीच में मथुरा आया, तो सोचा भगवान के दर्शन

भी करता चलूँ। किसी पुरोहित को राजा की दशा देख तरस आ गया। उसने राजा को गोकुल में सिद्ध सन्त महाप्रभु वल्लभाचार्य का दर्शन कर आने को कहा। राजा पता करता हुआ उनके पास पहुँचा तो दोपहर हो चुकी थी। सन्त ने उसे देखते ही कहा कि इस समय आए हो तो ठीक है, पर इस मामूली सी बात के लिए मेरे पास क्यों आए हो? राजा ने कहा कि मैं गलित कुष्ठ का रोगी हूँ, इसे आप मामूली समझते हैं। सन्त ने कहा कि खैर, आ गए तो कोई बात नहीं। पर इस छोटे-से काम के लिए मेरा शिष्य ही काफी है। तुम यमुना किनारे श्मशान पर मेरे शिष्य के पास चले जाओ और छिपकर खड़े रहना। जैसे ही मेरा शिष्य अपना भोग-प्रसाद खाकर पत्तल फेंके, उसका उच्छिष्ट जैसे भी हो खा लेना। तुम्हारा कष्ट दूर हो जाएगा। राजा यह सुनकर श्मशान पहुँचा और एक वृक्ष के नीचे छुपकर खड़ा हो गया। शिष्य ने जौ के आटे की रोटी बनाई, खाया और यह कहते हुए पत्तल फेंका कि अब देखता हूँ कि वो कैसे तारता है! जूठा पत्तल ऐसा फेंका कि राजा के ठीक पैरों के पास आकर गिरा और राजा ने झट उसे उठाया, उसके जूठे अन्न के कण अपने मुँह में डाल लिया। उधर शिष्य यमुना जी के जल से मुँह धोकर आया, इधर राजा शिष्य के उस जूठे अन्न के प्रभाव के चामत्कारिक रूप से भला-चंगा हो गया। शिष्य अपनी हर प्रकार की अशुद्धता के कारण वैष्णव तो था नहीं। पर इस चमत्कार को देखकर राजा इतना प्रभावित हुआ कि शिष्य के आते ही उसके चरणों पर गिर पड़ा। शिष्य ने पूछा कि तुम कौन हो, यहाँ क्यों आए? राजा ने कहा कि मैं केरल देश का राजा, गलित कुष्ठ से पीड़ित, महाप्रभु वल्लभाचार्य जी के पास गया, तो उन्होंने आपके पास भेज दिया। उनके कथनानुसार आपके उच्छिष्ट अन्न का सेवन किया और मेरा कायापलट हो गया। मैं धन्य हो गया।

शिष्य ने विचार किया कि मेरे जैसे अधर्मी, पापी, कुविचारी, कुपथगामी शिष्य को मेरे गुरु अभी तक भूले नहीं। वह दौड़ा-दौड़ा अपने गुरु के चरणों में गिरकर, कहने लगा–"आपके बताए मार्ग को छोड़ मैं विपरीत मार्ग पर चल पड़ा, शुद्धता को छोड़ अशुद्धता को जीवन में अपनाया। फिर भी आपने मुझे ठुकराया नहीं, बल्कि मेरे द्वारा शुभ कार्य भी आपने करवाया। प्रभु, आपने तो मुझ पर बड़ी दया की।" महाप्रभु ने उसे उठाया और कहा–"वत्स! शुद्धता शरीर की सफाई को नहीं कहते। बाह्य शुद्धि के साथ आन्तरिक शुद्धि का महत्त्व अधिक है। अरे शुद्धता की बात करता है तू! तू तो अहर्निश उसी की याद में खोया रहता था। तुम्हारी जिह्वा पर एक शब्द गूँजता रहता था कि अब देखता हूँ वो कैसे तारता है! हर कार्य में यही शब्द! शुद्ध तो वही है जो दिन-रात उसकी याद करता रहता है। जो भीतर-बाहर एक सा बना रहे। इसीलिए तो पवित्रीकरण का मन्त्र इस प्रकार पढ़ा जाता है–ॐ अपवित्रः पवित्रो वा सर्वावस्थां गतोपिवा, यःस्मरेत्पुण्डरीकाक्षं स बाह्यभ्यन्तरः शुचिः!

गतोऽपिवा!

केरल का गलित कुष्ठ रोगी राजा मन में संकल्प लेकर सन्त श्री वल्लभाचार्य के पास इस प्रकार आया था कि–

"अब आ ही गए हैं तेरे दर पर मुँहमाँगी मुरादें पाएँगे,
कुछ करके यहाँ से जाएँगे या मर के यहाँ से जाएँगे।"

और राजा सन्त का उच्छिष्ट ग्रास खाकर कंचन शरीर पा गया तो फिर मन में उसके क्या विचार आते हैं–

"तेषां ये हालात से कुछ ऐसे बल पड़े कि
हँसने को जी ने चाहा तो मेरे आँसू निकल पड़े।"

स्वर्ग और नरक का दर्शन

एक शिष्य ने अपने गुरु से जिज्ञासा की कि यदि स्वर्ग और नरक इसी धरती पर है तो दिखता क्यों नहीं? गुरु ने उसे प्रत्यक्ष दिखाने का आश्वासन देकर उसे नगर में भिक्षाटन हेतु जाने की आज्ञा दी। शिष्य कई घरों में भिक्षाटन करने के बाद एक घर के दरवाजे पर खड़ा हुआ। वहाँ उसने देखा कि गृहस्वामी-गृहपत्नी में तुमुल वाक्-युद्ध और मार-पीट हो रही है। उनका पुत्र छोटा था, जो उन्हें देख-देखकर रो रहा था। गृहपत्नी भद्‌दी-भद्‌दी गालियाँ दिए जा रही थी। इसके बावजूद गृहस्वामी ने शिष्य को भिक्षा में एक रुपया दिया। शिष्य आगे बढ़कर दूसरे घर पर आया। जहाँ पति-पत्नी एक साथ बैठकर बड़े प्यार से बातें कर रहे थे। पत्नी गोद में बच्चे को बिठाए थी। शिष्य को देख पत्नी ने कहा–"क्षमा करें प्रभु! वैसे हम गरीब हैं और इस समय देने को कुछ भी नहीं।" इस प्रकार कई घरों से भिक्षाटन करते हुए शिष्य सायंकाल तक आश्रम में लौट आया। उसे आया देख गुरु ने शिष्य से भिक्षाटन का विवरण पूछा। शिष्य ने पूर्ण विवरण एक-एक कर बतलाया। गुरु ने सन्तोष के साथ कहा–"वत्स! आज तुमने स्वर्ग-नरक प्रत्यक्ष देख लिया। जिस गृहस्वामी ने भिक्षा में तुम्हें एक रुपया दिया, वहाँ नरक था। जहाँ तुम्हें कुछ भी भिक्षा में न मिला, वहाँ स्वर्ग था। स्वर्ग-नरक की यही परिभाषा है।" शिष्य विचारमग्न हो गया।

आन्तरिक स्थिति का ज्ञान

अपनी शिष्य-मंडली के साथ भगवान बुद्ध एक नगर से गुजर रहे थे। उनकी नजर श्मशान भूमि में जलती एक चिता पर गई। ज्ञात हुआ कि यह चिता तो उन्हीं की मंडली में साथ चल रहे एक शिष्य के पिता की है। जहाँ उसके परिवार एवं सगे बन्धु-बान्धव

एकत्रित थे और शिष्य विरक्त भाव से बिना रुके आगे बढ़ा जा रहा था। भगवान बुद्ध ने उसे रोककर अपने मृत पिता के दाह-संस्कार में सम्मिलित होकर पुनः चले आने को कहा।

मंडली आगे बढ़ती गई। संयोग से पुनः ऐसी ही दूसरी घटना की पुनरावृत्ति हुई जहाँ भगवान बुद्ध के एक अन्य शिष्य के मृत पिता की चिता जल रही थी। पता चलते ही शिष्य स्वीकृति लिये बिना अपने मृत पिता के दाह-संस्कार में सम्मिलित हो वहाँ एकत्रित अपने बन्धु-बान्धवों के बीच जा बैठा। भगवान बुद्ध को इस बात की जानकारी मिली तो वे स्वयं वहाँ पहुँचे। शिष्य का हाथ पकड़कर वहाँ से साथ ले आए।

मंडली में चल रहे सभी शिष्यों को यह देख आश्चर्य हुआ कि भगवान बुद्ध स्वयं एक शिष्य को उसके पिता के दाह संस्कार में सम्मिलित होने के लिए प्रेरित कर रहे थे, जबकि दूसरे शिष्य को हाथ पकड़कर वहाँ से उठा लाए। सभी के मन में उठी इस जिज्ञासा के समाधान हेतु उन्होंने कहा–''घटनाएँ एक जैसी और आदेश भिन्न-भिन्न। फिर भी परिस्थिति की समानता को देखते हुए भी मनःस्थिति भिन्न थी। पहली घटना में पहला शिष्य बिलकुल अव्यावहारिक था। अपने पिता की असामयिक मृत्यु पर अपने परिवारजनों को सान्त्वना देना उसका कर्तव्य था। अतः उसे मैंने वहाँ भेज दिया। पर यह दूसरा शिष्य तो मोहाकुल हो अपने पिता की मृत्यु पर संसारी लोगों की तरह आँसू बहा रहा था। एक भिक्षु संसारी लोगों की तरह शोकाकुल हो विलाप करे, यह क्या अच्छी बात है? इसलिए मैं उसे श्मशान भूमि से पकड़ लाया।''

शिष्य-मंडली को सम्बोधित करते हुए भगवान बुद्ध ने कहा–''शिष्यों की आन्तरिक स्थिति को सद्गुरु भली-भाँति जानते हैं तथा तदनुरूप निर्देश व व्यवस्था देते रहते हैं। अतः गुरु के आदेश को शंका की दृष्टि से न देख सदा-सर्वदा श्रद्धापूर्वक उसका पालन करो।''

मृत्यु-भय का महत्त्व

सन्तों के पास प्रायः लोग आते-जाते, उठते-बैठते तरह-तरह की बातें करते ही रहते हैं। एक बार सन्त नामदेव की प्रशंसा में एक भक्त कह रहा था कि आप उच्च विचार वाले अत्यन्त सीधे, सरल चित्त हैं। तभी नामदेव जी ने उसको टोकते हुए कहा कि भाई! अभी तो यह बात बन्द करो। मुझे पता चला है कि आज से दसवें दिन तुम्हारी मृत्यु हो जाएगी। इतना सुनना था कि वह व्यक्ति घबराकर घर भागा। मृत्यु! और वह भी मात्र 240 घंटों में। उसने खाट पकड़ ली। घर के सभी लोग परेशान! एक-एक दिन पहाड़ सा कटने लगा।

दसवाँ दिन–नामदेव जी उसके घर पहुँचे और उसकी तबीयत पूछी। उसने कहा कि बस! अब चन्द घंटों का मेहमान हूँ। तब नामदेव जी ने उससे पूछा कि इन दस

दिनों में कितना पाप बटोरा? उसने कहा कि पाप! अरे पाप करने की तो बात छोड़ो, पाप करने का विचार तक भी मेरे हृदय में नहीं आया। नामदेव ने तब कहा कि भाई! हम सबका भी जीवन इसी प्रकार का है।

यदि हम सब मृत्यु को सदैव स्मरण करें, तो पापकर्मों की ओर हमारी चित्तवृत्ति जाएगी ही नहीं। तब हम सभी असत् कार्यों से विमुख हो सत्कार्यों में प्रवृत्त रहेंगे। मृत्यु हमें कुमार्ग पर जाने से रोकती है।

कहोड़ ऋषि का शाप

प्राचीन काल में जब आज जैसी पुस्तकें न थीं, सभी धर्मग्रन्थ, वेद-पुराण कंठस्थ याद किए जाते थे। उसी परम्परा में कहोड़ ऋषि भी थे अत्यन्त विद्वान। इसी कारण वह अहंकारी भी थे। फलतः क्रोधी भी थे। उनके इसी क्रोध से उनकी धर्मपत्नी सुजाता प्रायः डरती रहती थी और पति की सेवा में तत्पर रहती थी। वह गर्भवती थी। अतएव अपने पति से नित्य ज्ञान का उपदेश निष्ठा व ध्यान से सुनती रहती थी ताकि गर्भस्थ शिशु ज्ञानी व धर्मात्मा हो।

अनजाने में किसी दिन कहोड़ ऋषि ने किसी श्लोक का गलत उच्चारण कर दिया कि तभी आवाज आई–"ठहरिए! आप श्लोक गलत बोल रहे हैं।" आस-पास में पत्नी के सिवा अन्य और कोई न था। तभी ध्यान आया कि यह आवाज गर्भस्थ शिशु की है। उसकी इस उद्दंडता पर क्रोधवश उन्होंने शाप दिया कि जा! तू विकृत शरीरवाला होगा। क्रोध शान्त होने पर उन्हें दुख हुआ जिसके परिमार्जन हेतु उन्होंने आगे चलकर अपने पुत्र को प्रकांड विद्वान बनाने में पूर्ण योगदान दिया। यद्यपि वह जन्मतः आठ अंगों से विकृत था। पर अपने पिता के उचित मार्गदर्शन द्वारा ब्रह्मज्ञान का पंडित बना।

अष्टावक्र का पांडित्य

उन दिनों ब्रह्मज्ञानी राजा जनक के दरबार में विद्वतमंडली द्वारा धार्मिक चर्चाएँ प्रायः होती रहती थीं। जिसमें दूर-दूर के विद्वान भाग लेते थे। एक बार वहाँ शास्त्रार्थ का आयोजन हुआ, जिसका मुखिया श्री आचार्यप्रवर बन्दन थे–मिथिला के जाने-माने विद्वान। अभिमानवश कहोड़ ऋषि भी शास्त्रार्थ में भाग लेने आ पहुँचे। इसमें शर्त थी कि जो पराजित हो जाएगा वह विजयी पंडित का सेवक बनेगा। दुर्भाग्यवश कड़ोह ऋषि पराजित हो श्री बन्दन के सेवक बनकर वहीं रहने लगे।

इधर बालक अष्टावक्र के अध्ययन में उसकी माँ ने कोई व्यवधान नहीं आने दिया। वह मेधावी होने के कारण अपने संगी-साथियों से उत्तरोत्तर आगे बढ़ता जा रहा था। इससे चिढ़कर संगी-साथी उसके पिता के विषय में पूछ-पूछकर तंग करते रहते। एक दिन अष्टावक्र ने माँ के पास जाकर पिता के विषय में सच-सच बताने की जिद की। तब माँ ने सारी कहानी सुना दी। तभी उसने संकल्प लिया कि पिता को ससम्मान वापस लाएगा और अपने अध्ययन में जी-जान से जुट गया।

पर्याप्त अवस्था होने पर अष्टावक्र राजा जनक के दरबार में पहुँचे। राजा सहित सभी दरबारी उसके विकृत शरीर को देख हँस पड़े। यह देख अष्टावक्र भी हँसने लगा। राजा जनक ने अष्टावक्र से उसके हँसने का कारण पूछा। अष्टावक्र ने कहा– ''राजन! ब्रह्मज्ञानी राजा जनक के दरबार में विद्वतमंडली की जगह चमड़ों को प्राथमिकता देनेवाले चर्मकारों की उपस्थिति देख मुझे हँसी आ गई।''

महाराज जनक बड़े लज्जित हुए और सभी सभासदों की ओर से क्षमा माँगी यथोचित आदर-सम्मान के साथ उनसे आसन ग्रहण करने का निवेदन किया। जनक ने पूछा कि मेरे दरबार में आपका आगमन किस प्रयोजन से हुआ। अष्टावक्र ने बन्दन से शास्त्रार्थ करने की उनसे इच्छा जताई। उसी पुरानी शर्त पर कि पराजित व्यक्ति सेवक बनकर रहेगा। अनुमति मिलने पर शास्त्रार्थ प्रारम्भ हुआ। पर इस बार युवा अष्टावक्र के अध्ययन एवं साधना के सामने श्री बन्दन की विद्या और तर्कशक्ति फीकी पड़ गई। उन्होंने हार मान ली।

अष्टावक्र की विद्वत्ता से राजा जनक अत्यन्त प्रभावित हुए। उन्होंने उनसे नगर के बाहर बहनेवाली नदी सोमंगा में स्नान करने का आग्रह किया। इस आग्रह को स्वीकार करते हुए अष्टावक्र ने जैसे ही सोमंगा में स्नान किया, राजा जनक के ब्रह्मज्ञान के प्रभाव से उनका शरीर सुन्दर, स्वस्थ व सुघड़ हो गया। इससे प्रसन्न हो अष्टावक्र ने उन्हें मोक्ष ज्ञान का उपदेश दिया जो 'अष्टावक्र गीता' के नाम से जाना जाता है। अष्टावक्र के इस ज्ञान उपदेश ने राजा जनक के जीवन में अभूतपूर्व परिवर्तन किया। भोग-विलास, धन-वैभव का परित्याग कर जनक ने शेष जीवन राज-कर्मचारी की तरह राज्य-सँभाला। तभी से लोग उन्हें 'विदेह-जनक' कहने लगे।

महापंडित बन्दन अष्टावक्र के आग्रह पर स्वतंत्र कर दिए गए। कहोड़ ऋषि का अहंकार अपने पुत्र अष्टावक्र की विद्वत्ता के आगे गलित हो गया।

गुरु-सेवा की कसौटी

छत्रपति शिवाजी के गुरु समर्थ श्री रामदास जी के वृद्धावस्था के कारण मुख के सारे दाँत टूट गए थे, एक भी दाँत न था। परन्तु पान के प्रसाद में अत्यन्त रुचि होने

के कारण उनके पनबट्टे में पान कूटकर दिया जाता था। ताकि मुँह से चबाने में कोई कष्ट न हो। एक दिन पान में चूना अधिक लग गया, जिसके खाने से उनका मुख छिल गया। बोले तो वह कुछ नहीं, चुपचाप सह लिया। पर जो सेवक पान की सेवा करता था, उसे पता चल गया। वह अत्यन्त दुखी हुआ। गुरुदेव को पुनः यह कष्ट न हो, इसके लिए अब वह गुरुदेव को देने के पूर्व स्वयं चखकर तब गुरुदेव को पान चबाने को देता। इस प्रकार कई दिन बीत गए। पर एक दिन किसी ने यह देख लिया। उस सेवक की इस धृष्टता को देख उसने छत्रपति शिवाजी के ध्यान में यह बात लाई। शिवाजी महाराज ने समर्थ गुरु रामदास से सेवक की इस अशिष्टता के लिए उसे दंडित करने को कहा। गुरुदेव सेवक की निष्ठा से परिचित थे। न चाहते हुए भी सेवक को बुलवाया। शिवाजी ने सेवक से स्पष्टीकरण माँगते हुए उस पनबट्टे को लाने को कहा जिसमें पान कूटकर गुरुदेव को देता था। सेवक गया और जब लौटकर आया तो उसके हाथ में रक्तरंजित थाल था और उसका मुख भी रक्तरंजित था। वह अपनी पूरी जिह्वा काटकर थाल में रखकर लाया था। थाल धरती पर रख, वह जो गुरुचरणों में गिरा तो फिर उठा ही नहीं। वह तो भगवत् धाम को जा चुका था। शिवाजी ने यह देखा तो सिर झुका लिया। उनके आँसुओं की झड़ी लग गई।

यह है आदर्श गुरु-भक्ति व सेवा-धर्म। सेवक गुरु-सेवा की कसौटी पर खरा उतरा।

कल्याण-रूप

समर्थ गुरु रामदास अपनी शिष्य-मंडली के साथ पद-यात्रा करते हुए दोपहर की कड़ी धूप के कारण एक विशाल कुएँ के समीप एक वृक्ष के नीचे विश्राम करने बैठ गए। अपने शिष्यों की परीक्षा हेतु उनमें से एक अम्बादास को बुलाकर कहा–"कुएँ के ठीक ऊपर वृक्ष की एक शाखा चली गई है। उसके पत्ते कुएँ में गिरकर जल को दूषित कर रहे हैं। वृक्ष पर चढ़कर शाखा को कुल्हाड़ी से काट दो।" वह शाखा एक मोटी शाखा से निकलकर सीधी ऊपर चली गई थी। कोई दूसरी शाखा वहाँ पर न होने से, उस विशेष शाखा को काटने के लिए उसी पर खड़े होकर काटने का अर्थ था शाखा के साथ-साथ कुएँ में गिरकर प्राण दे देना। पैर टिकाने का और कोई दूसरा स्थान था ही नहीं। अम्बादास ने यह सब देख लिया। फिर भी अपने गुरु पर पूर्ण श्रद्धा होने के कारण कुल्हाड़ी लेकर उसी शाखा पर खड़े हो, शाखा को काटने लगा। परिणामस्वरूप शाखा सहित कुएँ में गिर पड़ा। सभी शिष्य स्तब्ध। पर अम्बादास को कहीं खरोंच भी न आई और वहीं उसके आराध्यदेव भगवान राम ने उसे अपनी गोद

में लेकर साक्षात् दर्शन दिया। उसे निकाला गया तो वह श्रीगुरु के चरणों पर गिर गया और बोला–"प्रभो! आपकी कृपा से मेरा कल्याण हो गया।" श्री गुरुदेव ने कहा– "तेरा कल्याण तो तेरी श्रद्धा ने किया। अब तो तू कल्याण रूप हो गया।" तब से उसे 'कल्याण' नाम से पुकारा जाने लगा।

गुरु वचनों में ऐसी ही प्रीति व भक्ति होनी चाहिए।

क्षमा की पराकाष्ठा

इक्ष्वाकु वंश के राजा कल्माषपाद एक सँकरे वन मार्ग से शिकार खेलकर लौट रहे थे कि उधर से वसिष्ठ ऋषि के ज्येष्ठ पुत्र शक्तिमुनि आते दिखे। राजमद में राजा ने ऋषि-पुत्र को मार्ग देने को कहा। ऋषि-पुत्र ने धर्म व शास्त्रानुसार राजा को ब्राह्मण के लिए मार्ग से हट जाने को कहा। इस तू-तू, मैं-मैं में राजा ने ऋषि-पुत्र पर चाबुक चला दिया। ऋषि-पुत्र ने इस अन्याय के विरोधस्वरूप राजा के असुर भाव के कारण उसे राक्षस हो जाने का शाप दे दिया। ऋषि-पुत्र द्वारा अनुचित शाप दिए जाने पर राजा राक्षसवृत्ति प्राप्त कर शक्ति मुनि को उसी समय खा गया तथा वसिष्ठ ऋषि के अन्य पुत्रों को भी खा गया। वसिष्ठ ऋषि से चले आ रहे अनबन के कारण विश्वामित्र जी ने भी किंकर नाम के राक्षस को आज्ञा दी थी राजा कल्माषपाद के शरीर में प्रवेश कर राजा से नीच कर्म कराए। वसिष्ठ जी को इन बातों का पता था और प्रतिकार का सामर्थ्य भी था। पर उन्होंने बदला न लेकर, क्षमा कर दिया।

एक बार वसिष्ठ ऋषि वन से लौटकर आश्रम की ओर आ रहे थे। उन्हें अनुभव हुआ कि उनके पीछे-पीछे वेदाध्ययन करता हुआ कोई चला आ रहा है। उन्होंने पूछा कि पीछे-पीछे कौन चला आ रहा है? आवाज आई कि आपके पुत्र शक्ति मुनि की विधवा अदृश्यन्ती हूँ। आपका पौत्र मेरे गर्भ में है जो बारह वर्ष से गर्भ में रहकर ही वेदाध्ययन कर रहा है। यह सुनकर वसिष्ठ ऋषि को प्रसन्नता हुई कि उनके वंश का पूर्ण उच्छेद नहीं हुआ है। वे इसी प्रकार सोचते आ रहे थे कि निर्जन वन में कल्माषपाद मिल गया। जो उन्हें देख खाने को दौड़ा। अदृश्यन्ती भी डर गई। पुत्रवधू को निर्भय करने हेतु इन्होंने कमंडल से अभिमन्त्रित जल कल्माषपाद पर छिड़क दिया। इससे वह तुरन्त शापमुक्त हो गया। बारह वर्ष बाद शापमुक्त हो, वसिष्ठ जी के आशीर्वाद से वह पुनः अपने राज्य में आकर राज्य कार्य में लग गया।

अदृश्यन्ती के गर्भ से पराशर का जन्म हुआ। बड़ा होने पर पराशर ने राजाओं का नाश करने की सोची और राक्षसों के विध्वंस हेतु घोर यज्ञ आरम्भ किया। पर वसिष्ठ और पुलस्त्य जी के समझाने पर उन्हें क्षमा कर दिया।

लता-वृक्षों से प्रेम

मध्य प्रदेश में दतिया नरेश के यहाँ एक महान पंडित थे। पं. हरिराम व्यास। सभी शास्त्रों के ज्ञाता। देश के विभिन्न भागों के कोई भी पंडित, विद्वान शास्त्रार्थ में उनके सामने न टिक सका, सभी पराजित हुए। वे जब यात्रा पर निकलते थे तो उनके काफिले में 70 ऊँटों पर केवल उनकी शास्त्रीय पुस्तकें होती थीं। घूमते-घूमते वे काशी नगरी पहुँचे। काशी के विद्वान भी शास्त्रार्थ में उनसे कन्नी काटने लगे। घबराकर वे सभी भगवान विश्वनाथ के दरबार में जाकर दुहाई देने लगे कि उन सबों के पराजय का अर्थ है–काशी के भगवान विश्वनाथ का अपमान। अपने पंडितों की दुर्दशा भगवान शंकर से नहीं देखी गई। शंकर भगवान एक ब्राह्मण के वेश में व्यास जी के पास पहुँचे और बोले कि मैं आपसे दो बातें पूछना चाहता हूँ। व्यास जी ने कहा कि आप किसी भी शास्त्र की बात पूछ सकते हैं, सभी का समुचित उत्तर आपको दिया जाएगा। शंकर जी ने कहा कि मैं शास्त्र-चर्चा के निमित्त तो आपके पास आया नहीं। महज दो बातें जानना चाहता हूँ। प्रथम तो यह कि शास्त्रों का अध्ययन किसलिए किया जाए? व्यास जी ने उत्तर दिया कि शास्त्राध्ययन द्वारा ज्ञान प्राप्त कर परमार्थ चिन्तन में लगकर भगवान का भजन व गुणगान करना ही इसका उद्‌देश्य है। तब शंकर जी ने कहा कि दूसरी बात जो मैं जानना चाहता हूँ वह यह कि आपने इन शास्त्रों के अध्ययन द्वारा ज्ञान प्राप्त कर क्या परमार्थ किया और भगवान का कितना गुणगान किया? व्यास जी क्या उत्तर देते। अभी तक तो उन्होंने अपना सारा समय शास्त्रार्थ में ही गँवाया। व्यास जी नतमस्तक हो पूछ बैठे–"भगवन! सच-सच बताएँ कि आप कौन हैं?" शंकर जी तब अपने वास्तविक रूप में आ गए। व्यास जी ने उनकी चरण-वन्दना की और पूछा कि अब मैं क्या करूँ? कहाँ जाऊँ–इसका मार्गदर्शन करें। शंकर जी ने कहा कि ज्ञान का अहं हो जाने से, तुम्हारे सामने वृन्दावन जाने के सिवा और दूसरा कोई मार्ग नहीं।

तदुपरान्त व्यास जी ने अपने सभी शास्त्रों को गंगा में प्रवाहित कर वृन्दावन की राह ली। वहाँ यमुना-तट पर कुटिया बना निवास करनेवाले एक महापुरुष के पास पहुँचे, जो अँगीठी पर अपने निमित्त खिचड़ी पका रहे थे। व्यास जी ने उनसे कहा कि आपसे एक बात पूछना चाहता हूँ। महापुरुष ने यह सुन अँगीठी पर से अधपकी खिचड़ी उतारकर नीचे रख दी और कहा कि अब पूछो। यह देख व्यास जी ने कहा कि खिचड़ी नीचे क्यों उतार दी? उसे अँगीठी पर रहने दें और बातचीत भी चलने दें। उस महापुरुष ने तत्काल उत्तर दिया–"मैंने तो समझा था कि कोई बुद्धिमान, जिज्ञासु भक्त हो–पर तुम तो निपट गँवार और महामूर्ख दिखते हो।"

व्यास ने पूछा–"यह कैसे?"

महापुरुष–"तुम्हारे पास मन एक है या दो।"

व्यास ने कहा–"एक ही है।"

महापुरुष–"मन तो मेरे पास भी एक ही है। अब मन को तुमसे बातें करने में लगाऊँ अथवा खिचड़ी पकाने में। मन तो दोनों काम एक ही समय में नहीं कर सकता यह दोनों को विकृत कर देगा।"

व्यास ने कहा–"बस-बस, भगवन! मेरा समाधान हो गया। अब मैं चला।"

और व्यास जी वहीं यमुना-तट पर जम गए।

खोजते-खोजते उनके कुटुम्बी वहाँ आ गए। उनको वापस दतिया ले जाने के लिए। कुटुम्बियों को कुछ दिन रुकने को कहा। सोचने लगे कि उनसे कैसे पीछा छुड़ाया जाए। एक दिन उन लोगों के साथ राधा-रमण मन्दिर गए। मन्दिरों में भोग-प्रसाद कभी-कभी मिलते हैं और जिस दिन मिलता है, उस दिन हम सब अपना अहोभाग्य मानते हैं। पर उपेक्षित हरिजन वर्ग के लोग तो नित्य इन मन्दिरों का भोग-प्रसाद सेवन कर अपना जीवन धन्य मानते हैं। तो ऐसा हुआ कि कुटुम्बियों सहित व्यास जी ने मन्दिर में प्रवेश करते समय, एक व्यक्ति को भोग-प्रसाद का दोना लिये बाहर निकलते देखा। व्यास जी ने उस व्यक्ति से एक लड्डू लेकर खा लिया–सभी अपने कानों पर हाथ रख व्यास जी को छोड़ भाग चले। व्यास जी को अत्यन्त दुख हुआ यह सोचकर कि जो मेरे हित-चिन्तन के कारण, ममता व प्यार की बलि देकर मुझे लिवाने आए थे, वे सभी केवल एक लड्डू खा लेने के कारण विकृत मनःचिन्तन के कारण, ममता व प्यार की बलि देकर मुझे अकेला छोड़ भाग गए।

सारी बातों की जानकारी मिलने पर स्वयं दतिया नरेश अपने राजपुरोहित श्री व्यास जी को लिवाने हेतु अपने कर्मचारियों के साथ पधारे। यह सुनकर व्यास जी यमुना-तट की सीढ़ियों के नीचे छिप गए, पर राजकर्मचारियों ने उन्हें खोज निकाला। तब उन्होंने दतिया नरेश से कहा कि चलने से पूर्व मेरे हित-बन्धुओं से तो मिल लेने दें। कर्मचारियों ने देखा कि वे यमुना-तट पर प्रत्येक लता-वृक्षों से लिपट-लिपटकर रोते फिर रहे हैं। दतिया नरेश को जब यह बात बताई गई तो व्यास जी के पास आए और कहा कि इन लता-वृक्षों से आपका इतना लगाव हो गया होगा कि उनका वियोग आपके लिए असह्य हो गया है। आपका यह दुख मुझसे देखा नहीं जाता। आपको यहीं रहने की मैं स्वीकृति दे रहा हूँ।

तब से व्यास जी किशोर-वन में आकर रहने लगे, जो जंगल-झाड़ से घनीभूत था। वहाँ विषैले कीड़े-मकोड़ों का निवास था। उन्हीं के समकालीन श्री हरिदास जी निधु-वन में और श्री हित-हरिवंशजी सेवा-कुंज में निवास करते थे।

संन्यासी का अर्थ

विदेश भ्रमण के दरम्यान स्वामी विवेकानन्द की भेंट पादरी सेंट पीटर से हुई। विवेकानंद ने सेंट पीटर से पूछा कि सन्त किसको कहते हैं? सेंट पीटर ने उत्तर दिया कि जिसे

यदि कुछ मिल गया तो खा लिया और नहीं मिला तो भूखा ही सो गया–ऐसा व्यक्ति ही सन्त है। इस पर स्वामी विवेकानन्द ने कहा कि आपकी परिभाषा के अन्तर्गत एक कुत्ता भी सन्त कहलाएगा, क्योंकि उसे जो मिल जाता है, सो खा लेता है, अन्यथा भूखा ही सो जाता है। तब पीटर ने पूछा कि हिन्दू मान्यता में सन्त कौन है? स्वामी विवेकानन्द ने कहा कि यदि किसी को कुछ खाने को मिल गया तो दूसरों को खिला दिया और जो शेष बचा उसे भगवान का प्रसाद समझकर भोग पा लिया और यदि कुछ भी नहीं बचा तो प्रसन्नतापूर्वक नाचा-गाया और भजन-पूजन किया। सेंट पीटर ने पूछा कि प्रसन्नता क्यों? स्वामी विवेकानन्द ने उत्तर दिया कि प्रसन्नता इसलिए कि चलो, इसी बहाने एकादशी व्रत हो गया।

सेंट पीटर ने तब पूछा कि एकादशी व्रत शब्दों का ताना-बाना नहीं है क्या? तो उत्तर मिला कि शब्द अपने अन्दर एक पूरा वाक्य रखता है। जैसे मैंने पानी माँगा। 'पानी'–इस शब्द के उच्चारण मात्र से मन का भाव है कि एक ग्लास या लोटा भरकर शीतल जल आएगा, जिसे पीकर शरीर की प्यास बुझाकर तृप्ति का अनुभव करूँगा। वैसा ही 'एकादशी' शब्द है–जिससे शरीर, मन, बुद्धि को पवित्र-निर्मल रखकर भगवान की याद में लीन हो जाना है। किसी भी शब्द के गलत अर्थ या भाव नहीं लेना चाहिए, वरन् उसके अच्छे अर्थ ही लेना चाहिए। यह तो मन के भाव पर निर्भर करता है। किसी अतिथि को भोजन कराने में जो सुख व आनन्द मिलता है, वह एक माँ से पूछा जा सकता है। माँ अपने बच्चों को अपने स्तनों से दूध पिलाती है। वह दूध माँ के भोजन तत्त्व की पोषकता प्राप्त कर रक्त बनता है और यही रक्त दूध बनकर माँ के स्तन में आता है। अतएव यह दूध माँ का रक्त ही है। अतः माँ अपने पोषक तत्त्व रक्त दूध के रूप में अपने बच्चे को पिलाकर जो सुख का अनुभव करती है, वह एक माँ ही बता सकती है।

इसलिए यदि कोई वैभव-सम्पन्न है तो अपने वैभव का, विद्वान अपनी विद्वत्ता का, शक्तिवान अपने बल का उपयोग दूसरे अपेक्षित और जरूरतमन्द लोगों में बाँटकर सुख प्राप्त करे। तभी तो शास्त्रकारों ने कहा है–सर्वे भवन्तु सुखिन : सर्वे सन्तु निरामाया : सर्वे भद्राणि पश्यन्तु, मा कश्चित् दुख भागभवेत्।

अनन्य भक्ति

एक बार प्रह्लाद कहीं घूमने निकले। मार्ग में एक जगह कुम्हार ने मिट्टी के कच्चे बर्तनों को पकाने हेतु आँवाँ चारों ओर जला रखा था। वहीं एक स्त्री अश्रुपात करती हुई आँवाँ के चारों ओर मन-ही-मन कुछ बुदबुदाती हुई परिक्रमा कर रही थी। यह देख कच्चे ने उस स्त्री से रोने का कारण पूछा। तब स्त्री ने कहा कि एक बिल्ली ने इस कच्ची हाँडी

में बच्चे जने हैं और यह मेरे पति को ज्ञात न था, उसने चारों ओर आँवाँ जला दी। इन बच्चों की जीवन-रक्षा हेतु मैं भगवान से प्रार्थना करती हुई परिक्रमा द्वारा रक्षा कवच बना रही हूँ। कच्चे ने कहा कि ठीक है, अग्नि बुझ जाने पर मुझे बुला लेना। मैं भी तो देखूँ। अग्नि बुझने पर कच्चे को बुलाया गया। मिट्टी के सारे पात्र लाल-लाल पक चुके थे, मात्र एक ही पात्र कच्चा रह गया था जिसमें बिल्ली के बच्चे 'म्याऊँ-म्याऊँ कर रहे थे।

संशय रहित भगवान पर अगाध श्रद्धा व विश्वास का ही यह फल था। इस घटना ने कच्चे के जीवन की दिशाधारा ही बदलकर रख दी। भगवान की अनन्य भक्ति हेतु इनको कितनी विषम परिस्थितियों से गुजरना पड़ा।

कर्तव्य-पालन का पुण्य

गंगा कुपित हो उठी थी। जलस्तर निरन्तर बढ़ता ही जा रहा था। उसकी विपुल जलराशि तटबन्धों को तोड़ मगध की राजधानी पाटलिपुत्र को कब अपनी चपेट में ले लेगी इसके लिए सभी चिन्तित थे। सम्राट अशोक, महामन्त्री, राज्यपरिषद् और भारी जन समुदाय गंगा-तट पर मूक-विवश खड़े थे। तभी सम्राट के मुख से निकला—''इतने बड़े साम्राज्य में आज ऐसा कोई भी पुण्यात्मा नहीं, जो गंगा की इस उफनती बाढ़ को रोक सके?'' सारा जन-समुदाय स्तब्ध! दर्शक बना खड़ा रहा, किसी के पास कोई समाधान नहीं। तभी भीड़ को चीरती हुई एक युवती सम्राट की ओर बढ़ चली। उसे देख अनेक ने घृणा से अपने मुँह बिचका दिए। कइयों ने आवाज लगाई—''अरे! रोको, रोको! इस अधम पापी के स्पर्श से गंगा और कुपित होकर विनाश का तांडव प्रस्तुत कर देगी।''

भीड़ ने उसका मार्ग अवरुद्ध कर दिया। लोगों के तिरस्कार और अपमान की परवाह न करते हुए वह वहीं से माँ गंगे को सम्बोधित कर बोल उठी—''माँ, भगीरथी! मैं हूँ तेरी एक बेटी बिन्दुमति। रूपाजीवा! अपना रूप और यौवन बेचकर अपना उदर-पोषण करनेवाली एक वेश्या! माँ गंगे! यदि मेरे पाप-कर्मों के बीच पुण्य-कर्मों के तनिक भी संस्कार रहे हों और यदि मैं अपने कर्म के प्रति सत्यनिष्ठ रही हूँ, तो उन पुण्यों का फल परलोक में देने के स्थान पर इसी लोक में अभी दे दो। आप अपना यह तांडव नृत्य बन्द कर दो।'' कहते-कहते बिन्दुमति के नेत्रों से एक दूसरी गंगा दो धाराओं में बह निकली, जिसका महती गंगा में स्पर्श होना था कि उफनती-नाचती नदी का वेग थमने लगा, प्रवाह घटने लगा और शनैः-शनैः शान्त हो गया।

भीड़ आवाक् देखती रही। सम्राट आश्चर्यचकित! एक नगर-वेश्या का कौन सा पुण्य संस्कार है जिसने उफनती नदी के भीषण प्रवाह को शान्त कर दिया। सम्राट ने वेश्या को अपने पास न बुलाकर स्वयं उसकी ओर पग बढ़ा दिए। बोला—''भद्रे! तुमने

स्वयं प्रवाह को शान्त कर दिया। तुमने स्वयं स्वीकार किया कि तुम वेश्या हो। तुम्हारा कार्य घृणित है। लोगों को पथभ्रष्ट करनेवाला है। पाप-पंक में पली नारी! तुमने कौन-सा पुण्य अर्जन कर रखा है जिससे माँ गंगे को तुम्हारी बात मानकर शान्त हो जाना पड़ा।''

उसने कहा–''महाराज! मैं वेश्या अवश्य हूँ। पर जाति, धर्म, कुल, रूप, धन, शिक्षा के आधार पर बिना किसी प्रकार का पक्षपात किए अपने आप आनेवाले प्रत्येक व्यक्ति को निष्कपट भाव से अपनी सेवा दे सन्तुष्ट करती हूँ। अपने व्यवसाय के प्रति ईमानदारी ही वह पुण्य है जिसे माँ गंगे ने स्वीकार किया।''

सम्राट ने बिन्दुमति का एक जन-समारोह में राजकीय सम्मान किया। एक शिलालेख पर खुदवाकर राज-पथ पर यह शब्द अंकित करवा दिया–''अपने कर्तव्य का ईमानदारी से पालन करनेवाला प्रत्येक व्यक्ति पुण्यात्मा है। वह कर्म से चाहे जो भी हो, पर देश और समाज के लिए, संकट काल में, सबसे अधिक उपयोगी सिद्ध होता है।'' यह शिलालेख आज भी सुरक्षित है।

सर्वश्रेष्ठ दानी

महाभारत कालीन प्रसंग है! विषय था–बड़ा दानवीर कौन?

धर्मराज युधिष्ठिर अथवा दानवीर कर्ण। इसके समाधान हेतु दुविधाग्रस्त अर्जुन भगवान श्रीकृष्ण के पास पहुँचे। श्रीकृष्ण ने कहा–''बिना परखे इसे कैसे कहा जाए! चलो भेस बदलकर चलते हैं–दोनों के पास।''

ब्राह्मण वेश में दोनों युधिष्ठिर के पास आए। रिमझिम वर्षा हो रही थी। युधिष्ठिर ने उचित आदर-सम्मान दे, दोनों के उनके पास आने का प्रयोजन न पूछकर कहा–''लगता है आप दोनों बहुत दूर से आ रहे हैं और भूखे हैं। पहले मैं आप लोगों के भोजन की व्यवस्था करता हूँ।''

इस पर श्रीकृष्ण ने कहा–''नहीं श्रीमान! हम दूसरों का बनाया भोजन नहीं करते। स्वयंपाकी हैं, अतः अपना भोजन स्वयं बना लेंगे। मेरे पास अन्न है। जलावन के लिए केवल सूखी लकड़ियाँ चाहिए।''

युधिष्ठिर ने कहा–''क्षमा करें, वर्षा के कारण सूखी लकड़ियाँ तो अभी नहीं मिल पाएँगी।'' ब्राह्मण वेशधारी वे दोनों यह कहकर कि वे केवल उनके दर्शन हेतु आए थे, लौट आए और फिर अंग नरेश कर्ण के दरबार में उपस्थित हुए। कर्ण ने उठकर दोनों का अभिवादन किया, फिर पूछा कि उनकी क्या सेवा की जाए?

श्रीकृष्ण ने कहा–''हम भूखे हैं, अन्न हमारे पास है। हम स्वयंपाकी भी हैं। अतः भोजन बनाने के लिए उचित स्थान और कुछ सूखी लकड़ियाँ उपलब्ध करा दी जाएँ।''

कर्ण ने कहा–"वैसे तो वर्षा के कारण लकड़ियाँ तो गीली होंगी, फिर भी आप रुकें। आपकी भोजन-व्यवस्था हेतु सूखी लकड़ियाँ उपलब्ध करा देता हूँ।"

कर्ण ने तुरन्त एक सेवक को बुलाकर राजदरबार में लगे चन्दन के खम्भे को काटकर, लकड़ी चीरकर, उन दोनों ब्राह्मण वेशधारी श्रीकृष्ण और अर्जुन को भोजन बनाने हेतु दे देने की आज्ञा दी। सूखी चन्दन की लकड़ियाँ मिल गईं जिसे लेकर वे दोनों वहाँ से चल दिए।

मार्ग में श्रीकृष्ण ने अर्जुन से पूछा–"अब तो पता चल गया होगा कि दोनों में श्रेष्ठ दानी कौन है?"

अर्जुन ने कहा–"हाँ प्रभु! मैं अभी तक इसी भ्रम में था कि धर्मराज युधिष्ठिर से श्रेष्ठ दानवीर कौन हो सकता है! अब इससे बढ़कर ज्वलन्त प्रमाण और क्या मिल सकता है! आज मालूम हुआ कि कर्ण जैसा दानवीर कोई नहीं।"

यह सुन श्रीकृष्ण मुस्कुरा दिए।

देनहार कोई और है

अब्दुर्रहीम खानखाना मुगल सम्राट अकबर के नवरत्नों में एक थे। वे कवि होने के साथ-साथ भगवान शिव की तरह औघड़दानी भी थे।

उनके पास शिष्यगण पढ़ने आया करते थे। वे ऐसे दानवीर थे कि पढ़ाते समय भी यदि कोई याचक आ जाता तो तुरन्त उठकर बेहिचक याचक की इच्छापूर्ति कर दिया करते। शिष्य देखते कि जैसे-जैसे रहीम के हाथ दान देने के लिए ऊपर उठते जाते, वैसे-वैसे याचक को बिना देखे उनकी आँखें नीची होती जातीं।

एक दिन उनके शिष्यगण इसका रहस्य जानने हेतु 'रामचरितमानस' के रचयिता गोस्वामी तुलसीदास के पास पहुँचकर इसका कारण पूछा। गोस्वामी जी और रहीम की मित्रता थी। उन्होंने मुस्कुराते हुए शिष्यों को यह पंक्ति लिखकर रहीम को देने के लिए दी–"क्या कारण है ज्यों-ज्यों कर ऊपर उठे, त्यों-त्यों नीचे नैन।" शिष्यों ने पत्र रहीम को दिया। रहीम ने पत्र को आँखों से लगाया, खोलकर पढ़ा और मुस्कुरा दिए। गोस्वामी जी ने जानना चाहा था दान के लिए हाथ जैसे-जैसे उठाते हैं आँखें नीची क्यों हो जाती हैं। इन्होंने उत्तर में लिख दिया–"देनहार कोई और है भेजत है दिन रैन, लोग भरम हम पर करे तो क्यों न हो नीचे नैन। रहीम के उद्‌गार जानकर शिष्य धन्यता का अनुभव करने लगे। किसी ने ठीक ही कहा–दाता एक राम, भिखारी सारी दुनिया।

किसी के संकट निवारण हेतु उसी के दिए हुए खजाने से उसी का धन यदि हम उसी को यथाशक्ति समर्पित कर दें तो यह शुभ ही होगा। पर हम तो दिया करते हैं कर्ता भाव से। फिर उल्लास का भाव कैसे आएगा!

सच्चा भक्त

भगवान श्रीकृष्ण ने देखा कि उनका साहचर्य प्राप्त होने के कारण महारथी अर्जुन में अहं भाव आ गया है कि उसके जैसा श्रीकृष्ण भक्त दूसरा कोई नहीं है। अर्जुन के इस अहं भाव को नष्ट करने की उन्होंने सोची। एक दिन श्रीकृष्ण टहलने निकले अर्जुन के साथ। मार्ग में एक प्रौढ़ ब्राह्मण मिला। उसकी कमर से एक तलवार लटक रही थी और वह हाथों से सूखी घास तोड़कर खा रहा था। ब्राह्मण और कमर में तलवार! फिर हरी घास की जगह सूखी घास खाना! अर्जुन ने आश्चर्यवश उस ब्राह्मण से पूछा–"महाराज! आप अहिंसक होने के कारण शायद जीव-हिंसा के भय से हरी घास के बजाय सूखी घास खा रहे हैं। फिर कमर में यह तलवार क्यों धारण कर रखा है?"

ब्राह्मण ने उत्तर दिया–"यह तलवार मैंने चार व्यक्तियों को दंड देने हेतु लटका रखी है।"

अर्जुन ने पूछा–"वे चार व्यक्ति कौन-कौन हैं और उन्हें आप क्यों दंडित करना चाहते हैं? तब ब्राह्मण ने कहा–"प्रथम तो वह नुकीली चोटीवाला नारद है जो मेरे प्रभु का किंचित् भी खयाल न कर उन्हें कीर्तन-भजन से जगाए रखता है। द्वितीय वह दुष्टा द्रौपदी है जिसने मेरे प्रभु को उस समय पुकारा जब वे भोजन का प्रथम ग्रास लेने ही जा रहे थे। तृतीय वह हृदयहीन प्रह्लाद है जिसने मेरे प्रभु को कड़ाह में खौलते तेल में प्रविष्ट कराया–अपनी प्राणरक्षा हेतु, हाथी के पैरों तले कुचलवाया। इतना ही नहीं, विशाल खम्भे से प्रकट होने के लिए भी विवश किया।"

इतना कहकर ब्राह्मण थोड़ा श्वास लेने को ठहरा तो अर्जुन ने पूछा–"और वह चतुर्थ व्यक्ति कौन है?" ब्राह्मण की आँखें लाल हो गईं, बोला–"वह है दुष्ट, अहंकारी अर्जुन। हमारे प्रभु को अपने सेवक के रूप में सारथी बनाकर नीचे स्थान देकर स्वयं उच्चासन पर विराजमान होता है।"

उस ब्राह्मण की प्रभु भक्ति और इस प्रेम को देख अर्जुन का अहं भाव गलित हो गया, हृदय गद्गद हो गया। अर्जुन अपने को भगवान श्रीकृष्ण का परम भक्त मानता था। उसे ज्ञात हुआ कि वह ब्राह्मण ही उनका सच्चा भक्त है।

चार मठों की स्थापना

एक बार कुमारिल भट्ट काशी नरेश के राजमहल की दीवार से सटकर गुजर रहे थे। काशी नरेश की परम विदुषी सभी शास्त्रों की जानकार सुकन्या उस समय ऊपर बैठी रो रही थी। कुमारिल भट्ट की दृष्टि ऊपर उठी, तो उससे रोने का कारण पूछा। उसकी अश्रुधारा और बह चली। कुमारिल भट्ट ने कहा–"देवी! यदि तुम्हारा दुख मैं दूर कर सका, तो मुझे अति प्रसन्नता होगी। अतः बेहिचक मुझे रोने का कारण बताओ।"

तब राजकन्या ने कहा–''हे भद्र! मैं यह सोचकर दुखी हो रही हूँ कि बुद्ध के जाने के पश्चात् बौद्ध धर्म का जो प्रचार-प्रसार हो रहा है, उससे सनातन धर्म की क्षति हो रही है। ईश्वरीय सत्ता को स्वीकार करने से मनुष्य में जो शान्ति, शक्ति और दैवी गुण विकसित होते हैं, इन बौद्धों के भ्रामक प्रचार ने मानव जाति को काफी क्षति पहुँचाई है। मेरी इस पीड़ा को कौन मिटाएगा, सनातन धर्म का पुनरुद्धार अब कौन करेगा?''

कुमारिल भट्ट ने कहा–''देवी! आपकी यह व्यथा, केवल आपकी ही नहीं, बल्कि पूरी मानव जाति की है। है तो यह कठिन कार्य फिर भी आपकी इस व्यथा को कुमारिल भट्ट मिटाएगा। आप अब निश्चिन्त रहें।''

कहाँ तो बौद्ध धर्म का सर्वव्यापी ढाँचा और कहाँ अकेला वह! सम्पूर्ण भारत में बौद्ध-भिक्षु छा गए थे। उन दिनों सनातन धर्म की महानता का बखान कर बौद्ध धर्म के प्रचंड प्रवाह को थामना कोई खेल नहीं था। उन दिनों काशी सनातन धर्म का गढ़ था और तक्षशिला बौद्ध धर्म का। कुमारिल भट्ट काशी छोड़कर तक्षशिला पहुँचे। वहाँ उन्होंने बौद्ध धर्म के बारह आचार्यों से बौद्ध धर्म का विशद अध्ययन किया। फिर वहाँ के वरिष्ठ आचार्यों के समूह के बीच अकेला ही शास्त्रार्थ की चुनौती दी। शास्त्रार्थ में कुमारिल भट्ट ने सनातन धर्म की महानता सिद्ध कर दी। पर बौद्ध आचार्य हठधर्मिता पर अड़े रहे। बौद्ध आचार्यों ने पूछा कि जब ईश्वर के अस्तित्व का प्रमाण वेद को मानते हो तो ईश्वर रक्षक है ऐसा मानकर पहाड़ से कूदकर दिखाओ। यदि तुम्हें चोट नहीं आई, तो मान लिया जाएगा कि सनातन धर्म सत्य है। हमारा बौद्ध धर्म सत्य है यह कह हम कूदेंगे। जिसका धर्म सत्य होगा वह उसकी रक्षा करेगा। कुमारिल भट्ट ने कहा–''ठीक है। ईश्वर सत्य है, वेद इसका प्रमाण है ईश्वर सबका रक्षक है, वही मेरी रक्षा करेगा।'' ऐसा कहकर वे पहाड़ की चोटी से कूद पड़े पर उन्हें चोट नहीं आई। फिर बौद्धों को ऐसा करने को कहा गया। पर वे कुमारिल भट्ट को तिकड़मबाज और मायावी कहकर कन्नी काट गए। फिर उन्होने उक्ति लगाई और कहा–''तुमने जिन गुरुओं से विद्या पढ़ी, शास्त्राध्ययन किया उन्हीं गुरुओं से शास्त्रार्थ कर उन्हें नीचा दिखाया। तुम्हारा सनातन धर्म तो कहता है कि गुरुद्रोही को प्रायश्चित्तस्वरूप जलकर मर जाना चाहिए। यदि इसे तुम मानते हो तो चावल की भूसी में जलकर दिखाओ।'' कुमारिल भट्ट ने इसे स्वीकार कर लिया और चावल की भूसी की ढेर लगाकर उसमें लेट गए। ऊपर से भी भूसी डालकर फिर स्वयं उसमें आग लगा दी। इस बात को सुनकर आद्यगुरु शंकराचार्य शीघ्रातिशीघ्र वहाँ पहुँचे और बौद्धों की चालाकी में न आने की उन्हें सलाह दी। सनातन धर्म रक्षार्थ उन्हें कुछ वर्ष और जीने की जरूरत बताई। पर कुमारिल भट्ट ने उन्हें इस हेतु अपने शिष्य मंडन मिश्र से मिलने को कह, स्वयं आत्मदाह कर लिया। जनता के सामने सनातम धर्म की श्रेष्ठता सिद्ध कर दिखाई। आज से अढाई हजार वर्ष पूर्व उन दिनों बौद्धों के कारण अराजकता, नास्तिकता, अनाचार, अत्याचार, वेदों

के प्रति अनास्था व सनातन धर्म के प्रति कुठाराघात का वातावरण बदलने हेतु कुमारिल भट्ट का बलिदान भारतीय संस्कृति के इतिहास में भुलाया नहीं जा सकता।

जगद्गुरु शंकाराचार्य ब्रह्मसूत्र के भाष्य पर वार्तिक टीका लिखवाने हेतु प्रयाग में कुमारिल भट्ट के पास आए थे। कुमारिल भट्ट ने ब्रह्मसूत्र भाष्य के प्रथम अध्याय का प्रथम पाठ पढ़ते ही रोमांचित होकर कहा कि यदि मैं इस प्रायश्चित्त में न बैठा होता, तो प्रथम पाठ पर ही मैं दो हजार वार्तिक श्लोक लिख देता। आप मेरे शिष्य मंडन मिश्र से आप मिल लें!

जगद्गुरु अपनी उपस्थिति में कुमारिल भट्ट के शिष्यों से उनका अन्तिम संस्कार कराकर मंडन मिश्र के ग्राम की ओर चल पड़े। ग्राम के पास पनिहारिनें कुएँ से जल भर रही थीं। उनसे मंडन मिश्र के घर का पता पूछा, तो पनिहारिनों ने कहा–

स्वतः प्रमाणं परतः प्रमाण्या प्रमाणम्
फलं प्रदं कर्मफल प्रदोयः, कींरागना यत्र गिरागिरन्ति।
द्वारस्थ नीड़ान्तर अन्निरुद्ध; जाजहि तं मंडन पेडितौक।।
जगद् ध्रुवं स्याज्जगद ध्रुवं स्यात, कीरांगना यत्र गिरागिरन्ति।
द्वारस्थ नीडान्तर सन्निरुद्ध; जानीहि तं मंडन पंडितौकः।।

माधवीय दिग्विजय, श्लोक 6-8, अंक-8

अर्थात पिंजरों में बन्द तोतों की पत्नियाँ जिस घर के सामने संस्कृत में शास्त्रार्थ करती हुई कहती हैं कि वेद स्वतः प्रमाण है या परन, प्रमाण है, कर्म का फल होता है या नहीं, जगत सच है या मिथ्या है–हे यतिवर! उसे ही मंडन पंडित का घर जानना। उनसे पता जानकर आचार्यपाद मंडन मिश्र के घर पहुँचे। मंडन मिश्र दरवाजा बन्द कर श्राद्ध कर्म में लगे थे। वहाँ व्यास जी व जैमिनी जी भी उपस्थित थे। निवृत्त होने पर आचार्यपाद व मंडन मिश्र का शास्त्रार्थ प्रारम्भ हुआ जिसका व्यास व जैमिनी के इनकार करने पर उनकी पत्नी उभय भारती निर्णायिका बनी। कई मास तक शास्त्रार्थ चला। मंडन मिश्र के पराजित होने पर उसकी पत्नी से एक मास शास्त्रार्थ हुआ। तब उभय भारती ने उन्हें हारते न देख काम शास्त्र के विषय में स्त्री-पुरुष के शरीर में मुक्ता पक्ष तथा कृष्ण पक्ष में काम कलाओं का क्या प्रभाव पड़ता है–यह प्रश्न किया। नैष्ठिक ब्रह्मचारी इस प्रश्न का उत्तर कैसे दें! अतः कुछ मास का अवकाश ले एक मृत राजा के शरीर में परकाया प्रवेश कर फिर पुस्तक के रूप में उत्तर लिखकर अपने शरीर में आ गए और अपने उत्तर द्वारा भारती को भी पराजित किया। शर्त के अनुसार मंडन मिश्र गृहस्थाश्रम छोड़कर संन्यासी शिष्य बनकर आचार्यपाद केसा़थ सुरेश्वराचार्य के रूप में दिग्विजय हेतु निकल पड़े। ग्यारह सौ आचार्यों को परास्त कर आचार्यपाद ने सनातन धर्म की पुनर्स्थापना की। पर कठिनाई इन्हें चार्वाक आचार्य को परास्त करने में हुई। आचार्यपाद से चार्वाक ने पूछा–"हे यति! आप कितने प्रमाण मानते हैं?" आचार्यपाद ने प्रत्यक्ष, अनुमान, उषमान, अर्थपंक्ति, अनुपलब्धि–ये 6 प्रमाण बनाए जिस

पर चार्वाक ने प्रत्यक्ष प्रमाण के अलावा पाँचों प्रमाणों को मिथ्या बताया। आचार्यपाद के इस बात का खंडन करने पर चार्वाक ने पूछा—"आप शब्द प्रमाण से बताएँ आज कौन सी तिथि है?" आचार्यपाद ने गणना करके बताया कि आज साठ घड़ी से ऊपर अमावस्या है।

उन दिनों नित्य पंचांग गणना से बनाया जाता था, न कि आजकल की तरह वर्ष भर का। चार्वाक ने खंडन करते हुए कहा—"यह गलत है। आज साठ घड़ी से अधिक पूर्णिमा है। विश्वास न हो तो आज सूर्यास्त होते ही पूर्व दिशा में पूर्ण चन्द्र देख सकते हैं।" सूर्यास्त होते ही दोनों ओर के हजारों शिष्यों ने पूर्वाकाश में पूर्णचन्द्र को देखा। चार्वाकी शिष्यों ने जयनाद किया। आचार्यपाद के शिष्य उदास हो गए। तब आचार्यपाद ने चार्वाक द्वारा तांत्रिक जात्यान्तर विद्या पदार्थ विज्ञान के आधार पर नकली चन्द्रमा बनाने का आरोप लगाकर दोनों ओर के शिष्यों को 7/8 योजन वहाँ से दूर ले गए। वहाँ न चन्द्रमा था, न प्रकाश। इस प्रकार कठिनता से चार्वाकियों को परास्त कर चार मठों की स्थापना की गई। महानुश्यासनम ग्रन्थ द्वारा आचार्यों की योग्यता व नियम बनाए, ताकि अयोग्य व्यक्ति पीठ पर आसीन न हो।

युधिष्ठराब्द संवत् 2663 में उन्होंने सशरीर कैलास की यात्रा की।

गरीब-नवाज

बगदाद में अब्दुल कादिर गिलानी नामक एक प्रसिद्ध सन्त हुए। इन्हें गोशुला आजम की पदवी से विभूषित किया गया था। ये अजमेरवाले ख्वाजा मोइनुद्दीन चिश्ती के सगे मामा थे। एक दिन ख्वाजा मोइनुद्दीन चिश्ती के सामने ही गिलानी ने अपने शिष्यों को सुनाकर कहा कि कल फ़ज़र (सुबह) की नमाज मेरे पीछे रहकर पढ़नेवालों को जन्नत नसीब होगी। उन्होंने यह भी ऐलान किया कि यहाँ मौजूद किसी ने भी मेरी बात को जनसामान्य के बीच घोषित किया तो ऐसी घोषणा करनेवाले को जहन्नुम रसीद होगा।

ख्वाजा मोइनुद्दीन चिश्ती ने सोचा कि यदि यह ऐलान कर देने से अनेक लोगों को जन्नत जाने का मौका मिल जाता है तो अनेक के सुख के लिए मुझे जहन्नुम नसीब होता हो तो स्वीकार्य है। ऐसा मन में सोचते हुए सारी रात जागकर बगदाद में घर-घर जाकर, लोगों को सोते से जगा-जगाकर फ़ज़र के नमाज में शामिल होने का ऐलान कर आए।

सुबह नमाज अदा करने के समय बगदाद के अधिकांश लोग सन्त गिलानी के पीछे जाकर नमाज में शामिल हुए। नमाज के बाद गिलानी की नजर अपने पीछे गई तो देखा कि नमाजियों का एक हुजूम पीछे खड़ा है। उन्हें ताज्जुब हुआ कि इतनी भीड़ कैसे हो गई! पता चला कि ख्वाजा मोइनुद्दीन चिश्ती ने सबको सूचना दी थी। चिश्ती

ने गलती स्वीकार की कि मुझे जहन्नुम जाना स्वीकार है, पर इतने सारे लोगों को जन्नत भेजकर ही! सन्त यह सुनकर बड़े प्रसन्न हुए। उन्होंने चिश्ती को गले से लगा लिया और कहा कि कल जितने शिष्यों के सामने मैंने यह ऐलान किया था, उनमें बस तुमने ही बात पकड़ी। वास्तव में तुम ही गरीब-नवाज हो। आज तलक ख्वाजा मोइनुद्दीन-चिश्ती अजमेर में गरीब-नवाज कहे जाते हैं।

धर्मग्रन्थ के पाठ का तरीका

शेख सादी अपने जमाने के एक ऐसे बुजुर्ग शख्सियत थे। उनका हर जगह बहुत एहतराम था। एक दिन सायंकाल वह घूमने के लिए कहीं जा रहे थे। उनकी नजर शहर की आखिरी सीमा पर बने एक कुएँ के जगत पर बैठे एक मौलवी पर पड़ी। मौलवी अपने धर्मग्रन्थ का पाठ कर रहा था। थोड़ी ही देर में शेख सादी उसके पीछे जाकर चुपचाप उसका पाठ सुनते रहे। फिर एक थप्पड़ उसकी गाल पर मारते हुए कहा कि चुपचाप मन में पाठ कर ताकि तुम्हारी आवाज सुनाई न दे।

दूसरे दिन बड़ा हंगामा मच गया। बात नगर के काजी तक जा पहुँची। मजहब के ठेकेदारों ने खूब नमक-मिर्च लगाकर काजी तक शिकायत कर दी। शेख सादी को बुलाकर पूछा गया कि बात क्या थी। शेख सादी ने कहा कि बात सत्य है कि मैंने थप्पड़ मारा। अदालत में सन्नाटा छा गया। लोगों को यकीन हो गया कि शेख सादी को सजा अवश्य दी जाएगी।

काजी ने बड़ी ही संजीदगी से इसकी वजह बताने को कहा। शेख ने कहा—"काजी साहब, इस मौलवी से इस धर्मग्रन्थ को अपने सामने पढ़वाकर स्वयं देखें। इसकी आवाज इतनी कर्कश है कि लगता है कि किसी को भला-बुरा कह रहा हो। ऐसे में एक ऐसा इनसान जो अनपढ़ हो वह तो यही सोचेगा कि इस धर्मग्रन्थ में यही लिखा है। इस पाठ से क्या पैगाम जाएगा? थप्पड़ मैंने इसीलिए मारा कि इसका अकीदा तो ठीक है। परन्तु यह थप्पड़ उसे बराबर याद दिलाता रहेगा कि जोर से नहीं पढ़ना है।"

काजी ने भी उस मौलवी से पाठ करवाया तो उसे भी लगा कि यह तो बड़ी कर्कश आवाज से पढ़ रहा है। शेख सादी बाअदब बरी कर दिए गए।

साधुता के जागरण का परिणाम

नदी किनारे एक कुटिया में एक साधु ध्यान से उबरा ही था कि कुछ आवाज उसके कानों में पड़ी। आवाज का कारण जानने के लिए वह साधु अपनी कुटिया के बाहर

निकल आया। देखा कि नदी में स्नान करनेवाले दो युवक आपस में बातचीत कर रहे हैं। उन दोनों में से एक कह रहा था–"नहीं रहे अब साधु, समाप्त हो गई है साधुता।" इस पर दूसरा बोला–"क्या कहते हो, लाखों साधु हैं।" पहले की वाणी रोषपूर्ण थी–"इन्हें साधु कहेंगे? ''फिर क्या कहेंगे?''

''काहिलों का समुदाय बहुसंख्यक ऐसा है। जो इक्के-दुक्के तपस्वी साधक हैं, वे भी करुणाविहीन पूँजीपतियों की तरह साधना की पूँजी बटोरने में लगे हैं। इन्हें कुछ भी कहो, भैया! पर इनमें से कोई साधु नहीं है। साधु बिलखती मानवता को देखकर निष्क्रिय नहीं रह सकता है! कर्मठता को त्यागने से भला कोई साधु होता है। एक साधु थे आचार्य शंकर जिन्होंने सारे भारत में सांस्कृतिक क्रान्ति ला दी। लाखों मस्तिष्कों में उलट-फेर कर दिया। हजारो की जीवन शैली बदल दी। हिमालय से सागर तक बहा दिया विद्या का प्रवाह। कहीं रुके नहीं, कहीं टिके नहीं। नंगे पाँव भागते रहे, बाँटते रहे, घूम-घूमकर जीवन-बोध और उन्हीं के अनुयायी ये साधु...! ये छत्र-चँवर धारण कर सिंहासन पर बैठते हैं। स्वयं को धर्म की जागीर के मालिक होने की मुनादी करते हैं। पर कोई तो दिख नहीं रहा जो गर्व से कह सके कि हम साधु हैं। सही अर्थों में आचार्य शंकर के अनुयायी! जो दे सकें कुचली, रौंदी, मसली जा रही मानवता को ऋण! है कोई साधु, जो हम जैसों का कल्याण कर सके।''

''ठीक कहते हो भाई!''

वह जवान साधु भी दबे पैरों इन्हीं के पीछे-पीछे जा रहा था। इन दोनों की बातें सुनते हुए। कावेरी तट पर बनी इस कुटिया में वर्षों से वह जवान साधु योगाभ्यास एवं शास्त्रचर्चा में निमग्न रहता आ रहा था। आज यह प्रश्न उसके अन्तर्मन को खरोंच कर, कुरेदने लगा। उसके पास ईश्वर-प्रदत्त यह स्वस्थ शरीर, प्रखर प्रतिभा, निर्मल प्रज्ञा है। क्या अधिकार है उसे इन सबको काले धन के रूप में जमा रखने का? प्रश्न मथने लगा उसे। कावेरी का शीतल प्रवाह आज उसे शीतलता प्रदान नहीं कर रहा था। शास्त्रों एवं पोथियों के फड़फड़ाते पन्ने उसे एक-एक कर चिढ़ाने लगे।

सायंकाल होते ही वह चल दिया अपनी कुटिया से। साधुता की याद दिलानेवाले उन दो युवकों की खोज में। खोजते हुए साधु पहुँच गया पास के ही गाँव के रहनेवाले उन युवकों के द्वार पर और दरवाजा खटखटाया। रात्रि का समय। अन्दर से आवाज आई–''कौन?'' उत्तर मिला–''एक साधु।''

''साधु!'' आश्चर्यचकित दोनों भाई बाहर निकले। "हाँ साधु, जिसे अपनी साधुता वापस मिल गई। जिसे याद आ गया अपना संकल्प कि उसका स्थान राष्ट्र के प्रत्येक घर का द्वार है।"

साधु के स्वर की गम्भीरता, चेहरे के तेजोवल्य को देख दोनों भाइयों ने प्रणाम किया और पूछा कि क्या आज्ञा है। साधु ने पूछा–"तुम दोनों को प्रातःकाल का वार्तालाप याद है?" दोनों ने कहा–''हाँ।''

"तो मैंने पहला कदम बढ़ाया है, दूसरा कदम तुम्हें बढ़ाना है। बढ़ा सकोगे?"

"अवश्य! क्या करना होगा?" "लोकजीवन को गढ़ने-सँवारने हेतु स्वयं के जीवन का अर्पण।" युवकों ने स्वीकार किया। सारी रात्रि कार्य की रूपरेखा बनती रही। अगली सुबह से प्रारम्भ हो गया छोटे-छोटे मंडलों को गठित करने की तपश्चर्या। अनेक भगीरथों ने कमर कस ली, कितनी अनसुइयाँ व्रतशील हो गईं और यह सब था साधु में साधुता के जागरण का परिणाम। परिवर्तन का चक्र धीरे-धीरे घूमने लगा। साधु की तपःशक्ति ने उसे इतनी गति दी कि उन दोनों युवकों के संचालित क्रान्ति ने दक्षिण के उस अंचल में विजयनगर साम्राज्य की स्थापना की। एक ऐसा साम्राज्य जो कई शताब्दियों तक भारत में राजनीतिक चेतना का स्तम्भ रहा। जिसके विषय में एक फ़ारस के यात्री ने लिखा है—"सम्पूर्ण विश्व में यहाँ जैसी सामाजिक स्थिति न देखी है, न सुनी है। जहाँ चोरी, अत्याचार, व्यभिचार जनकोश में न मिलकर केवल शब्दकोश में मिलते हैं। सचमुच में यह धरती का स्वर्ग है।"

विजयनगर साम्राज्य के संस्थापक दोनों युवक थे हरिहर राय और बुक्का राय, जिनके गुरु थे वह युवक साधु स्वामी विद्यारण्य! स्वामी विद्यारण्य की जाग्रत् साधुता ने समूचे दक्षिण अंचल की मृतप्राय सामाजिक-सांस्कृतिक काया में प्राण संचार किया। उसे स्वस्थ और सुपुष्ट बनाया। विजयनगर साम्राज्य तेलीकोटा की लड़ाई में 25 जनवरी, 1565 को नष्ट हो गया।

स्वामी विद्यारण्य श्रृंगेरी आकर विद्या विस्तार के कार्य को गति देते रहे। अनेक ग्रन्थों का सृजन किया। स्वामी विद्यारण्य का प्रत्येक श्वास, रक्त का प्रत्येक बिन्दु, शरीर का प्रत्येक कोश अन्तिम क्षण तक समाज को निखारता रहा, सँवारता रहा।

आज का वर्तमान कल के सुनहरे भविष्य के सृजन हेतु साधु माँग रहा है। वेश हो या न हो, पर अन्तर में साधुता अवश्य हो।

रामदास का उदात्त चरित्र

अपने विवाह के दिन निकट आते देखकर किशोर नारायण विचलित हो सोच रहा था—पत्नी-बच्चों का जंजाल गले बाँधकर कोल्हू के बैल की तरह जिया जाए अथवा विपन्नताओं से जूझने में जीवन सम्पदा को लगाकर सेवा-साधना की जाए। यवन शाप ने हिन्दुओं का जीना हराम कर दिया था। किशोर नारायण ने विवाह-मुहूर्त आने से पूर्व ही घर छोड़ दिया और संन्यास ले लिया।

किशोर नारायण ने अब समर्थ रामदास बनकर सारे प्रान्त का दौरा किया। व्यायामशाला, पाठशाला का निर्माण कर, कथा-कीर्तन के माध्यम से एवं देवालयों की स्थापना कर जन-संगठन का कार्यक्रम प्रारम्भ किया। स्वतन्त्रता संग्राम छेड़ने के लिए

शिवाजी को प्रोत्साहित किया। परोक्ष रूप से इसके लिए भरपूर सहयोग जुटाया। शिवाजी के सामान्य व्यक्तित्व को छत्रपति स्तर का बनाने में इन्हीं का हाथ था।

साधु समुदाय के लिए वह ऐसा आदर्श छोड़ गए हैं जिसे यदि अपनाया जाए तो देश एवं संसार का काफी भला हो।

अकबर का पूर्वजन्म

चार्वाकी मत को माननेवाले पुरानी मान्यताओं के विरुद्ध हैं। वे पूर्वजन्म व पुनर्जन्म को नहीं मानते। यदा-कदा समाचार-पत्रों में भी ऐसे प्रसंग आ रहे हैं जो यह सिद्ध करते हैं कि पूर्वजन्म होता था, तो पुनर्जन्म होगा ही। इतिहास में ऐसे एक प्रसंग का उल्लेख है जिससे इस सत्य का पता चलता है।

मुगल सम्राट अकबर पचासेक उम्र का हो चुका था। एक दिन वह महल के झरोखे पर बैठा था कि देखा एक काषाय वस्त्रधारी संन्यासी, हाथ में कमंडल लिये रास्ते से गुजर रहा है। वह एकटक उस संन्यासी को देखता रहा। उस संन्यासी में कोई ऐसी विशेष ध्यानाकर्षण योग्य बात न थी और न ही अकबर का संस्कार ही संन्यासी को एकटक देखने की थी। मुस्लिम परम्परा के बिलकुल विरुद्ध सारी बातें थीं। फिर भी एकटक वह उस संन्यासी को देखता जा रहा था। अकस्मात् उसके पिछले संस्कार जाग्रत् हो रहे थे।

अकबर को लगा कि पूर्वजन्म में वह मुकुन्द ब्रह्मचारी नाम का एक ब्राह्मण संन्यासी था। चालीस वर्ष उसने पूर्ण ब्रह्मचर्य व्रत का पालन करते हुए तप किया था। प्रयागराज में त्रिवेणी के संगम पर उसका बहुत बड़ा आश्रम था। उसके 14 विद्वान शिष्य थे। उसके शिष्यों के शिष्यों की भी एक लम्बी शृंखला थी। चूँकि मुकुन्द ब्रह्मचारी कर्मकांडी ब्राह्मण परिवार से था। अतः सन्यस्त जीवन में भी छूत-छात मानता था। एक दिन वह गंगा स्नानोपरान्त झुककर पहनने का वस्त्र उठा रहा था कि उधर से गुजरते हुए एक अछूत की छाया उसके एक अंग पर पड़ गई। वह उद्वेलित हो उठा। वह अपने को दूषित मान बैठा। चिमटे को गरम कर उस विशिष्ट भाग की त्वचा को उसने उधेड़ लिया। जलन होने लगी। इतने पर भी सन्तोष न हुआ, तो उसने अग्नि-स्नान कर अपने को शुद्ध करने का संकल्प ले लिया। शिष्यों के लाख समझाने पर भी वह नहीं माना। तब उनके उन चौदहों शिष्यों ने भी अग्नि-स्नान करने का निश्चय कर लिया। तैयारी होने लगी।

शास्त्रों के प्रकांड विद्वान, उस पर भी संन्यासी, पर मुकुन्द ब्रह्मचारी चालीस वर्षों की तपश्चर्या और दुग्ध प्राशन के बावजूद आत्मतत्त्व को नहीं समझ पाए। सभी प्राणियों में एक ही आत्मा विराजमान है, ऐसी अनुभूति नहीं पा सके। वह भी यही मानकर चल

रहे थे कि उनका ब्राह्मण का श्रेष्ठ शरीर है। शूद्र निम्नतर स्तर के हैं–हेय हैं। गंगा स्नान कई बार किया। आश्रम में आकर गोबर, गोमूत्र से भी शरीर का प्रक्षालन किया। फिर भी अपने को अशुद्ध मान रहे थे। किसी भी शिष्य की उचित सलाह को स्वीकार नहीं कर रहे थे। अतिशयोक्ति हमें कहाँ से कहाँ पहुँचा देती है।

कहते हैं कि त्रिवेणी-संगम के पास ही कोई एक सिद्ध वट था। शायद आज भी है। उसी के नीचे काफी गहरा खड्ड खोदा गया ताकि अग्नि-स्नान कर वे पवित्र और शुद्ध हो जाए। जो पवित्रता क्रोध को बढ़ाए, अहंकार बढ़ाए–उसे पवित्रता नहीं कहा जा सकता। ऐसी पवित्रता आत्मा के अन्तः पटल को नहीं खोल सकती। मुकुन्द ब्रह्मचारी अग्नि-स्नान के लिए तैयार मन्त्रोच्चार कर, हर-हर कहते हुए छलाँग लगाने ही जा रहे थे कि ठीक उसी समय उस क्षेत्र के राजा की सवारी धूमधाम से उधर से गुजरने लगी। उन दिनों राजाओं की आन-बान और शान देखने योग्य थी। उस शान को मुकुन्द ब्रह्मचारी ने देखा। मुग्ध हो गया। मन में आया कि काश! मैं भी इसी शान से जीवन व्यतीत करता। बस इसी बात पर वे भगवान से प्रार्थना करने लगे कि यदि उन्होंने 40 वर्षों तक तपस्या की हो, तो उनको अगले जन्म में ऐसी ही बादशाहत की जिन्दगी मिले। ऐसा कहकर उन्होंने अग्नि में छलाँग लगा दी। गुरु के चले जाने पर शिष्यों ने भी अपना जीवन निरर्थक समझ अपने-अपने शरीर को अग्नि को अर्पण कर दिया। यह प्रसंग है माघ कृष्ण द्वादशी संवत् 1598 का।

हुमायूँ की पत्नी हमीदा बानू उसी दिन गर्भवती हुई और इतिहास गवाह है कि उसके गर्भ से कार्तिक कृष्ण षष्ठी संवत् 1599 को प्रथम प्रहर में अकबर का जन्म हुआ। इस प्रसंग के ठीक आठ मास चौबीस दिनों पर और ठीक 14 वर्षो बाद अकबर बादशाह बना। उसके 14 शिष्य ही थे जो उसके 14 नवरत्न हुए। उसे उचित सलाह देनेवाले। उनमें 9 मुख्य थे। अकबर ने काषाय वस्त्रधारी संन्यासी को जब देखा तो अपने अन्तर में उतर गया। उसे अपना पूर्व जन्म स्मरण होने लगा। उसे याद आने लगा कि अग्नि प्रवेश के पूर्व उसने अपने 40 वर्षों की तपस्या को एक ताम्रपत्र पर अंकित कराया था जिसमें लिखा था–

वसुनि विसर ठाने तीर्थ राजे प्रयागे, तपसी बहु परवे द्वादशी पुरवा यामे,
शिथिल हरवः जहन्न खंड भूमा, सकल दूरिते हारी ब्रह्मचारी मुकुन्दः।

उम्र के चौदहवें वर्ष माघ कृष्ण द्वादशी संवत् 1613 को अकबर बादशाह हुआ। उसकी सारी मान्यताएँ बदल गईं। परम्परा बदल गई। भाषा-विचार सभी बदल गए। अपनी उम्र के 51वें वर्ष में संन्यासी को देखते ही उसका अन्तर्मन उसे झकझोर बैठा। उसने अपने सेवकों को तीर्थराज प्रयाग भेजा–यह कहकर कि सिद्ध वट के नीचे अमुक गहराई तक खोदकर उस ताम्रपत्र को ले आएँ।

कुछ समय पश्चात् चम्पा देवी नामक एक साध्वी की सवारी देखकर उसके मन में पूर्व संस्कार जाग्रत् हो उठे। उस समय तक उसके जलपान में पक्षियों की जिह्वा का

व्यंजन बनाकर दिया जाता था, जो उसका प्रिय भोजन था। चम्पा देवी ने उसे पुनः संस्कार दिया और उसी दिन से अकबर शाकाहारी हो गया। सैकड़ों पक्षियों का वध बन्द हो गया।

वासवदत्ता-उदयन विवाह

भगवान बुद्ध के समय में वत्स प्रदेश का शासक शतानीक का पुत्र उदयन हुआ। शतानीक पांडु-पुत्र अर्जुन के बाद 21वीं-22वीं पीढ़ी में हुआ।

उदयन का राज्य कौशल, अवन्ति एवं मगध से घिरा था। अतएव इन शक्तिशाली प्रदेशों से घिरा होने के कारण वत्स प्रदेश सदा शंकित रहा करता। उदयन ने अपनी स्थिति सुधारने के लिए अनेक विवाह किए। इसने मगध नरेश की बहन रानी पद्मावती, अंग नरेश दृढ़वर्मा की पुत्री आरण्यका, सिंहल राजकुमारी सागरिका, करु देश की एक ब्राह्मण पुत्री भागन्दिया, भद्दवतीय सेठ की पुत्री सोमवती से (जिसे उसके खजांची घोषक ने पाला था) विवाह किया। यह सभी गाथाएँ 'स्वप्न वासवदत्ता', हर्ष लिखित 'प्रियदर्शिका' एवं 'रत्नावली' धम्मपद अष्टकथा तथा मिलिन्द पही में आती हैं।

उदयन जंगली हाथियों को पकड़ने की कला में अति निपुण था। यह बात अवन्ति नरेश प्रद्योत को ज्ञात हुई, उसने वत्स-नरेश उदयन से उसे यह विद्या सिखा देने का आग्रह किया, जिसे उदयन ने ठुकरा दिया। तब अवन्ति नरेश ने एक अद्भुत चाल खेली। उसने लकड़ी का विशाल, सुन्दर और जीवित दिखने लायक एक हाथी बनवाया जिसके अन्दर छिपकर साठ सैनिक बैठ सकें। उसने यह 'हाथी' अवन्ति एवं वत्स राज्य की सीमा पर रखवा दिया। उदयन को पता चला कि राज्य की सीमा पर एक विशाल हाथी दिख रहा है उसे पकड़ने जब वह आया तो अवन्ति नरेश की इस जाल में स्वयं फँस गया। उसे कैद कर अवन्ति ले जाया गया। अवन्ति नरेश ने उदयन के सामने शर्त रखी—हाथी पकड़ने की कला सिखा दो और मुक्त हो जाओ। उदयन ने भी शर्त रखी कि किसी स्त्री को मैं यह विद्या सिखा सकता हूँ, पुरुष को नहीं। अवन्ति नरेश ने तब अपनी पुत्री वासवदत्ता को यह विद्या सीखने हेतु उदयन के पास भेजा। उदयन को यह बतलाया गया कि वह एक कुबड़ी स्त्री को पर्दे के पीछे बिठाएगा, जिसे वह यह विद्या सिखा दे। वह कुबड़ी स्त्री उदयन के सामने नहीं आएगी। तदुपरान्त उदयन ने अपना कार्य प्रारम्भ कर किया। शीघ्र ही उसे पता चल गया कि कुबड़ी स्त्री के रूप में कोई नवयुवती है। वासवदत्ता भी अपने को छिपा नहीं पाई और उदयन से प्रेम करने लगी। अन्ततः उदयन राजकुमारी वासवदत्ता को हाथी पर बिठाकर कौशाम्बी ले भागा, जहाँ उससे विवाह कर लिया।

भगवान राम का वर्णन

महाराष्ट्र के श्री जयराम स्वामी अपने आश्रम में नित्य लीन 'श्रीराम जय राम जय जय राम' मन्त्र का उच्चारण करते रहते। मिरज का अधिकारी दिलेर खान रात्रि में गश्त लगाने निकलता, तो रोज यह शब्द उसके कानों में जाता। साधु-सन्तों से उसे चिढ़ थी। अतएव तंग करने के लिए उसने जयराम स्वामी को कहा कि जिसका नाम तुम लेते रहते हो, उसे मेरे सामने बुलाओ, अन्यथा तुम्हें कड़ा दंड दिया जाएगा।

श्री जयराम स्वामी चिन्तित मन नदी किनारे पहुँचे। समर्थ गुरु रामदास अपने नित्य भजन-पूजन में लगे थे। सारी बातें उन्हें बताकर इस संकट का निवारण करने की उनसे प्रार्थना की। समर्थ गुरु रामदास ने दिलेर खान को सूचना भिजवा दी कि अमुक समय पर भगवान राम का दर्शन करने हम लोगों के साथ चलो। खान निश्चित समय पर आकर इन दोनों के साथ चल दिया। चलते-चलते मिरज का किला आ गया। किले की दीवार में भीतर से बन्दूकों से वार करने के लिए छोटे-छोटे छिद्र बने हुए थे। समर्थ गुरु रामदास अपनी अणिमा शक्ति द्वारा झट से सूक्ष्म रूप धरकर उस छिद्र से भीतर प्रवेश कर गए। उसी प्रकार जयराम स्वामी को भी बुला लिया। फिर खान से उन्होंने कहा—"खान! तुम भी शीघ्र ही अन्दर आ जाओ जिधर से हम दोनों आए हैं। भगवान राम यहाँ खड़े हैं, आकर दर्शन कर लो।"

खान ने अपनी धृष्टता पर लज्जित हो क्षमा माँगी। भविष्य में साधु-सन्तों को तंग न करने का वचन दिया। समर्थ गुरु रामदास ने कहा—"साधु मार्ग पर साधु की कृपा से चला जा सकता है और साधु कृपा साधु की सेवा से प्राप्त होती है।"

सारंग राग

एक बार बादशाह अकबर अपने लाव-लश्कर के साथ नदी मार्ग से दिल्ली से आगरा जा रहे थे। मध्याह्न की धूप से व्याकुल वृन्दावन के सघन वृक्षों की छाया देख लश्कर को यमुना-तट के उचित स्थान पर रुकने का आदेश दिया। स्वयं एक वृक्ष की छाया में शीतल, मन्द, धीर समीर का आनन्द लेते हुए अकबर ने अपने सेवकों को वृन्दावन के किसी अच्छे संगीतज्ञ को बुला लाने को कहा—जो सारंग राग का जानकार हो।

इसके पूर्व एक बार संगीत-सम्राट तानसेन के साथ बादशाह अकबर वृन्दावन के स्वामी हरिदास जी का दर्शन करने आए थे। उनके श्रीमुख से सारंग राग का एक पद सुना था जिससे उनको शीतलता प्राप्त हुई थी। इसी पद को दिल्ली जाकर तानसेन

से पुनः सुना। पर वृन्दावन का वह स्वाद नहीं आया। जिस पर तानसेन ने कहा कि स्वामी हरिदास जी, अनन्त कोटि, बह्माण्ड नायक श्री राधाकृष्ण के लिए गाते हैं। जबकि तानसेन एक क्षेत्र के बादशाह के लिए गाते हैं। ब्रह्माण्ड नायक और एक बादशाह वृन्दावन और दिल्ली, स्वामी हरिदास एवं तानसेन–इनमें अन्तर तो होगा ही, राग एवं स्वाद में स्वाभाविक अन्तर आएगा ही।

इसी दृष्टिकोण से बादशाह अकबर ने वृन्दावन के सारंग राग के जानकार संगीतज्ञ को बुलाने का आदेश दिया। उस समय सारंग राग के सिद्ध गायक वृन्दावन में गंगवाल जी थे। गंगवाल ने अपने दूसरे सखा वल्लभ के साथ पहुँच अकबर को सन्तुष्ट किया। अकबर ने इनसे अपने साथ दिल्ली चलकर दरबार की शोभा बढ़ाने का आग्रह किया। गंगवाल ने विनयपूर्वक अस्वीकार कर दिया। बादशाह अपनी आज्ञा की अवेहलना न सह सका। बलात उन्हें दिल्ली लाकर नज़रबन्द कर दिया। वहाँ उनके आग्रह पर बादशाह के सैनिक उन्हें नित्य यमुना-स्नान कराने ले जाते। एक बार भक्त-प्रवर हरिदास जी तूँमर से भेंट हुई। गंगवाल जी से इस स्थिति के विषय में पूछा गया तो उन्होंने कहा– "आत्मनोमुखदोषेण बध्यन्ते शुक-सारिका, प्रकास्न न बध्यन्ते मौनं स्वार्थं साधकम्!" अर्थात् अपनी वाणी की मधुरता के कारण तोता-मैना पिंजरे में बाँधे जाते हैं, न कि बगुला-कौआ, वैसे ही सारंग राग गाने के कारण मैं भी नजरबन्द हूँ। मौन ही सब कार्यों का साधक है। यह मैं भूल गया। भक्त हरिदास तूँमर कुछ समय बादशाह के यहाँ ड्योढ़ीदार रह चुके थे। उन्होंने कुछ राजाओं से सिफारिश करवाई कि दुखित मन से कोई भी कलाकार अपनी कला का प्रदर्शन नहीं कर सकता। तब अकबर ने गंगवाल को मुक्त किया।

इसलिए कहा गया है–

राजा जोगी अगिन जल इनकी उलटी रीति,
बचते रहियो परशुराम ये थोरी राखे प्रीति।

श्यामसुन्दर का चित्र

दिल्ली के अत्यन्त समीप होने के कारण वृन्दावन की महिमा का वर्णन प्रायः शाहजहाँ सुनता रहता था। कवियों एवं रसिकों के मुख से एक दिन मुरली मनोहर कन्हैया की प्रशंसा सुनकर बादशाह ने कहा कि तुम सब व्यर्थ का बकवास करते हो। भला श्यामल रंग में भी सुन्दरता होती है? काला तो कुरूप ही होता है! विद्वानों ने इसका प्रतिवाद करते हुए कहा कि श्याम तो वह है ही तथा तीनों लोकों में सर्वाधिक सुन्दर भी है। तब शाहजहाँ ने अपने राज्य के सर्वोत्कृष्ट चित्रकारों को बुलाकर उनसे अलग-अलग चित्र बनाने को कहा–श्यामसुन्दर का ठीक-ठीक प्रतिरूप। सभी

चित्रकारों ने जैसा सुना था, अपने-अपने अनुमान के अनुसार श्यामसुन्दर का अलग-अलग चित्र बनाया। चित्रकारों ने श्यामसुन्दर को कभी देखा तो था नहीं। अतएव उनके चित्रों में एकरूपता नहीं थी। बादशाह को सभी चित्रों में कुछ न कुछ दोष दिख ही गया। इस कारण सबको अयोग्य मानकर चित्रकारों को कारागार में डाल दिया।

बादशाह के पास प्रायः कहीं-न-कहीं से उपहार आते ही रहते थे। एक बार कश्मीर से बहुमूल्य सुगन्धित इत्र आया। सूँघने पर उन्हें मनभावन लगा। अपनी बेगम नूरजहाँ को बादशाह ने इत्र सूँघने को दिया। नूरजहाँ बेगम ने इत्र सूँघकर कहा कि इसमें प्याज की गन्ध आ रही है। बादशाह को आश्चर्य व दुख दोनों हुए अतएव बेगम के कहने पर जहाँ से इत्र आया था, बादशाह ने वहाँ अपने गुप्तचरों को ठीक-ठीक पता लगाने को भेजा। गुप्तचरों ने पता लगाकर बादशाह को सूचना दी कि जिन पुष्पों का इत्र बना, वे पुष्प प्याजवाली टोकरी में रखे थे। इसी कारण प्याज की गन्ध उस इत्र में मिली थी। बेगम की इस सूक्ष्म घ्राण शक्ति पर प्रसन्न हो बादशाह ने उससे कुछ माँगने को कहा तो बेगम ने उपरोक्त सभी चित्रकारों को कारागार से मुक्त कर देने को कहा। इस पर बादशाह ने चित्रकारों का दोष बताया कि श्यामसुन्दर का हूबहू चित्र वे नहीं बना सके हैं। तब बेगम ने कहा कि हूबहू चित्र बनाना सर्वथा असम्भव है क्योंकि जितने रंग हैं वे सब तदनरूप नहीं मिले हैं। वैसा ही रंग मँगाकर उन्हें दें जैसे कि आँख की पुतली का रंग। बादशाह ने कहा कि ठीक-ठीक वैसा ही रंग तो मिलना सम्भव नहीं। तब बेगम ने कहा कि फिर हूबहू वैसा ही चित्र बनना भी सम्भव नहीं। बादशाह ने प्रसन्न हो सभी चित्रकारों को कारागार से मुक्त कर दिया।

श्यामसुन्दर का दिव्य-चित्र तो उनके भक्तों के हृदय व नेत्रों में ही बन पाते हैं।

धर्म का चाबुक

बात ईसवी सन्! 1802-03 की है जब पंजाब रियासत के महाराजा रणजीत सिंह ने लाहौर राजदरबार में एक जश्न मनाया। जश्न में भाग लेने के लिए अमृतसर से नर्तकी मोराँ आई थी, जिसे देखते ही महाराजा सुध-बुध खो बैठे और उसे हर हालत में प्राप्त करने को व्याकुल हो उठे। मोराँ के धर्म-पिता मियाँ समद से बातचीत कर नर्तकी मोराँ से बाकायदा विवाह कर वे उसे अपने महल में ले आए। फिर तो उसकी नाजो-अदा तथा जुल्फों के पेचोखम में ऐसे उलझे कि सारा राजकार्य अस्त-व्यस्त होने लगा। वे अहर्निश कामिनी की गोद में आमोद-प्रमोद में लिप्त हो अपने जीवन का

उद्देश्य भूल बैठे। अकालतख्त के तत्कालीन जत्थेदार फूला सिंह यह बर्दाश्त न कर सके और तुरन्त महाराजा को अकालतख्त पर हाजिर होने का हुक्मनामा जारी कर दिया। तब तक अपनी प्रियतमा मोराँ के विशेष आग्रह पर महाराजा ने सन् 1803 में उसके नाम का सिक्का मोराँशाही भी जारी कर दिया था।

जत्थेदार का हुक्मनामा यानी अकालतख्त की सर्वोच्च धार्मिक सत्ता का हुक्मनामा, जिसका उल्लंघन करने का साहस किसी भी सिख में नहीं। महाराजा को विवश हो अकालतख्त के समक्ष उपस्थित होना पड़ा। महाराज की गलती पढ़कर सुनाई गई। सभी क्रियाकलापों की समीक्षा के उपरान्त जत्थेदार ने महाराजा के नंगे बदन पर सौ कोड़े लगाए जाने की आज्ञा सुना दी। यह सजा सुनकर महाराजा ने अपना शीश नवा दिया उन्हें एक वृक्ष से बाँध दिया गया। वहाँ उपस्थित दरबारी, सारी जनता आर्तनाद कर उठी। 'क्षमा-क्षमा' की आवाज और माँग गूँजने लगी। समस्त जनता के उद्गारों के मद्देनज़र जत्थेदार ने यह सजा माफ़ कर दी। फिर भी महाराजा के लिए इतनी भी सजा कम न थी। इसके बाद 36 वर्षों तक महारजा रणजीत सिंह ने पूर्ण गरिमा के साथ पंजाब पर शासन किया। अंग्रेज इनके डर से काँपते थे।

धर्म ने एक अंकुश की नाई राजनीति को दशा और दिशा प्रदान की। राज्य निरंकुश हो तो धर्म को ही अंकुश लगाने को आगे आना पड़ता है।

कारूँ का हृदय-परिवर्तन

आज से सैकड़ों वर्ष पूर्व अरब में विचित्र बादशाह था कारूँ, जिसके पास अथाह सम्पत्ति थी। दौलत इकट्ठा करने की धुन में उसने अपने राज्य के अमीर-गरीब किसी को भी नहीं बक्खा। प्रजा कंगाल हो गई थी। उसने सुन रखा था कि लोग अपने किसी प्रियजन की मृत्यु पर उसके मुख में चाँदी का सिक्का डालकर उसे दफनाया करते थे। अतः उसने राज्य में जितनी भी कब्रें थीं, उन सभी को चाँदी के सिक्कों के लिए खुदवा डाला था। हजारों लोग कब्रें खोदने में लगे रहते। पर कारूँ बादशाह की दौलत की तृष्णा कभी शान्त नहीं हुई।

ऐसे ही माहौल में गुरु नानकदेव उधर से गुजर रहे थे हरि नाम का प्याला ले मस्ती में झूमते-गाते हुए कि किसी कर्मचारी ने उन्हें बादशाह का फरमान सुनाकर कुछ धन राजकोष में जमा करने को कहा। पर गुरु नानकदेव तो ठहरे फक्कड़, पास में एक धेला भी नहीं, तो देते क्या? इनके चारों ओर तो एक दिव्य फिजा थी। कर्मचारी ने उन्हें बादशाह कारूँ के समक्ष उपस्थित किया। दिव्य फिजा का ही यह प्रभाव था कि बादशाह उठकर खड़ा हो गया और दीन-हीन भाव से कहा—"ऐ फकीर! बोलो, मैं आपकी क्या सेवा करूँ?"

गुरु नानकदेव ने कहा–"ऐ बादशाह! मैं यह छोटी-सी सूई आपके पास अमानत के रूप में सौंपता हूँ जिसे आप अपने मृत्योपरान्त खुदा के दरबार में मेरे वहाँ आने पर वापस कर देना, क्योंकि अब मेरी मुलाकात तुमसे नहीं होगी।"

बादशाह सकपकाया, फिर बोला–"आप यह कैसी बातें कर रहे हैं? भला यह सूई वहाँ तक कैसे ले जाई जा सकती है? आज तक ऐसा कहीं सुना नहीं गया है। यह मैं नहीं कर सकता।"

तब गुरु नानकदेव ने कहा–"यह जानते हुए भी कि वहाँ एक छोटी-सी सूई भी नहीं ले जाई जा सकती है, तो तुम यह सारी दौलत वहाँ तक कैसे ले जा सकोगे, जिसके लिए तुमने अपने राज्य की सारी कब्रें खुदवा डाली हैं?"

आज तक कारूँ के सामने ऐसा कहने की किसी ने जुर्रत तक नहीं की थी। तभी तो किसी ने कहा है कि शहंशाह की फौज में वो ताकत नहीं, जो एक फकीर की मौज में होती है। बादशाह कारूँ को बात लग गई, वह दीवाना हो गया उस फकीर का। अब तक वह गलत दिशा पकड़कर गलत काम कर रहा था। सारी जिन्दगी जिस दौलत को वह अपने सीने से चिपकाए बैठा आ रहा था, वही प्राणों से प्रिय चाँदी-स्वर्ण सड़कों पर बिखेर दिए गए।

कारूँ के दिल ने पलटा खाया। उसने दिशा जो बदली तो गजब कर दिया। एक जागरूक व्यक्ति ने मात्र एक वाक्य कहा, जिसने तीर की तरह कारूँ के दिल पर चोट किया जिससे सोया हुआ व्यक्ति जागकर उठ बैठा।

जनक को अष्टावक्र का उपदेश

राजा जनक की शोभायात्रा के लिए, मिथिलानगरी के राजपथ को पथिकों से शून्य बनाने की प्रक्रिया! राजसेवकों ने महामुनि अष्टावक्र को मार्ग से हटने के लिए कहा। उन्होंने हटने से इनकार कर दिया। कहा–"प्रजाजनों के आवश्यक कार्यों को रोककर, अपनी सुविधा का प्रबन्ध करना राजा के लिए उचित नहीं। अनीति करनेवाले राजा को समझाना ऋषियों का कर्तव्य है। आप जाकर राजा तक मेरा सन्देश पहुँचाएँ। मैं यहाँ से हटूँगा नहीं। राजपथ पर ही चलूँगा।"

क्रोधित हो राज्याधिकारी उन्हें बन्दी बनाकर राजा के पास ले गए। राजा जनक ने सारा वृत्तान्त सुना। वे बहुत प्रभावित हुए। उन्होंने कहा कि जिस देश में ऐसे सत्पुरुष मौजूद हैं जो राजा तक को प्रभावित कर सकें, वह देश धन्य है! नीति और न्याय के पक्ष में आवाज़ उठानेवाले सत्पुरुषों के द्वारा ही जनमानस की उत्कृष्टता स्थिर रह सकती है। ऐसे सत्पुरुष ही राष्ट्र की सम्पत्ति हैं। उन्हें दंड नहीं, सम्मान देना चाहिए।

राजा जनक ने अष्टावक्र से क्षमा चाहते हुए कहा–"आपकी निर्भीकता ने हमें अपनी गलती समझने और सुधारने का अवसर दिया। आज से आप 'राजगुरु' रहेंगे। इसी निर्भीकता से सदा न्यायपक्ष का समर्थन करते रहने की कृपा करें।"

साधु का दान

पहले के साधुओं की व्यक्ति, समाज और देश–सभी पर पैनी दृष्टि होती थी। ऐसा ही एक साधु नित्य सम्राट विक्रमादित्य के दरबार में आता और एक फल उन्हें भेंट कर चला जाता। नित्य का यह क्रम महीनों चलता रहा। सम्राट अपने मन्त्री को यह फल दे दिया करते। एक दिन सम्राट ने यह फल मन्त्री को न देकर अपने पालतू बन्दर को दे दिया। बन्दर ने फल में दाँत गड़ा दिया तो उसमें से एक बहुमूल्य हीरा निकल आया। सम्राट को लगा कि साधु द्वारा दिए गए पिछले फलों में अवश्य ही हीरे रहे होंगे। सो उन्होंने मन्त्री से पूछ ही लिया कि साधु द्वारा दिए फलों का क्या किया?

मन्त्री ने कहा कि वे सभी फल तहखाने में जमा करा दिए गए हैं। इस पर सम्राट मन्त्री और साधु को लेकर तहखाने में पहुँचे और देखा कि फल तो सड़-गल गए हैं, पर हीरे उन सबमें अभी भी मौजूद हैं। यह देखकर सम्राट ने उस साधु से नित्य फल भेंट करने का करण पूछा। साधु ने उत्तर दिया–"आप वीर पुरुष हैं। पर शासक को वीरता के साथ-साथ जागरूक होना भी आवश्यक है। आप कितने जागरूक हैं–यह देखने के लिए ही मैं भेंटस्वरूप यह फल लाता रहा हूँ। हमें प्रसन्नता है कि आज आप जग गए हैं।"

आज है कोई ऐसा साधु-फ़कीर जो हमारे सुषुप्त, शासकों को पुनः जगा सके।

बिल्ली का वजन

एक सनकी राजा अपने छोटे-छोटे पड़ोसी राजाओं को उलटी-सीधी बातों से सदा ही परेशान करता रहता, धमकियाँ देता रहता। एक बार उसने अपने पड़ोसी राजा के पास अपने राजदूत द्वारा एक बड़ी-सी सफ़ेद बिल्ली भेजकर कहलवाया कि इस बिल्ली को पोषक एवं स्वास्थ्यवर्धक खुराक इस ढंग से दी जाए कि यह स्वस्थ रहे मगर इसका वजन न बढ़े। दो मास बाद उनका राजदूत बिल्ली को लेने आएगा। यदि उसका वजन एक रत्ती भी बढ़ा, तो उनकी सेना आक्रमण कर उस राज्य पर कहर बरपा कर देगी।

पड़ोसी राज्य का महामन्त्री चुस्त व चालाक था। उसने बिल्ली को एक ऐसे कमरे में रखा जिसके दोनों ओर दरवाजे थे। दोनों दरवाजों की ओर एक-एक खूँखार कुत्तों को बाँध दिया, जो बिल्ली को देख-देखकर गुर्राता रहता। बिल्ली को दूध-मलाई, अच्छा-अच्छा भोजन भी नित्य दिया जाता। अच्छा भोजन मिलते रहने से खून बनता, शरीर भी स्वस्थ रहता। पर जितना खून बनता, उतना ही दोनों ओर से खूँखार कुत्तों की गुर्राहट सुनकर बिल्ली का खून सूखता जाता और बिल्ली का शरीर पनप नहीं पाता।

दो मास उपरान्त सनकी राजा का राजदूत आकर बिल्ली को वापस ले गया। राजा ने बिल्ली का वजन लिया–न एक रत्ती बढ़ा न एक रत्ती कम हुआ–ज्यों-का-त्यों रहा। सनकी राजा को इसका रहस्य जब बताया गया, तो वह अत्यन्त प्रसन्न हुआ और पड़ोसी राजा के महामन्त्री को बहुमूल्य उपहार भिजवाया।

शाश्वत दान

अपने-अपने जन्मदिन लोग अपने-अपने ढंग से मनाते आ रहे हैं। उस दिन माधवराव पेशवा का भी जन्मदिन था। तो पेशवा स्वयं अपने हाथों से मुक्तहस्त दान दे रहे थे–किसी को अन्न, किसी को वस्त्र, तो कुछेक को स्वर्ण। पंक्ति में एक बालक भी खड़ा था, उसकी पारी आने पर उसने अन्न-वस्त्र कुछ भी लेना स्वीकार नहीं किया। पेशवा को बड़ा आश्चर्य हुआ। छोटा-सा बालक दान लेनेवालों की पंक्ति में खड़ा है और कुछ लेना नहीं चाहता। तो फिर पंक्ति में खड़ा क्यों है? पूछा–''क्यों वत्स! अन्न-वस्त्र, स्वर्ण लेना नहीं चाहते तो फिर चाहिए क्या तुम्हें!''

बालक ने गम्भीरतापूर्वक कहा–''पेशवा महाराज! इन नश्वर पदार्थों को लेकर मैं क्या करूँगा! यह तो दो-चार दिन टिकनेवाली है। दान देना ही चाहते हैं तो मुझे शाश्वत दान देने की कृपा करें।'' पेशवा उस बालक का आशय फिर भी न समझ पाए। अतएव पूछ बैठे–''शाश्वत दान से तुम्हारा तात्पर्य क्या है?''

बालक ने कहा–''शाश्वत दान से मेरा आशय है विद्या दान। मुझे तो यही चाहिए।''

बालक के इस उत्तर से पेशवा को प्रसन्नता हुई। उन दिनों काशी विद्या का केन्द्र था। पेशवा ने राजकर्मचारियों को निर्देश देकर बालक को काशी में विद्याध्ययन का प्रबन्ध कराया।

विद्याध्ययन पश्चात् यही बालक प्रसिद्ध न्यायाधीश रामशास्त्री के रूप में जाना गया, जिसने पेशवा की गद्दी के अधिकारी नारायणराव की हत्या करने के अपराध में उसके चाचा रघुनाथ राव पेशवा को सार्वजनिक रूप से अपराधी घोषित किया। पर शासन द्वारा इसे कार्यान्वित न करा सकने पर त्यागपत्र दे राज्य छोड़कर अपने गाँव चले गए।

वरदान की वापसी

एक बार पाँच अपंग और असमर्थ लोग एकत्र हो कहने लगे कि यदि भगवान ने हमें समर्थ बनाया होता तो बहुत परमार्थ करते। अन्धे ने कहा कि यदि मेरी आँखें होती तो जहाँ कहीं अनुपयुक्त देखता, वहीं उसे सुधारने में लग जाता। लँगड़े ने कहा कि यदि मेरे पैर होते तो मैं दौड़-दौड़कर भलाई के काम करता। निर्बल ने कहा कि यदि मुझे बल होता तो अत्याचारियों को मजा चखा देता। निर्धन ने कहा कि यदि मैं धनी होता तो दीन-दुखियों के लिए सब कुछ लुटा देता। मूर्ख ने कहा कि मैं विद्वान होता तो संसार में ज्ञान की गंगा बहा देता।

वरुण देव उनकी बातें सुन रहे थे। उनकी सच्चाई परखने के लिए उन्होंने सभी को आशीर्वाद दिया। इन पाँचों को उनकी इच्छित वस्तुएँ मिल गईं। पर परिस्थिति बदलते ही उन सबके विचार बदल गए। अन्धा सुन्दर वस्तुओं को देखने में लगा रहता और इतने दिनों की अतृप्ति बुझाता। लँगड़ा सैर-सपाटे के लिए निकल पड़ा। बलवान ने दूसरों को आतंकित करना शुरू कर दिया। धनी कारोबार करने लगा। विद्वान ने चतुराई के बल पर जमाने को बनाना शुरू कर दिया।

बहुत दिनों बाद वरुण देव उधर से लौटे और यह देखने के लिए रुक गए कि उन असमर्थों की प्रतिज्ञा पूरी हुई या नहीं। वे पाँचों अपनी स्वार्थसिद्धि में लगे मिले। वरुण देव बहुत खिन्न हुए और अपने दिए हुए वरदान वापस ले लिये। अब उन्हें अपनी पुरानी प्रतिज्ञाएँ याद आईं और वे सभी पछताने लगे कि आए हुए शुभ अवसर को उन्होंने इस प्रकार प्रमाद में क्यों खो दिया। पर समय निकल चुका था, पछताने से बनता भी क्या।

मातृभक्ति

सन् 1880 की घटना है। उड़ीसा में भारी अकाल पड़ा। नीलगिरि में एक किसान परिवार के सभी लोग भूखे मर गए। केवल एक स्त्री और उसका बच्चा सतीश बचा रहा। उनकी दशा भी शोचनीय हो गई। स्त्री बीमार पड़ गई। बच्चा भीख माँगने निकलता। कहीं जूठन या और कुछ मिल जाता तो उसी को लाकर माँ को खिलाता और तब स्वयं खाता। एक दिन लड़के की दशा भी बहुत दयनीय हो गई थी। किन्तु वह उठा, कहीं से कुछ खाने को प्राप्त किया और अपनी माँ को खिलाने ले चला। भूख उसे भी इतनी लगी थी कि चला नहीं जा रहा था। फिर भी उसने यही उचित समझा कि पहले माँ को खिलाकर तभी कुछ मुँह में डालना चाहिए। वह मुश्किल में घर तक तो आ गया, किन्तु माँ के हाथ पर भोजन रखते-रखते उसके प्राण-पखेरू उड़ गए।

शरीर बहुमूल्य रत्न-भंडार

एक मनुष्य किसी महात्मा के पास पहुँचा और कहा–"मैं बहुत गरीब हूँ। भगवान की मुझ पर अकृपा है। उसने औरों को बहुत धन दिया और मुझे कुछ नहीं दिया। आप ऐसी कृपा कर दीजिए, जिससे मुझे भी धन मिल जाए।" महात्मा ने कहा–"जो कुछ तेरे पास है, उसे बेच दे। तुझे बहुत धन मिल जाएगा।" उसने कहा–"मेरे पास तो कुछ भी नहीं। ईश्वर ने मुझे ऐसा भी कुछ नहीं दिया, जिसे बेचकर मैं अपना काम चला सकूँ।"

महात्मा ने कहा–"अपनी एक आँख बेच दे तो तुम्हें 10 हजार रुपए दिला दूँगा।" वह तैयार नहीं हुआ। फिर क्रमशः हाथ, पैर आदि बेचने के लिए कहा और प्रत्येक अंग की दस हजार रुपए कीमत बताई। वह व्यक्ति इनमें से किसी भी चीज को बेचने को तैयार नहीं हुआ। महात्मा ने कहा–"दस-दस हजार रुपए मूल्य की दस चीजें तो मैंने ही तुमसे माँगी। एक लाख रुपए की तो यही सम्पत्ति तेरे पास मौजूद है। फिर अपने को गरीब क्यों बताता है! ईश्वर ने जो तुम्हें प्रचुर मात्रा में सम्पत्ति का भंडार–यह शरीर दिया है, इसे काम में ला। परिश्रम करके उपार्जन कर और प्रसन्न रह। शरीररूपी बहुमूल्य रत्न-भंडार का ठीक तरह से उपयोग करनेवाला कभी दरिद्र नहीं रह सकता।"

जहाँ एकता व प्रेम, वहीं लक्ष्मी

एक बहुत धनवान व्यक्ति के यहाँ चार बेटों की चार बहुएँ आईं। वे बड़े उग्र स्वभाव की और असहिष्णु थीं। दिन-रात घर में कलह मचा रहता था। इससे खिन्न होकर भगवती लक्ष्मी ने वहाँ से चले जाने की ठानी। रात को लक्ष्मी ने उस सेठ को स्वप्न दिया कि अब मैं जा रही हूँ, क्योंकि यह कलह मुझसे देखा नहीं जाता। जहाँ लड़ने-झगड़नेवाले लोग रहते हैं, वहाँ मैं नहीं रह सकती। सेठ बहुत गिड़गिड़ाया, रोने लगा, लक्ष्मी के पैरों से लिपट गया और कहा कि मुझ जैसा अपने अनन्य भक्त को छोड़कर आप न जाएँ। लक्ष्मी को उस पर दया आ गई। उन्होंने कहा–"कलह के स्थान पर मेरा ठहर सकना तो संगत नहीं। ऐसी स्थिति में अब मैं तेरे घर तो किसी भी प्रकार नहीं रहूँगी। हाँ, यदि माँगना हो तो एक वरदान मुझसे माँग ले।" सेठ ने कहा–"अच्छा माँ! यही सही। आप यह वरदान दें कि मेरे घर के सब लोगों में प्रेम व एकता बनी रहे।" लक्ष्मी तथास्तु कहकर वहाँ से चल दीं। दूसरे ही दिन से सब लोग प्रेमपूर्वक रहने लगे। एक दिन सेठ ने स्वप्न में देखा कि लक्ष्मी फिर घर लौट आईं। उसने उन्हें प्रणाम किया और पुनः पधारने के लिए धन्यवाद दिया। लक्ष्मी ने कहा–"इसमें धन्यवाद की कोई बात नहीं।

मेरा उसमें कुछ अनुग्रह ही नहीं। जहाँ एकता रहती है, प्रेम होता है, वहीं मैं बिन बुलाए ही पहुँच जाती हूँ।

विनम्रता की पहचान

भूदेव मुखोपाध्याय ने अपने पिता विश्वनाथ तीर्थ भूषण की स्मृति में एक कोष कायम किया था, जिसका उद्देश्य था–प्राचीन शास्त्रों के अध्ययन में संलग्न सदाचारी और त्यागी विद्वानों को सहायता देना। इसकी ओर से जिन विद्वानों को सत्पात्र समझा जाता था, उनके पास वर्ष में पचास रुपए की राशि मनीऑर्डर द्वारा भेज दी जाती थी। इसके लिए न तो उनको किसी से प्रार्थना करनी पड़ती थी और न कार्यालय जाना पड़ता था। उस कोष में से जिन लोगों को प्रथम वर्ष सहायता दी गई, उनकी राशि 'एजुकेशनल गजेट' में प्रकाशित की गई। जिस कर्मचारी ने सूची तैयार की थी उसने आरम्भ में लिखा–इस वर्ष जिन अध्यापकों तथा विद्वानों को 'विश्वनाथ वृत्ति' दी गई है उनकी नामावली। जब भूदेव बाबू ने उस सूची को देखा तो उन्होंने इस प्रकार लिखने को गलत बताकर कहा कि इस तरह लिखा जाना चाहिए–इस वर्ष जिन अध्यापकों तथा विद्वानों ने 'विश्वनाथ वृत्ति' स्वीकार करने की कृपा की है, उनकी नामावली।

सच है, दान की शोभा नम्रतापूर्वक देने में ही है।

सबसे प्रेम करना सीखो

एक बार एक स्त्री सन्तान न होने से खिन्न होकर सन्त चिदम्बरम दीक्षित के पास गई। सन्त ने उसे दो मुट्ठी चने दिए और कहा कि बैठ जा, जब खा लूँ तब आना। वह स्त्री बैठकर चने खाने लगी। इसी समय खेलते-खेलते पाँच-सात बच्चे आकर उस स्त्री के मुँह की ओर देखने लगे। कुछ ने हाथ पसारा। उसने किसी को एक दाना भी नहीं दिया। सन्त ने देखा, उस स्त्री को पास बुलाया और कहा–"माँ! जब मुफ्त में मिले चने से भी चार दाने, तुम किसी को न दे सकीं, तब भगवान हाड़-मांस के बच्चे तुम्हें कैसे देंगे? जाओ, सबसे प्रेम करना सीखो। भगवान प्रेम से ही प्रसन्न होते हैं।"

अयाचित उदारता

सौराष्ट्र के विद्वान और सन्त हृदय रामचन्द्र भाई, जो बम्बई में जवाहरात का धन्धा करते थे, ने एक व्यापारी से सौदा किया कि एक महीने बाद वह इतने जवाहरात

उनके हाथ इस भाव पर बेचेगा। संयोगवश जवाहरात का दाम चढ़ने लगा और एक महीने में इतना अधिक हो गया कि यदि वह व्यापारी इस सौदे के अनुसार जवाहरात देता, तो उसका दिवाला निकल जाता, मकान भी बिक जाता। तब रामचन्द्र भाई उसकी दुकान पर गए। इनको देखकर उसने कुछ चिन्तित होकर कहा–"आपके सौदे के विषय में मुझे स्वयं चिन्ता है। चाहे कुछ भी हो, मैं रुपयों की व्यवस्था करके आप का देना चुका दूँगा।" रामचन्द्र भाई ने कहा–"इस सौदे के बारे में जैसी तुमको चिन्ता है, वैसी ही मुझको भी है, और इस चिन्ता का कारण यह लिखा-पढ़ी है। यदि इसे खत्म कर दिया जाए तो दोनों की चिन्ता का अन्त हो सकता है।" व्यापारी ने कहा–"आप ऐसा विचार न करें। मैं दो दिनों के भीतर आपका रुपया अवश्य दे दूँगा।" रामचन्द्र भाई ने उसके सामने ही सौदे की लिखा-पढ़ी के कागज को फाड़कर फेंक दिया और कहा–"मैं जानता हूँ कि इस समय जवाहरात के दाम बढ़ जाने से तुम पर मेरा चालीस-पचास हजार रुपए का लेना हो गया है पर मैं यह भी जानता हूँ कि इतना रुपया देने से तुम्हारी क्या हालत हो जाएगी। रामचन्द्र दूध पी सकता है, रक्त नहीं पी सकता।" रामचन्द्र भाई की अयाचित उदारता को देखकर वह व्यापारी उनके पैरों पर गिर पड़ा और कहा–"आप मनुष्य नहीं, सचमुच देवता हैं।"

साधना का श्रम

कवि नर्मद शब्दकोश लिखने में मग्न थे। थके-से व्यक्ति से यह कार्य असम्भव था। मगर गुजरात के इस कवि का उत्साह असीम था। खाना-पीना भूलकर भी साहित्य-साधना में व्यस्त। शब्दों के अर्थ, उनकी व्युत्पत्ति, उनसे बननेवाले शब्द–बस। दिमाग में चौबीस घंटे यही धुन! घर का कोई ध्यान नहीं।

एक दिन वे रसोईघर में आए। देखा–रसोइया गुमसुम बैठा है। चेहरे पर दुख और चिन्ता की रेखाएँ। पूछा–"निरभयराम! ऐसे क्यों बैठा है?" निरभयराम बोला कुछ नहीं, सिर्फ टुकुर-टुकुर देखता रहा। "निरभयराम! बोलता क्यों नहीं? चल भोजन परोस। अभी शब्दकोश का बहुत काम बाकी है, भाई!"

"कैसे परोसूँ?" कवि नर्मद चौंक उठे। कवियों से लक्ष्मी वैसे ही रूठी रहती है। जेब में हाथ डाला तो एक चवन्नी निकल आई। निरभयराम को देते हुए कहा कि जा, चना-मुरमुरा ले आ। और उस दिन उन दोनों ने वही खाकर अपनी पेट की ज्वाला शान्त की। पर नर्मद के चेहरे पर वही प्रसन्नता विराजमान थी।

साधना का श्रम कितना दुर्गम है!

देना भी एक कला है

"अरे सुकान्त! आज यह केले की दावत किस उपलक्ष्य में दी जा रही है?" सुप्रसिद्ध रसायनशास्त्री आचार्य प्रफुल्लचन्द्र राय ने अपने छात्र से पूछा, जो उनके भोजन-जलपान की व्यवस्था नियमित रूप से करता था। सुकान्त प्रसन्नता व्यक्त करता हुआ धीरे से बोला–"सो केले और दूध की मात्रा जरा अधिक लेने से आपका स्वास्थ्य सुधरेगा–ऐसा सोचकर ही मैंने दो पैसों के बजाय छह पैसों का केला लाना शुरू कर दिया।"

"पर आवश्यकता से अधिक आहार लेना तो हमारे शास्त्रों में पाप बताया गया है। फिर तुमने तो पैसों का अपव्यय भी किया और व्यवस्था भी भंग की। आज मैं जलपान में केला नहीं लूँगा। दो दिन और भी नहीं लूँगा, तो बजट वापस अपनी मर्यादा में आ जाएगा। और हाँ, ये केले तुम सभी छात्रों में बाँटकर खा लो।" आचार्य ने कहा।

सुकान्त को अति दुख हुआ कि उसकी ही अव्यवस्था के कारण आचार्य अब तीन दिन केले नहीं खाएँगे। उनकी कंजूसी पर मन ही मन ग्लानि भी हुई। एक दिन एक सामाजिक कार्यकर्ता आया और पढ़ने में तल्लीन सुकान्त से पूछा–"प्रफुल्ल दादा हैं कि नहीं?" सुकान्त ने कहा–"हाँ हैं! अभी अपनी चरण-पादुका की सेवा कर रहे हैं। प्रफुल्ल दा अभी कुछ ही देर में आ जाएँगे। बैठिए।"

कुछ ही समय में प्रफुल्ल दा आए और उस सज्जन से चर्चा में निमग्न हो गए। बातों ही बातों में उस सज्जन ने एक पुराने सामाजिक कार्यकर्ता हेतु सहायता की बात चलाई। प्रफुल्ल दा ने कहा–"हाँ भाई! उनका समाज पर बड़ा ऋण है। हमें उनकी हर सम्भव सहायता करनी चाहिए।" फिर उन्होंने सुकान्त को बैंक की पासबुक लाने को कहा और पूछा–"पासबुक में कितने रुपए जमा हैं।" सुकान्त ने बताया–"कि पासबुक में 3350 रुपए जमा हैं।" प्रफुल्ल दा ने शीघ्र तीन हजार का बेयरर चेक काटकर देते हुए कहा–"यह तो आप आज ही उनके पास पहुँचा दें। आज घूमकर कुछ और व्यवस्था करता हूँ।"

सुकान्त के सामने पहेली खड़ी हो गई। उसने पूछा–"गुरुजी! एक दिन तो आपको एक आने के केले अधिक लाना अपव्यय लग रहा था। पर आज तीन हजार रुपए देने में जरा भी दुख नहीं हुआ।"

"हाँ, एक-एक पैसा बचाकर ही किसी अच्छे काम के लिए तीन हजार रुपए दे पाया हूँ, बेटे! हमें अपव्यय से बचना चाहिए। और जहाँ देना जरूरी हो, दिल खोलकर देना चाहिए। धन का सदुपयोग करना भी एक कला है। इसे जीवन में व्यवहृत करना सीखो, सुकान्त!"

एक बार हँस दो!

चैतन्य महाप्रभु प्रसिद्ध तार्किक एवं न्याय दर्शन के विद्वान थे। अच्छे-अच्छे तार्किक इनके तर्क के सामने ठहर नहीं पाए। न्याय दर्शन पर इन्होंने एक वृहद् ग्रन्थ लिखा था, जिसमें कई वर्ष लगे थे। उस समय के एक बड़े प्रसिद्ध विद्वान थे रघुनाथ। उन्होंने भी न्यायदर्शन पर एक ग्रन्थ लिखा था, जिस पर उन्हें बड़ा अभिमान था। एक बार महाप्रभु अपने लिखे ग्रन्थों को साथ ले, नाव से गंगा पार जा रहे थे। उसी पर रघुनाथ भी जा रहे थे। उन्होंने महाप्रभु की कोई न्याय दर्शन की पुस्तक पढ़ी और कहा–''मैं समझता था कि न्याय दर्शन पर लिखी मेरी पुस्तक अद्वितीय है, जिससे मेरा बहुत नाम होगा। पर आपके इस ग्रन्थ के सामने तो मेरी रचना बिलकुल फीकी है और मैं अपने को बहुत छोटा अनुभव करने लगा हूँ। मैं तो निराश सा हो गया हूँ।'' यह सुनते ही महाप्रभु ने अपनी अमूल्य निधि अपनी सारी रचनाओं को बिना किसी हिचकिचाहट के गंगा में फेंक दिया और उसकी निराशा को आशा में परिणत कर दिया, फिर बोले–''बन्धु! अब खुश होकर एक बार हँस दो।'' कृतज्ञता और आभार से पं. रघुनाथ लिपट गए चैतन्य महाप्रभु से। आँखों में ममता के आँसू थे।

त्याग की यह एक अप्रतिम घटना है।

बुढ़ापे का भय

किसी गाँव में एक गरीब किसान रहता था। थोड़ी-सी जमीन से जो कुछ पैदा होता, उससे किसी प्रकार अपना गुजर-बसर करता था। परिवार में उसकी पत्नी और एक लड़का था। गाँव के स्कूल की पढ़ाई समाप्त होने पर किसान ने अपने एकमात्र पुत्र को शहर में पढ़ने भेजा। स्कूल की पढ़ाई समाप्त कर पुत्र ने कॉलेज में प्रवेश लिया। किसान की यही एक सन्तान थी। उसने अपना पेट काटकर बेटे को उच्च शिक्षा दिलाई, इस विश्वास पर कि वह बुढ़ापे का सहारा बनेगा और सारा कर्ज भर देगा। बेटे की पढ़ाई समाप्त हो गई। उसे अच्छी सरकारी सेवा में ले लिया गया और उच्चाधिकारियों के निवास योग्य सरकारी बँगला मिल गया। अपनी मर्जी से उसने वहीं शहर की एक पढ़ी-लिखी, सुसम्पन्न परिवार की लड़की से विवाह कर अपने माँ-बाप को सूचना दी। इस शोक में उसकी माँ चल बसी। किसान अब अकेला रह गया। गाँव में अब उसका मन नहीं लगता था। अतः गाँव का घर-सम्पत्ति बेचकर वह शहर में अपने पुत्र के साथ रहने चला गया। जिस समय वह पुत्र के बँगले पर पहुँचा, उसका पुत्र अपनी मित्र-मंडली के साथ बैठा चाय-पान में व्यस्त था। एक

देहाती बेतरतीब कपड़े-लत्तों में उसके बाप को देखकर मित्रों ने पूछा कि कौन है यह। पुत्र ने कहा कि मेरे गाँव के परिचित हैं। उसकी पत्नी ने कहा कि इन्हें नौकरों के रहनेवाले आउट-हाउस की एक खाली कोठरी रहने को दे दो, ताकि अपने आनेवाले परिचितों के सामने लज्जित न होना पड़े।

अपने बाप को आउट हाउस में भेजकर अपनी पत्नी के कहने पर अल्यूमिनियम के बर्तन में खाने के लिए रखवा दिया। कुछ दिनों तक ढंग से सब कुछ चलता रहा। इसी बीच उसे पोता हुआ। पर पोता के साथ खेलने का मौका भी उसे नहीं दिया जाता। अब तो सबके खा-पी चुकने के बाद जो शेष बचता, वही बूढ़े को खाने को मिलता। जो भी रूखा-सूखा भोजन मिलता, खाकर उसी छोटे-से कमरे में अकेला पड़ा रहता। पोता कुछ बड़ा हुआ, तो उसे पता चला कि उसका बूढ़ा दादा नौकरों के क्वार्टर में पड़ा रहता है अकेला। पोता कभी-कभी माँ की अनुपस्थिति में दादा के पास बैठने लगा। दादा अपने पोते को अच्छी-अच्छी कथाएँ सुनाया करता। पोता ही अब अपने दादा का भोजन लाया करता। बड़ा होने पर अब वह स्कूल भी जाने लगा। पढ़ने-लिखने से जो समय बचता, वह दादा के पास बैठकर वही सुख-दुख की बातें करता। जैसे-जैसे वह बड़ा होता गया उसे संसार का ज्ञान होने लगा। उसे अनुभव होने लगा कि दादा के साथ बड़ा अन्याय हो रहा है। पर वह कुछ भी करने में असमर्थ था। अब वह कॉलेज में प्रवेश ले चुका था। एक दिन पोते ने दादा को इस विवशता से छुटकारा दिलाने का निर्णय कर दादा के पास आया और कहा–"दादा! आपका यह दुख मुझसे देखा नहीं जाता। मैं आपको इससे मुक्ति दिलवाऊँगा। किन्तु जैसा मैं बोलूँ वैसा करते जाना, कुछ बोलना नहीं।" दादा मान गया। दूसरे दिन दादा के कमरे में बर्तनों के फेंकने की एवं शोरगुल की आवाज बेटे-बहू को मिली, तो दोनों दौड़ पड़े उस आउट हाउस की ओर। देखा कि उनका पुत्र बहुत क्रोध में अपने दादा पर बरस रहा है, दादा की आँखों में आँसू हैं। उन दोनों ने अपने पुत्र से इसका कारण पूछा तो पुत्र ने कहा–"आप लोगों ने अल्यूमिनियम के बर्तन रख दिए थे इनके भोजन के निमित, उसे हटाकर मैंने मिट्टी के पात्र यहाँ रखवा दिए थे, जिसमें यह बूढ़ा भोजन करने लगा था। मैंने सोचा था कि परिपाटी के अनुसर बूढ़ा होने पर मैं भी अपने बाप को ऐसे ही पात्र में भोजन दिया करूँगा। पर क्या करूँ। इस बूढ़े ने तो मिट्टी के बर्तनों को भी तोड़ दिया। रोज़-रोज़ मिट्टी के बर्तनों को तोड़कर यह कमरे के कोने में ढेर लगाता जा रहा है। मेरी समझ में नहीं आता कि अब क्या करूँ!" यह सुनते ही बेटा-बहू दोनों अवाक् रह गए और उनके रोंगटे खड़े हो गए। अपने आनेवाले दिनों के जीवन के विषय में सोचकर। उसी दिन बेटे-बहू ने अपने बूढ़े बाप को अपनी कोठी में एक कमरा दे दिया और अब उनके आराम की सारी सुविधाएँ उपलब्ध करा दीं। दादा-पोते ने अब सुख की साँस ली।

भामिनी की पतिसेवा

विद्या वाचस्पति मिश्र मध्यकालीन समय के प्रसिद्ध विद्वान थे। दिन-रात अपने अध्ययन में रत रहनेवाले। उनकी आवश्यकताओं की पूर्ति हेतु उनके माँ-बाप ने उनका विवाह कर दिया था। माँ-बाप की इच्छा का आदर करते हुए वाचस्पति मिश्र ने विवाह कर लिया। शास्त्रों के अध्ययन, संकलन-लेखन के कारण उन्हें नित्य क्रिया-कर्म और भोजन-पानी की भी चिन्ता नहीं रहती। उनकी पत्नी समय पर जलपान-भोजन रख जाती। सायंकाल होने पर दीपक जलाकर रख जाती और प्रातःबेला में उसे बुझा जाती—कब, इसका पता तक उन्हें नहीं चलता। दिन-महीना-वर्ष, एक पर एक बीतता जा रहा था। पर पत्नी निस्संकोच अपने कर्तव्य का पालन करती जा रही थी। एक सायं अँधेरा हो गया। लिखने में कठिनाई हो रही थी कि भामिनी नामवाली वह पत्नी दीपक ले आई और उनके समक्ष रखकर जाने लगी। एकाएक वाचस्पति मिश्र की दृष्टि उधर गई। उन्होंने पूछा—"देवी! तुम कौन हो?" पत्नी ने कहा—"आपकी दासी हूँ।" तब इन्होंने पूछा—"कहाँ रहती हो?" पत्नी ने कहा—"आपके चरणों में।" इन्होंने कहा—"यह तो स्त्री की मर्यादा का उल्लंघन है।" पत्नी ने कहा—"मैं मर्यादित रूप में आपकी धर्मपत्नी हूँ।" इन्होंने कहा—"अच्छा! कब से यहाँ हो?" उतर मिला—"छतीस वर्षों से।" इन्होंने कहा—"आश्चर्य है कि तुम छत्तीस वर्षों से यहाँ रहते हुए बिना किसी इच्छा, कामना अथवा शिकायत के मेरी अहर्निश सेवा करती आ रही हो और मुझे पता तक नहीं। मैं अति प्रसन्न हूँ। आज मुझसे माँगो जो तुम्हारी इच्छा हो।" भामिनी ने कहा—"अब तो मैं इच्छाओं से आगे बढ़ गई हूँ। सन्तान उत्पन्न करने की सीमा भी पार कर गई। आपकी चरण-सेवा करते हुए मेरा शेष जीवन कट जाए बस, एक यही इच्छा शेष है।" वाचस्पति मिश्र ने कहा—"सन्तान सुपुत्र होता या कुपुत्र होता—कौन जानता! अतः सन्तान सुख की लालसा अब क्या करना! हाँ, पुत्र का सुख मैं तुम्हें दूँगा। पुत्र ही माँ-बाप का नाम आगे बढ़ाता है, पुत्र के कारण ही संसार माँ-बाप को जानता है। अतः मैं जो पुस्तक लिख रहा हूँ, उसके नामकरण से देश तुम्हें सदा याद रखेगा।" और उस पुस्तक को आज हम 'भामिनी' के नाम से जानते हैं।

धाय माँ का तालाब

माँ के दूध नहीं उतरता था, सो धाय रखी गई। धाय ने बच्चे को दूध ही नहीं पिलाया, माँ की ममता भी दी और माँ की सी तत्परता, लगन एवं सूझ-बूझ से उसका चरित्र-निर्माण भी किया। सगी माँ ने धाय माँ का वह आत्मभाव देखा तो उसे वचन दिया कि बच्चे की पहली कमाई पर तुम्हारा अधिकार होगा।

बच्चा बड़ा होकर संस्कृत का प्रकांड विद्वान बना। शंकर मिश्र नामक इस पंडित की प्रथम काव्य-रचना पर दरभंगा नरेश ने लाखों रुपए कीमत का हार पुरस्कार दिया। बेटे के हाथ से उस हार को अपनी माँ ने अपनी प्रतिज्ञानुसार धाय माँ को दिला दिया। धाय माँ उस मूल्यवान हार का क्या करती! उसे अपना पारिश्रमिक तो मिल ही गया था। सो उस धन से उसने जन-हित में कष्ट निवारणार्थ एक तालाब बनवा दिया, जो आज भी 'धाय माँ के तालाब' से जाना जाता है।

गंगाराम का संकल्प

एक हीरे का टुकड़ा दुर्भाग्य से पत्थरों के बीच गिर गया था। शीत, धूप और वर्षा ने उस पर ऐसी परत चढ़ा दी थी कि वह बहुत ही बदरंग लगने लगा था। एक दिन एक घुड़सवार उधर से निकला। घोड़े की खुर की ठोकर लगने से उस पत्थर की एक तरफ की काई छूट गई। वह घुड़सवार रत्नों का पारखी था और एक ही झलक में उस अनमोल रत्न को पहचान गया। उसने उसे उठा, साफ कर अपने पास रख लिया। हीरे को अपना पारखी मिल गया।

इसी तरह की विडम्बना मनुष्य के साथ भी होती है। उसको चमकाने के लिए भी कभी ठोकर की ज़रूरत पड़ती है। ठोकर लगने पर वह पत्थर से रत्न बन जाता है। लेकिन यह भी आवश्यक नहीं कि हर व्यक्ति ठोकर खाकर प्रेरणा ले। पता नहीं कितने लोगों को रोज अपमान के घूँट पीने पड़ते हैं। लोगों की उलटी-सीधी गालियाँ सुननी पड़ती हैं, पर उन पर कोई असर नहीं पड़ता। इनमें से कुछ ही हैं, जो इस अपमान की कसक को अनुभव करते हैं और एक दिन संसार को यह दिखा देते हैं कि दृढ़ संकल्प से क्या नहीं हो सकता!

ऐसे ही ठोकर खाकर महान बननेवालों में एक था बालक गंगाराम। लाहौर के गवर्नमेंट कॉलेज में पढ़ता था। आर्थिक कठिनाइयों के कारण उसकी पढ़ाई में बाधा पहुँच रही थी, इसलिए वह कोई नौकरी करना चाहता था। उसके पिता एक अंग्रेज एग्जीक्यूटिव इंजीनियर के यहाँ नौकर थे। एक बार वह अपने पिता से मिलने वहाँ गया। पिता उस समय वहाँ नहीं थे। उसने साहब के कमरे में झाँका। वहाँ भी कोई न था। गंगाराम जिज्ञासावश वहाँ खड़ा रहा। थोड़ी देर बाद उसके मन में पता नहीं क्या विचार आया कि वह इंजीनियर साहब की कुर्सी पर बैठ गया। इसी बीच साहब आ गए। उसे कुर्सी पर बैठा देख, वह आग-बबूला हो गए। उन्होंने उसे दो तमाचा जड़ दिया। 'इस कुर्सी पर बैठने की तमीज़ भी है'—ऐसा कह उसे धक्का देकर कमरे से निकाल दिया। साहब का यह वाक्य उसके मन को अन्दर तक बींध गया।

गंगाराम ने उसी समय संकल्प कर लिया कि मैं इंजीनियर बनूँगा। दृढ़ संकल्प में कितना बल होता है, इसका वह प्रत्यक्ष प्रमाण बन गया। वर्षों के सतत श्रम एवं अध्ययन द्वारा वह एग्जीक्यूटिव इंजीनियर बना और लाहौर की उसी कुर्सी का चार्ज उसी अंग्रेज इंजीनियर से लिया, जहाँ वह 12 वर्षों तक विराजमान रहा। सर गंगाराम की सफलता भूलने की चीज नहीं। उन्होंने भूल से कुर्सी पर बैठकर खाए थप्पड़ को ही प्रेरणा का केन्द्र बनाकर जीवन लक्ष्य चुना।

कालिदास

मूर्ख कालिदास की नव-विवाहित पत्नी के अपमानजनक सम्बोधन ने उसे इतनी मर्मान्तक पीड़ा पहुँचाई कि कालिदास उसी रात्रि घर से निकल पड़ा काशी की ओर, और जब लौटा तो महान कवि कालिदास बनकर, जिसकी रचनाएँ आज विश्व में प्रशंसित हैं।

इन घटनाओं में एक बात यह उल्लेखनीय है कि अपमान ने कटुता व कुंठा को जन्म नहीं दिया बल्कि स्वाभिमान को जाग्रत् किया। कुछ कर दिखाने का संकल्प उत्पन्न किया। नहीं तो प्रायः यह होता है कि अपमानित व्यक्ति अपमान करनेवाले व्यक्ति को नीचा दिखाने के प्रयास में बहुत ही नीचे गिर जाता है। जीवन की कटुताओं से बल प्राप्त करना तथा विष में से अमृत की बूँदें निकाल लेना जीवन की सबसे बड़ी उपलब्धि है। इसी गुण से साधारण व्यक्ति महान बनते हैं। अपमान तथा तिरस्कार की आग से तपकर जो बाहर निकलता है, वह अपनी दृढ़ता से सबको झुका देता है। हमारे युगपुरुष इसके जीते-जागते उदाहरण हैं।

मूँग के दाने की सुरक्षा

एक सन्त ने तीर्थयात्रा पर जाने के समय अपने दो शिष्यों को बुलाकर मूँग का एक-एक दाना थमाते हुए निर्देश दिया कि उनके वापस लौटने तक उसे सँभालकर रखा जाए।

पहले शिष्य ने उस मूँग के दाने को एक सिल्क के टुकड़े में लपेटा, उसे एक मखमली डिब्बे में रखा। मखमली डिब्बा लोहे के बक्से में रखकर एक मजबूत ताले से जड़ दिया, चाबी अपने पास रख ली।

दूसरे शिष्य ने उस मूँग के दाने को ले जाकर ज़मीन में गाड़ दिया।

पाँच-छह वर्ष के बाद सन्त लौटकर आए और दोनों शिष्यों को बुलाकर मूँग के दाने वापस करने को कहा। पहला शिष्य उन्हें अपने घर ले गया। उनके सामने लोहे

के बक्से को खोलकर मखमली डिब्बा निकाला, लपेटा एक सिल्क का टुकड़ा खोला, तो देखकर अवाक् रह गया। वहाँ दाना तो नहीं था, हाँ दाने की ऊपरी परत का एक गोल छिलका अवश्य दिखा। उसने कहा–''गुरुजी! दाना तो यहाँ नहीं है, जबकि रखा यहीं था।'' गुरुजी ने कहा कि शायद वहाँ किसी कोने में सूराख होगा, जिससे वह निकल गया होगा। शिष्य ने कहा–''ऐसा भी नहीं।''

दूसरे शिष्य से माँगा, तो पहले ने कहा–''गुरुजी! यह तो हमसे भी गया-बीता है। इसने तो उसे मिट्‌टी में मिला दिया।'' गुरु जी ने दूसरे शिष्य से पूछा तो उसने कहा कि इसके लिए आपको मेरे गोदाम में चलना पड़ेगा। गुरु जी उसके साथ गोदाम गए और पूछा कि कहाँ है वह मूँग का दाना। शिष्य ने कहा कि यह पड़ा है बोरियों में भरा हुआ। गुरु ने पूछा–''इसका मतलब?'' शिष्य ने कहा–''मैं उस एक दाने को कहाँ-कहाँ सुरक्षित रखता फिरता। मैंने उसे धरती में गाड़ दिया। कुछ दिन बाद देखा कि वहाँ एक अंकुर फूटा, पौधा निकला–उसमें अनेक उसी तरह के दाने आ गए। मैंने तोड़कर उन्हें पुनः धरती में गाड़ दिए, तो अनेक पौधे उग आए, उनमें लाखों दाने निकल आए, जो आज इन बोरियों में भरे पड़े हैं। मैं उस विशेष दाने को ढूँढ़ न पाया। आप समर्थ हैं। कृपया उसे ढूँढ़ने में आप मेरी सहायता करें।'' सन्त प्रसन्न मन वापस अपनी कुटिया में आ गए।

बगीचे का रखवाला

मुसलमानों में एक सन्त हुए हैं इब्राहिम जो किसी समय अपनी आजीविका हेतु एक सेठ के बगीचे की देखभाल करते थे। एक बार सेठ अपने कुछेक मित्रों को बगीचा दिखाने ले आया। उसने माली का काम करनेवाले इब्राहिम को अपने विशेष मित्रों के लिए बगीचे के सुन्दर, रस भरे, मीठे आमों को तोड़कर लाने को कहा। इब्राहिम ने सेठ की आज्ञा का पालन करते हुए एक टोकरी आम लाकर उसके सामने रख दिया। मित्रमंडली आम चखते और खट्‌टा होने से फेंक देते। सेठ क्रोधित हो इब्राहिम से कहा कि वर्षों से इस बगीचे की देखभाल करने पर भी आज तक तुम्हें यह पता नहीं चला कि कौन-से वृक्ष का आम मीठा है और कौन-सा खट्‌टा!

इब्राहिम ने कहा कि मैं इस बाग का माली और रखवाला दोनों हूँ। यदि मैं ही इसके फल का रसास्वादन करने लगूँ, तो फिर रखवाला कैसा? सेठ निरुत्तर हो इब्राहिम का मुँह देखने लगा।

आज के परिवेश में देश के रक्षक ही भक्षक बन बैठे हैं और देश को गर्त में ढकेले जा रहे हैं।

भद्र-अभद्र

एक सज्जन पुरुष, जिन्हें अपनी भद्रता का अहं था, अपने किसी कार्यवश लखनऊ गए। स्टेशन के बाहर ताँगेवाला से पूछा–"अमीनाबाद चलोगे?"

"चलेंगे।"

"कितने पैसे लोगे?"

"जी हुजूर, जो मुनासिब समझें, दे दें।" ताँगेवाले ने कहा।

गन्तव्य पर पहुँचकर जो पैसे उन्होंने ताँगेवाले को दिए, वह बहुत ही कम थे। ताँगेवाले ने कहा–"हुजूर, इतने पैसों में तो घोड़े की घास भी नहीं आएगी।"

इतना सुनते ही उस सज्जन ने तैश में आकर ताँगेवाले को गालियाँ देना प्रारम्भ कर दिया। गालियों का सिलसिला अभी प्रारम्भ ही हुआ था कि ताँगावाला बोला–"पैसे न देना हो तो मत दें। पर मैं आपसे कोई बहस आपकी भाषा में करूँ, यह मेरा ज़मीर इजाज़त नहीं देता।" इतना कह वह ताँगे पर जा बैठा, घोड़े को चाबुक लगाया और देखते-ही-देखते आँखों से ओझल हो गया।

बात बड़ी छोटी-सी है, पर अर्थ बड़ा और सार्थक है। मनुष्य के भद्र-अभद्र होने की पहचान उसके पद, पैसे, पोशाक से नहीं, बल्कि उसकी बातचीत से होती है, वाणी पर उसके संयम से होती है।

भद्र कौन हुआ–वह सज्जन अथवा ताँगावाला? यह प्रश्न विचारणीय है।

वरेण्य साधना का स्वरूप

एक सुसंस्कृत परिवार का सद्गृहस्थ नीतिपूर्वक धनार्जन कर परिवार का पालन-पोषण करता। शेष धन परमार्थ में लगाता। इस प्रकार अपना जीवन एक विरक्त साधु की तरह व्यतीत कर रहा था, मानो वह तपोवन में रहकर साधना कर रहा हो। सम्पर्क में आनेवाले सभी इससे प्रसन्न रहते।

उनकी इस तप साधना से प्रसन्न हो एक दिन इन्द्रदेव उनके सामने प्रकट हुए और वर माँगने के लिए कहा। सद्गृहस्थ को न तो किसी चीज का अभाव था, न किसी प्रकार का असन्तोष। फिर किसी के आगे हाथ पसारना उनके स्वाभिमान के विरुद्ध था। पर देवता बुरा न माने, इसलिए कुछ तो माँगना ही होगा।

तो उन्होंने इन्द्रदेव से कहा–"प्रभु! आप ऐसा करें कि जहाँ भी मेरी छाया पड़े, वहाँ प्रभु की कृपा बरसने लगे।" इन्द्र ने तथास्तु कह तो दिया पर फिर उससे पूछ बैठे–"भक्त! किसी भी व्यक्ति के सिर पर तुम्हारे हाथ रख देने से उसका कुछ कल्याण हो जाए तो आनन्द भी होता, प्रशंसा भी होती, प्रत्युपकार की सम्भावना भी रहती।

तुम्हारी छाया से किसी का कल्याण होने से तो तुम इन सभी लाभों से वंचित ही रहोगे। फिर ऐसा विचित्र वरदान मुझसे क्यों माँगा?"

सद्गृहस्थ ने कहा—"भगवन्! सामनेवाले का कल्याण अपनी आँखों से देखकर उपरोक्त सभी लाभ अवश्य प्राप्त होता। पर इससे मेरे अहंकार की वृद्धि होगी जो मेरी साधना को खंडित कर देगा। मेरी छाया किस पर पड़ी, कौन कितना लाभान्वित हुआ इसका पता न चलना ही मेरे जैसे विनम्रों के लिए श्रेयस्कर होगा।"

वरेण्य साधना का यही स्वरूप व्यक्ति को आगे चलकर महामानव की श्रेणी में अग्रिम पंक्ति में बिठाता है।

प्रसन्नता स्वभाषा में प्रकट करो

बंगाल प्रान्त के मिदनापुर में स्वामी विवेकानन्द की अंग्रेज शिष्या भगिनी निवेदिता के भाषण को जनता मन्त्रमुग्ध हो सुन रही थी। उनके उपदेशामृत से प्रसन्न हो कुछ युवकों ने 'हिप-हिप हुर्रे' का उद्घोष किया। भगिनी निवेदिता ने अपनी अप्रसन्नता प्रकट करते हुए उन्हें डाँटा और कहा—"चुप रहो! क्या तुम लोगों को अपनी भाषा पर जरा भी गर्व नहीं? क्या तुम्हारे पिता अंग्रेज थे अथवा माँ गोरी चमड़ीवाली यूरोपियन थीं? अंग्रेजों की नकल करते तुम्हें लज्जा नहीं आती?"

यह सुनकर युवक स्तब्ध रह गए। तभी निवेदिता ने कहा—"देखो, भाषण के मध्य प्रसन्नता प्रकट करना आवश्यक ही हो तो स्वभाषा में प्रकट करो और बोलो सच्चिदानन्द परमात्मा की जय! सद्गुरु की जय! भारतमाता की जय!"

सुरामन का सदाचार

किसी समय दक्षिण भारत में सुरामन नामक एक बहुत ही दयालु व न्यायी राजा था। वह अपने राजकोष से एक रुपया नित्य अपने परिवार के खर्च के लिए लिया करता और एक-एक पैसे का सही उपयोग करता था। स्वयं तो अपने परिवार सहित रूखा-सूखा खाता, पर अपने मित्रजन एवं अतिथियों का उचित सत्कार करता। राज्य कर्मचारियों को भरपूर वेतन देता।

एक बार एक त्योहार के अवसर पर उनके बच्चों ने अन्यान्य बच्चों को नए-नए रंग-बिरंगे परिधान में देखकर अपनी रानी माँ से वैसे ही वस्त्र पहनाने की जिद की। रानी ने राजा सुरामन से कहा—"आप तो अपने सिद्धान्त के आगे किसी की कुछ सुनते ही नहीं। जरा इन बच्चों पर दया कर नए वस्त्र दिला दो, ताकि उनकी आकांक्षाओं

की पूर्ति हो सके। अपने राजकोष से सात दिन की पेशगी लेकर ही सही बच्चों के वस्त्र की व्यवस्था भी की जा सकती है।''

राजा ने गम्भीरतापूर्वक कहा–''यदि तुम अपने भगवान से विनती कर मेरी आयु के सात दिन बढ़वा दो तो मैं भी सात दिन की पेशगी ले लूँ।'' इस पर रानी चुप हो गई।

राजा ने कहा–''हमें अपने जीवन को दीपक की तरह जलाकर प्रकाश फैलाना चाहिए, ताकि उस प्रकाश को देखकर आने-जानेवाले राही अपना सही मार्ग पकड़ सकें और अपने-अपने जीवन को सार्थक बना सकें।''

स्वामी रामतीर्थ का निरभिमान

भारत के सन्तों की परम्परा रही है, अपने मन, वचन व कार्यों से अज्ञानांधकार को दूर कर ज्ञान का मार्ग प्रशस्त करना। अपने प्रवचनों द्वारा जन-जन को लाभान्वित करना। ऐसे ही एक सन्त की ख्याति अमेरिका पहुँची, तो अमेरिकावासियों ने उन्हें अपने यहाँ निमन्त्रित किया।

अमेरिका आगमन पर उनके स्वागतार्थ विभिन्न स्थानों पर प्रवचनों का आयोजन हुआ, जिसमें अपार भीड़ जुटी। चारों ओर उनके विद्वत्तापूर्ण प्रवचनों की धूम मच गई और वहाँ की यूनिवर्सिटी में भी इसके आयोजन हुए। अनेक यूनिवर्सिटी ने सम्मिलित रूप से उन्हें डॉक्टर ऑफ लॉ एंड लिटरेचर की उपाधि से विभूषित करना चाहा। सन्त ने विनम्रतापूर्वक उसे स्वीकार करने से इनकार कर दिया, यह कहकर कि मेरे प्रिय भ्रातृगण! आप लोगों की इस शुभ भावना के लिए मैं हृदय से आभार प्रकट करता हूँ। वैसे मेरे नाम के आगे मेरे देशवासियों ने 'स्वामी' और भारतीय विश्वविद्यालय ने मेरे नाम के पीछे 'एम.ए.' की उपाधि लगाकर मेरे आगे-पीछे पहले से ही दो पद जोड़ रखे हैं, जिसे चाहते हुए भी मैं नहीं हटा पा रहा हूँ। अब और किसी उपाधि को अपने साथ जोड़कर मैं अपना भार बढ़ाने की इच्छा नहीं रखता।

उन्नीसवीं सदी में हुए ये सन्त थे स्वामी रामतीर्थ। स्वतन्त्रता प्राप्ति के पश्चात् भारत में ऐसे सन्तों की शृंखला समाप्तप्राय सी है। अतः देश अवनति के कगार पर आ गया है।

तोता, बिल्ली और कुत्ता

एक महिला ने दूसरी महिला से पूछा–''तुम्हारी इतनी उम्र हो गई पर अभी तक कुँवारी हो, क्यों?'' दूसरी महिला ने कहा–''देखो! किसी लड़की की शादी जब तय हो जाती

है तो उसका मंगेतर उसे 'पुष्पमुखी' कहने लगता है और अपने घर लाने के पूर्व उसकी प्रशंसा करता है। शादी के बाद वही 'पुष्पमुखी' अब 'चन्द्रमुखी' कहलाने लगती है। उसका पति उसके चारों ओर भौंरा की नाई मँडराता फिरता है। पर सन्तान होते ही वह 'सूर्यमुखी' लगने लगती है और अब वह उलटा पति के चारों ओर घूमने लगती है। यह स्थिति भी अधिक दिन नहीं टिक पाती और वह अन्ततः 'ज्वालामुखी' में बदल जाती है।

"शादी के बाद पति नित्य कसमें खाने लगता है कि तेरी कसम! इस दुनिया में तुमसे अधिक और कोई प्रिय नहीं। छोटी-छोटी बातों में कसमें खाया करते हैं–यह ला दूँगा, वह ला दूँगा और फिर भूल जाते हैं। समय पर घर आए, भोजन किया, विश्राम किया। बाद में जो घर से निकले तो फिर लापता–दोस्तों के बीच सिनेमा में, ताश खेलने में या मटरगश्ती में। दीन-दुनिया को भूल जाते हैं कि घर में उनकी पत्नी और बच्चे भी होंगे। और यदि कभी हमारे मायके का सम्बन्धी आ गया तो इनके नखरे देखते ही बनते हैं। तब इनका गुर्राना देखो।

"देखो बहन! इसलिए मैंने तीन नौकर पाल रखे हैं ताकि शादी की आवश्यकता इनसे पूरी हो जाए।"

पहली महिला ने प्रश्न किया–"तीन नौकरों से? और शादी की पूर्ति? मैं समझी नहीं।"

दूसरी महिला ने समझाते हुए कहा–"हमने एक तोता पाल रखा है जो नित्य रटता रहता है कि तुमसे अधिक प्यार।" तुमसे बड़ा मेरा और कोई नहीं। वह पुरुषों की तरह कसमें खाता रहता है, पर करता कुछ नहीं। दूसरी हमने एक बिल्ली पाल रखी है जो खाने के समय तो घर आ जाती है। फिर जो आवारागर्दी करने निकलती है, तो भूल ही जाती है कि उसकी कोई प्रतीक्षा करनेवाली भी होगी। तीसरा है मेरा कुत्ता। इसका काम है दिर भर भौंकना और गुर्राना–मेरे ऊपर भी, घर में आने-जानेवालों पर भी। अब बताओ न! शादी के बाद यही सब तो होता रहता है। शादी जब हो तो ठीक से हो। जो सात फेरे के रूप में वायदे किए हैं, उसे जीवनपर्यन्त निभाया नहीं, तो फिर शादी कैसी! अब बताओ शादी नहीं करके मैंने कौन-सा खराब काम किया है?"

लोक-कल्याणार्थ कार्य

एक सेठ नित्य नियमानुसार अपने नगर के मन्दिर में घी का एक दीपक जला आता था। वहीं एक गरीब मजदूर भी था जो अपनी गली में सरसों के तेल का एक दीपक जलाकर रख देता जहाँ अँधेरा होता। मृत्योपरान्त जब दोनों यमपुरी पहुँचे तो जहाँ सेठ

को निम्न स्तर के 'बी' श्रेणी में रखा गया, वहीं उस गरीब मजदूर को उच्च स्तर का 'ए' श्रेणी प्रदान किया गया। सेठ को बड़ा दुख हुआ यह देखकर। तत्काल उसने धर्मराज से इस विभेद का कारण पूछा तो धर्मराज ने उसे समझाया—"यहाँ यमलोक में मूल्य पर नहीं, पुण्य पर बल दिया जाता है। कार्य की उपयोगिता के आधार पर प्रत्येक का मूल्यांकन होता है। मन्दिर जहाँ तुम घी के दीपक जलाते थे, वह तो पहले से ही प्रकाशमान रहा करता था अतएव वहाँ दीपक जलाने की उतनी सार्थकता न थी, जितना कि उस अँधेरी गली में जहाँ, गरीब मजदूर द्वारा दीपक जलाता था। जिसके प्रकाश ने अनेक को मार्ग में आने-जाने में सहायता की। वह गरीब अपना पेट काटकर दीपक जलाया करता था निस्स्वार्थ भाव से लोक-कल्याणार्थ, जबकि तुम्हारा यह कार्य अपने निजी कल्याण के लिए था।"

आत्मवत् सर्वभूतेषु

गोशाला में बिना बिछावन के नंगी फर्श पर एक लड़के को सोया देख, महर्षि रमण ने दयार्द्र भाव से उससे पूछा कि रात्रि में गोशाला में सोते हो, तो ओढ़ते क्या हो? लड़के ने अपनी एक पुरानी-फटी चादर दिखा दी। कड़कड़ाती सर्दी में नंगी फर्श पर एक फटी-पुरानी चादर से लड़के को कितना दुख मिलता होगा, उसकी पीड़ा मात्र का अनुभव कर महर्षि तिलमिला गए।

महर्षि रमण ने अपनी माँ की कुटीर में आकर कुछ पुरानी साड़ियाँ लीं। उसमें थोड़ी-सी रूई डालकर एक गुदड़ी बना दी। उनकी माँ ने उसका खोल सिल दिया। कुछेक घंटों के अन्दर ही गुदड़ी तैयार कर स्वयं जाकर उस लड़के को दे आए।

दूसरे दिन प्रातः महर्षि रमण ने गोशाला जाकर उस लड़के से पूछा कि पिछली रात उसे नींद कैसी आई? लड़के ने जब कहा कि खूब अच्छी और मीठी नींद आई तो महर्षि उसकी सुखदाई निद्रा का अनुभव कर आत्मविभोर हो उठे। 'आत्मवत् सर्वभूतेषु' उनके लिए शब्द नहीं, बल्कि सच्ची अनुभूति थी।

विक्रमादित्य और तोयसल

मालवा नरेश महाराज भर्तृहरि के अनुज वीर विक्रम शकों के हिंस्र व बर्बर कृत्यों को सुनते आ रहे थे। किसी शान्तिप्रिय गृहस्थ की कुमारी कन्या को उठा ले जाना, जनता का सर्वस्व हरण कर लेना, मनचाही लूट-पाट, मार-काट उनके सामान्य दैनिक कृत्य हो गए थे। वीर विक्रमादित्य ने अपने सुयोग्य व सुव्यवस्थित सैन्य संचालन में समस्त

देश को शकों से सदा के लिए मुक्ति दिलाई। इसलिए विक्रमादित्य का दूसरा नाम 'शकारि' पड़ गया।

शक राजकुमारी तोयसल अपने मदमाते यौवन व सौन्दर्य के बलबूते विक्रमादित्य को मोहित कर उसका वध कर देने के विचार से उसके सैनिक शिविर में एक रात उपस्थित हो विक्रमादित्य से मिलने की इच्छा व्यक्त की। तदनुकूल सैनिक पहरेदार ने उसे अपने सेनापति के समक्ष पेश किया। राष्ट्रप्रेमी विक्रमादित्य का एकमात्र लक्ष्य था शत्रुमर्दन व देश-सीमा को निर्भय बना देने की उद्यमता। उनके जीवन में स्त्री के लिए न तो कोई मोह था, न कोई वितृष्णा। स्त्री रूप में वह केवल अपनी माता सौम्यदर्शना से ही परिचित थे।

तोयसल को उस गहन रात्रि में अकेली अपने शिविर में उपस्थित देख विक्रमादित्य कुछ बोले नहीं, केवल प्रश्नसूचक दृष्टि से उसे देखा। वह बोली–"बड़ी कठिनाई से आपका सैनिक पड़ाव खोजती हुई मैं यहाँ तक आ सकी हूँ, केवल अपने एक प्रश्न के समाधान हेतु। तुमने दुर्दम्य शकों के साम्राज्य को ध्वस्त कर दिया। जो आज तक किसी भी मनुष्य के लिए असम्भव माना जाता था। मैं जानना चाहती हूँ कि तुम्हारी इस सफलता का राज क्या है और तुम्हारे देश की माताएँ कैसी हैं जो तुम्हारे जैसे वीरों को जन्म देती हैं?"

विक्रम ने कहा–"लड़की! केवल इसी प्रश्न का उत्तर लेने के लिए ही तुम इतनी दूर से अकेली इस रात्रि में यहाँ नहीं आई होगी। वैसे इस समय मैं व्यस्त हूँ, अन्यथा तुम्हें अपने यहाँ की माओं के दर्शन अवश्य कराता।"

वीर विक्रम को देख उसकी वासना जाग्रत् हो गई थी। अतः तोयसल ने कहा–"तो तुम मेरी एक आरजू पूरी कर दो। अपने ही जैसा तुम मुझे एक बेटा दे दो, जो बड़ा होकर तुम्हारे जैसा ही वीर और नामवर हो।"

"शक कन्या! तुम गलती पर हो। मैं वासना का पुतला नहीं, राष्ट्र का एक प्रहरी हूँ। वासना में अन्धी हो तुम भटक गई हो। मान लो तुम्हें पुत्र हुआ भी। पर इसका क्या विश्वास कि जैसा तुम चाहती हो वैसा ही हो, तुम्हारे स्वप्नों के विपरीत न हो। अतएव मेरी बात मानो तो तुम्हारी आकांक्षा पूरी हो सकती है।"

"क्या सचमुच, वीर सेनापति!"

"हाँ, और वह यह कि तुम मुझे ही अपना पुत्र मान लो। आज से विक्रमादित्य तुम्हारा पुत्र है। गर्भधारण कर वर्षों तक पालन-पोषण करने का कष्ट उठाने की जगह, क्या यह सरल व सहज मार्ग उचित नहीं। बोलो माता! क्या तुम माँ कहने का अधिकार देती हो?"

"ओफ! यह तुमने क्या कह दिया?" तोयसल ने श्रद्धा व स्नेह से विक्रमादित्य का माथा चूम लिया। बोली–"मुझे मेरे प्रश्न का उत्तर मिल गया। उस राज को मैंने जान लिया, जिसके लिए मैं यहाँ आई थी। जिस देश की माताएँ ऐसे पुत्रों को जन्म

देती हों, वह देश धन्य है विक्रम! तुमने मुझे माँ कहा। मेरे लिए यह एक बहुमूल्य उपहार है, जिसका आजीवन मैं एक पवित्र अमानत मानकर रक्षा करूँगी। तुम भी अपने अवकाश के क्षणों में यदा-कदा इस दुष्ट लड़की को स्मरण करते रहना, जिसने कभी तुम्हें इस गहन रात्रि में गलत रास्ते पर ले जाने का प्रयत्न किया था।'' वह अपनी गीली आँखों को पोंछते हुए जैसे आई थी, वैसे ही चुपचाप शिविर से निकलकर चल दी।

तोयसल शान्त व संयत मन से शिविर से बाहर आकर तेजी से आगे जा रही थी कि उसका पूर्व प्रेमी एक शक नायक मोयस ने उसका हाथ पकड़कर रोका और कहा– ''अरे, निर्लज्ज लड़की! कर आई न अपने अस्मत का सौदा उस शत्रु सेनापति से। अब चल मेरे साथ पुनः उसके शिविर में और देख उस मरदूद को कि अपने इस खंजर से कैसे जहन्नुम रसीद करता हूँ।''

इतना सुनते ही तोयसल ने उसे एक जोरदार झटका दिया। मोयस सँभल न पाया, गिर पड़ा और हड़बड़ी में उसी का खंजर उसके पेट में धँस गया जिसने उसका प्राणान्त कर दिया। तोयसल ने करुणा भरी दृष्टि से उसे देखा और मन-ही-मन बुदबुदाई–कितना अन्तर है मोयस और विक्रम में। एक नारी को वासना और भोग की वस्तु समझता हुआ पराजित हुआ, दूसरा नारी को सदा ही माता का सम्मान दिया, पवित्रता की मूर्ति माना और विजय प्राप्त किया। दुनिया पर विजय पाने के लिए दृढ़ चरित्रबल और नारीमात्र के प्रति पवित्र भावना को विकसित करने की आवश्यकता है! इसी विचारमग्नता में वह आगे बढ़ चली।

सहिष्णुता का उपदेश

एक बार एक शिष्य ने अपने गुरु से सच्चा इनसान बनने का उपाय बताने को कहा। गुरु उसे लेकर कब्रिस्तान पर आए और आज्ञा दी उस कब्रिस्तान पर ईंट-पत्थर फेंककर गालियाँ दो। शिष्य इसका अर्थ तो न समझ पाया, पर गुरु के आदेश का पालन किया। वापस लौटकर गुरु के पास आया, तो पुनः आदेश हुआ कि उस कब्र पर फूल की माला चढ़ाओ और उसकी प्रशंसा करो। इन विरोधात्मक आदेशों से उसे बड़ा आश्चर्य हुआ। पर इसके पीछे कोई गूढ़ रहस्य हो–ऐसा विचार कर उसने गुरु के इस आदेश का भी पालन किया। लौटने पर गुरु ने पूछा–''तुम्हारे इस विचित्र और बेतुकी बातों का कब्र पर क्या प्रभाव हुआ? कब्र ने कोई प्रतिक्रिया व्यक्त की?''

शिष्य ने इनकार में अपना सिर हिला दिया। तब गुरु ने कहा–''सच्चा इनसान बनने का यही एकमात्र उपाय है। यह कब्र तुम्हें सहिष्णुता की शिक्षा देती है। कोई तुम्हें अपमान व गालियाँ दे, तो क्रोध न करो बल्कि शान्त रहो। और यदि तुम्हारी

प्रशंसा करे, तो भी मूक, स्थिर व शान्त रहो। हर स्थिति में धैर्य न खोना ही सच्ची इनसानियत है।''

स्वावलम्बन की शिक्षा

जैसे खलीफा हारून-उल-रशीद दयालु सहृदय व न्यायप्रिय थे, वैसे ही उनके राज्य में अपने आदर्शों के लिए प्रसिद्ध अनेक विद्वान एवं सज्जन लोग थे।

खलीफा नित्य रात्रि में वेश बदलकर अपने वजीर के साथ अपनी प्रजा के सुख-दुख की खोज-खबर लेने निकलते। एक सुबह वे अपने वजीर के साथ मार्ग में चले जा रहे थे। रास्ते में मदरसा अब्बासिम आ गया। वहाँ उनका साहबज़ादा पढ़ता था। साहबज़ादा कितना कुछ सीखा है—यह जानने की उत्सुकता में खलीफा मदरसे के भीतर चले आए। सभी बच्चे जमीन पर बिछी चटाइयों पर बैठे अपना-अपना पाठ याद कर रहे थे। दूसरी ओर बच्चों के उस्ताद एक हाथ में लोटा पकड़े दूसरे हाथ से पानी लेकर अपना मुँह धो रहे थे। उनका साहबज़ादा उस्ताद के सामने चुपचाप खड़ा था। खलीफा को यह बात खल गई। शिक्षा देनेवाला गुरु लोटा, पानी, तौलिया लेकर अपना कार्य स्वयं कर रहे हैं और शहजादा मूक दर्शक बना चुपचाप खड़ा रहे? उस्ताद ने खलीफा का स्वागत करते हुए उनसे आने का कारण पूछा। खलीफा ने कहा—''इधर से गुज़र रहा था, तो सोचा कि एक नज़र साहबज़ादा की तालीम पर डालता चलूँ। पर लगता है कि इनकी तालीम अभी अधूरी है। आप जैसे बुजुर्ग खुद पानी लेकर हाथ-मुँह धो रहे हैं और वे खड़े-खड़े मुँह ताक रहे हैं! इनका फर्ज बनता है कि लोटा अपने हाथ में लेकर आपके हाथों पर पानी डालकर आपके काम में मदद करें।''

यह सुनकर उस्ताद मुस्कराते हुए बोले—''हुजूर! गुस्ताखी माफ करें। क्या आप नहीं चाहते कि शहजादा दूसरों का मोहताज न बनकर खुद अपने पैरों पर खड़ा हो। और यह तभी मुमकिन होगा, जब हम बुजुर्ग अपना काम खुद करते हुए इनके सामने मिसाल पेश करें कि ये किसी के मोहताज न बनें। अपने आचरण से हम अपने बच्चों को जैसी तालीम देंगे, वैसा ही तो वे भी आगे अपने व्यक्तिगत जीवन में उसे उतारेंगे। हम अपने आचरण से, शिक्षा व संस्कारों से, हर बच्चों में जो बीज बोते हैं, वैसा ही वे आगे चलकर अमल करते हैं और अपने व्यक्तित्व को निखारते हैं।''

खलीफा हारून-उल-रशीद ने देखा और समझा उस्ताद के पढ़ाने का ढंग, जिसके सहारे बच्चे खुद स्वावलम्बी बनने के रास्ते पर बढ़ रहे थे। वे सन्तुष्ट हो लौट आए अपने महल में।

आज के कलियुगी गुरुओं को देखने मात्र से ही अन्दाजा लग जाता है कि हमारा देश क्योंकर रसातल की ओर एक-एक कदम बढ़ता जा रहा है।

चाणक्य का मातृप्रेम

मगध साम्राज्य के महामन्त्री चाणक्य अपनी माता का अत्यन्त श्रद्धा व सम्मान करते थे। बचपन में एक ज्योतिषी ने बालक चाणक्य को देखा, तो उसकी माँ को कहा कि इस बालक के आगे के दाँतों की बनावट बताती है कि यह या तो उच्च कोटि का सन्त होगा अथवा कोई उच्च राज्याधिकारी। ज्योतिषी के चले जाने के बाद बालक की माँ अत्यन्त चिन्तित हो गई। बालक विद्यालय से लौटा तो माँ को चिन्तित देख इसका कारण पूछ बैठा। उसकी जिद पर माँ ने ज्योतिषी की बात बता दी और कहा कि तुम्हारे सन्त हो जाने अथवा उच्चाधिकारी हो जाने पर तुम्हारा अधिकांश समय घर से बाहर ही बीतेगा और तुम्हारा वियोग सहन करना पड़ेगा। बस इसी कारण मैं दुखी हो रही हूँ। तेरे अगले दाँत पर नागराज का चिह्न, इस बात का द्योतक है।

इतना सुनना था कि बालक बाहर गया और एक पत्थर से अपने अगले दो दाँत तोड़कर माँ के पास आया और बोला कि जिस दाँत के कारण तुम्हारा मुझसे वियोग होनेवाला है, वह कारण ही मैंने समाप्त कर दिया। अब चिन्ता मत करो। अपने प्रति बालक का यह प्रेम देख माँ अवाक् रह गई।

तभी तो जब किसी ने महामन्त्री चाणक्य से पूछा–"आचार्यप्रवर! आप जितना प्यार अपनी माता से करते हैं, उतना ही भारत माँ से भी करते हैं! क्या इसके अलावा किसी और को भी इतना ही आदर और प्यार देते हैं?" इस पर चाणक्य ने कहा– "संसार में पाँच माताएँ होती हैं–गुरु-पत्नी, मित्र-पत्नी, राज-पत्नी, राष्ट्रमाता एवं स्वमाता। ये पाँचों माताएँ शासन के लिए सदा सर्वकाल में पूजनीय हैं। मैं भी इन पाँचों के प्रति श्रद्धा व प्रेम करता हूँ।"

यह तो चाणक्य का अपनी माँ के प्रति प्रेम ही था जो उनकी खातिर अपने दाँत तोड़ डाला और राष्ट्रमाता के लिए अपना सम्पूर्ण जीवन समर्पण कर दिया।

गुरु-पत्नी, मित्र-पत्नी, राज-पत्नी, तथैव च
राष्ट्र-माता, स्वमाता पंचैता मातृ स्मृताः।

चरक की नैतिकता

कहीं से कोई भी वन सम्पत्ति बिना किसी की अनुमति के अपनी इच्छानुसार तोड़ लेने की राजाज्ञा के बावजूद औषधियों की खोजबीन में संलग्न महर्षि चरक, किसी भी बाग-बगीचे के फूल-पौधे, उसके स्वामी के अनुमति के बिना नहीं लेते थे। इसी सिलसिले में घूमते हुए उनकी दृष्टि एक नए प्रकार के फूल पर गई। उस फूल के गुण-दोषों का अध्ययन-अनुसंधान के निमित्त चरक ने अपने शिष्य से उस बाग के

मालिक का पता करने को जब कहा तो शिष्य ने कहा–"राजाज्ञा तो पहले से मिली हुई है ही। मैं फूल तोड़ लाता हूँ।" चरक ने कहा–"यद्यपि यह फूल मेरे काम का है तो भी इसके स्वामी की अनुमति के बिना इसे ले लेना चोरी कहाएगा। और यह नैतिकता के विरुद्ध है।"

शिष्य ने कहा–"यद्यपि आपको राजाज्ञा मिली हुई है, फिर भी आप नैतिकता की बात कह रहे हैं। दोनों में अन्तर क्या है?"

चरक ने कहा–"यदि हम अपने ही लोगों की सम्पत्ति का अपनी इच्छानुसार स्वच्छन्दतापूर्वक प्रयोग करने लगेंगे, तो फिर लोगों में आदर्श के प्रति रुचि कैसे जाग्रत् कर सकेंगे? इस आदेश के प्रति समर्पित जीवन हेतु श्रेष्ठ नैतिकता आवश्यक ही नहीं अनिवार्य भी है।"

शिष्य के न चाहते हुए भी, महर्षि चरक ने उस स्थान से तीन कोस पैदल चलकर बाग के स्वामी के निवास स्थान पर जाकर अनुमति ली। तब उस फूल को तोड़कर अपने अनुसन्धानशाला में लाए और अन्वेषण में संलग्न हो गए।

राजा भोज की उदारता

लक्ष्मी चंचला है और एक जगह सदा टिकी नहीं रहती। अतएव धन-सम्पदा के अधिकारियों को इसका समुचित सदुपयोग करते रहना चाहिए। अपनी इसी मान्यता के अनुसार उज्जयिनी नरेश महाराज भोज ने अपना राज्यकोष जरूरतमन्दों के लिए खोल दिया। राज्यकोष खाली होते देख महामन्त्री अत्यन्त चिन्तित रहने लगे। एक दिन राज्यकोष की दीवार पर महामन्त्री ने यह वाक्य लिख दिया–"आपातकाल हेतु राज्यकोष की सुरक्षा अपना कर्तव्य है।"

दूसरे दिन महाराज भोज ने यह देखा, पढ़ा और समझ गए किसी मन्त्री का यह कार्य है। उसी के नीचे उन्होंने यह वाक्य जोड़ दिया–"भाग्यशाली को आपत्ति कहाँ घेरता है?" महामन्त्री ने जब यह पढ़ा तो उसके आगे पुनः एक वाक्य और लिख दिया–"भाग्य यदि अपनों पर कुपित हो जाए तो?"

तीसरे दिन भोज ने यह लिखकर उत्तर दिया–"भाग्य का कोप मानव अपने पुरुषार्थ से ही शान्त कर सकता है। इतना ही नहीं, वे अपने प्रचंड पुरुषार्थ से अपने नए भाग्यविधान की रचना करने में समर्थ होते हैं।"

महामन्त्री शान्त होकर चुपचाप बैठ गए। महाराज भोज के दैनन्दिन इस अनुदान का लाभ उठाते हुए राज्य के अनेक युवक अपने जीविकोपार्जन की योजना में संलग्न हो राज्य की प्रगति में हर प्रकार हाथ बँटाने लगे। प्रजा महाराज की इस उदारता पर अत्यन्त प्रसन्न थी।

आन्तरिक सफाई

महामारी में ईश्वरचन्द्र विद्यासागर विश्वविद्यालय जाने के लिए घर से निकले। राह में, चौराहे पर एक वृक्ष के नीचे एक व्यक्ति दर्द से छटपटा रहा था। वह जमादार था। झाड़ू-बुहारू के सामान उसके दाएँ-बाएँ पड़े थे। ईश्वरचन्द्र विद्यासागर ने देखा कि उसे तेज बुखार है। उन्होंने उस जमादार को अपने कन्धे पर उठाया और घर ले आए। उसके शराब से गन्दे हुए कपड़ों को बदलकर बिस्तर पर लिटाया। अपने निजी चिकित्सक को सूचना देकर बुलाया। उसका उपचार कराया।

पड़ोस के लोगों ने पूछा कि कौन है यह, जिसका उपचार आप करा रहे हैं? उन्होंने उत्तर दिया–''यह मेरा भाई है। हम दोनों एक ही तरह के कार्य करते हैं–सफाई का। यह बाहरी सफाई करता है और मैं आन्तरिक सफाई करता हूँ।''

राजा का कर्तव्य

राजा शतानिक की दानी होने के नाते बड़ी प्रसिद्धि थी, लेकिन वह प्रजा के कष्ट निवारण की ओर समुचित ध्यान नहीं देता था। उसके मृत्योपरान्त गद्दी पर बैठा उसका पुत्र सहस्रानिक। वह तत्त्ववेत्ता, न्यायविद् एवं प्रजापालक था, किन्तु ब्राह्मणों को दान कम देता था। ब्राह्मणों के प्रतिनिधि एक बार राजा सहस्रानिक के पास पहुँचे और उसके पिता की दान परम्परा का स्मरण कराते हुए, उसी परम्परा को आगे बढ़ाने का आग्रह किया। सहस्रानिक ने कहा–''यदि परलोक विद्या जाननेवाला कोई योगी यह बता सके कि मेरे दानशील पिता इन दिनों उस पुण्य का क्या सुफल पा रहे हैं तो मैं आप लोगों को अवश्य दान दूँगा। अभी तो मैं जो कुछ कर रहा हूँ, अपनी बुद्धि से ठीक ही कर रहा हूँ।''

ब्राह्मणों के बहुत प्रयास के बाद, परलोक विद्या जाननेवाले एक तपस्वी ऋषि मिले। उन्होंने ब्राह्मणों की प्रार्थना पर, दिव्य शक्ति से सूक्ष्म शरीर धारण कर अन्य लोकों में भ्रमण कर दिवंगत राजा शतानिक की स्थिति जानी। वापस आकर राजा, कर्मचारी, ब्राह्मण वर्ग एवं उत्सुक नागरिकों से भरी राजसभा में उन्होंने बताया–''यद्यपि राजा शतानिक ने ब्राह्मणों के निर्देशानुसार सोलह प्रकार के दान किए थे, किन्तु वे नरकवास भोग रहे हैं। क्योंकि यह धन उन्होंने प्रजा को उत्पीड़ित करके संचय किया था। राजा का प्रथम कर्तव्य है–प्रजा का योग्य परिपालन करना। वैसा करते हुए ही सुयोग्य विद्वान ब्राह्मणों का सच्चा सम्मान किया जा सकता है। धन बाँटना ब्राह्मणों का सच्चा सम्मान नहीं है। राजा में यश-लोभ या लोकेषणा थी। दुखी राजा ने बेटे को सन्देश भेजा है कि मेरी गलती न दोहराना और प्रजा के परिपालन के कर्तव्य की ओर ध्यान देना।

अछूत कन्या और आनन्द

तथागत गौतम बुद्ध के प्रधान शिष्य आनन्द कहीं जा रहे थे। गर्मियों के दिन थे। जोरों की प्यास लगी। देखा, एक कुएँ से एक स्त्री पानी निकाल रही है। आनन्द आगे बढ़े और स्त्री से पीने का पानी माँगा। पानी निकालनेवाली अछूत कन्या देवी मातंग थी। सकुचाकर बोली—"मैं अछूत हूँ। मेरे हाथ का पानी कैसे पीएँगे?" आनन्द ने कहा—"मैंने पानी माँगा है, जाति नहीं।"

आनन्द का उत्तर देवी मातंग के हृदय को छू गया। उसने आनन्द को पानी पिलाया और फिर आनन्द के पीछे-पीछे चल दी। मातंग कन्या तथागत के पास पहुँची। तथागत ने उसे अपनी अमृत वाणी से शान्ति एवं ज्ञान का दान दिया।

निर्विकार महावीर

बारह वर्ष तक वर्धमान तपस्या करते रहे। तन-बदन तक की सुधि न रही। नगा देखकर बच्चे उन पर धूल फेंकते। पत्थर मारते। बुरा-भला कहते पर वे निर्मल, निर्विकार—'महावीर' बन चुके थे। एक बार रास्ते में जाते हुए भगवान महावीर को लोगों ने कहा कि उधर मत जाना, एक यक्ष रहता है। महावीर हँस दिए। उसी ओर चल पड़े और वहीं जाकर ठहरे। महावीर शान्त। रात्रि में यक्ष आया। घड़ड़ड़...चट्टान गिरी। भू-भू-भ..भ..भ.. डरावनी आवाजें और फिर अंगारे गिरने लगे। महावीर शान्त। अब तो यक्ष को बहुत क्रोध आया। भयंकर साँप बनकर लगा बार-बार काटने। महावीर पर कोई असर नहीं हुआ। अन्त में यक्ष ने क्षमा माँगी। महावीर बोले—"जिस प्रकार तुम हो, वैसे ही दूसरे हैं। किसी को दुख मत पहुँचाओ।" यक्ष ने कहा—"मैंने बहुत पाप किए हैं।" महावीर ने कहा—"तय करो कि अब पाप नहीं करोगे। इसी से तुम्हारा कल्याण होगा।"

सच्चा वेदान्ती

उस दिन थकावट मिटाने के लिए स्वामी विवेकानन्द पेरिस के बाहर देहाती क्षेत्र में डचेस पामा के साथ बग्घी में सैर के लिए निकले थे। बग्घी गाँव की एक गली में पहुँची। एक नौकरानी एक खूबसूरत छोटे लड़के और एक छोटी लड़की को लेकर आती दिखी। उसे देखते ही कोचवान ने बग्घी रोक दी और उतरकर उन बच्चों का प्यार से आलिंगन किया। पुनः अपनी सीट पर आकर बैठ गया। वे बच्चे पहरावे से ऊँचे घराने के लगते थे। उनके साथ कोचवान की इतनी घनिष्ठता देख, स्वामी विवेकानन्द और डचेस पामा

दोनों को आश्चर्य हुआ। डचेस ने कोचवान से पूछ ही लिया कि वे बच्चे कौन हैं? कोचवान बोला–"आप इन बच्चों के रहन-सहन को देखकर शायद यह प्रश्न कर बैठी हैं।"

"हाँ, किया तो इसीलिए है यह प्रश्न।"

"तो फिर सुनिए। बात यह है कि ये मेरे ही बच्चे हैं। आपने पेरिस के...बैंक का नाम तो सुना ही होगा।"

"हाँ-हाँ, सुना है। मैंने तो कई ग्राहक भी दिए थे। बहुत बड़ा बैंक था। लेकिन अब डूब गया लगता है।" सुनकर कोचवान बोला–"बैंक की हालत कुछ खस्ता ही है। मैं उस बैंक का मालिक था। मैंने देखा कि वह भारी घाटे में चल रहा है। मुझे अपनी लेनदारियाँ वसूल करने और देनदारियाँ चुकाने के बीच सामंजस्य बिठाने में कुछ समय लगेगा। पर मैं दूसरों का बोझ बनकर तब तक नहीं रहना चाहता था। मैंने इस गाँव में यह छोटा-सा किन्तु सुखद मकान किराए पर ले लिया है। मैं और मेरी पत्नी के पास जो कुछ था, उससे यह बग्घी खरीद ली है। इसे मैं किराए पर चलाता हूँ। मेरी पत्नी भी कुछ धन उपार्जन कर लेती है। दोनों की आय से बच्चों का खर्च चल जाता है। जब देना चुका दूँगा और लेना वसूल कर लूँगा, तब फिर बैंक चालू कर दूँगा।"

स्वामी विवेकानन्द अति आनन्दित होकर डच से बोले–"यह आदमी सच्चा वेदान्ती है। इसने वेदान्त की भावना को जीवन में उतारा है। यह बड़ी हैसियत से गिरा, पर परिस्थिति से नहीं हारा। इसकी आत्मनिर्भरता की भावना धन्य है।"

बाद में स्वामी जी उसके घर गए और अतीव हर्ष व्यक्त किया।

संकल्पनिष्ठ बनो

"पंडित जी! यह रहस्य हमें भी बतलाइए न कि आपकी इस धवल-केसरी वयोवृद्ध काया में तरुणों को भी मात करनेवाली स्फूर्ति कहाँ से आई?" स्वाध्याय-मंडल के किला पारड़ी के पं. श्रीपाद दामोदर सातवलेकर से एक जिज्ञासु ने प्रश्न किया। पंडित जी बोले– "जीवन में स्फूर्ति और कुछ नहीं–संकल्प की एक लहर है। आपका संकल्प जितना दृढ़ होगा, उतनी ही साफ़ इसकी तस्वीर आपके मन-मस्तिष्क पर उभरेगी। यह तस्वीर जितनी ही अच्छी होगी, हमारी इन्द्रियाँ भी उतनी ही सक्रिय होंगी। मैं कोई टॉनिक खाकर सक्रिय नहीं हूँ। ऐसे संकल्प के सहारे ही युवा-पीढ़ी को चुनौती देने की मनःस्थिति बनाए हुए हूँ।"

जिज्ञासु ने पुनः पूछा–"क्या संकल्प का महत्त्व इतना है कि वह जीवन को आमूल-चूल बदल डाले?" वे गम्भीर हुए। कुछ सोचकर बोले–"आप लोग मेरा उदाहरण छोड़ दें। इतिहास उठाकर कुछ कर गुजरनेवालों को देखें। अपनी संकल्प शक्ति के सहारे, सीमित साधनों में ही वे कितना कुछ कर गए। असल में जब संकल्प स्वयं अपने लिए

न होकर समाज के लिए होता है, तो विराट विश्व के कोटि-कोटि परमाणु अपनी शक्ति और स्फूर्ति इस संकल्पधर्मी आस्थावान व्यक्ति को समर्पित करने लगते हैं। तब संकल्पधर्मी का वामन रूप विराट हो उठता है। मैं वैदिक विद्वान न था, पर संकल्प किया तो अपने मिशन के लिए कितनों को उत्प्रेरित कर रहा है यह संकल्प। इतना विशाल और खर्चीला काम कितनी आसानी से सम्पन्न हो रहा है। यह संकल्प का प्रताप नहीं तो क्या है! यह मेरा अनुभव है–कोरा पुस्तकीय ज्ञान नहीं। स्वयं अनुभव कर देखोगे तो पाओगे कि संकल्प आखिर क्या तेज पुंज है। जीवन में कुछ बनना है तो संकल्पनिष्ठ बनो।''

अविचल कर्तव्यनिष्ठा

विश्वविख्यात पं. गंगाधर शास्त्री का सुपुत्र ढूढ़ीराज विद्यार्थियों का बड़ा प्यारा साथी था। तनिक सी बीमारी में एक दिन वह चल बसा। परन्तु पंडित जी ने सदा की भाँति उस दिन भी पाठ पढ़ाया। हाँ, उनके मुख पर गहरी उदासी और गम्भीरता की रेखाएँ अवश्य थीं। पाठ समाप्त होते ही सहपाठियों ने जाकर ढूढ़ीराज को आवाज़ लगाई तो पंडितजी बोले–''वह..वह तो...इतनी दूर चला गया है कि तुम्हारी आवाज़ वहाँ तक नहीं पहुँच सकती।'' पहले तो विद्यार्थी समझ ही न सके। पर जब असली बात का पता चला तो उनमें से एक ने आश्चर्य व्यक्त किया–''गुरुजी! इस मर्मान्तक शोक में आपने आज पाठ बन्द नहीं किया!''

''बन्द कैसे करता बेटे!'' पंडितजी ठहर-ठहरकर, स्थिर स्वर में समझाने लगे। ''तुम लोग! न जाने कितनी दूर से आए हो। भला तुम्हारा एक दिन कैसे नष्ट कर दूँ। पुत्र शोक तो मेरा निजी मामला है। परन्तु ज्ञान की इस आराधना का सम्बन्ध सबसे है। उसमें विघ्न डालकर तुम्हारा विकास रोक दूँ–क्या यह मेरे लिए उचित होगा?''

इस अविचल कर्तव्यनिष्ठा से सभी स्तब्ध रह गए। साथ ही विद्यार्थियों में शायद ही कोई ऐसा होगा, जिसने अपनी धोती के छोर को आँखों से न छुलाया हो।

विपत्ति पड़ने पर मनुष्य या तो दुख से कातर होकर स्वयं अपना और दूसरों का मन खट्टा कर देता है अथवा अपने दुख की दूसरे व्यक्तियों के दुख से तुलना कर उनके प्रति दयालु व सहिष्णु बन अपना दुख भूल जाता है।

साधु की उदारता

कड़ाके की ठंड में अपना सारा शरीर गरम कपड़ों से ढके हुए, भावनगर के महाराजा अपनी गाड़ी में घूमने निकले। अचानक उनकी दृष्टि रास्ते के किनारे सोए हुए सन्त

मस्तराम पर पड़ी। संत केवल एक लँगोटी पहने हुए थे। महाराज के मन में दया का भाव जागा और उन्होंने गाड़ी रुकवाकर अपना कीमती कश्मीरी शॉल उन्हें चुपचाप ओढ़ा दिया। उन्हें पता था कि मस्तराम कभी कोई वस्तु स्वीकार नहीं करते। अतः उन्हें जगाना ठीक नहीं समझा।

एक घंटे बाद सन्त जगे। अपने शरीर पर शॉल देखकर चौंक पड़े। सोचने लगे– 'क्या यह लँगोटी कम है जो मुझे यह शॉल दे गया। साधु के पास यह वैभव क्यों?' वे चारों ओर देखने लगे। थोड़ी ही दूरी पर एक कुत्ता ठंड से काँप रहा था। मस्तराम ने उसे शॉल से लपेटते हुए कहा–"मेरे पास तो लँगोटी है। इसके पास तो कुछ भी नहीं। बेचारा मूक प्राणी अपनी दुख-गाथा किसी को बताए भी तो कैसे?" और उस कुत्ते को शॉल से लपेटकर वे चलते बने।

सर्वोच्च दान

भगवान बुद्ध का शिष्य अनाथपिंडक शास्ता के लिए सर्वोत्तम दान हेतु राजगृह की नगरी में घूम रहा था। नगर के गण्यमान्य, धनी नागरिकों में इस सर्वोत्तम दान देने के लिए होड़ सी लग गई। पर अनाथपिंडक ने इनमें से किसी भी दान को सर्वोत्तम दान की श्रेणी में नहीं रखा। वह खाली झोली ले, निराश, लौट रहा था कि रास्ते में एक झाड़ी के पीछे से आवाज़ आई–"अनाथपिंडक! दान लेते जाओ।" अनाथपिंडक आवाज़ की दिशा में पलटा। उसे कोई दिखा नहीं। पुनः आवाज़ आई –"अनाथपिंडक! दान नहीं लोगे?" अनाथपिंडक ने आवाज़ की दिशा में झोली फैला दी और उस झोली में एक जीर्ण-शीर्ण पुरानी धोती आ गिरी। पुनः आवाज़ आई–"अनाथपिंडक! मेरे पास इस धोती के सिवा और कुछ बचा नहीं जो मैं शास्ता के दान में दे सकूँ। अतः इसे ही स्वीकार करो। मैं तुम्हारे सामने नहीं आ सकती, क्योंकि मैं वस्त्रहीन हूँ। मुझे क्षमा करना अनाथपिंडक!" और अनाथपिंडक उस सर्वोत्तम दान को ले, सन्तुष्ट हो लौट पड़ा बौद्ध विहार की ओर।

समाज-समर्पित लोक-व्यवहार

स्वामी विवेकानन्द अमेरिका जाने से पूर्व माँ शारदा का आशीर्वाद लेने पहुँचे। माँ बैठी हुई थी सब्जी अमनिया करने के लिए। उन्होंने विवेकानन्द के सामने रखा हुआ चाकू माँगा। स्वामी विवेकानन्द ने चाकू के फल को पकड़कर मूठ की ओर से माँ के हाथ में दे दिया। माँ ने कहा–"विवेकानन्द! तू जहाँ भी जाएगा, अपने देश और धर्म की

पताका फहराएगा। तूने चाकू का फल स्वयं पकड़ा और मूठ मेरी ओर दिया। यानी कठोर भाव अपने हिस्से रखा। कोमल भाव अन्य के लिए। साधारणजन की तरह का लोक-व्यवहार करनेवाला जीवन में सफ़ल नहीं होता। तेरा लोक-व्यवहार तो समाज-समर्पित है। तू धन्य है!"

मूर्तिपूजा में आस्था

सौ वर्ष पूर्व श्री तैलंग स्वामी काशी के गंगा-घाट पर रहते थे। एक कम्बल बिछाकर, ऊपर से ओढ़ने के लिए एक कम्बल। काशिराज प्रति सुबह फूलों की एक माला बाबा विश्वनाथ को चढ़ाया करते। चढ़ाकर गंगा किनारे आकर देखते कि वही माला श्री तैलंग स्वामी पहने हैं। पर विश्वास नहीं होता। एक दिन उन्होंने एक विशेष प्रकार की माला विश्वनाथ जी पर चढ़ाई और गंगा किनारे आकर देखा कि श्री तैलंग स्वामी वही माला पहने बैठे हैं।

बंगाल के श्री उमाचरण मुखोपाध्याय को मूर्तिपूजा के विषय में शंका थी। उन्हें देखते ही श्री तैलंग स्वामी ने पूछ लिया कि तुम मूर्तिपूजा के विषय में जानना चाहते हो। किसी दिन रात्रि में आओ। वे रात्रि में पहुँचे। तैलंग स्वामी ने उन्हें एक घंटा बाहर प्रतीक्षा करने को कहा और स्वयं ध्यान में बैठ गए। एक घंटा बाद उन्हें बुलाकर समीपस्थ मन्दिर की काली देवी को देखकर आने को कहा। देवी दर्शन के बाद वे स्वामी जी के पास आकर बैठ गए। स्वामी जी ने देवी का आह्वान किया और शीघ्र ही देवी घुँघरू की आवाज करते हुए साक्षात् उपस्थित। उमाचरण दौड़कर मन्दिर में देवी मूर्ति को देखने गए तो देखा कि मूर्ति अपने स्थान पर नहीं है। वे लौटे स्वामी जी के पास, देवी नहीं थी। तैलंग स्वामी के आदेश पर देवी चली गई और देवी मूर्ति पुनः अपने स्थान पर विराजमान।

श्री तैलंग स्वामी का जन्म सन् 1608 में हुआ था। उन्होंने 280 वर्ष की उम्र में 1888 में काशी में जल-समाधि ली।

संस्कार का प्रभाव

महाराष्ट्र के सन्त नामदेव के विषय में कहा जाता है कि जब वे 5 वर्ष के थे तो उनकी माँ ने भगवान की मूर्ति के सामने बैठाकर कहा कि यह भगवान सभी जड़-चेतन में विराज रहे हैं। अतः किसी को कष्ट देना यानी भगवान को कष्ट देना होगा। इसलिए 'नामु' को कहा कि किसी भी प्राणी को दुख मत देना। हो सके तो सुख देना। जब

नामदेव 11 वर्ष के हुए तो एक दिन उनकी माँ बीमार पड़ी। वैद्य ने कहा कि फलाँ वृक्ष की छाल पीसकर लगाने और उसके पत्तों का रस लेने से बीमारी चली जाएगी। माँ के कथनानुसार नामदेव कुल्हाड़ी लेकर जंगल में गए। कुल्हाड़ी चलाने ही वाले थे कि माँ की कही बात याद हो आई कि किसी प्राणी को दुख नहीं देना है। उन्होंने सोचा कि वृक्ष जड़ है तो क्या हुआ, उसमें भी ईश्वर का निवास होगा। फिर सोचा कि कुल्हाड़ी चलाने पर कैसी पीड़ा होती होगी–इसका प्रत्यक्ष अनुभव करना चाहिए और अपने पैरों पर कुल्हाड़ी चला दी। पैर लहूलुहान हो गए। लँगड़ाते हुए घर आए। माँ ने देखा और पूछा कि पत्ते और छाल भी नहीं लाए, फिर पैरों में घाव कैसे हो गए? नामदेव ने सारी बातें बताईं। माँ ने कहा–"अरे! पाँच वर्ष पूर्व मैंने तुम्हें क्या कहा, यह तो मुझे स्मरण नहीं और तुमने इसे स्मृति में ही नहीं रखा, बल्कि इसे आचारण में भी लाते रहे। धिक्कार है मुझे कि मैं जो कुछ कहती रही, उस पर कभी आचरण नहीं किया। धन्य हो तुम कि कहते तो तुम कुछ नहीं, पर जो तुमने सुना उस पर सदा आचरण करते रहे।"

यह है बचपन में दिए गए संस्कार का प्रभाव।

कारूँ का संन्यास

अरब में कारूँ नाम के मुस्लिम बादशाह थे–बड़े ही कंजूस। उन दिनों गुरुनानक उस देश के प्रवास पर निकले हुए थे। एक दिन बादशाह ने गुरुनानक को अपने यहाँ बुलाया। उनके स्वागत समारोह के निमित्त एक नट-नटिन को तमाशा दिखलाने के लिए बुलाया। रात्रि में आयोजन शुरू हुआ। नट-नटिन ने उत्साहपूर्वक खेल दिखाना शुरू किया। सारे दरबारी, बादशाह का परिवार एवं जनता तमाशा देख रही थी। बादशाह कोई उत्साह नहीं दिखा रहा था। किसी नट-नटिन का उत्साह बढ़ाने के लिए इनाम नहीं दे रहा था। पुरस्कार की लालसा में नट-नटिन दूने उत्साह से खेल दिखाने लगे। फिर भी कोई इनाम नहीं। पुनः नट-नटिन चौगुने उत्साह से खेल दिखाने लगे–पर दरबारी प्रजा पर कोई प्रतिक्रिया नहीं। बादशाह शान्त बैठा था। रात ढल रही थी, नट-नटिन फिर भी इनाम के लालच में निरुत्साहित न थे। पर धैर्य की भी एक सीमा होती है। नटिन थककर चूर-चूर हो चुकी थी। उसमें अब उत्साह नहीं रह गया। वह अब खेल में रुचि नहीं ले पा रही थी। यह देख नट ने नटिन से दोहे के रूप में यह कहा–"आधी गई, थोड़ी बची, थोड़ी सी रह जाए, सुन नटिन ए नट की, रंग में भंग न घुल जाए।" अर्थात् रात्रि आधी बीत गई। बल्कि, शेष आधी रात्रि का आधा भी अब शेष नहीं। अतः रंग में भंग न करो कि दंड के भागी बनें और उत्साहपूर्वक खेल में भाग लो। तब नटिन फिर उत्साहपूर्वक खेल दिखाने लगी। इसी बीच शहज़ादी ने अपने गले का नौलखा हार

निकालकर बतौर इनाम नटिन की ओर उछाल दिया। बादशाह यह देख आगबबूला हो गए, पर भरे दरबार में कुछ कह न सके। शहज़ादी को इनाम देते देख शहज़ादा ने भी अपने हाथ का कंगन निकालकर नट की ओर फेंक दिया। बादशाह और नाराज़। तभी एक फ़क़ीर ने भी अपना कम्बल इनाम के रूप में नट को दे दिया। अब तो बादशाह अपने को रोक नहीं सके। उन्होंने सिपाही को आदेश दिया, तीनों को कैद कर लेने का और बादशाह की अनुमति बिना किसी को इनाम देकर बादशाह को अपमानित करने के अभियोग में कठोर दंड देने को कहा। तीनों कैद कर लिये गए। बादशाह के मन में कौतूहल भी हुआ कि किस बात पर प्रसन्न होकर उनके बेटे-बेटी ने इतना बहुमूल्य जेवर नट को बतौर इनाम दिया।

बादशाह ने पहले बेटी से इसका कारण पूछा। शहज़ादी ने कहा–"चूँकि आप मेरी शादी नहीं कर रहे थे कि आपका धन खर्च हो जाएगा और मैं शादी करना चाहती थी। आज रात्रि में मेरा अपने प्रेमी के साथ भाग जाने का कार्यक्रम बन चुका था। पर नट की इस पंक्ति ने मेरे पैर बाँध दिए। मेरी उम्र काफ़ी बीत चुकी। थोड़ी उम्र रह गई। इस अल्प समय के लिए मैं अपना लोक बिगाड़ दूँ? आपको अपमान सहने के लिए बाध्य करूँ! मैं चेत गई। इसी खुशी में नटिन को मैंने अपना बहुमूल्य हार दे दिया।" बादशाह लज्जित हुआ। शहज़ादी छोड़ दी गई।

शहज़ादा से पूछे जाने पर उसने कहा–"आज रात्रि में बादशाह को ज़हर देकर, स्वयं बादशाह बनने की योजना तैयार की थी। पर नट के इस वाक्य ने मेरी बुद्धि पर से परदा हटा दिया कि बादशाह तो अब कुछेक वर्ष के मेहमान हैं। इनके बाद मुझे ही बादशाह बनना है। तो क्यों न थोड़ा समय और इन्तज़ार कर लूँ। बस मैंने अपना सोने का कंगन उसे दे दिया।"

फ़क़ीर ने कहा–"फ़क़ीरी में बड़ा ही कष्ट है। नंगे-भूखे रहना, पैदल मारे-मारे फिरना बर्दाश्त से बाहर हो गया था। आज मैं फ़क़ीरों का बाना उतारकर, शादी करके गृहस्थी में प्रवेश करनेवाला था। लेकिन नट ने मेरी आँखें खोल दीं। मेरे पास जो एकमात्र सम्पत्ति कम्बल था। मैंने उसे दे दिया।"

बादशाह को ज्ञान हुआ कि उसके कारण प्रजा को कितना कष्ट है! उसने राजपाट को छोड़कर शहज़ादे को गद्दी पर बिठाया। नट को भी प्रसन्न किया और स्वयं गुरुनानक से दीक्षा ले संन्यास ग्रहण किया।

साधु का स्वाध्याय

सन्त कबीर ने एक पद में कहा है कि कामी, क्रोधी व्यक्ति किसी प्रकार अपना जीवन-यापन कर सकता है पर कृतघ्नी व्यक्ति अधमरा-सा जीवन व्यतीत करता है।

हम लोग स्वाध्याय करते हैं। स्व-अध्याय–अर्थात् अपना अध्ययन। हम अपने जीवन के पन्नों को उलटकर देखें। उसका अध्ययन करें कि हमने कितना पुण्य किया है। कितनी नैतिकता हमारे दैनिक कार्यों की रही है।

हरिद्वार गंगा-तट पर सुबह-सायं मधुकरी द्वारा अनेक साधु-भिक्षुक अपने भूख की तृप्ति कर भजन-पूजन में लगे रहते। उनमें एक भिक्षुक दिखा–अनोखा, जिसके दोनों बाहु नहीं थे। मार्ग में एक किनारे बैठा था–अपना झोला फैलाए। उत्सुकता हुई। उससे पूछा–"बाबा! आपके हाथ नहीं। फिर इन बिखरे पैसों को किस प्रकार रखते हो।" भिक्षुक ने कहा–"पैसों को रखकर मैं क्या करूँगा? इन पैसों का उपयोग तो वस्त्र एवं भोजन के निमित्त होता है। मेरे सामने वह जो होटल है, उसके लड़के को बुलाता हूँ। वह पैसे गिनकर ले जाता है। एवज़ में मुझे भोजन दे जाता है जिससे मैं अपनी क्षुधा की तृप्ति करता हूँ।" मैंने पूछा–"बाबा मान लिया कि भोजन होटल का लड़का दे जाता है। दे जाने मात्र से ही तुम्हारी क्षुधा-तृप्ति कैसे हो सकती है? जब तक हाथों से भोजन मुँह में न डाल दिया जाए?" भिक्षुक ने कहा–"इसके लिए मैं अपने आनेवाले भक्तों से आग्रह करता हूँ। उनमें से कोई दया कर ही देता है। कभी-कभी ऐसा भी होता है कि कोई दया नहीं करता और इस बीच कोई पशु तब तक उस भोजन को झपट्टा मारकर ले जाता है। उस दिन एकादशी समझकर मैं भगवान का कीर्तन करने लग जाता हूँ।" उसकी इस दयनीय-असहाय अवस्था का चिन्तन कर, न चाहते हुए भी मेरे नयनाकाश से वर्षा की कुछ बूँदें टपक ही पड़ीं। मैंने पूछा–"अच्छा बाबा! माना कि भूख मिट गई अथवा दिन भर भोजन मिले या न मिले, पर जल के बिना तो रहा नहीं जा सकता। दिन भर में कम से कम 3-4 बार तो पानी पीने की आवश्यकता पड़ती ही है।" भिक्षुक ने कहा–"घड़े में पानी होटल का नौकर रख जाता है। तब मैं अपने पैरों से घड़े को तिरछाकर कटोरे में पानी डाल देता हूँ। तत्पश्चात् पशु-प्रणाली का उपयोग करता हूँ और झुककर कटोरे का पानी जीभ से चाट जाता हूँ।"

अपने जीवन के पन्नों को उलटकर जब मैं स्वाध्याय करता हूँ तो लगता है कि कबीर के शब्दों में एक कृतघ्नी मैं भी हूँ। आखिर कृतघ्नी कहते किसको हैं? उसी को न जो किसी के किए उपकार का बदला अपकार से देता है या उसे भूल जाता है।

विचार-तरंगों का महत्त्व

किसी देश के राजा और नगर सेठ में गहरी दोस्ती थी। एक दिन भी बिना मिले दोनों नहीं रह पाते। घंटो बैठते, देश-विदेश की चर्चा होती, आपस में सलाह-मशवरे करते।

एक दिन दोनों एक दूसरे की समस्याओं पर विचार-विमर्श कर रहे थे। नगर सेठ ने कहा कि मेरे गोदाम में मनों चन्दन की लकड़ी पड़ी हुई है। कोई खरीदनेवाला नहीं।

एक महीना ऐसा ही रहा तो मेरी स्थिति दयनीय हो जाएगी। राजा ने कहा कि मेरी स्थिति भी चिन्तनीय है। प्रजा के कल्याणार्थ जो कार्य हो रहे हैं उसमें व्यय काफ़ी हो रहा है। राज्य की जो आय है, वह इस खर्च की तुलना में बहुत कम है। लगता है कि राज्य दिवालिया हो जाएगा। इस प्रकार बात करते हुए दोनों अपने-अपने निवास चले आए।

रात्रि में नगर सेठ विचार करने लगा कि यदि राजा की मृत्यु हो जाए तो गोदाम की सारी चन्दन की लकड़ी राजा की चिता के निमित्त बिक जाती और उसे लाभ हो जाता।

कहते हैं कि विचार-तरंगें बड़ी ही प्रभावी होती हैं। पूर्व काल में हमारे ऋषिगण इन्हीं विचार-तरंगों के माध्यम से सैकड़ों-हज़ारों मील दूर बैठे ऋषि या शिष्यों से विचारों का आदान-प्रदान करते या आदेश दिया करते। मथुरा के गायत्री पीठ के संस्थापक आचार्य श्रीराम शर्मा को हिमालय में बैठे उनके गुरु का आदेश इन्हीं विचार-तरंगों के माध्यम से मिलता रहा है।

तो जिस समय नगर सेठ के मन में यह दूषित विचार उठा, उसी समय राजा के मन में भी एक ऐसा ही विचार जन्म लेने लगा कि नगर सेठ तो निःसन्तान है।

राज्य के कानून के अनुसार निःसन्तान व्यक्ति के मृत्योपरान्त उसकी सारी सम्पत्ति राज्य के अधिकार में आ जाती है। अतः यदि नगर सेठ की मृत्यु हो जाए तो राज्य की इस खस्ता हालत में कुछ सुधार हो।

दूसरे ही दिन दोनों मित्र पुनः मिले। कुशल-मंगल का आदान-प्रदान होने लगा। राजा कुछ संस्कारी था। संस्कारवश उसने कहा—"नगरसेठ! कल रात्रि में पता नहीं क्यों मेरे मन में तुम्हारे प्रति दुर्भावना जागी।" मैं सोच रहा था कि तुम्हारी मृत्यु हो जाने पर राज्य को आर्थिक लाभ हो सकता है। तुम्हारे प्रति मेरे मन में ऐसी बात क्यों जागी?"

नगर सेठ ने कहा—"राजन! गलती मेरी है, क्षमा करें! मैं सोच रहा था कि आपकी मृत्यु होने से मेरे गोदाम में पड़ी हुई चन्दन की लकड़ियों से आपकी चिता बनेगी और मेरा जो घाटा होनेवाला था, वह नहीं होगा। मेरे मन की दूषित भावना ने ही आपके मन में भी मेरे प्रति दुर्भावना पैदा की।"

राजा ने कहा—"नगर सेठ! तुम ऐसा भी सोच सकते थे कि ईश्वर ऐसी सद्बुद्धि राजा को दे कि वह चन्दन का एक देवालय निर्माण कराए जिसमें तुम्हारी लकड़ियों का भी सदुपयोग हो सके। अरे, चन्दन केवल चिता में ही तो प्रयोग नहीं होता! इसके अन्य उपयोग भी हो सकते हैं।"

आज हम सबकी सोचने-विचारने की बुद्धि विकृत हो गई है। हम विवेकहीन हो, अच्छी बात सोचना ही नहीं चाहते। यही दुख का कारण है।

राजयोग की शिक्षा

शिष्य की शिक्षा पूरी हो गई। ऋषि ने राजयोग सीखने के लिए उसे राजा जनक के पास भेजा। राजा जनक ने आदर-सत्कार के पश्चात् उस साधक के आने का कारण पूछा। साधक ने कहा—"एक जिज्ञासा लेकर आया हूँ कि आप तो राजा हैं। सिर पर बहुत बड़ा दायित्व लिये, छल-प्रपंचों से घिरे, दिन-रात व्यस्त रहते हैं। फिर भी आपको विदेह क्यों कहा जाता है?" राजा जनक ने कहा—"आप थके होंगे, पहले आप विश्राम कर लें। कल हम लोग बैठेंगे और इस पर विचार करेंगे।" दूसरे दिन राजा जनक ने उस साधक को भोजन पर आमंत्रित किया। साधक को एक सजे-सजाए सुवासित कक्ष में जहाँ अनेक रूपवती दासियाँ विभिन्न वाद्य यंत्रों के साथ बैठी थीं, ले जाया गया। उन्हें मखमली, आसन पर बैठाया गया। तरह-तरह के पकवानों से सजे स्वर्ण-पात्र उनके सामने रखे गए, जिनमें पेय पदार्थ भी थे। भोजन प्रारम्भ करते ही संगीत की मधुर ध्वनि के साथ वाद्य यंत्र झंकृत हो उठे। भोजन प्रारम्भ करते ही साधक की दृष्टि छत की ओर गई तो देखा कि जिस स्थान पर बैठकर वे भोजन कर रहे थे, उसके ठीक ऊपर छत में एक पतले तार के सहारे एक बड़ा-सा पत्थर लटक रहा था और किसी भी समय गिरकर उसका प्राणान्त कर सकता था। राम-राम कर उसने भोजन समाप्त किया। भोजनोपरान्त राजा जनक ने उस साधक से पूछा—"भोजन में अमुक-अमुक व्यंजन का स्वाद कैसा था?" साधक ने कहा—"खयाल नहीं किया।" राजा जनक ने पूछा—"पेय पदार्थ कैसा था?" वह बोला—"उस पर ध्यान नहीं दिया।" राजा ने पूछा—"संगीत कैसा लगा?" तो उसने कहा—"उस तरफ मन गया ही नहीं।" राजा ने तब पूछा—"उन रूपवती दासियों में सर्वसुन्दरी कौन थी?" उसने कहा—"महाराज, मेरा ध्यान छत में पतले तार से लटके पत्थर के टुकड़े पर था। अतः आपकी व्यवस्था की इन सभी वस्तुओं से मैं परे चला गया था। आपके प्रश्नों का उत्तर देने में मैं असमर्थ हूँ।" राजा जनक ने कहा—"तब तो आपके द्वारा पूछे गए प्रश्न का उत्तर आपको मिल गया। मैं इसलिए विदेह हूँ। तुम्हारे सामने पंच तन्मात्राओं के रूप में रूप, रस गन्ध, शब्द, स्पर्श आदि विभिन्न भोगों को उपस्थित करने पर भी तुमने उनका रसास्वादन नहीं किया। तुम्हारा मन इन सारी वस्तुओं से परे उस पत्थर के टुकड़े में लगा था—क्योंकि मन एक समय में एक ही वस्तु में लग सकता है। तुमने अपना सारा ध्यान उस पत्थर के टुकड़े पर केन्द्रीभूत कर रखा था। भोग की सारी वस्तुओं के सामने रहते हुए भी, मैंने अपने को अन्तर्मुखी बना रखा है। यही है राजयोग।"

भीम का गर्व भंग

महाभारत युद्ध के पश्चात् एक दिन श्रीकृष्ण बैठे हुए थे कि भीम मस्त चाल से आकर वहाँ पास में ही बैठ गए। चर्चा के बीच भीम गर्वातिरेक से कुछ कह बैठे। उसके अहं भाव को समाप्त करने के निमित्त श्रीकृष्ण ने कहा–''हरिद्वार में यात्रियों एवं भक्तों को दुष्ट असुर तंग कर रहे हैं।'' भीम ने कहा–''हरिद्वार में और असुर!'' श्रीकृष्ण ने कहा–''हाँ, हाँ असुर! और वह भी दस लाख! इस असुरों ने भक्तों को इतना तंग कर रखा है कि भक्त पूजा-पाठ, जप-तप, ध्यानादि नहीं कर पा रहे हैं। अतः हरिद्वार जाकर उनके कष्ट दूर करो।'' भीम हरिद्वार पहुँचे। उनका नियम था तीन बजे भोर में उठकर पूजा-पाठ, ध्यानादि करने का और इस नियम पर दृढ़ रहते थे। हरिद्वार आने पर उनका नियम भंग हो गया। वे न समय पर उठ पाते, न पूजा-पाठ, ध्यानादि में मन एकाग्र कर पाते। दिन-रात असुरों की खोज में गंगा-तट पर घूमा करते। पर जब एक भी असुर नहीं मिला तो क्रोध में राजधानी लौट आए और श्रीकृष्ण पर बरस पड़े। कृष्ण हँस दिए, पूछा–''तुम नियमानुसार अपनी पूजा पद्धति का पालन तो अवश्य करते होंगे।'' भीम ने कहा–''इन असुरों की चिन्ता में, वहाँ मेरा कोई नियम रहा नहीं।'' तब श्रीकृष्ण ने पूछा–''अन्य कार्य तो ठीक चलता ही होगा।'' भीम ने कहा–''उन सबों में मेरा मन लगता ही नहीं था।'' तब श्रीकृष्ण ने कहा–''एक-दो असुरों के कारण तुम्हारे सारे नियम भंग हो गए। यहाँ तक कि पूजा-पाठ में भी मन लगता न था, फिर जिस शरीर में दस लाख नाड़ियाँ और उनकी मालिक दस इन्द्रियाँ जिन्हें वासनाएँ घर किए बैठी हों, उन पर विजय कैसे पाया जा सकता है!''

प्रशंसा-पात्र शिष्य

एक गुरुजी के दो शिष्य थे। दोनों को पूर्ण ब्रह्मचर्य का उपदेश दिया उन्होंने–परस्त्री को न देखना, न स्पर्श करना और न ही चिन्तन करना।

एक दिन दोनों शिष्य सायंकाल नदी-स्नान को निकले कि कहीं से आवाज़ आई–'बचाओ-बचाओ।' आवाज़ किसी स्त्री की थी–ऐसा मानकर एक शिष्य गुरु के उपदेशानुसार उस स्त्री की सहायता के लिए नहीं गया। दूसरा शिष्य आवाज़ की दिशा में शीघ्र दौड़ पड़ा। उसने देखा कि दो गुंडे एक नवयुवती के वस्त्रों को फाड़, नंगे कर एक झाड़ी की ओर खींचे लिये जा रहे हैं। बलवान शिष्य ने उन गुंडों से उस युवती की रक्षा की। फिर अपने अँगोछे से उसका शरीर ढक, उससे पूछा कि कहाँ जाओगी? युवती ने बताया कि नदी पार बस्ती से वह दूध लेकर लौट रही थी कि अकेला देखकर उन गुंडों ने उसके साथ दुराचार करना चाहा। युवक ने उसे कन्धे पर बिठाया और

नदी पार कर उसी बस्ती में पहुँचाकर नदी में स्नान किया और आश्रम में लौट आया। पहला शिष्य आश्रम में लौटकर, दूसरे शिष्य के विरुद्ध गुरुजी को चुगली जोड़ दी। दूसरे शिष्य के आने पर गुरुजी ने उससे कहा कि सुनसान जगह में एक नंगी युवती को अपने कन्धे पर बिठाकर, नदी पार ले जाकर उसने अपराध किया, अतः दंड का भागी है। शिष्य ने अपने को निर्दोष बताया। गुरुजी ने पूछा कि लड़की का रूप-रंग कैसा था? शिष्य ने कहा कि मैंने देखा नहीं। गुरुजी ने पूछा कि वह बच्ची थी, युवती थी या प्रौढ़ा थी? शिष्य ने कहा कि मैंने ध्यान नहीं दिया इस पर। तब गुरुजी ने पहले शिष्य से ही प्रश्न किया। उसने कहा कि वह रूपवती थी, नवयौवना थी। तब गुरु जी ने कहा कि तुमने केवल उसे देखा है, स्पर्श नहीं किया। किन्तु उसका चिन्तन किया है। इसके ठीक विपरीत दूसरे शिष्य ने उस नंगी युवती को अपने अँगोछे से ढककर, कन्धे पर बिठा, नदी-पार उसके घर तक पहुँचाया, पर न तो उसे देखा और न स्पर्श किया। महज़ मेरे उपदेश का आँख मूँदकर पालन न कर, उसने लोक-व्यवहार का पालन किया। एक अबला के सतीत्व की रक्षा की। धन्य है यह शिष्य मेरा जो प्रशंसा का पात्र है। तब उस शिष्य ने कहा कि यह बड़े आश्चर्य की बात है कि मैंने तो न केवल उसे कन्धों से ही उतार दिया था, बल्कि अब तो मुझे उसका खयाल भी नहीं है। पर हमारा मित्र अभी तक उसे अपने मन पर सवार किए हुए है। उसी के खयाल में उलझा हुआ है।

स्वस्थ, प्रसन्न और सुखी रहने के लिए हमें इस बात का सतर्कतापूर्वक खयाल रखना होगा कि हम मन में कोई ग्रन्थि या गाँठ, कोई उलझन या कपट न रखें। मन को बहते पानी की तरह साफ़ रखें। रुके हुए पानी की तरह सड़ने न दें। यदि हम मन को किसी भी कार्य, घटना, पदार्थ या विचार से उलझाकर रखेंगे, बाँधकर रखेंगे तो यह ग्रन्थि एक कुंठा बन जाएगी। ऐसी ग्रन्थियाँ हमारे मन को कुंठाओं के जाल में फँसाती जाएँगी जिससे हमारा शारीरिक, मानसिक स्वास्थ्य नष्ट होने लगेगा। जो बीत गया सो बीत गया। 'गच्छति न सोचति पंडित' के अनुसार 'बीती ताहि बिसार दे, आगे की सुधि लेय'—में ही बुद्धिमानी है। कहा भी है--'गुजर गई गुजरान, क्या झोंपड़ी क्या मैदान?' पर कई लोग ऐसा नहीं कर पाते और किसी न किसी विचार के उधेड़बुन में फँसे रहते हैं।

जीवन का लक्ष्य

दार्शनिक डायजनीज़ विश्राम कर रहा था नग्न, रेत पर लेटा हुआ। सिकन्दर उससे मिलने गया। देखा, इतनी मौज में! इतना आनन्द! फिर भी पूछा कि मैं तुम्हारे लिए क्या कर सकता हूँ, कुछ कहो। डायजनीज़ ने कहा कि थोड़ा हटकर खड़े हो जाओ। सूरज की

रोशनी आती थी, तुम इसमें बाधा बनकर खड़े हो गए हो इससे ज्यादा तुम क्या कर सकोगे? हम बड़े मजे में थे, सुबह के सूरज की ताज़ी रोशनी पड़ती थी। तुम बीच में आ गए, जरा हट जाओ।

सिकन्दर को बड़ी मुश्किल मालूम पड़ी। वह सोचता था कि कुछ करके दिखाएगा डायजनीज़ को। कर सकता था। धन के अम्बार लगा सकता था। पर डायजनीज ने माँगा क्या? सिकन्दर ने कहा कि डायजनीज़! तुम्हें पता नहीं कि मैं कौन हूँ? अरे! मैं हूँ महान सिकन्दर! कुछ माँग लो मुझसे। डायजनीज़ ने कहा कि तुम्हारी बड़ी कृपा है कि तुम हट गए। इससे बड़ी और क्या बात हो सकती है कि मेरे और सूरज के बीच अब और कोई भी नहीं।

यह आवश्यकतावाला आदमी है। वासनावाला नहीं। इतनी आवश्यकता थी कि बीच से हट जाए। बात समाप्त हो गई। यह स्वतंत्र पक्षियों जैसा जी रहा है–उतना ही निसर्ग में, उतनी ही सरलता में।

सिकन्दर से डायजनीज़ पूछता है–''क्या चाहते हो?'' सिकन्दर कहता है–''सारी दुनिया जीतना चाहता हूँ।'' डायजनीज़ पूछता है–''फिर क्या करोगे?'' सिकन्दर कहता है–''फिर विश्राम करूँगा।'' डायजनीज़ खिलखिलाकर हँसता है। सिकन्दर पूछता है–''क्यों हँसते हो?'' डायजनीज़ ने कहा–''विश्राम करने के लिए दुनिया जीतना हमें कुछ समझ में नहीं आया। यदि विश्राम का ही लक्ष्य है तो डायजनीज़ अभी विश्राम कर रहा है। दुनिया जीतने का इससे कोई सम्बन्ध नहीं। लेकिन सिकन्दर! तुम भूल में हो, विश्राम तुम कर न सकोगे। क्योंकि तुम्हें गणित का ही पता नहीं। जिसे विश्राम करना होगा, वह दुनिया जीतने क्यों जाएगा? यदि दुनिया जीतकर ही विश्राम हो सकता होता, तो डायजनीज़ विश्राम कैसे करता? और मैं तुमसे कहता हूँ कि तुम कभी विश्राम न कर सकोगे। तुम सिर्फ़ भ्रम में हो कि तुम विश्राम करोगे। तुम मर जाओगे–ऐसे ही दौड़ते-दौड़ते।''

और इतिहास गवाह है कि सिकन्दर ऐसे ही दौड़ते-दौड़ते मर गया।

हम सब भी सोचते हैं, कभी विश्राम करेंगे। सोचते हैं कि एक-एक शर्तें पूरी हो जाएँ तो विश्राम करेंगे। ऐसा भी हो सकता है कि शर्तें पूरी हो जाएँ। लेकिन अब तक काम करना हमारे लिए ऐसी विक्षिप्तता हो चुकी होगी कि जिस दिन हमारा बिस्तर बँधकर तैयार होगा, उस दिन तक हमारी नींद खो चुकी होगी। और जब तक हम भोजन जुटा पाएँगे, तब तक भूख मर चुकी होगी। क्योंकि भोजन जुटाने में आदमी भूख की कुर्बानी चढ़ा देता है और बिस्तर जुटाने में नींद को समाप्त कर डालता है। नींद की बलिवेदी एक अच्छे बिस्तर के लिए और अच्छा बिस्तर इसलिए कि उस पर सो सकें। और फिर बिस्तर मिल जाता है तब नींद नहीं आती। और जब भोजन मिल जाता है तब भूख नहीं होती।

परमात्मा सबका पालनहार

श्रीमद्भागवत के प्रसिद्ध टीकाकार श्रीधर स्वामी के जन्मते ही उनकी माँ चल बसी। अब उनके लालन-पालन का भार उनके सन्त पिता पर आ गया! किन्तु, माँ की तरह सन्तान को कौन पाल सकता है! उनके पिता को भगवत् भजन में बाधा पड़ने लगी। पिता के मन में बात आई कि सृष्टि के प्रत्येक प्राणी का भरण-पोषण करने का भार तो परम पिता परमात्मा के हाथों में है।

"येनश्वेती कृतः हंस, शुक्रश्च हरितीकृत,
मयूरः चिन्तिश्चैव, तेन कृतिंवद्यास्यति।।"

चींटी से लेकर हाथी तक, धवल-उज्ज्वल रंग का हंस हो या हरे रंग का तोता या विभिन्न रंगों में चित्रित आकर्षक मयूर, शाकाहारी सरल स्वभाववाला हरिण हो या हिंसक सिंह, सबके भोजन की व्यवस्था करनेवाला परमात्मा हमारे नन्हे शिशु की भी देखभाल स्वयं करेगा–ऐसा सोचकर वह उस शिशु को जंगल में छोड़ आया ताकि वह शान्ति से भजन-पूजन कर सके। छोड़ने के पूर्व बच्चे के गले में एक ताबीज बाँध दिया।

कुछ समय बीतने के बाद एक सिंह वहाँ मानव गन्ध पाकर आ गया। उसी समय वहाँ का महाराजा शिकार खेलते हुए आ पहुँचा। उसे देख सिंह भाग गया। उस नन्हे शिशु को वहाँ अकेला पड़ा देख, महाराजा उसे अपने महल में उठा लाया। महाराजा निःसन्तान था। उस ताबीज़ में लिखे वाक्य को पढ़कर महाराजा ने सन्त-पुत्र जान उसे दत्तक पुत्र के रूप में गोद ले लिया। उसकी शिक्षा की उचित व्यवस्था कर दी। समय बीतने के साथ महाराजा को अपनी रानी से भी एक पुत्र हुआ। कुछ वर्षों के बाद दत्तक पुत्र किशोर-वय पार कर यौवनावस्था को प्राप्त हुआ और महाराजा से विदा लेने उनके पास पहुँचा। महाराजा ने कितना भी आश्वासन दिया, पर वह नहीं माना। उसने कहा कि आपका अब अपना पुत्र भी है और बड़ा होने पर वह राजा बनेगा ही। उस समय न चाहने पर भी उसके मन में कभी न कभी मेरे प्रति विद्वेष का भाव उठेगा। अतः उसके मार्ग को निष्कंटक बनाने के लिए मुझे जाना ही होगा। मुझे आज्ञा प्रदान करें। महाराजा की आज्ञा लेकर श्रीधर स्वामी जब चले तो मन में आया कि ताबीज़ में पिता के लिखे वाक्य की परीक्षा करके देखूँ। वह वन में चले आए और विशाल लकड़ी के टुकड़े पर बैठ गए। कुछ समय पश्चात् उन्हें अनुभव हुआ कि लकड़ी के टुकड़े में हरकत हो रही है और वह करवट ले रहा है। उठकर वे उसके आगे आए तो ज्ञात हुआ कि वह एक विशाल अजगर है। पर वह मुँह बन्द रखे हुए शान्त पड़ा रहा। "अज़गर करे न चाकरी, पंछी करे न काम दास मलूका कह गए सबके दाता राम" इस पंक्ति की सत्यता की जाँच करने के लिए श्रीधर स्वामी वहाँ रुक गए। उन्होंने देखा कि अजगर एक दिन निराहार पड़ा रहा। दूसरे दिन उसने अपना मुँह खोला। उसी समय दो खरगोश

आपस में लड़ते हुए आकर उसके मुँह में गिर पड़े। तभी अजगर ने अपना मुँह बन्द कर लिया।

परमात्मा की सृष्टि में कोई खिलाता नहीं। उनके विधान के अनुसार हम सभी अपने-अपने कर्मानुसार जीवन जी रहे हैं।

संसार को स्वप्नवत् जानो

अष्टावक्र ने पूछा—"महाराज! मैंने सुना है कि आपका कोई ऐसा प्रश्न है जिसका उत्तर आपकी सभा के विद्वज्जन नहीं दे पा रहे हैं। मैं आपके उसी प्रश्न का उत्तर देने की नीयत से आया हूँ। अब आप मुझे वह प्रश्न बताएँ।"

अष्टावक्र को उचित अधिकारी मान राजा जनक ने अपना प्रश्न दोहराया—"क्या यह सच है या वह सच है?"

ऐसा हुआ कि एक बार राजा जनक ने एक बुरा स्वप्न देखा कि उनके राज्य पर किसी दूसरे राजा ने चढ़ाई की। राजा जनक परास्त हुए। मिथिला राज्य छोड़कर दर-दर फिरने लगे। विजयी राजा के भय से कोई भी नागरिक इन्हें भोजन करने के लिए भी नहीं पूछता था। एक दिन एक जगह सदाव्रत बँट रहा था। कई दिनों का भूखा राजा जनक भी भोजन पाने की लालसा में उस लम्बी कतार में जा खड़ा हुआ। जब तक इनकी पारी आई, तब तक अन्न भंडार समाप्त हो चुका था। वितरण करनेवाले ने कहा कि सारा भंडार समाप्त हो चुका है। कुछ भी शेष नहीं बचा है। यदि तुम चाहो तो हाँड़ी में जो जला हुआ अन्न है, वह खुरचकर तुम्हें दे दूँ। राजा जनक भूखे तो थे ही, अतः माँग लिया। जला हुआ अवशिष्ट अन्न लेकर वे पास में ही सरोवर पर चले आए। जैसे ही हाथ धोकर खाने को हुए कि एक पक्षी ने झपट्टा मारा और धक्का लगने से वह अन्न सरोवर के जल में गिर गया। भूख के मारे राजा जनक चीत्कार कर उठे और तभी उनकी नींद टूट गई।

इस दुःस्वप्न ने उनके चिन्तन की धारा मोड़ दी! वे सोचने लगे कि यह सच है या वह सच है? राजदरबार में आकर अपनी सभा के विद्वज्जनों से उनका एकमात्र प्रश्न था कि यह सच है या वह सच है? पर इस अधूरे प्रश्न का उत्तर कौन दे पाता! यही प्रश्न अष्टावक्र के सामने भी रखा गया। अष्टावक्र ने आँखें बन्द कीं, योगदृष्टि से सारी बातें समझ लीं। तब अष्टावक्र ने कहा—"महाराज! न यह सत्य है, न वह सत्य है।" राजा जनक ने कहा—"यह कैसे हो सकता है!" अष्टावक्र ने कहा—"महाराज! यह बताओ कि जब आप पंक्ति में खड़े हो भिक्षान्न लेकर सरोवर के किनारे खड़े थे तो क्या वह दृश्य जाग्रतावस्था में आपको दिखाई पड़ रहा है?" राजा जनक ने कहा—"नहीं।" फिर अष्टावक्र ने कहा—"अभी जिस वस्त्र में आप हैं स्वर्ण

मुकुट जो सिर पर विराजमान है, स्वर्ण-सिंहासन पर राजदरबार में जिस स्थिति में दिख रहे हैं, इसी स्थिति में स्वप्न की उस स्थिति में पंक्ति में खड़े दिख रहे थे?" राजा जनक ने कहा–"नहीं।" अष्टावक्र ने कहा–"तो आपके ही कथनानुसार स्वप्न में जो दिख रहा था वह जाग्रतावस्था में नहीं था और जाग्रतावस्था में जो दिख रहा था, वह स्वप्न के उस दृश्य से सर्वथा भिन्न था। अर्थात् न यह सत्य था और न वह सत्य था।"

राजा जनक ने पूछा–"तो फिर सत्य क्या है!" अष्टावक्र ने कहा–"दोनों ही अवस्था में दृश्य-जगत को देखनेवाला ही सत्य है, बाकी सब मिथ्या है।"

पहले जो था नहीं, बाद में रहेगा नहीं, वर्तमान में कुछ समय के लिए जिसकी प्रतीति होती हो–उसी का नाम स्वप्न है।

आज जो वस्तु, परिजन मेरे पास हैं, जो पहले थे नहीं, बाद में भी कब तक रहेंगे, पता नहीं। आज जो शहर है, वह पहले था नहीं, बाद में भी रहेगा नहीं। यह शरीर तो क्षण-क्षण बदल रहा है। अर्थात् संसार के सभी पदार्थ मिथ्या हैं और तभी महापुरुष कहते हैं कि संसार को स्वप्नवत् जानो।

चोरी नहीं, हेरा-फेरी

सन्त एकनाथ गंगोत्तरी का जल लेकर रामेश्वरम् जा रहे थे शिवजी को चढ़ाने। साथ में और भी कई यात्री थे। गाँव में एक चोर था। उसने सन्त एकनाथ से पूछा कि मैं भी चलूँ तीर्थयात्रा पर आपके साथ? बहुत पाप कर चुका हूँ। एकनाथ जी ने कहा–"चलने में तो कोई हर्ज़ नहीं। बाकी भी सब तरह-तरह के चोर जा रहे हैं। तू भी चल सकता है। पर एक बात है। बाकी जो चोर मेरे साथ जा रहे हैं, वे कहते हैं कि उस चोर को मत ले जाना, नहीं तो वह हमारी सब चीजें रास्ते में गड़बड़ कर देगा। तो तू एक पक्की शर्त बाँध ले कि रास्ते में तीर्थयात्रियों के साथ चोरी नहीं करेगा।" चोर ने कहा–"कसम खाता हूँ। जाने से लेकर आने तक चोरी नहीं करूँगा।" फिर तीर्थयात्रा शुरू हुई। वह चोर भी साथ था। बाकी भी चोर थे। भिन्न तरह के चोर! कोई व्यापारी, कोई मजिस्ट्रेट चोर बनकर बैठा है। लेकिन चोर की आदत। दिन भर तो गुजार दे, रात बड़ी मुश्किल में पड़ जाए। सब यात्री सो जाएँ तो चोर की बैचेनी बढ़ जाए! जैसे-जैसे रात बीते, धन्धे का वक्त आ जाए। दो दिन बीते किसी तरह। उसने सोचा कि तीन-चार महीने की यात्रा है, ऐसा कैसे चलेगा? हम तो मर जाएँगे। और सबसे बड़ा खतरा यह है कि यदि इसी तरह यात्रा गुजार दी और कहीं चोरी करना भूल गए तो और मुसीबत। लौटकर क्या करेंगे? तीर्थ कोई जिन्दगी भर होता है? तीसरी रात से गड़बड़ शुरू हो गई–व्यवस्थित, धार्मिक ढंग से। चोरी तो उसने

की, पर तरकीब से। एक के बिस्तर से सामान निकाला अपने पास न रखकर दूसरे के बिस्तर में डाल दिया। यह क्रम रोज चल पड़ा। प्रातः होने पर यात्री परेशान रहने लगे। एक का सामान, दूसरे किसी के ट्रंक में मिले और किसी का सामान किसी के बिस्तर में। 100-150 यात्री थे। यह क्या हो रहा है? मामला क्या है? खोजबीन प्रारम्भ हुई। चीजें जातीं तो नहीं, पर इधर-उधर हो जाती हैं। एकनाथ जी को उस चोर पर सन्देह हुआ। वे रात्रि को टोह में रहे। देखा, कोई दो बजे रात्रि में वह चोर उठा और किसी एक का सामान दूसरी ओर करना प्रारम्भ किया। एकनाथ जी ने उसे पकड़ा और कहा–"यह क्या है?" चोर ने कहा–"मैंने कसम खाई है चोरी न करने की। चोरी तो नहीं कर रहा, न कोई चीज अपने पास रखता हूँ बस केवल हेरा-फेरी करता हूँ, जिसके लिए मैंने आपसे कहा भी नहीं था कि ऐसा नहीं करूँगा।"

यह हमारे सारे जीवन की व्यवस्था है कि जो हम हैं, वह दूसरे पर थोपने की कोशिश में लगे हैं–चाहे सफल हों या असफल। चोर लाख उपाय करे, पर दानी नहीं हो सकता! हाँ दान कर सकता है। दान करने से भ्रम पैदा हो सकता है कि चोर दानी हो गया है। पर चोर का चित्त दान में भी चोरी की तरकीबें निकाल लेगा। चोर अगर बदलने की कोशिश भी करे तो फ़र्क़ कुछ पड़नेवाला नहीं।

हमारे सारे जीवन में जो असहजता है वह इसलिए है कि जो हम हैं, उससे भिन्न होने की कोशिश में पूरे समय लगे हुए हैं।

कर्मफल मिलता ही है

मनुष्य जो शुभ और अशुभ कार्य करता है, उसका फल उसे अवश्य भोगना पड़ता है! इसमें संशय नहीं! ऐसा महाभारत के वनपर्व में उल्लेख है।

रामायण के अयोध्याकांड में गुरु बृहस्पति देवराज इन्द्र को भगवान की कर्म-मर्यादा का बोध कराते हैं–

कर्म प्रधान विश्व करि राखा, जो जस करै सो तस फल चाखा।
काहु न कोउ सुख-दुख कर दाता, निज कृत करम भोग सब भ्राता।।

दुष्कर्मों का प्रतिफल मिलकर ही रहता है–इससे कोई मुक्त नहीं।

रावण का अस्तित्व यों मिटा कि उसके सवा दो लाख के परिवार में दीपक जलानेवाला भी कोई न बचा। कंस, दुर्योधन, हिरण्यकशिपु की कहानियाँ पुरानी पड़ गईं। हिटलर, सालाजार, चंगेज़, सिकन्दर, नेपोलियन जैसे नर-संहारकों को किस प्रकार दुर्दिन देखने पड़े उनके अन्त कितने भयंकर हुए, यह भी अतीत की गाथाओं में जा मिले। नागासाकी, हिरोशिमा पर अगस्त 1945 को बम गिरानेवाले अमेरिकन वैज्ञानिक फ्रेड ओलोबी और खलनायक मेज़र ईथरली का अन्त बहुत बुरा हुआ। ओकीनावा को ध्वस्त करनेवाला

स्क्वाड्रन लीडर वार्ल्स ग्रोव पागल हो गया और अच्छा हो जाने पर अफ्रीका के जूलू निवासियों का फादर ग्रोव बन कराहटों से दूर भाग गया।

ईस्ट इंडिया कम्पनी का लॉर्ड क्लाइव अपने व्यक्तिगत स्वार्थ में छल-बल से करोड़ों रुपए की पूँजी बनाकर भारत से इंग्लैंड ले गया। वहाँ वह क्लेयर माउंट का इलाका खरीदकर जागीरी शान और नवाबी ठाठ से विलासमय जीवन बिताने लगा। अनेक खानसामा, रसोइया, नौकर, वेश्याओं को लेकर रहने लगा। पर सभी की घृणा का पात्र बनकर सुनसान जंगलों में मरघट के प्रेत की तरह भटकता रहता। वह अर्धविक्षिप्त हो गया। अपने इलाके से गुजरनेवाले मोटरों का आवागमन बन्द करा दिया। अपने आप बड़बड़ाता रहता और एक दिन उसने आत्महत्या कर ली।

जालियाँवाले हत्याकांड के जनरल डायर के कर्मों की हंटर कमेटी ने सार्वजनिक निन्दा की। तत्कालीन भारतीय कमांडर इन चीफ़ ने उसे त्याग पत्र देने का आदेश दिया। नौकरी से हाथ धोने के बाद वह अशान्त रहने लगा। दो साल बाद 1921 में पक्षाघात से उसका आधा अंग अपंग हो गया। उसका चलना-फिरना बन्द हो गया गठिया रोग से। उसके मित्रों ने उसका साथ छोड़ दिया। वह अन्तिम दिनों में बड़बड़ाता रहता– 'जो अपने को मुझ जैसा चतुर और अहंकारी मानते हैं, अपने नैतिक अनैतिक कार्यों से न डरते हों, न लजाते हों, उनका अन्त कैसा होता है–आकर मुझसे पूछें।'

रावण के मृत शरीर में सौ छिद्र हो गए थे। सभी से रक्त बह रहा था। इसे देखकर लक्ष्मण को विस्मय हुआ कि श्रीराम ने एक ही बाण से उसे मारा, एक ही छिद्र हुआ, अन्य छिद्र कहाँ से प्रकट हुए? श्रीराम ने कहा कि 99 छिद्र उसके दुष्कर्मों के हैं, जो समय पर फूट निकले हैं।

उत्कट वैराग्य

एक राजा एक सन्त को अपने नए भवन में लिवा लाए। सन्त के लिए उचित भोजनादि की व्यवस्था होने लगी। किन्तु इसी बीच सन्त अत्यन्त उद्विग्न हो उठे। उन्होंने कहा–"मैं यहाँ एक क्षण भी नहीं बैठ सकता। दुर्गन्ध से दम घुटा जा रहा।" राजा ने कहा–"महाराज! यह जगह स्वच्छ और शुद्ध है। यहाँ दुर्गन्ध कैसा?" सन्त ने कहा–"राजन! तुम मेरे साथ आओ। मैं तुम्हें समझा दूँगा।" सन्त राजा को शहर की एक गन्दी-सी सड़क पर ले आए। वहाँ कुछ लोग जानवरों की खाल को धोकर ठीक कर रहे थे। सन्त ने राजा को वहीं खड़ा कर दिया। एक क्षण के बाद राजा बोले–"महाराज! यहाँ तो बहुत दुर्गन्ध है। दम घुटता है। कहीं और चलिए।" सन्त ने वहाँ काम करनेवाले एक आदमी को बुलाकर पूछा–"तुम्हें यहाँ कोई गन्ध मालूम पड़ रही है?" उसने कहा–"नहीं महाराज! यह जगह तो सुन्दर है। झाड़ू से अभी साफ़

की गई है। यहाँ गन्ध कैसी?'' सन्त ने फिर पूछा–''तुम्हें चमड़े में दुर्गन्ध मालूम नहीं पड़ती?'' आदमी ने कहा–''महाराज! चमड़े में गन्ध कहाँ? यहाँ तो कोई गन्ध नहीं।''

सन्त ने पूछा–''राजन! यह आदमी तो कहता है कि यहाँ कोई गन्ध नहीं।'' राजा ने कहा–''यह आदमी दुर्गन्ध का अभ्यस्त हो गया है। इसे गन्ध कैसे मालूम होगी?'' सन्त ने कहा–''राजन! इसी तरह महल के ऐश्वर्य की और सोने-चाँदी की गन्ध तुम्हारी रगों में समा गई है। तुम्हें गन्ध नहीं मिलता, पर मेरा तो दम घुटता है।''

जिनके मन में उत्कट वैराग्य पैदा हो जाए, वह व्यक्ति संसार के पदार्थों से दूर भागेगा।

संन्यास का मार्ग

सिद्धार्थ के जन्म के समय उनके पिता राजा शुद्धोधन को ज्योतिषियों ने बताया था कि यह बच्चा बड़ा होने पर या तो चक्रवर्ती सम्राट होगा अथवा महान संन्यासी। इस पर राजा शुद्धोधन ने पूछा था कि संन्यासी होने से इसे कैसे रोका जा सकेगा। तब ज्योतिषी ने कहा कि अन्तर्दृष्टि पैदा होने लायक इसे कोई मौका न दिया जाए। यह अद्भुत बात राजा की समझ में नहीं आई तो वे पूछ ही बैठे। ज्योतिषी ने कहा कि बाग के कुम्हलाए हुए फूल को देखकर यह पूछ सकता है कि फूल कुम्हला क्यों गए? हरे वृक्ष सूख जाने पर यह पूछेगा कि वृक्ष के पत्ते झरकर क्यों गिर गए? वृक्ष सूख क्यों गया? आस-पास के वृद्धों को देखकर यह पूछेगा कि यह जवान क्यों नहीं है? इसी प्रकार फलाँ व्यक्ति रोगी क्यों, फलाँ मर क्यों गया?

पिता ने ऐसी व्यवस्था कर दी कि बाग के कुम्हलाए फूल अलग कर दिए जाएँ, वृक्ष के पीले-सूखे पत्ते न दिखकर हरे-हरे दिखें। कोई बूढ़ा अथवा रोगी उसके सामने से न गुजरे और न वह किसी की मृत्यु का समाचार सुने। संसार में रहते हुए भला कब तक इसे रोका जा सकता था। बारह वर्षों तक राजा ने सिद्धार्थ पर इन सब की परछाईं तक नहीं पड़ने दी।

एक दिन एक महोत्सव में भाग लेने हेतु रथ पर सवार यात्रा पर निकले और सारथी के न चाहते हुए भी पीले पत्ते झरते हुए दिख गए। कुम्हलाया हुआ फूल दिखा। वृद्ध, रोगी एवं मृतक सभी मिल गए। पत्ते मुरझाकर गिरते क्यों हैं। मनुष्य रोगी क्यों होता है। वृद्ध क्यों होता है? इन मनुष्यों को क्या हो गया है? क्या यह परिणति सबके साथ होती है? क्या मैं भी एक दिन वृद्ध होकर झुक जाऊँगा? मरण को प्राप्त हो जाऊँगा? सारथी ने कहा कि कोई भी इसका अपवाद नहीं हो सकता। यह सबके साथ होना है! आपके साथ भी। सिद्धार्थ ने सारथी को रथ लौटा लेने को कहा। सारथी ने पूछा–क्यों? तो सिद्धार्थ ने कहा कि मैं भी कुम्हला गया, वृद्ध हो गया। लौटते हुए एक शव को

देखा तो सारथी से पूछा कि यह क्या जा रहा है? सारथी ने कहा कि इस मनुष्य का जीवन समाप्त हो गया और इसका शव जलाने के लिए लोग ले जा रहे हैं। तब सिद्धार्थ ने कहा कि रथ लौटाओ या मत लौटाओ, सब बराबर है, क्योंकि मैं मर गया। सिद्धार्थ ने जैसी चीजें दिखाई पड़ीं, वैसा ही स्वीकार न किया बल्कि उसके अन्तिम चरण तक देख लिया! उसके आर-पार तक देख लिया।

उन्हें अन्तर्दृष्टि प्राप्त हो गई। एक रात संसार को छोड़कर निकल पड़े संन्यास के मार्ग पर और तब वे गौतम बुद्ध कहलाए।

साक्षी भाव की साधना

श्रोण नामक एक राजकुमार गौतम बुद्ध से दीक्षित होकर भिक्षु के रूप में जब नियमानुसार भिक्षा-पात्र लेकर बाहर भिक्षा माँगने चला तो बुद्ध ने यह कहकर उसे रोक दिया कि जो कल तक राजकुमार था, उसे भिक्षा माँगने का ज्ञान कहाँ होगा? पता नहीं उसे कैसा लगे यह कार्य! अतः जब तक वह भिक्षा माँगने में पटु न हो जाए, तब तक भोजन एक श्राविका के यहाँ जाकर कर आया करे।

अतः संन्यासी वेशधारी श्रोण दो मील दूर उस श्राविका के यहाँ भोजन करने जब चला, तो मन में यह विचार आने लगा कि आज तक फलाँ-फलाँ उसके रुचिकर व्यंजन भोजन में परोसे जाते थे, पता नहीं आज कैसा रूखा-सखा भोजन मिलेगा! पर उस श्राविका के यहाँ भोजन पर जब बैठा तो देखा कि थाली में वे ही व्यंजन थे जो उसे अत्यन्त रुचिकर थे। उसे यह देखकर हैरानी तो अवश्य हुई, पर यह सोचकर कि शायद यह एक संयोग होगा उसने भोजन कर लिया। भोजन करते समय वह सोच रहा था कि इसके पश्चात् ही भरी दोपहरी में उसे बिना विश्राम किए दो मील पैदल तय करना होगा। आज तक भोजनोपरान्त वह विश्राम ही करता आया था। उस श्राविका ने उनके भोजन के दरम्यान पंखा झलते हुए कहा—"भन्ते! भोजनोपरान्त आप थोड़ी देर यहाँ विश्राम कर लें तो मुझ पर बड़ी कृपा हो।" यह कहकर उस श्राविका ने वहाँ एक चटाई विश्राम हेतु डाल दी। श्रोण वहाँ लेट गया। लेटे-लेटे वह सोचता रहा अपनी तथा श्राविका के अकेलेपन पर जहाँ न कोई साया है, न कोई विघ्न है। श्राविका उसके पीछे आकर खड़ी हो कहने लगी—"भन्ते! यहाँ कोई अकेला नहीं। सच पूछें तो साया न आपकी है न मेरी।" श्रोण घबरा उठा कि क्या बात है! मेरे विचार कैसे पढ़ लिये जाते हैं! तभी श्राविका ने कहा कि ध्यान के अभ्यास से किसी के भी विचार जाने जा सकते हैं—अपने एवं दूसरों के भी।

श्रोण ने जाकर बुद्ध से कहा कि यद्यपि उस श्राविका ने मेरा बड़ा स्वागत किया, अत्यन्त सम्मान दिया। फिर भी मैं कल से उसके यहाँ भिक्षा पाने नहीं जाना चाहता।

बुद्ध ने कहा कि जब तक कारण मुझे ज्ञात नहीं होगा मैं तुम्हें छोड़ नहीं सकता। वहाँ जाना ही होगा। तब श्रोण ने कहा कि उस श्राविका को देख मेरे मन में विकार और वासना उठी। जो भी विचार उठे, वह पढ़ लिये गए। उसके दरवाजे पर पुनः कौन सा मुँह लेकर जा सकता हूँ। बुद्ध ने कहा कि यह तो तुम्हारी साधना का अंग है। तभी तो तुम्हें वहाँ भेजा और अभी नित्य तुम्हें वहाँ जाना होगा। तब तक जाना होगा जब तक उसके यहाँ से निर्विचार होकर न लौटो। पर एक बात स्मरण रखना। किसी भी विचार से संघर्ष नहीं करना है। लड़ना नहीं है। विचार के विरोध में नहीं जाना। इसलिए मार्ग में जाते समय भीतर से सजग रहना। जो भी मन में विचार उठे उसे साक्षी भाव से केवल देखते जाना। कुछ करना नहीं। आँखें भीतर गड़ी रहें। आत्मनिरीक्षण करते जाना है।

श्रोण गया। ज्यों-ज्यों उस श्रमिक का घर समीप आता गया। उसकी घबराहट-बेचैनी बढ़ती गई। ज्यों-ज्यों बैचेनी बढ़ती गई। वह सजग होता गया। उस श्राविका के समीप आने मात्र से उसका भ्रम ज्यों-ज्यों बढ़ता गया। वह अन्तर्मुखी होने लगा। श्राविका के घर के दरवाजे की पहली सीढ़ी पर चढ़ते ही देखा कि मन निर्विचार हो रहा है। दूसरी सीढ़ी पर आते ही अपने अन्तस्थल में सन्नाटा-सा लगा। तीसरी सीढ़ी पर चढ़ने पर लगा मानो वह कोई शरीर ही नहीं हवा मात्र है। वह भवन के अन्दर गया और निर्भय हो भोजन कर वापस लौट आया नाचता हुआ। वह हैरान था कि वहाँ जाने पर विचार-शून्य था। सजग था। सचेत था।

बुद्ध ने कहा कि विचार-शून्य होने का उपाय है विचारों के प्रति पूर्ण सजगता। विचारों के प्रति साक्षीभाव की साधना। किसी एकान्त कोने में बैठकर कुछ भी न करना। केवल विचारों को देखना।

साधु की पहचान

एक गाँव के बाहर एक युवा, सुन्दर साधु ठहरा हुआ था। उस गाँव की एक अविवाहित युवती गर्भवती हो गई। परिवारवालों के पूछताछ करने पर युवती ने उस साधु पर सारा दोष डाल दिया। गाँववाले क्रोध में आकर नवजात शिशु को साधु के पास जाकर पटक आए कि यह बच्चा तुम्हारा है। साधु ने कहा कि अच्छी बात है, बच्चा मैं पाल लूँगा। वह नित्य गोद में उस बच्चे को लेकर भीख माँगने जाता, पर सिवा अपमान, लांछना के कुछ नहीं मिलता।

एक दिन उसने उस लड़की के घर के सामने जाकर आवाज़ लगाई और कहा कि भीख दो न दो पर इस छोटे-से शिशु के बिलखते हुए पेट की भूख की शान्ति के लिए थोड़े-से दूध की व्यवस्था अवश्य कर दो। अब उस लड़की से यह दृश्य न देखा जा

सका। उसने अपने परिवारवालों को साफ़-साफ़ कह दिया कि शिशु के असली पिता के सम्मान की रक्षा हेतु उसने झूठे ही उस साधु पर दोष मढ़ दिया था। उसने सोचा था कि ऐसा दोष मढ़े जाने पर उस साधु को गाँव से भगा दिया जाएगा और मामला शान्त हो जाएगा। मैंने तो यह स्वप्न में भी नहीं सोचा था कि किसी दिन यह साधु दूध से बिलखते मेरे अबोध शिशु के लिए मेरी नज़रों के सामने खड़ा होकर मुझसे ही भिक्षा की याचना करेगा।

लड़की के पिता यह सोचकर अत्यन्त दुखी हुए कि कैसा साधु है वह जिसने जानते हुए भी कि वह शिशु उसका नहीं है, कोई प्रतिवाद नहीं किया! दुख, पीड़ा, अपमान सहता रहा। बच्चे को गोद से अलग नहीं किया। परिवारवाले उतरकर नीचे गए और उस साधु की गोद से बच्चे को छीनने लगे। साधु ने पूछा कि भाई! यह क्या जुल्म करते हो? कभी बलात् सौंपते हो, कभी छीन लेना चाहते हो! सबने कहा कि यह बच्चा तुम्हारा नहीं। साधु ने कहा—अच्छा, ऐसी बात है। तुम सब कहते हो, तो ठीक ही होगा।

साधु की अपनी कोई प्रतिमा नहीं, जिसको उसे बचाना है। जब उसकी अपनी कोई प्रतिमा ही नहीं, वह बाल ब्रह्मचारी है, तो बच्चा उसका कैसे हो सकता है? लोग कहते थे तो वह ठीक ही होगा। यदि अब गलती पर हैं तो अपनी गलती स्वयं सुधार लेंगे। जब उसकी अपनी कोई प्रतिमा ही नहीं तो उसे व्यभिचारी, दुराचारी जो भी कहें, उसे इसकी भी रक्षा नहीं करनी है।

असल साधु वही है जो इस भाँति अपने ही चित्रों, प्रतिमाओं को छोड़ दे। आज तो प्रायः लोग अहर्निश इस प्रयत्न में हैं कि वे कुछ हैं। वे कुछ हैं—यह सिद्ध करने का प्रयत्न ही दुख का कारण है। जबकि मृत्यु के क्षण सभी जानते हैं कि वे कुछ भी नहीं हैं।

बताओ ईश्वर है

तरुण नरेन्द्र सभी से पूछता फिरता था कि क्या उसने ईश्वर को देखा है? परमहंस रामकृष्ण से भी पूछा था यह प्रश्न। रामकृष्ण ने कहा था कि 'है' और तुझसे ज्यादा मुझे दिखाई देता है। रामकृष्ण के उत्तर के बाद वह नरेन्द्रनाथ न रहा—विवेकानन्द बन गया। रामकृष्ण से पूछने के पहले वह एक व्यक्ति के पास और गया था—रवीन्द्रनाथ टैगोर के दादा महर्षि देवेन्द्रनाथ के पास। वे नदी के बीच बजरे पर रहकर साधना किया करते थे एकान्त में। अमोवस्या की आधी रात नरेन्द्रनाथ गंगा में तैरकर बजरे पर चढ़ गए। अन्दर जाकर अटके हुए दरवाजे को धक्का देकर खोला, अन्दर घुस गए। देवेन्द्रनाथ आँखें बन्द कर कुछ मनन कर रहे थे कि जाकर उनके कोट का कॉलर पकड़, झकझोर दिया। अँधेरी रात, पानी से तर-बतर, एक व्यक्ति कोट का कॉलर पकड़कर बीच गंगा में बजरे पर चढ़कर पूछे कि बताओ ईश्वर है? ऐसा 'आउट ऑफ़ दि वे' आउट लैंडिस प्रश्न पूछने

पर स्वाभाविक ही है कि व्यक्ति घबरा जाए। सभा में, मीटिंग में, मन्दिर-मस्जिद में लोग पूछते थे ऐसा प्रश्न और वे समझाते थे—उपनिषद, गीता, वेद। पर इस प्रकार तो किसी ने भी न पूछा था। तो वे घबरा गए। उन्हें उस समय कुछ भी न सूझा। उन्होंने कहा—जरा रुको, बैठो, कौन हो? क्या बात है? बस नरेन्द्रनाथ कॉलर छोड़ उछले और नदी में कूद पड़े। उन्होंने कहा—रुको तो युवक। नरेन्द्रनाथ ने कहा कि तुम्हारी झिझक ने मुझे सब कुछ कह दिया। अब मैं जाता हूँ। उनकी इसी झिझक से उन्हें पहली दफ़ा यह अहसास हुआ कि इस प्रश्न का उत्तर उन्हें मालूम नहीं।

दर्पणों में अपनी ही तस्वीर है

एक सूफ़ी कहानी है एक कुत्ता एक राजमहल में घुस गया। उस राजमहल में सारी दीवारें दर्पण की बनी थीं। कुत्ता मुश्किल में पड़ गया क्योंकि उसके चारों ओर कुत्ते ही दिख रहे थे। वह बहुत घबराया। चारों तरफ इतने कुत्तों से वह अकेला घिर गया। निकलने का रास्ता नहीं दिख रहा क्योंकि दरवाजे पर भी आईना। आईने ही आईने। कुत्ता भौंका। उसके भौंकते ही सारे कुत्ते भौंके और यह आवाज़ सारी दीवारों से टकराकर वापस लौटी। तब तो बिलकुल पक्का हो गया कि जान खतरे में है। वह चिल्लाता रहा और जितना चिल्लाया, उतने ही जोर से दर्पण के सारे कुत्ते भी चिल्लाए। जितना भौंका, लड़ा, दौड़ा उतने ही सारे कुत्ते भी दौड़े, भौंके और उस कमरे में वह अकेला कुत्ता रातभर भौंकता रहा, भौंकता रहा। सुबह मरा पाया गया। क्योंकि वह दीवारों से लड़ा, भौंका, थक गया और मर गया। फिर दीवारें भी शान्त हो गईं। दर्पण भी चुप हो गया।

बहुत तरह के दर्पणों में अपनी ही तस्वीरें हैं। दूसरा कोई है—यह भ्रान्ति है। दूसरे की हम सहायता कर रहे हैं या दूसरे से हमें सहायता मिल रही है। कौन है दूसरा? वह जो दूसरे का खयाल है, वह हमारे अज्ञान की ही धारणा है। हम ही हैं बहुत रूपों में, बहुत दर्पणों में।

मृत्यु की रचना

पुराणों में कथा है—ब्रह्माजी ने कुमारी के रूप में मृत्यु की रचना की। युवती हो जाने पर ब्रह्मा जी ने उससे कहा कि जा बेटी! तुझे जो पसन्द हो उसे वरण कर। वह चली तो मार्ग में स्वस्थ, सुन्दर, युवा ब्रह्मचारी नारद से विवाह की याचना की। नारद जी ने कहा कि विवाह के लिए तो धन-दौलत, घर-द्वार चाहिए जो उस जैसे ब्रह्मचारी के पास नहीं। अतः तू सारे लोक में जाकर घूम। मृत्युदेवी सारे लोक में घूम आई, पर उसे वरण करने को कोई तैयार नहीं। वह एकान्त में बैठकर रोने लगी। ब्रह्माजी ने उसे

देखा, उठे और उसकी आँखों से गिरते हुए आँसुओं को बटोर लिया। बोले–बस-बस बेटी! तुम्हें कोई वरण करे या न करे, लोगों को तेरा पता ही न चलेगा। तू तो निराकार हो जाएगी। तेरे आँसू की एक-एक बूँद संसार में रोग बनकर टी.बी., दमा, जुकाम, बुखार के रूप में लोगों के पास रहेंगी।

मृत्यु के दो आँसू ही संसार को मारने के लिए पर्याप्त हैं। मौत तो कहीं नहीं दिखती। इसलिए स्त्रियों को प्रायः उलाहना देते सुना जाता है कि देवी! तुम्हारे आँसू ही मारने को काफ़ी हैं। तुम्हें और किसी अस्त्र-शस्त्र की आवश्यकता नहीं।

इतिहास साक्षी है कि कैकेयी के इन आँसुओं ने ही महाराज दशरथ की जान ली, द्रौपदी के आँसुओं से महाभारत की रचना हुई जिसमें लाखों की जान गई।

लज्जित हुआ भर्तृहरि

राजा भर्तृहरि में जब वैराग्य आया तब, उन्होंने राज्य, धन-वैभव, पत्नी एवं परिवार का त्याग कर संन्यास ले लिया। वे काशी की ओर चल पड़े। पास में एक कमंडल और एक लँगोटी के सिवा कुछ न था। चलते-चलते मार्ग में एक कुएँ के पास विश्राम हेतु वे ठहर गए। जहाँ बैठे थे वहीं पास में चाँदी का एक सिक्का चमक रहा था, जो धूल में पड़ा हुआ था। मन में भाव आया कि यह बेकार पड़ा हुआ है। यदि मैं ले लूँ तो शायद किसी काम आ जाए और उसे लेने को हाथ बढ़ाया तो देखा कि वहाँ तो खँखार पड़ा हुआ है, जो धूप में सफ़ेद, चिकना होने के कारण सिक्के की तरह चमक रहा था। भर्तृहरि अत्यन्त लज्जित हुए। विचार उठने लगा कि मैंने स्वयं धन-वैभव का त्याग कर दिया, पर मन पर धन-वैभव का जो संस्कार वर्षों से पड़ा हुआ है उसके कारण कामना-वासना अभी पूर्णतः मिटी नहीं। तभी तो एक सिक्के पर मन चला गया। भगवान ने उनकी कामना की परीक्षा इस प्रकार ली, जिसमें वह अनुत्तीर्ण रहा।

सीढ़ी का मात्र एक ही उपयोग होता है–ऊपर जाना (ऊर्ध्व गति) या अधोगति। संसार की ओर उन्मुख होना या भगवान की ओर। जल का केवल एक ही कार्य है–मैल साफ़ कर देना। अग्नि का एक ही कार्य है–वस्तु को जला देना। वायु का भी एक ही कार्य है–सुखा देना। पर मन के दो कार्य हैं–विषयों में आसक्त कर देना अथवा निरासक्त कर देना। मन चंचल है, एक जगह पर स्थिर नहीं रहता। कभी सत्पथ पर ले जाएगा कभी असत् पथ पर। जैसे एक दुमुँहा साँप होता है–छः मास मुख की ओर से चलता है तो छः मास पूँछ की ओर से। ज्ञानेन्द्रियाँ मन के अधीनस्थ हैं, तो विषय अर्थात् शब्द, स्पर्श, रूप-रस-गन्ध ज्ञानेन्द्रियों के अधीन हैं। रूप आँखों के माध्यम से, रस जिह्वा के माध्यम से, गन्ध नाक के माध्यम से, शब्द कानों के माध्यम से, स्पर्श त्वचा के माध्यम से हमें संसार के विषयों की ओर खींचता है।

भर्तृहरि भी विषय में, इन ज्ञानेन्द्रियों के माध्यम से मन के परवश, कुछ क्षण के लिए तो हो ही गए, जिसके कारण उन्हें लज्जित होना पड़ा।

कुदरत को नामंजूर है सख्ती बयान में

वनवास समाप्ति के पश्चात् प्रभु राम जब अयोध्या लौटे, तो नगरवासियों के आनन्द का पारावार न रहा। प्रभु राम ने भक्त हनुमान की देख-रेख में सभी नागरिकों को राजकोष से मुक्तहस्त दान का आदेश दिया–जिसके जो लगे, ले जाए। प्रारम्भ में हनुमान जी प्रसन्न मन से सभी को देते गए। कुछ दिन बीत जाने पर भी दान लेनेवालों का ताँता जब बना ही रहा, तो वे उकताने लगे, खीझकर कटु वचन बोलने लगे। प्रभु राम को इसकी जानकारी हुई। पर भक्त को ठेस पहुँचाने के बजाय वे भक्त हनुमान से बोले कि कई दिनों से दानश्रम में जुटे होने से थक गए होंगे। चलो, कहीं घूम आते हैं। हनुमान जी प्रसन्न मन चल पड़े। वे दोनों एकान्त में विचरण कर रहे थे कि हनुमान जी को एक विचित्र सन्त दिखाई पड़े–तेजस्वी, पर शूकर मुँहवाले। सन्त थे, अतः प्रणाम तो करना ही था। पर प्रणाम करने के दरम्यान हनुमान जी ने उपहास से मुँह बिचका दिया। सन्त थे वे। हनुमान जी की मन के बात समझ गए। वे बोले–

नाना दानं मया दत्तं, रत्नानि विविधानि च,
न दत्तं मधुरं वचनं, तेनाहं शूकरो भवत्।

यानी विधाता ने मुझे हर तरह से कीमती वरदान दिए थे, पर केवल मीठी वाणी के अभाव में मुझे सूअर का मुख दे दिया। ज्ञान-गुण-सागर हनुमान जी को समझते देर न लगी कि संकेत किधर है और सन्त कौन है? हनुमान साष्टांग सन्त के चरणों में गिर पड़े, कहा–प्रभु! क्षमा करें, भूल हुई।

इसलिए कहा गया कि दो बात कम बोलो, पर मीठा बोलो। राह चलते किसी के रूमाल और पैसे गिर जाने पर यदि हम यह कहकर सूचित करें कि अन्धे हो क्या, जो अपनी गिरती चीज देखते नहीं। तो वह अपनी वस्तु तो उठा लेगा, पर हमारे प्रति उपकार भाव नहीं लाएगा। यश नहीं मिलेगा हमें। कारण–मेरी वाणी की कड़वाहट! कहा है–

कुदरत को नामंजूर है सख्ती बयान में,
पैदा हुई है इसलिए न हड्डी जुबान में।

बंगाल में कभी एक प्रसिद्ध धनिक हुए थे लालाबाबू। जिन्होंने बंगाल के कुख्यात दुर्भिक्ष के समय काफ़ी सेवा-कार्य किया था और धन लुटाया था। उन्हीं लालाबाबू ने वृन्दावन में एक विशाल मन्दिर और धर्मशाला बनवाया। पर, कहीं अपना नाम नहीं खुदवाया। धर्मशाला में नित्य सैकड़ों लोगों का सदाव्रत भी चलता, परन्तु वे स्वयं अपने आहार के लिए भिक्षाचार करते। जो अन्न मिलता, यमुनाजी में जाते, एक थैली में डालकर

धोते ताकि उसका सारा नमक-मिर्च और स्वाद निकल जाए और तब खाते। पर उनकी भी एक बैर की गाँठ थी। कोई एक ज़मीन का टुकड़ा था जिसे वे लेकर एक कृष्ण मन्दिर बनवाना चाहते थे। वहीं एक दूसरा सेठ भी था जो उसी ज़मीन के टुकड़े को अपने श्रीरंगजी के मन्दिर में मिलाना चाहता था। इसी बात पर दोनों में ठन गई और एक-दूसरे के जान के ग्राहक बन गए। लालाबाबू वहाँ एक प्रसिद्ध सन्त स्वामी कृष्णदास को अपना गुरु बनाना चाह रहे थे। परन्तु उस स्वामी ने उसे झिड़ककर कहा कि तेरी अभी पात्रता नहीं कि तुझ पर अनुग्रह करूँ। लालाबाबू को अपनी भूल का पता चला। वे यमुना जी में स्नान कर गीले वस्त्रों में ही उस सेठ के मन्दिर में, जहाँ भिक्षुकों को चने बाँटे जा रहे थे, जाकर पंक्ति में खड़े हो गए। सेठ को सूचना मिली तो वह अवाक् था कि उसका प्रतिद्वन्द्वी ऐसे दीन-हीन होकर आ जाएगा। लालाबाबू ने कहा कि वह ज़मीन मैंने तुमको दे दी। तुम मुझे भिक्षास्वरूप दो मुट्ठी अन्न दे दो। सेठ फूट-फूटकर रोने लगा। उसी समय लालाबाबू ने देखा कि स्वामी कृष्णदास सामने खड़े हैं। उन्होंने लालाबाबू को कहा कि अब तुम अनुग्रह के पात्र हो। लालाबाबू ने काफ़ी धर्म-कर्म किया था, पर एक 'अनन्तानुबन्ध' काटना बाकी था। राग का वह बन्ध कटा, तो ज्ञान का पथ मुक्त हो गया।

कार्तिक शुक्ल पंचमी का दिन ज्ञान पंचमी का दिन है। मन से बाहर निकले बिना ज्ञान प्राप्त नहीं हो सकता। मन हमें पता नहीं कहाँ-कहाँ बाँधे रहता है। जो मन से मुक्त है वह अपने आपमें स्वस्तिमय है, कल्याणकारक है। 'स्वस्तिक' का चिह्न उसी आत्मीयता का विलक्षण प्रतीक है—एक-दूसरे को काटती, एक सीधी और एक आड़ी रेखा, फिर चारों सिरों पर दाहिनी ओर बाहर निकलती रेखाएँ। बीच में जो केन्द्र बिन्दु है वह है आपका जीवन। इस चिह्न का आह्वान है चारों दिशाओं से शुभ परमाणुओं को ग्रहण करें और शुभ परमाणु प्रेषित करें—तभी जीवन स्वस्तिमय होगा।

तो लालाबाबू ने अपना जीवन स्वस्तिमय बना लिया राग का बन्धन काटकर। राग के कई कारण होते हैं—ज़र, जोरू और ज़मीन। इन्हीं के लिए पिछले 3 हज़ार वर्षों में 5 हज़ार से ज्यादा युद्ध हुए। पर ज़मीन किसके साथ गई! वास्तव में राग और आसक्ति का सारा माया बाज़ार है ही ऐसा। तो भजें—जागो मन मूढ़ मेरे, भोर होने को आई। ज्ञानपंचमी कहती है कि जीवन की भोर होनेवाली है। मन से अलग हो, तभी वास्तविक ज्ञान आएगा, चरित्र निर्मल होगा।

चित्त की शुद्धि

एक बार शिकार से भटका एक भूखा-प्यासा राजा एक किसान की झोंपड़ी में पहुँचा। किसान ने उसे अपने खेत में उगे गन्ने का मीठा रस दिया। पीकर राजा प्रसन्न हुआ

और पूछा कि इसमें इतनी मिठास क्यों है? किसान ने कहा–"भाई! हमारे राजा के पुण्य से है। वे हमसे कोई लगान नहीं लेते, इसलिए धरती हमें देती है। किसान के उत्तर से राजा चौंका–अरे! इस ओर तो मेरा कभी ध्यान ही न गया। ये किसान सब मुफ्त का उगाते खाते हैं और राजकोष को कुछ नहीं। कितनी योजनाएँ पड़ी हैं कोष की कमी से। अब मैं इन पर लगान लगाऊँगा। हरामखोरी नहीं चलने दूँगा। ऐसा विचार करते हुए राजा चलने को हुआ तो किसान से फिर बोला–भाई, और रस पिला दो। इस बार किसान ने कोल्हू में गन्ना डाला, तो कोल्हू चला ही नहीं। बहुत प्रयत्न करने पर भी जब नहीं चला तो राजा ने पूछा कि क्या बात है? किसान ने कहा कि लगता है हमारे राजा के मन में कोई खोट आ गई है। राजा ने सुना तो तुरन्त उसे अपनी भूल का अहसास हुआ और उसने तय किया–नहीं, ऐसा कभी न करूँगा। मेरा राज-काज तो चलता है, फिर गरीब प्रजा पर बोझ क्यों डालूँ। इतना सोचना था कि कोल्हू चल पड़ा।

दूषित भावनाओं, हिंसक संकल्पों में ही काफी अनिष्ट करने की क्षमता होती है और यह सब मन ही करवाता है। जिस दिन मन को परे झटकना सीख जाएँगे, उस दिन चित्त शुद्धि में देर न लगेगी। ऐसे में मन भी शत्रु नहीं, बल्कि मित्र बन जाता है।

अल्लाह की मर्जी

एक फ़क़ीर अपनी बीवी के आग्रह पर लखनऊ के दानवीर नवाब आसिफुद्दौला के शाही महल के सामने से यह नारा लगाते हुए गुजरा कि "जिसे न दे मौला, उसे दे आसिफुद्दौला।" नवाब ने सुना और उसे बुलाकर उसकी आवभगत की। भोजन-वस्त्र दिया और विदाई के समय एक बड़ा-सा तरबूज़ दिया। नवाब के द्वारा एक तरबूज़ पाकर लालची फ़क़ीर निराश हुआ। ड्योढ़ी से बाहर निकलने पर उसने एक अन्य फ़क़ीर को दो पैसे में वह तरबूज़ बेच दिया। कोई महीने भर बाद बीवी के आग्रह पर वह पुनः नवाब की ड्योढ़ी से वही अलख जगाता गुजरा तो नवाब ने उसे फिर बुलाया। नवाब हैरान था कि फ़क़ीर की गरीबी खत्म क्यों नहीं हुई! नवाब ने फ़क़ीर से पूछा कि तुमने पिछले तरबूज़ का क्या किया? फ़कीर ने बताया कि आपके यहाँ भर पेट खाकर चला था, सो बाहर दूसरे फ़क़ीर को दो पैसे में बेच दिया। नवाब को तुरन्त अपनी दानशीलता की शोहरत पर नाज़ करने की गलती का अहसास हुआ। उसने कहा–"आप अपना नारा दुरुस्त कीजिए–जिसे न दे मौला, उसे क्या दे आसिफुद्दौला?" नवाब ने बताया कि आपके रास्ते में लुट जाने के डर से मैंने तरबूज़ को भीतर से खोखला कर उसमें इतने हीरे-ज़वाहरात भर दिए थे कि आप कई पुश्त आराम से खाते। लेकिन अल्लाह की मर्ज़ी के खिलाफ़ यह कैसे मुमकिन था?

अहंकार से दूर रहो

एक बार गर्मी के दिनों में एक गाँव में मेला लगा था। प्यास से व्याकुल एक युवक एक कुएँ पर गया। वहाँ बाल्टी और रस्सी पड़ी थी। पर जैसे ही उसने हाथ लगाया कि उसे याद आया कि वह तो नवाबज़ादा है। अपने हाथ से पानी भरा तो लोग क्या कहेंगे? सोचा, आ जाने दो किसी को, वही पिला देगा। तभी एक और युवक कुएँ पर पहुँचा। नवाबज़ादे ने कहा–भई जल्दी करो, स्वयं भी पीओ, मुझे भी पिलाओ। दूसरे युवक ने कहा–पर आप तो पहले से खड़े हैं, स्वयं भरकर क्यों नहीं पी लिया? पहले युवक ने कहा–मैं नवाबज़ादा हूँ। दूसरे युवक ने कहा–तुम नवाबज़ादे हो, तो मैं भी 'शहज़ादा' हूँ। मैं क्यों भरूँ? आने दो किसी और को। इसके बाद और एक युवक आया और उसने भी पूछताछ के बाद अपने को 'अमीरज़ादा' बताकर पानी भरने से मना कर दिया। तीनों प्यासे थे, पर झूठी शान के मारे खड़े रहे और किसी साधारण, मामूली आदमी के आने की प्रतीक्षा करने लगे। अन्त में एक युवक आया जो मैले-कुचैले कपड़े पहने था। तीनों युवक लपके उसके पास और हुक्म चला दिया। पूरी बात समझने के बाद उस युवक ने कहा–मैं कोई तुम लोगों से कम हूँ? मैं तो 'हरामज़ादा' हूँ।

कहने का अर्थ यह है कि गुण ऐसे विकसित करें कि विनयी और अप्रमादी रहें। किसी भी स्थिति में अहंकार पुष्ट न हो।

बूँद की नियति

दिल्ली के प्रसिद्ध हकीम लुकमान काफ़ी दौलत और शोहरत की कमाई के बावजूद यह मानते थे कि नेकबख्तों की सोहबत सबसे बड़ी नियामत है। जब प्रयाण काल आ गया तो उन्होंने अपने इकलौते सुपुत्र नूरेचश्म को बुलाकर कहा–"एक मुट्ठी में कोयले का चूरा और दूसरी मुट्ठी में चन्दन का बूरा ले आओ।" बेटा बाप की आज्ञा बजा लाया, तो कहा कि उन्हें नीचे डाल दो और बताओ कि अब तुम्हारे हाथों में क्या बचा? बेटे को यह पहेली समझ में न आई। फिर भी उसने कहा कि इस हाथ में कालिख है और उस हाथ में चन्दन की सुगन्ध! हकीम लुकमान ने कहा–बस, इसे जीवन भर याद रखना। अच्छे और बुरे लोग तो चले जाते हैं, पर उनका असर रह जाता है।

नेक और बद, सज्जन और दुर्जन जीवन को प्रभावित किए बिना नहीं रहते, फिर हमारा अपना स्वभाव चाहे जैसा हो–

कदली, सीप, भुजंग मुख, स्वाति एक गुण तीन,
जैसो संगत बैठिए, वैसो ही गुण लीन।

स्वाति के बिरले नक्षत्र में आकाश से चली बूँद केले के पत्तों पर गिरी, तो उस पर कुछ देर ठहरकर डोलेगी, चमकेगी, फिर सर्र से फिसलकर धूल में मिल जाएगी। सर्प के मुँह में गई तो कराल विष और सीप के मुँह में जाने पर सदा के लिए कीमती मोती बन जाएगी। बूँद वही एक है, पर वह जिसकी संगति में पहुँचेगी, वैसी ही उसकी नियति बन जाएगी।

नाटक और सच

एक बार कलकत्ता में पंडित ईश्वरचन्द्र विद्यासागर थिएटर में सिराजुद्दौला नाटक देखने गए। एक अभिनेता अंग्रेज कमांडर के रूप में ऐसा सशक्त अभिनय कर रहा था कि दर्शकों का मन देख-देखकर दहल उठता था। घटनाक्रम अपनी सहज गति से बढ़ता जा रहा था। उस अभिनेता का अभिनय इस कदर सशक्त हो गया, कि जब वह महल की एक बेगम से उसके ज़ेवर-ज़ेवरात झटक लेने के लिए प्रताड़ित कर रहा होता है, उस महिला को बेतरह अपमानित कर रहा होता है, तो पंडित जी को लगा कि वास्तव में उनके सामने ही एक महिला का अपमान हो रहा है। उनका रक्त खौल उठा और अपने पैरों का जूता निकालकर उस अभिनेता पर चला ही तो दिया। दर्शक सभी स्तब्ध, थोड़ी देर के लिए नाटक थम गया। कलाकार अभिनेता प्रसन्न मन, पर दीन भाव से पंडित जी के सामने आकर उनके चरण-स्पर्श कर कहने लगा कि जब आप जैसा विद्वान मेरे अभिनय की गहराई में डूबकर 'नाटक' को सत्य मान मुझ पर अपने जूते का प्रहार कर दिया तो यह मेरे अभिनय का सर्वोच्च पुरस्कार है।

हर मानव अपने सांसारिक दायित्वों का निर्वाह अवश्य करे, पर प्रकृति रचित नाटक में हमें जो भूमिका सौंपी गई है, उसे सहज अभिनेता की दृष्टि से निभाए। उसे सत्य मानकर अपनी वास्तविकता को न भूले। नाटक को सच मान लेना जीवन की सबसे बड़ी हार है।

अभाव का अनुभव

(क) किसान रहट चलाकर खेत को सींच रहा था। रहट की अनेक बाल्टियों में से एक रो रही थी, दूसरी हँस रही थी। रोनेवाली बाल्टी को हँसनेवाली बाल्टी की हँसी अच्छी न लगी। वह बोली कि मेरी और तेरी नियति तो एक ही है, फिर भी तू हँस क्यों रही है?

हँसनेवाली बाल्टी ने कहा कि यही तो मैं भी कहती हूँ कि जब मेरी और तेरी नियति एक ही है तो तू रोती क्यों है?

रोनेवाली बाल्टी ने कहा कि मैं तो इसलिए रोती हूँ कि कुएँ के भीतर से भरी आती हूँ, फिर बाहर आकर खाली हो जाती हूँ।

उसकी बात सुनकर हँसनेवाली बाल्टी बोली कि मैं इसलिए हँसती हूँ कि खाली होकर जाती हूँ और भरी हुई वापस आती हूँ।

वस्तुतः हमारे सुख और दुख का मूल कारण हमारी सोच ही होती है। सोच यदि स्वस्थ और रचनात्मक हो तो सुख मिलता है। सोच यदि अस्वस्थ और विघटनकारी हो तो मनुष्य को दुख भोगना पड़ता है।

(ख) किसी के घर एक अतिथि ने एक ग्लास जल माँगा। जल दिए जाने पर उस अतिथि ने कहा कि जल आधा खाली है। एक दूसरे व्यक्ति को भी उसी प्रकार जल दिया गया, तो उसने कहा कि पात्र आधा भरा है।

दोनों व्यक्तियों का दृष्टिकोण भिन्न है। एक हमेशा अभाव में रहता आ रहा है– उसे पात्र आधा खाली दिखता है, तो दूसरे को आधा भरा दिखता है क्योंकि अभाव का वह अनुभव करता ही नहीं।

भटकन का कारण है मनःस्थिति

मुसलमान फ़क़ीरों में रबिया का नाम बड़े आदर से लिया जाता है। रबिया की कुटिया के सामने से एक मौलवी नित्य वहाँ से पाँच मील की दूरी पर स्थित मस्जिद में नमाज़ अदा करने आया करता और दिन में पाँच बार। रबिया को यह देख दुख होता। एक दिन उसने मौलवी साहब को कहा कि एक बार आने-जाने में आपको दस मील का चक्कर लग जाता है और पाँच बार आना-जाना तो सारे दिन भर का चक्कर है। तो क्यों नहीं वहीं मस्जिद के पास ही कोई ठिकाना बना लें, अथवा घर पर ही नमाज़ अदा कर लिया करें। खुदा जैसे वहाँ वैसे यहाँ पर। मौलवी साहब अपनी ज़िद पर अड़े रहे।

एक दिन मौलवी प्रातः मस्जिद जब जाने लगे तो देखा कि रबिया एक स्थान पर खड़ी हो ठंड में कुछ खोज रही है। उसने रबिया से पूछा–''क्या खोज रही हो?'' रबिया ने कहा–''आप नमाज़ पढ़ने जा रहे हो। आपको देर हो जाएगी। आप जाएँ।'' मौलवी चले गए। दो घंटे बाद लौटे तो देखा कि रबिया अभी भी वहीं है और खोज रही है। मौलवी ने पुनः पूछा–''क्या खोज रही हो?'' तब रबिया ने कहा–''मेरी सुई गिर पड़ी है, उसे ही खोज रही हूँ।'' उसने देखा तीन घंटे से रबिया खोज रही है, फिर भी मिल नहीं रही। तो पूछा–''कहाँ पर गिरी है?'' रबिया ने कहा–''दरवाजे के बाहर वहाँ पर।'' मौलवी ने कहा–''आश्चर्य है कि गिरा कहीं और खोजा जा रहा है कहीं और। इस प्रकार तो सारी ज़िन्दगी खोजती रहोगी और हाथ कुछ भी न आएगा। खोजना है तो वहाँ खोजो जहाँ पर गिरी है।''

रबिया ने हँसकर कहा–"यही बात तो मैं भी आपको समझा रही हूँ। खुदा तो हर जगह है, तुम्हारे अन्दर भी विराजमान हैं। लेकिन अपने अन्दर न खोजकर तुम इतनी दूर बार-बार खोजने जाते हो। कितने वर्ष बिता दिए, पर खुदा तुम्हें आज तक न मिला।"

हमारी भी मनःस्थिति उस मौलवी की तरह ही है जो दुनिया की रंग-बिरंगी, चमचमाती, आकर्षक वस्तुओं के पीछे भागती रहती है और हमारी सारी ज़िन्दगी बीत जाती है, पर हाथ शून्य ही आता है। आनन्द-सुख का एक अंश भी हाथ नहीं आता।

दुर्गुणों का संगठन

एक मुल्ला थे, बड़े आलिम और धार्मिक। अन्य मुल्ला-मौलवी उनसे ईर्ष्या करते थे। पर लोग थे कि उस मुल्ला की बड़ाई करते थकते नहीं। अतः अन्य मुल्ला-मौलवियों की उनके सामने एक न चलती। कितनी भी झूठी-सच्ची निन्दा की गई, पर उस मुल्ला की ख्याति दिनोंदिन बढ़ती गई। सबने मिलकर बादशाह के सामने उस मुल्ला की नमक-मिर्च लगाकर शिकायत की, उसे चरित्रहीन बताया।

बादशाह भी तो आखिर मनुष्य थे। बहुमत को कैसे झुठलाते! लेकिन मुल्ला ख्यातिप्राप्त थे। उनको दंड देने का अर्थ था प्रजा का कोप-भाजन बनना। मंत्रियों से विचार-विमर्श कर एक निर्णय लिया गया–साँप भी मरे, लाठी भी न टूटे। मुल्ला को दरबार में बुलाया। उनके विरुद्ध शिकायत सुनाई गई। कहा गया कि बादशाह ने आपके लिए चार कमरों की व्यवस्था की है। आपको चार कमरों में से किसी एक कमरे में रहकर उसका उपयोग करना है। यदि आपने ऐसा किया तो बादशाह प्रसन्न होंगे और हो सकता है छोड़ भी दें। यदि ऐसा न किया तो बादशाह की अप्रसन्नता का खामियाजा भुगतना पड़ेगा।

ये चारों कमरे मुल्ला को दिखाए गए। एक में फाँसी की रस्सी लटकी थी–और कुछ न था। इस कमरे का उपयोग करने का अर्थ था फाँसी का फन्दा लगाना और मृत्यु को प्राप्त होना। मुल्ला ने कोई अपराध तो किया न था, फिर फाँसी का फन्दा क्यों लगाएँ? दूसरे कमरे में गया तो देखा कि वह कमरा शृंगार प्रसाधनों से सुसज्जित था और एक रूपवती नवयौवना वेश्या हँसती हुई उनके स्वागतार्थ प्रतीक्षा में है। भरी जवानी में जब मुल्ला ने इस सुख का भोग नहीं किया, तो अब इस ढलती उम्र में दाग क्यों लगाएँ? तीसरे कमरे की ओर बढ़ा, देखा कि कमरे में तरह-तरह के मांस के पकवान और अंडे सजाकर रखे हैं। तौबा, तौबा! ये सारे दूषित पदार्थ उसके जीवन के संचित पुण्य का क्षय करनेवाले! वह वहाँ से भी भागा। चौथे कमरे में आया तो दुनिया की बेहतरीन शराब की बोतलें वहाँ करीने से सजी देखीं। दोज़ख़ में भेजनेवाली एक से एक

नायाब चीजें वहाँ एकत्र थीं। मुल्ला परेशान, क्या करे, क्या न करे। रात्रि हो आई। घूमते-घूमते प्यास लग आई। सोचा कि है तो यह शराब, फिर भी यह तरल पदार्थ जल ही तो है। और जल पीने के लिए होता है, हाथ धोने के लिए होता है। स्वार्थ के आगे विवेक कुछ कार्य नहीं करता। हम मनुष्य स्वार्थ के निमित्त मन-बुद्धि को तरह-तरह से समझा लेते हैं। मुल्ला ने भी मन-बुद्धि को समझा लिया कि यह शराब तो है, पर इसमें जलीय अंश भी है और जल पीना चाहिए। फिर तो उस कमरे का उपयोग भी होना चाहिए कि बादशाह अप्रसन्न न हो। शराब पीने का गुनाह भी कम ही है। तो उसने शराब थोड़ी चखी। प्यास और जगी, तो शराब थोड़ी पी ली। पर तृप्ति न हुई और वह पीता ही गया। अभी तो उसने अपनी प्यास ही बुझाई थी, पर अब तो भूख भी जगी। शराब ने उसके विवेक को तो ढक ही दिया था। तो वह चल पड़ा उस कमरे में जिसमें खाने की चीजें थीं—तरह-तरह के मांस-अंडे! और भरपेट उसका रसास्वादन किया। पेट की भूख और प्यास तो शराब, मांस-अंडे से शान्त कर ली तो अब वासना की भूख सताने लगी। फिर क्या था! वह पहुँच गया सुन्दरी, वेश्या की गोद में। खेला, खूब खेला, सारी रात खेलता ही रहा। आज तो उसे छूट थी। और उस रात्रि मुल्ला ने अपने जीवन की सारी पूँजी गँवा दी—यश, मान, मर्यादा। और जब जीवन का सत्त्व-वीर्य खो दिया तो वह निस्तेज हो गया। शराब का नशा उतर चुका था। विवेक-बुद्धि जाग्रत् हुई तो मन ग्लानि से भर उठा कि उसने यह क्या किया! सारा जीवन जिससे बचता आया, अब इस सन्ध्या काल में उसने अपने दामन में दाग लगा दिया। किस मुँह से अब लोगों से आँखें चार करेगा! कौन उसे अब इज़्ज़त देगा। बेइज़्ज़त होने से अच्छा तो है कि वह फाँसी लगाकर अपनी इहलीला ही समाप्त कर दे। तो फिर वह चौथे कमरे का उपयोग क्यों न कर ले! तीन का उपयोग तो कर ही लिया। और मुल्ला ने फाँसी का फन्दा लगाकर अपनी इहलीला समाप्त कर ली।

ऐसे होते हैं दुर्गुण। दुर्गुणों का संगठन है। एक दुर्गुण आता है, तो दूसरों को भी आमंत्रित कर बुला लेता है। विवेक तो रोकना चाहता है मनुष्य को। पर मनुष्य है कि स्वार्थवश विवेक को तरह-तरह से समझाकर इन दुर्गुणों का सुख भोगने का लोभ संवरण नहीं कर पाता और इनमें फँस जाता है, उलझ-उलझकर मर जाता है।

श्रीविग्रह की वापसी

चोल नरेश के शासनकाल में स्वामी रामानुज जी अपने हज़ारों शिष्यों के साथ श्रीरंगम् में निवास कर रहे थे। चोल नरेश शैव थे और उन्होंने मुनादी करा दी थी कि प्रजा शैव धर्म का पालन करे। वैष्णव आदि अन्य धर्मावलम्बी शैव धर्म का पालन न कर पाने के कारण दंडित हो रहे थे। स्वामी रामानुज के कई शिष्यों को वैष्णव मतावलम्बी होने

के कारण मृत्युदंड मिल चुका था। अतः स्वामी रामानुज अपने सभी शिष्यों सहित चोल नरेश के राज्य से बाहर जाकर एक ऐसे स्थान पर जा टिके जहाँ एक प्राचीन प्रसिद्ध मन्दिर के पुजारियों ने भगवान के श्रीविग्रह या तो स्थानान्तरित कर दिया था अथवा कहीं जमीन के नीचे दबा दिया था।

जहाँ स्वामी रामानुज टिके थे, वहाँ एक श्रीविग्रह दिल्ली के बादशाह उठाकर दिल्ली ले आए थे जो अब दिल्ली की शहज़ादी के पास था। एक दिन श्री रामानुज जी को स्वप्न में श्री ठाकुर जी ने आदेश दिया कि दिल्ली की शहज़ादी से मुक्त कराकर उन्हें स्वस्थान पुनः लगाया जाए। स्वामी रामानुज अपने सभी शिष्यों सहित दिल्ली आए और बादशाह के दरबार में उपस्थित हो अपनी माँग प्रस्तुत करते हुए शहज़ादी से उस श्रीविग्रह को वापस देने का आग्रह किया। बादशाह ने अपने खजाने में ले जाकर वहाँ लूट में से एकत्रित अनेक भगवान की मूर्तियों में से जितनी इच्छा हो ले जाने को कहा। पर श्रीरामानुज को तो पूर्वोक्त श्रीविग्रह की ही माँग थी, जिसे शहज़ादी देने से इनकार कर रही थी।

अन्त में बादशाह ने सुझाव दिया कि दरबार में श्रीविग्रह को लाया जाए। उसके एक ओर शहज़ादी बैठे, दूसरी ओर श्री रामानुज। श्रीविग्रह चलकर जिसके पास चला जाए, श्रीविग्रह को उसका मान लिया जाए। दोनों पक्ष तैयार हो गए। शहज़ादी श्रीविग्रह से वियोग की आशंका को देखते हुए अत्यन्त कातर भाव से मन ही मन विलाप करने लगी कि इतने में श्रीविग्रह चल पड़ा शहज़ादी की ओर। यह देख श्री रामानुज दुखित भाव से बोले–"अरे बेईमान! तेरे ही कहने से मैं इतनी दूर की यात्रा करता यहाँ आया तुझे लेने और अब तू मुझे धोखा देकर पुनः शहज़ादी के पास जा रहा है। अब कौन तुझ पर विश्वास करेगा?" इतना सुनना था कि श्रीविग्रह ठिठक गया और अब दिशा बदल, चलता हुआ श्रीरामानुज की गोद में आ बैठा। बस क्या था! श्रीरामानुज शीघ्र ही वहाँ से श्रीविग्रह लेकर चल पड़े। पूर्व निर्धारित मन्दिर में श्रीविग्रह की पुनर्स्थापना की गई।

श्रीविग्रह के बिना शहज़ादी का मन न लगा तो बादशाह ने सैनिकों सहित शहज़ादे के संरक्षण में शहज़ादी को उपरोक्त मन्दिर में दर्शनार्थ भेजा। शहज़ादी मन्दिर में प्रवेश नहीं कर सकती थी। झरोखे से मन्दिर के बाहर से ही ठाकुर की झाँकी लेने लगी और इसी तन्मयता में उसके प्राण-पखेरू उड़ गए।

संगति का असर

श्री नानकदेव अपने दो शिष्यों बाला और मरदाना के साथ किसी ग्राम से गुजर रहे थे। वहाँ के आदिवासी कन्द-मूल और मिष्टान्न-पकवान के द्वारा उनका आदर-सम्मान

किया। चलते समय गुरु नानकदेव ने उन लोगों को उजड़ जाने का आशीर्वाद दिया। दूसरे ग्राम से गुजरते समय वहाँ के ग्रामवासियों ने कहना शुरू किया कि बावला-पगला आ गया और कंकड़-पत्थरों से उनका स्वागत किया। गुरु नानकदेव ने उन्हें आनन्द से बसे रहने का आशीर्वाद दिया। बाला और मरदाना को बड़ा आश्चर्य हुआ कि जिन लोगों ने उनका आदर-सत्कार किया उन्हें 'उजड़ जाने' का तथा जिन्होंने अपमानित किया उन्हें 'आनन्द से बसे रहने' का आशीर्वाद दिया। अतः मार्ग में चलते समय गुरु नानकदेव से इसका कारण पूछा।

गुरु नानकदेव ने कहा—''देखो वत्स! फूल का काम है सुगन्ध देना—चाहे फूल मन्दिर में इष्टदेव पर चढ़े, मज़ार पर चढ़े या किसी मुर्दे पर चढ़े। बिना किसी भेदभाव के सबको सुगन्ध देता है। ठीक इसके विपरीत कीचड़ का स्वभाव होता है—सबको गन्दा और दुर्गन्धित कर देना। सज्जन जहाँ कहीं भी जाते हैं फूल की तरह उस स्थान और वातावरण को सुवासित कर देते हैं। इसलिए पहले ग्रामवासियों को उजड़ जाने का आशीर्वाद दिया ताकि जहाँ भी जाएँ वहाँ के लोगों को अपने सम्पर्क से उनका जीवन सुवासित कर दें। और दूसरे ग्रामवासियों को इसलिए बसे रहने का आशीर्वाद दिया ताकि अन्य जगह जाकर उन जगहों को अपनी ही तरह गन्दा न कर दें, और न वहाँ दुर्गन्ध फैलाएँ। साँप के दाँत में विष होता है, मक्खियों के सिर में विष होता है, बिच्छू के पूँछ में विष होता है। पर इन दुष्टों का तो सर्वांग ही विष से भरा होता है।''

श्रीमद्भागवत में कुब्जा का एक प्रसंग है जिसे कुछ लोग त्रिवक्रा भी कहा करते हैं—क्योंकि तीन जगह से वह टेढ़ी थी। दुष्ट कँस ने टेढ़े ही लोगों को अपनी सेवा में रखा था। टेढ़ों के संग से कुब्जा भी टेढ़ी थी। पर भगवान कृष्ण के सम्पर्क में आई तो सीधी हो गई, क्योंकि भगवान टेढ़ों को पसन्द नहीं करते हैं। कहते हैं कि श्रीकृष्ण ने अपना एक पैर कुब्जा के पैरों पर रखा, एक हाथ उसकी पीठ पर और दूसरा हाथ उसके चिबुक पर रखकर थोड़ा दबाव दिया, तो वह सीधी हो गई, उसके रूप-सौन्दर्य में निखार आ गया।

यारों का मामला

आज एक विशेष साधना को पूर्ण करने के लिए प्रातः स्नानादि से निवृत्त होने औघड़ भैरवनाथ ब्राह्मबेला में उठकर वाराणसी की सँकरी गलियों से गुजरते हुए गंगाघाट की ओर बढ़े जा रहे थे। अपनी धुन में। सामने से आती हुई एक वेश्या से वे टकरा गए और वह गिर पड़ी। उस वेश्या के साथ में नगर का एक सेठ था धनीराम, जिसे इस बात की जल्दी थी कि पौ फटने से पूर्व वह वेश्या अपने निवास स्थान पर पहुँच जाए ताकि धनीराम को कोई देख न सके।

धनीराम ने क्रोध व आवेश में औघड़ को पाँच-सात थप्पड़ जड़ दिए। उसके लाख क्षमा माँगने पर भी और गालियाँ देने लगा। औघड़ ने मार खाकर आकाश की ओर एक नज़र देखा, फिर गंगाघाट की ओर चल दिया।

धनीराम वेश्या को लेकर उसके घर पहुँचा ही था कि वेश्या के घर की सीढ़ियों पर चढ़ते समय चक्कर खाकर सीढ़ियों से लुढ़कता हुआ नीचे गिर पड़ा। सिर से खून का फव्वारा बहने लगा। हो-हल्ला सुनकर भीड़ जुटने लगी। भीड़ में से एक व्यक्ति ने धनीराम के सिर की मरहम-पट्टी की, परन्तु अचानक उसकी छाती में शूल उठा और वह छटपटाने लगा। डॉक्टर को बुलाया गया, पर डॉक्टर की दवा कुछ काम नहीं कर सकी। वेश्या को औघड़ वाली प्रातःकाल की घटना याद आई। उसे उसने भीड़ में लोगों को सुनाई। तब लोग दौड़े उस औघड़ को खोज लाने। दो घंटे बाद औघड़ वहाँ लाया गया। औघड़ ने एक बार दर्द से बेहाल धनीराम को देखा, फिर आकाश की ओर और तब बड़बड़ा उठा–"मैं यारों के मामले में न तो हस्तक्षेप करूँगा और न इस पचड़े में पड़ूँगा।"

लोगों ने कहा कि यदि आप इसमें दखल देना नहीं चाहते तो कोई बात नहीं। पर इतना तो बता दें कि यह 'यारों का मामला' क्या है!

औघड़ ने कहा–"बात तो बिलकुल साफ़ है। मैं ब्राह्मबेला में गंगास्नान को जा रहा था कि इस स्त्री से अँधेरे के कारण टकरा गया। इस स्त्री के यार को क्रोध आया और उसने मुझे पाँच-सात थप्पड़ मार दिए। यह देख मेरे ऊपरवाले यार को भी क्रोध आया होगा जिसने इस व्यक्ति को सीढ़ियों से नीचे फेंक दिया। अतः यह दो यारों के बीच का मामला है। मैं बोलूँगा नहीं।

यह कहकर औघड़ चलता बना। थोड़ी देर बाद वह व्यक्ति छटपटाया और फिर शान्त हो गया।

खुदा के बन्दे अपनी धुन में मस्त रहते हैं। भगवान भी अपने भक्तों की देख-भाल करते रहते हैं। भक्तों की यारी जिनसे होती है उस यार की दृष्टि जरा भी टेढ़ी हुई, तो परिणाम की हम कल्पना भी नहीं कर सकते। अतः सन्त-महात्माओं के साथ जाने-अनजाने कभी भी कोई दुर्व्यवहार करना उचित नहीं।

दुख को सुख में परिणत करता है विचार

एक जंगल में एक तपस्वी मोक्ष-प्राप्ति हेतु कठोर तपस्या कर रहा था। नारद जी उधर से गुजर रहे थे कि तपस्वी की कठोर साधना देख उससे पूछ बैठे–"मैं भगवान के पास जा रहा हूँ। कुछ कहना हो तो कहो।" तपस्वी ने कहा–"भगवान से मेरी मुक्ति हेतु प्रार्थना करना।" नारद जी 'अच्छा' कहकर आगे बढ़ गए। आगे एक वट-वृक्ष के नीचे

एक युवा साधु एक पैर पर ध्यानस्थ खड़ा था। नारद जी ने उससे भी पूछा–''भगवान से कुछ कहना-सुंनना हो तो तुम्हारा सन्देश उन तक पहुँचा दूँगा।'' युवा साधु ने कहा–''मैं अपनी साधना में तन-मन से लगा हूँ, पूर्णतः सन्तुष्ट हूँ। मुझे कुछ नहीं चाहिए।''

कुछ मासोपरान्त नारद जी पुनः उधर से लौटे, तो उन्हें देखते ही वृद्ध तपस्वी ने पूछा–''हे प्रभो! भगवान ने मेरे विषय में कुछ कहा?'' नारद जी ने उत्तर दिया–''हाँ, उन्होंने कहा है कि अभी आपको तीन जन्म और लेने होंगे। तत्पश्चात् आपको मुक्ति मिल जाएगी।'' यह सुनते ही वृद्ध संन्यासी के क्रोधोद्गार इस प्रकार अभिव्यक्त हुए–''मुक्ति प्राप्त करने के लिए मैंने घर-परिवार छोड़ा, वैभव-सुख सभी छोड़ा। इतनी कठोर तपस्या कर रहा हूँ। फिर भी तीन जन्म और लेने होंगे?'' नारद जी बिना कोई प्रत्युत्तर दिए हँसकर आगे बढ़ गए।

वहाँ से वे युवा साधु के पास आए और बोले–''महात्मन! यद्यपि आपने जिज्ञासा न की थी, फिर भी मैंने अपनी ओर से भगवान से आपके मोक्ष-प्राप्ति हेतु पूछा था। भगवान का कहना है कि जिस वट्-वृक्ष के नीचे आप साधनारत् हैं, उस वृक्ष में जितने पत्ते हैं उतना जन्म लेने के उपरान्त ही आप मोक्ष-पद प्राप्त करेंगे।'' युवा साधु आनन्द विभोर हो नाचने लगा। कहने लगा–''आज तक मैं सोचता था कि संसार में असंख्य वट-वृक्षों की पत्तियाँ होंगी। इतने असंख्य जन्म-मरण के चक्कर में मुझे न फँसाकर भगवान ने कृपा कर मात्र एक वट-वृक्ष के पत्तों में ही मुझे समेट दिया, मेरा संसार इतना सीमित कर दिया। मैं तो धन्य हो गया।''

वास्तव में देखा जाए तो संसार का प्रत्येक व्यक्ति जैसी धारणा रखता है, वैसे ही उसके विचार बनते हैं, कार्य भी उसी के अनुरूप करता हुआ, अपनी धारणा के आधार पर सुख-दुख पाता है अथवा दुख को सुख में परिणत कर लेता है।

विधा की पहुँच

एक दिन उज्जयिनी के राजा भोज अपने दरबारी कवि माघ पंडित के साथ अपनी दिनचर्यानुसार घूमने निकले तो लौटते समय मार्ग भटककर एक झोंपड़ी के पास पहुँचे। झोंपड़ी में एक वृद्धा रहती थी। उसी से पूछा–''माँ, यह मार्ग कहाँ जाता है?'' वृद्धा ने दोनों को ध्यान से देखकर कहा–''यह रास्ता तो कहीं नहीं जाता। हाँ, इसी पर लोग आया-जाया करते हैं। आप दोनों कौन हैं?''

माघ पंडित परिचय नहीं देना चाहते थे। अतः उत्तर दिया–''हम क्षणभंगुर मनुष्य हैं।'' तो वृद्धा ने तत्क्षण कहा–''क्या कहा! मनुष्य क्षणभंगुर नहीं होता। उसकी जवानी और धन क्षणभंगुर होते हैं।'' तब राजा भोज ने कहा–''मैं राजा हूँ।'' फिर तो वृद्धा

ने कहा–"आप और राजा! राजा तो दो ही हैं–एक इन्द्र स्वर्गलोक के, दूसरा यमलोक के यम। आप कैसे राजा हो?" राजा भोज उस वृद्धा के असाधारण ज्ञान पर चकित और सजग हो बोले–"हम क्षमावान हैं।" पर वृद्धा कहाँ चुप रहनेवाली थी। बोली–"देखो भाई! क्षमावान तो दो ही हैं–एक यह धरती, दूसरी नारी। और आप दोनों इनमें से कोई नहीं।" माघ पंडित उस वृद्धा की पंडिताई से घबराकर बोले–"माँ, हम परदेशी हैं।"

वृद्धा बोली–"मैं नहीं मानती। परदेशी केवल दो हैं–एक यह जीवन, दूसरा वृक्ष के पत्ते।"

तब दोनों ने उस वृद्धा के सामने अपना मस्तक झुकाकर कहा–"माँ! हम दोनों हार गए।" फिर भी वृद्धा शान्त न हुई और बोली–"देखो! हारे हुए केवल दो ही होते हैं–एक ऋणी, दूसरा लड़की का पिता। अब तो सच बता दो कि तुम दोनों कौन हो? यदि आप दोनों राजा भोज और माघ पंडित हो, तो यह रास्ता आप दोनों को उज्जयिनी ले जाएगा।"

राजा भोज के राज्य में विद्या की पहुँच सर्वसाधारण तक थी। अच्छे-अच्छे पंडित भी सामान्यजन से मात खाते थे।

सकर्म ज्ञान देनेवाले सन्त

एक प्रसिद्ध सूफ़ी सन्त थे। मल्लाहगिरी करते थे। एक दिन एक व्यक्ति ने पूछा कि आप तो सन्त हैं, मल्लाह का काम क्यों करते हैं? उस सूफ़ी ने कहा कि इसमें क्या दोष है? तो उस व्यक्ति ने कहा कि सन्तों का काम है सर्वसाधारण जन को ज्ञान देना, मार्गदर्शन करना। तो सूफ़ी सन्त ने कहा कि यदि इस वेश में मैं लोगों को सदुपदेश देता फिरूँ, तो लोग कई प्रकार के अनुनान लगाएँगे–स्वार्थी कहेंगे या ढोंगी समझेंगे। यदि विद्वानों का वेश बनाकर उपदेश दूँ, तो मुझे अहंकारी समझ कुछ तो मेरी बातों का प्रतिवाद करेंगे और कुछेक मुझे प्रसन्न करने का नाटक करेंगे। अब यदि मैं सर्वथा अपरिचित रहकर कोई श्रमयुक्त कार्य करते हुए परहित की बात कहूँ, तो लोग अच्छी तरह मेरी बात सुनेंगे और समझेंगे तथा आचरण में ढालेंगे। ज्ञान जब आडम्बर रचकर सामने आता है, तो लोग उसका लाभ नहीं उठा पाते। ऐसा ज्ञान प्रायः बोझिल बन जाता है। इसलिए मैं सामान्य बातचीत में लोगों की सेवा करता हुआ ज्ञान बाँटता रहता हूँ।

सन्त कबीर जुलाहा का कार्य करते हुए, सन्त रैदास चर्मकार का कार्य करते हुए, गुरु नानक बनिया का कार्य करते हुए ज्ञान बाँटा करते थे जिसका प्रभाव जनता पर विशेष रूप से पड़ा।

भगवान से मिलने का उपाय

भगवान बुद्ध के पास एक व्यक्ति आकर उनसे भगवान से मिलने का उपाय पूछा। भगवान बुद्ध ने कहा कि तू चल मेरे साथ। जिज्ञासु तो वह था ही, चल दिया उनके साथ। बुद्ध ने एक घर के दरवाजे पर जाकर आवाज लगाई–"भिक्षां देहि।" गृहिणी ने उनके कमंडल में बिना देखे भिक्षा डाल दी। कमंडल में पहले से ही गोबर था। दो-तीन घरों से भिक्षा मिली–किसी ने पकवान डाले, किसी ने सूखा अन्न, तो किसी ने खीर डाली। और सभी उसी कमंडल में।

वह व्यक्ति, जो भगवान के दर्शन हेतु भगवान बुद्ध के साथ चल रहा था, यह देखकर चिन्तित हो उठा कि या तो बुद्ध पागल है या मूर्ख। भला कोई भी समझदार व्यक्ति गोबर से भरे कमंडल में खीर लेकर उसे खाएगा क्या? फिर भी संशय निवारणार्थ उसने बुद्ध से यह बात पूछ ही तो ली। तब बुद्ध ने कहा–"भद्र! भगवान से मिलने का यही एक सिद्धान्त है। यदि हमारे मन-बुद्धि में गोबर पहले से ही भरा है, तो फिर कैसा भी शुद्ध, निर्मल भाव बाहर से लाकर उसमें डालो तो वह गोबर में समा जाएगा। भगवान हमारे अन्तःकरण में आएगा ही नहीं। मन-बुद्धि-चित्त में जो गोबर भरा है–उसे खाली कर दो। फिर देखना, भगवान स्वयं तुम्हारे अन्तःकरण में प्रवेश कर उसे प्रकाशित कर देंगे।"

अच्छाइयाँ देखो

कुछ लोगों का स्वभाव होता है दूसरों के दोष देखने का और दोष प्रत्यक्ष न दिखा तो फिर उसका दोष ढूँढ़ने का। दूसरों का दोष ढूँढ़ते-ढूँढ़ते वह व्यक्ति स्वयं भी दोषों से परिपूर्ण हो जाता है। हम सबका दृष्टिकोण होना चाहिए गुणों को देखना और खोजना।

एक बार प्रसिद्ध दार्शनिक सुकरात से एक व्यक्ति ने पूछा–"दीपक तले अँधेरा क्यों होता है? चन्द्रमा के मुख पर कालिमा क्यों है?" सुकरात अपने समय के प्रसिद्ध दार्शनिक थे। इस प्रश्न का सीधा जवाब न देते हुए उन्होंने प्रतिप्रश्न कर दिया–"तुमने यह क्यों नहीं पूछा कि दीपक में ज्योति क्यों है? चन्द्रमा में चाँदनी और शीतलता क्यों है? यदि तुम प्रत्येक व्यक्ति या वस्तु का दोष देखना छोड़कर उसकी अच्छाइयों पर ध्यान देने लगो, तो तुम्हारे अन्दर भगवान के गुण स्वयमेव प्रवेश कर तुम्हें ऊपर उठा देंगे।"

इसका प्रभाव उस व्यक्ति पर ऐसा हुआ कि लोग उसे गाली भी देते, तो वह हँसता हुआ चल देता और वह हमेशा आनन्द में रहने लगा।

दर्द और सुगन्ध का लगाव

सुविदित है कि जहाँ गुलाब का फूल होता है, वहीं काँटा भी होता है। उद्यान के सुकोमल गुलाब के पौधे में अपना दाँत चुभाए हुए काँटा बड़ी उत्सुकतापूर्वक देख रहा था कि गुलाब का कोमल फूल दर्द की परवाह किए बिना खूब इठलाता-झूमता अपनी भीनी-भीनी सुगन्ध चहुँओर बिखेर रहा है।

काँटे ने सोचा कि गुलाब का शरीर अत्यन्त कोमल है और मेरे तीखे दाँत की चुभन से गुलाब पीड़ा के कारण भली प्रकार अपनी सुगन्ध बिखेर नहीं पा रहा होगा। अतः गुलाब से पूछा–"अपने दाँत कुछ पीछे हटाकर चुभन कुछ कम कर दूँ क्या?"

गुलाब ने कहा–"एक साथ रहने के कारण मुझसे सहानुभूति होना स्वाभाविक है। पर अपनी चुभन कृपया कम मत कर देना, मित्र! जितनी गहराई तक और जब तक तुम्हारे दाँतों की चुभन मेरा शरीर अनुभव करता रहेगा, तभी तक मेरे अन्दर का सौन्दर्य अधिकाधिक खिलेगा और इसके साथ सुगन्ध जन्म लेकर चहुँओर बिखरेगा। चुभन के बन्द होते ही दोनों सिमटकर रह जाएँगे। दर्द ही न रहा, तो मेरे अन्तस की दर्द भरी आवाज और मेरे भीतर की खुशनुमा साँस का अनुभव भी लोग न कर पाएँगे। दर्द और सुगन्ध का एक-दूसरे से लगाव जो है मित्र!"

निरुपयोगी लाश

एक महात्मा गंगा-स्नान के लिए जाते हुए मार्ग में एक लावारिस लाश को पड़े देख ठिठक गए। उसी समय एक शृंगाल भी उधर आ निकला। लाश को देखा और क्षुधा-निवृत्ति के निमित्त आगे बढ़ा। पर, महात्मा को वहाँ खड़ा देख रुक गया। सोचा कि साधु है, कहीं मुझे शाप न दे दे। अतः उसकी आज्ञा लेकर लाश के किसी अंग को ही खाकर भूख शान्त कर लूँ। अतएव साधु के समीप जाकर लाश के पैरों को खाकर क्षुधा-निवृत्ति की स्वीकृति माँगी। साधु ने कहा कि नहीं, इसके पैरों को मत खा। आज तक इन पैरों पर चलकर न इसने किसी तीर्थ का दर्शन किया और न किसी सन्त के आश्रम में जाकर कोई सेवा की है। ये पैर गन्दे हैं। शृंगाल ने कहा कि प्रभो! मैं बहुत भूखा हूँ, अतः इसके हाथों को ही खा लेने दो। साधु ने कहा कि नहीं। इसे भी मत खा, इन हाथों से इसने न कोई दान-पुण्य किया और न तो कोई पुनीत कर्म किया, बल्कि इन हाथों से इसने अनेक पाप-कर्म किए हैं। तब शृंगाल ने इसके कानों को खाने की आज्ञा माँगी। साधु ने कहा कि इन कानों से इसने कभी कोई भगवत कथा का श्रवण नहीं किया सदा पर-निन्दा ही सुनी हैं। इसकी आँखें भी अभक्ष्य हैं, जिन आँखों

से इसने कभी भगवान या भगवत-भक्तों का भी दर्शन नहीं किया, बल्कि बुरी चीजों का ही दर्शन किया है। और पेट ने भी सदा अभक्ष्य, दूषित पदार्थों का ही भक्षण किया है। अतएव इसके किसी भी अंग-अवयव के भक्षण करने मात्र से ही तुम नरकगामी बनोगे। नरक के मार्ग पर न जाओ। उचित यही है कि तुम उपवास कर जाओ। अगला जन्म तुम्हारा सुधर जाएगा।

आशीर्वाद का यथार्थ

धृतराष्ट्र के साथ गठबन्धन होने के बाद से ही गान्धारी ने अपनी आँखों पर पट्टी जो बाँधी, वह मरण-पर्यन्त लगी रही। फलस्वरूप उनकी आँखों में और मन में अपूर्व शक्ति थी। दुर्योधन का विश्वास था कि माँ के मुख से मिथ्या वाणी निकल नहीं सकती।

कुरुक्षेत्र के युद्ध में उसके पक्ष के सारे सेनापति मारे जा चुके थे। अतः अन्तिम युद्ध में जाने से पूर्व वह अपनी माँ से विजय-प्राप्ति हेतु आशीर्वाद माँगने पहुँचा। उसकी माँ के मुख से इतना ही निकला कि 'यतो धर्मः ततो जयः।' पर दुर्योधन ने स्पष्ट रूप से विजय का आशीर्वाद देने हेतु माँ से आग्रह किया तो उसकी माँ ने भी उसे स्पष्ट शब्दों में कहा—''देखो पुत्र! आशीर्वाद देने-लेने का अधिकारी यदि नीति-न्याय से जुड़ा हो, तभी आशीर्वाद फलीभूत होता है। कुटुम्ब-प्रेम के कारण पक्षपातपूर्वक तुम्हें आशीर्वाद दूँ भी तो केवल निष्फल ही नहीं हो जाएगा, बल्कि मेरे पास से सदा-सर्वदा के लिए इस सामर्थ्य को भी छीन लेगा। वत्स! प्रसन्न मन से, सच्चे हृदय से निकला यह उद्गार होता है, विवेक द्वारा वाणी स्वयं प्रकट होती है, न कि किसी इच्छा से प्रेरित हो।''

नीतिपूर्वक अर्जित अन्न का प्रभाव

सिखों के दशम गुरु गोविन्द सिंह जब कभी मुगलों से युद्ध होता, तो युद्ध काल में अपने सैनिकों को केवल मुट्ठी भर चने खाने को देते, जबकि उनका कोष अशर्फ़ियों से भरा-पूरा था। एक दिन उनके एक शिष्य सैनिक ने गुरु गोविन्द सिंह जी की माताजी से प्रार्थना की कि—''श्रीगुरु महाराज के खजाने में पैसों का कोई अभाव नहीं, फिर भी वे अपने लड़ाकू सैनिकों को मात्र एक मुटठी चने खाने को देकर ही मुगलों से लोहा लेने को कहते हैं।'' यह सुनकर माता जी ने गुरु गोविन्द सिंह जी को बड़े प्यार से समझाया—''ऐ! तेरे शिष्य सैनिक पुत्रवत् हैं फिर भी इन्हें एक मुट्ठी चना ही क्यों देता है?''

गुरु गोविन्द सिंह जी ने माँ से कहा—"क्या कोई माँ अपने पुत्र को जान-बूझकर विष दे सकती है? मेरे कोष में अशर्फ़ियाँ अवश्य हैं, पर वे अपवित्र हैं! गलत ढंग से आई हैं। इससे क्रय किए गए अन्न में वह शक्ति नहीं रहेगी, जो मुट्ठी भर चने खाने से आएगी। वह अन्न खाकर ये शत्रुओं से ठीक प्रकार लड़ न सकेंगे, माँ।"

धर्म एवं ईमानदारीपूर्वक अपने पसीने से उपार्जित अन्न ही हमें सद्‌बुद्धि प्रदान करता है। गलत एवं अनीतिपूर्वक अर्जित अन्न खाने से हमारी बुद्धि हमें गलत मार्ग पर ले जाती है। अतः अध्यात्म मार्ग के साधकों को नीतिपूर्वक अर्जित धन अथवा अर्जित अन्न का ही सेवन करने का विधान है।

मोक्ष का मार्ग

बीसवीं सदी के पूर्वार्द्ध की बात है। भारत के पश्चिमी कमांड के सैनिक कमांडर एल.पी. फेरल की आत्मकथा के अनुसार एक बार वे आसाम में ब्रह्मपुत्र नदी की पहाड़ी ढलान पर अपने शिविर में बैठे मोर्चे की हलचल दूरबीन से देख रहे थे। उन्होंने देखा कि नदी में बहती जा रही एक नवयुवक की लाश को बड़ी सावधानीपूर्वक एक वृद्ध साधु नदी से खींचकर बाहर ला रहा है। एक सुरक्षित स्थान पर शव को रखकर वृद्ध साधु समीप ही जल रही अग्नि के एक ओर सिद्धासन में बैठकर कुछ क्रिया करने लगा। कुछ समयोपरान्त वृद्ध साधु का शरीर एक ओर लुढ़क गया और वह मृतक नवयुवक का शव जीवित हो, उठकर बैठा। तत्पश्चात् नवयुवक वृद्ध साधु के शरीर को घसीटकर नदी की ओर ले गया।

तब तक अपने कमांडर के आदेशानुसार सैनिकों ने घेरकर उस नवयुवक को बन्दी बनाकर साधु के शव के साथ अपने कमांडर के समक्ष उपस्थित किया। पूछने पर नवयुवक ने बताया—"वह वृद्ध साधु मैं ही हूँ। शरीर काफ़ी वृद्ध हो गया था, पर मेरा कार्य अधूरा रह गया था, जो इस जीर्ण, वृद्ध शरीर से अब सम्भव नहीं दिखता था। मैं योगी हूँ। अतएव यौगिक क्रिया द्वारा मैंने अपना यह शरीर बदल लिया। आत्मा के लिए मानव शरीर तो वाहन मात्र है। मानव शरीर से यह आत्मा जीवन की यात्रा करती तो है, पर प्राण शरीर तो उसके साथ तब तक है, जब तक परमतत्त्व में विलीन न हो जाए।"

यह जीवन तो आत्मा तथा प्राण-शरीर की शाश्वत यात्रा का एक पड़ाव मात्र है। जहाँ कुछ क्षण विश्राम कर हम पुनः आगे बढ़ते हैं। यह क्रम अनवरत चलता रहता है। पर साधारण जीव इसे पार्थिव शरीर मानकर संसार की अधोगामी प्रवृत्तियों में फँसकर नाना दुख-कष्ट भोगता हुआ मानवेतर योनियों में भ्रमण करता रहता है। जिसने इस

प्राण शरीर को समझ लिया, जान लिया और नियंत्रण प्राप्त कर लिया, वह मोक्ष को प्राप्त हो गया।

शुद्ध लाभ का काम

अपनी सारी धन-दौलत लोकोपयोगी कार्यों में लगाते हुए शेष जीवन को सादगी से व्यतीत करनेवाले एक धार्मिक मुमुक्षु की सर्वत्र प्रशंसा होते देख, जनता के कुछ प्रतिनिधिगण उसके पास आए और निवेदन किया–"महोदय! आपके त्याग एवं सेवा भाव के आगे हम नतमस्तक हैं, ऋणी हैं। अतएव सार्वजनिक रूप से आपका अभिनन्दन कर आपको 'दानवीर' व 'मानव-रत्न' के अलंकरण से विभूषित कर आप का सम्मान करना चाहते हैं। कृपया स्वीकृति दीजिए।"

मुमुक्षु मुस्करा दिया और बोला–"बन्धुओं! मैंने न तो त्याग किया है और न सेवा की है, वरन् अपना स्वार्थ ही सिद्ध किया है और लाभ लिया है। बैंक में अपना रुपया जमा करना ब्याज के लाभ हेतु किया जाता है। इसे त्याग कैसे कहा जाए! एक दूकानदार किसी ग्राहक को कोई वस्तु देकर त्याग का परिचय नहीं देता, बल्कि उसके एवज में उसका मूल्य लेकर कुछ लाभ ही कमाता है। समुद्र तट पर खड़ा कोई व्यक्ति मोती पड़ा देख अपनी झोली खाली कर, मोती भर लेना चाहेगा। शंख-सीपियों आदि से भरे झोले को खाली कर मूल्यवान वस्तुओं को भरना त्याग का परिचायक तो नहीं है। हमारे अन्दर काम, क्रोध, लोभ, मोह आदि षट्-विकार भरे पड़े हैं। षट्-विकारों के स्थान पर इसे अपनाना तो शुद्ध लाभ ही है। अतएव मैंने कोई त्याग नहीं किया बल्कि वासनाओं, कामनाओं से छुटकारा ही पाया है।"

कबीर और रैदास के चमत्कार

सन्त कबीर एक बार कुम्भ के अवसर पर प्रयाग गए हुए थे। तत्कालीन बादशाह सिकन्दर लोदी भी फ़क़ीर शेख तकी के साथ उसी जगह त्रिवेणी स्नान हेतु उपस्थित था। तभी एक सुन्दर बालक का शव नदी में बहता दिखा। शेख तकी ने उस ओर बादशाह का ध्यान आकर्षित किया। बादशाह ने सन्त कबीर की ओर देखा तो कबीरदास ने बहते जा रहे उस शव को पुकारकर कहा–"ओ बालक! चल, आजा मेरे पास।" वह शव तत्क्षण जीवितावस्था में लौट पड़ा कबीरदास की ओर और पास आकर उनके चरणों में प्रणाम किया। इस अद्‌भुत चमत्कार से प्रभावित हो बादशाह के मुख से निकल पड़ा–कमाल है! तो कबीरदास ने उस बालक का नाम ही रख दिया–कमाल, जो आगे चलकर सिद्ध सन्त हुआ।

इसी प्रकार कबीर की एक पोष्य पुत्री थी कमाली, जो एक राजकन्या थी। उसकी मृत्यु हो जाने पर राजा अत्यन्त दुखी था। कमाल के विषय में राजा सुन चुका था। अतएव सन्त कबीरदास को बुलाकर उसने कन्या को जीवित कर देने का आग्रह किया। राजा के अनुरोध पर कबीरदास ने पुकारा–''बेटी! राजा तुम्हें पुकार रहे हैं। चल उठ, आ जा।'' पर वह निष्प्राण पड़ी रही। तब पुनः कबीर ने कहा–''अच्छा बेटी! तुम्हारा पिता कबीर बुला रहा, आ जा।'' इतना कहना था कि वह उठकर कबीर के चरणों से लग गई। जब राजा-रानी उसे साथ ले जाने को तैयार हुए, तो वह बोल पड़ी–''मैं अपने पिता कबीर के कहने से जीवित हुई हूँ और इन्हीं के साथ जाऊँगी।'' राजा ने उसे कबीर के सुपुर्द कर दिया जिसका नाम कमाली रखा। वह भी सिद्ध थी।

कमाल और कमाली यही पुत्र और पुत्री सन्त कबीरदास के हुए।

ऐसा ही एक अन्य प्रसंग सन्त कबीरदास जी के साथ घटित हुआ। कबीर की ख्याति सुनकर गोरखनाथ उनसे शास्त्रार्थ करने काशी आए। सर्वप्रथम वे इनके गुरु स्वामी रामानन्दाचार्य के पास पहुँचे। उन्होंने कहा कि पहले हमारे शिष्य कबीरदास से तो निबट लो, तब मेरे पास आना। कबीरदास ने गोरखनाथ की चुनौती स्वीकार कर ली। नियत दिन गोरखनाथ ने अपना त्रिशूल धरती में गाड़ दिया और स्वयं उसकी नोक पर बैठ गए शास्त्रार्थ हेतु। कबीरदास जुलाहा होने के कारण कच्चे सूत का धागा रखते थे। उसी को आकाश में उछालकर त्रिशूल से भी ऊँचे स्थान पर अधर में लटका, सूत के छोर पर जा डटे और कहा कि अब करो शास्त्रार्थ। अपनी सिद्धता में कमी देख, गोरखनाथ ने कहा कि अच्छा, अब कल शास्त्रार्थ करें। दूसरे दिन गोरखनाथ एक सिंह पर बैठे आए। कबीरदास भक्त प्रह्लाद के अवतार कहे जाते हैं जिनके भगवान नृसिंह देव थे। अतः कबीर ने एक मृग को ही सिंह बना, उस पर सवारी कस ली, जिसे देखकर गोरखनाथ का सिंह भाग खड़ा हुआ। तब गोरखनाथ ने कहा कि कल निर्णयात्मक शास्त्रार्थ करेंगे छिपने का और ढूँढ़ने का। अगले दिन कबीरदास ने कहा कि आप छिपो और मैं ढूँढूँगा। गोरखनाथ शीघ्र ही अन्तर्धान हो एक मेढक के रूप में श्री गंगा जी में जा छिपे। कबीरदास ने ध्यान लगाया, तो मेढक पकड़ में आ गया और जैसे ही उसे मसलने लगे, गोरखनाथ प्रकट हो गए। अब बारी थी कबीरदास की। ये अन्तर्धान हो जलरूप अपने कमंडल में स्थित हो गए। गोरखनाथ ने बहुत प्रयत्न किया। गंगाजी में, अन्यत्र स्थानों यहाँ तक कि कमंडल में भी हाथ डाला, पर तलाश न कर सके। कबीर के सिद्ध पुत्र कमाल से गोरखनाथ की बेचैनी न देखी गई। तो उन्होंने सलाह दी कि कमंडल का जल अँगीठी में गरम करें। और जैसे ही यह किया गया कबीरदास प्रकट हो गए और कहा कि आपने मुझे खोजा तो अवश्य, पर अपनी सिद्धता के बल पर नहीं, बल्कि मेरे चेले का चेला बनकर। गोरखनाथ बड़े लज्जित हुए।

सन्त रैदास जी का एक ऐसा ही और प्रसंग वर्णनीय है। रैदास और कबीरदास दोनों गुरुभाई थे। काशी नरेश कबीरदास जी के शिष्य थे। एक दिन काशी नरेश श्री रैदास जी का दर्शन करने पहुँचे। रैदास पूजा से उसी समय उठे ही थे। राजा को देखते ही कठौती में चमड़ा भिगोनेवाला जल चरणामृत के रूप में उन्हें पीने को दिया। उस जल को पीने का भाव राजा का न बना। अतएव पीने का बहाना कर उस जल को अपने कोट की बाँहों में गिरा दिया जिससे कोट की बाँह में लाल-लाल दाग पड़ गए। कोट धोने के लिए धोबी को दे दिया। काफ़ी प्रयत्न करने पर भी धोबी उस दाग को जब नहीं छुड़ा सका तो अपने दाँतों से रगड़कर दाग छुड़ाने लगा। दाग तो खैर नहीं ही छूटा, पर दाग का कुछ अंश मुँह में प्रवेश करते ही धोबी प्रेमोन्मत्त हो नाचने-गाने लगा। सारा संसार उसे राम-मय लगने लगा। राजा को सारी बातें विदित हुईं कि उस दाग के स्वरस पान करने मात्र से धोबी का अन्तःकरण शुद्ध हो गया, तो राजा अपनी अज्ञानता पर बहुत पछताया। वह दौड़ा-दौड़ा रैदास जी के पास आकर पुनः चरणामृत की याचना करने लगा। रैदास जी ने कहा–"राजन्! तुमने अवसर खो दिया। अब तो कठौती का यह जल सचमुच में चमड़ा भिगोने का जल है, न कि चरणामृत।" राजा निराश लौट आए।

काम को पराजित करना कठिन है

(क) श्रीमद्‌भागवत रचनाकार महर्षि व्यास की रचनाओं की जाँच करते हुए उनके प्रिय शिष्य जैमिनी ने श्रीमद्‌भावगत के नवम स्कन्ध में यह श्लोक–

"बलवानिन्द्रियगामो विद्वासमपि कर्षति" (इन्द्रियाँ इतनी बलवान होती हैं कि अच्छे-अच्छे विद्वानों को भी विचलित कर देती हैं), को देख अपना मत इसके विरोध में प्रकट किया कि श्लोक में विद्वासमपि कर्षति के स्थान पर विद्वांस नाविकर्षति अधिक उचित होता। इन्द्रियाँ विद्वानों को कभी विचलित नहीं कर सकतीं। इस पर महर्षि व्यास ने कहा कि जो लिखा है, वह उचित ही लिखा है।

कुछ काल बीत गए। एक दिन सन्ध्योपरान्त जैमिनी कुटिया से बाहर निकले तो देखा कि सामने एक वृक्ष की छाया में एक नवयौवना सुन्दरी वर्षा में भीगती खड़ी है। उसके सारे वस्त्र गीले हैं और उसके शरीर से चिपककर उसके सौन्दर्य एवं कोमलता का पूर्ण नग्न दिग्दर्शन करा रहे हैं। जैमिनी की दृष्टि उधर गई और वे विचलित हो उठे। उन्होंने उस नवयौवना को सम्बोधित कर कहा–"जब यह कुटिया सामने है तो वर्षा में भीगने का क्या तुक है! निःसंकोच आ जाओ और यहाँ विश्राम करो।"

नवयौवना ने कहा–"पुरुषों की कथनी और करनी में अन्तर होता है। भला आपका क्या विश्वास?"

जैमिनी ने प्रत्युत्तर दिया–''अरे! मैं तो पूर्व मीमांसा का आचार्य जैमिनी हूँ–महर्षि वेदव्यास का शिष्य। मुझ जैसे तपस्वी का भी विश्वास नहीं! उसकी खुली केश-राशि और निखरे शरीर रूप को जैमिनी मन्त्रमुग्ध देखते ही रह गए। उस युवती का परिचय पूछने पर जब यह ज्ञात हुआ कि वह अभी तक अविवाहित है तो जैमिनी ने उससे विवाह करने की इच्छा व्यक्त की। इस पर उस युवती ने कहा–''आपको शायद यह बात ज्ञात नहीं कि मेरे पिताजी की यह प्रतिज्ञा है कि जो पुरुष घोड़ा बनकर अपनी पीठ पर मेरी बेटी को श्री अम्बा माँ के मन्दिर में दर्शन कराने ले जाएगा, उसी के साथ मेरा विवाह होगा। मेरा भी यही संकल्प है कि ऐसा स्वीकार करनेवाले पुरुष का मुँह काला कर तब उसके साथ मन्दिर दर्शन को जाऊँगी। आप शायद यह स्वीकार न करें।''

उस युवती को काम-भाव से निहारनवाले जैमिनी उससे विवाह करने के निमित्त अपना मुँह काला करने की बात तो अलग रही, उसके लिए सब कुछ करने को तैयार हो गए। तदनुसार जैमिनी ने मुँह भी काला करवा लिया और घोड़े की नाईं अपनी पीठ पर बिठा, इस अनोखी सवारी को लेकर श्री अम्बा देवी के मन्दिर आए। सौभाग्य या दुर्भाग्यवश मन्दिर में महर्षि व्यास भी पहले से उपस्थित थे। यह अनोखा दृश्य महर्षि ने देखा, सारी बातें सुनीं और तब अपने शिष्य जैमिनी से पूछा–''बताओ, उस श्लोक में कौन सा शब्द उपयुक्त बैठेगा–कषर्ति अथवा नाविकर्षति?''

जैमिनी पर मानो बिजली टूट पड़ी। वह व्यास के चरणों गिर पड़ा और बोला–''आपका कथन सत्य है।'' जैमिनी ज्ञानी थे। फिर भी उस सुन्दरी नवयौवना से विवाहिता, अविवाहिता की चर्चा की, अनावश्यक बातों की चर्चा में मन को उलझा दिया और असावधान हो गए तो काम-भाव मन में जाग्रत् हो सिर पर चढ़ गया।

(ख) यूनान का बादशाह सिकन्दर जब विश्वविजय के लिए सैनिक अभियान पर चलने लगा, तो उसके गुरु अरस्तु ने उसे सुन्दर नवयौवना से बचने की सलाह दी थी। इस हेतु उन्होंने अपने जीवन के एक ऐसे ही प्रसंग का उसे दिग्दर्शन कराया था, जब एक नवयौवना ने विवाह और प्रेम के चक्कर में उनकी पीठ पर बैठकर घोड़े की तरह नकेल डालकर उन्हें दौड़ाया, नाच नचाया और सबके सामने उपहास का पात्र बनाया।

अरस्तु उस समय विश्व के महान दार्शनिकों में गिने जाते थे। इसीलिए तो ब्रह्मचर्य के पालन करनेवालों के लिए कहा गया है–

''न स्पृशेत् दाखीमपि'' अर्थात् काष्ठ मूर्ति नारी का भी तन या मन से स्पर्श नहीं करना चाहिए।

(ग) चौदह वर्ष के वनवास में लक्ष्मण की दृष्टि भगवती सीता के चरणों से ऊपर कभी नहीं गई थी, जो उनके इस वचन से परिलक्षित है–

नाहजानामि केयूरे, नाहजानामि कुंडले,
नूपुरेऽभिजानामि नित्यं पादाभि वंदनालू।

काम को पराजित करना अति कठिन है।

अपना-अपना मूल्यांकन

जंगल में शिकार के दरम्यान एक राजा भीलों की बस्ती से गुजरा। भील केवल लूटमार कर अपना जीवन बसर करते थे। वहाँ एक तोता को देखा जो केवल लूटने व मारने की भाषा ही बोल रहा था। जंगल में और आगे बढ़ने पर एक आश्रम में भी एक तोता देखा। सुन्दर-सा। जो केवल प्रेम-मैत्री की ही बातें कर आने-जानेवालों के स्वागत-सत्कार की भाषा बोल रहा था। दो तोता राजा ने देखा और दोनों की बातें व व्यवहार में विपरीतता देखकर वह चकित हुआ। उनकी यह जिज्ञासा देख आश्रमवासी तोता ने निम्न श्लोक सुनाया–

गवाशनानां स वचः श्रृणोति, अहं च राजन मुनिपुंगवानाम्
प्रत्यक्षमेतद् भवतापि दुष्टं, संसर्गजा दोषगुणा भवन्ति।।

हे राजन! आप जिस तोते की बात कर रहे हैं, वह मेरा ही भाई है—एक साथ जन्मा। वह भीलों के हाथ लग गया और उन्हीं के बीच रहकर उनकी ही भाषा में बात करने लगा। सौभाग्यवश मैं इन मुनियों के आश्रम में आ गया और इनकी भाषा में बात करने लगा। दोष और गुण सम्पर्क से आते हैं। यह सच्चाई तो आप अब भली-भाँति देख व समझ रहे हैं।''

मनुष्य की तो बात जाने दें, मानवेतर प्राणी पशु-पक्षी भी अपने-अपने व्यवहार के आधार पर अपना-अपना मूल्यांकन करा लेते हैं।

मानव शरीर उत्कृष्ट है

एक बार भगवान की ओर से उद्घोषणा हुई कि जिनके पास जो-जो निकृष्ट वस्तुएँ हों, वे सभी श्री चित्रगुप्त जी महाराज के कोष में एक सप्ताह के भीतर जमा कर उसके एवज में जो भी उत्कृष्ट वस्तु पसन्द हो, ले जा सकते हैं। निकृष्ट और उत्कृष्ट वस्तुओं का लेन-देन एक सप्ताह तक चलता रहा। जब एक दिन शेष रह गया, तो भगवान यह देखने के लिए निकले कि कोई अछूता तो नहीं बचा रहा इस वरदान से।

एक जगह एकान्त में एक व्यक्ति अपनी मस्ती में बैठा बाँसुरी बजा रहा था। भगवान के प्रश्न करने पर उस मनुष्य ने कहा कि इस मानव शरीर से श्रेष्ठ और उत्कृष्ट अन्य

और क्या हो सकता है? मैं इसी शरीर को प्राप्त कर प्रसन्न हूँ। मेरे पास निकृष्ट कुछ भी नहीं और यह शरीर उत्कृष्ट है।

खिचड़ी का महत्त्व

भारत में बुधवार एवं शनिवार को खिचड़ी खाने की प्रथा चली आ रही है। खिचड़ी का अर्थ है मिश्रित पदार्थ–कई चीजों को एक में मिला देना। शास्त्रकारों ने कहा है कि पंच तन्मात्राओं–शब्द, स्पर्श, रूप, रस व गन्ध में संयम करने से पंच महाभूत–पृथ्वी, जल, अग्नि, वायु व आकाश–पर विजय प्राप्त होती है। इन पंच तन्मात्राओं में मुख्य है रस यानी रसना। इस पर विजय प्राप्त कर लिया तो शेष सभी पर संयम आसान हो जाता है, पर कम ही लोग रसेन्द्रिय को वश में कर पाते हैं। यह अनुभव की बात है कि जो व्यक्ति जितना ही रसेन्द्रिय में आसक्त रहेगा–एक-एक पदार्थ स्वाद ले-लेकर खाएगा, उसका मन उतना ही अधिक सम्भोग की ओर भागेगा। रस तन्मात्रा है जल-तत्त्व का। जल का स्वभाव है अस्थिरता और गुण है स्निग्धता। जिस व्यक्ति में जल-तत्त्व की प्रधानता है, वह उतना ही भोगी प्रवृत्ति का होगा। अतः महापुरुषों ने कहा है कि प्रथम रसना को वश में करो। इसी कारण हम अलग-अलग पदार्थों का स्वाद न लेकर खिचड़ी के रूप में कइयों का मिश्रित आहार लेते हैं, जायका का त्याग करते हैं।

चांगदेव और सन्त ज्ञानेश्वर

ताप्ती व पथोष्णी के संगम के समीप किसी स्थान पर एक गरीब ब्राह्मण परिवार में जन्मे चांगदेव बाल्यकाल से ही कुशाग्र बुद्धि होने के कारण थोड़े समय में चारों वेद, न्याय, मीमांसा, व्याकरण, ज्योतिष, वैद्यक, धनुर्विद्या, संगीत आदि में पारंगत होकर काशी आ गए। यहाँ एक बीहड़ वन की किसी गुफा में निवास करनेवाले एक सिद्ध योगी के पास सात वर्ष रहकर उनसे योगासन, हठयोग की अनेक मुद्राएँ, राजयोग, लययोग, मंत्रयोग, छाया-पुरुष साधन आदि विविध क्रियाएँ सीखीं। तत्पश्चात् कुछ काल काशी-वास के दौरान वहाँ के राजा-रईस, सेठ-साहूकार, पंडित समाज व जनसाधारण के बीच रहकर प्रत्येक विषयों पर उन लोगों का मार्ग-दर्शन करते रहे। वहाँ से पुनः घूमते हुए ताप्ती नदी के तट पर आकर मठ बनाकर रहने लगे। कभी समाधि लगा लेते, कभी अदृश्य हो जाते, कभी आकाश-गमन कर वायु के साथ दौड़ते। यहाँ उनके अनेक शिष्य हो गए। अब एक ही इच्छा शेष रह गई किसी योग्य सदगुरु से अध्यात्म विद्या प्राप्ति करें! चांगदेव की स्वयं की ज्योतिष गणना के अनुसार इसका योग तो चौदह सौ वर्षों बाद

आता है। अर्थात् सद्गुरु की प्राप्ति के लिए उन्हें अभी चौदह जन्म लेने पड़ेंगे। उनकी इच्छा इसी शरीर से सद्गुरु की प्राप्ति की थी। अतएव अपनी योग-विद्या से वे पता कर लेते कि अब मरण-काल समीप आ गया है, तो एकान्त में बैठकर प्राणवायु को बह्मरन्ध्र में स्थिर कर समाधि लगा लेते। जितने काल तक प्राणवायु को ब्रह्मरन्ध्र में लीन रखा जाएगा, उतने काल तक वह काल के अधिकार के परे रहता है। हठयोग प्रदीपिका में निम्न श्लोक–

सूर्या, चन्द्रमंसो धतं कालं रात्रिं द्विवात्मकम।
भोकती सुषुम्ना कालस्य गुह्यमेतदुदाहतम् ॥

अर्थात् रात व दिन जिसका स्वरूप है, वह काल सूर्यनाड़ी और चन्द्रनाड़ी है। सूर्य-चन्द्र द्वारा होनेवाले इस दिन-रात्रि रूप काल का सुषुम्ना भक्षण करती है। यह गुप्त रहस्य यहाँ प्रकट किया है। सूर्यनाड़ी चलने का समय दिन, चन्द्रनाड़ी का समय रात्रि है। एक-एक नाड़ी ढाई-ढाई घड़ी चला करती है। इसके अनुसार ढाई घड़ी सूर्यनाड़ी ढाई घड़ी चन्द्रनाड़ी=पाँच घड़ी का दिन-रात्रि एवं एक-एक काल होता है। जब सुषुम्ना के मार्ग से प्राणवायु ब्रह्मरन्ध्र में लीन होता है, तब दिन-रात्रि रूप काल वहाँ नहीं रहता। योगी की इस स्थिति में रहने पर, नियत समय पर काल आकर भी खाली हाथ लौट जाता है। ऐसी ड़ी समाधि अवस्था में चांगदेव लगातार दस-दस दिनों तक बैठ अपने स्थूल शरीर पर की काल की सत्ता को समाप्त कर दिया करते और सर्प की केंचुली त्याग देने के समान नव-जीवन, नई शक्ति व कान्ति प्राप्त कर काल को बराबर परास्त करते रहे चौदह बार।

चौदह सौ वर्ष इस प्रकार निकल गए जब चांगदेव को ज्ञात हुआ कि महाराष्ट्र के आलन्दी में निवृत्तिनाथ, ज्ञानेश्वर, सोपानदेव व मुक्ताबाई नाम के भाई-बहन प्रकट हुए हैं, जिन्होंने भैंसे के मुख से जनसाधारण के सामने वेद मन्त्र कहलवाया, पितृश्राद्ध में श्राद्धकर्ता के पितरों को ही अपने योगबल से बुला लिया। वे योगी ही नहीं बल्कि बड़े ज्ञानी और भक्त भी हैं। चांगदेव की इच्छा हुई ऐसे सत्पुरुषों का दर्शन करने की। पर वे सभी किशोर और स्वयं चांगदेव इतनी लम्बी उम्र के सिद्धयोगी जिनके हजारों शिष्यों की परम्परा। पत्र लिखने में संकोच कि इन किशोर-वय के बच्चों को क्या कहकर सम्बोधित करूँ–उनको प्रणाम करूँ अथवा आशीर्वाद दूँ। मन न माना तो एक कोरा कागज ही अपने शिष्यों के द्वारा भिजवाया यह जाँचने के लिए कि ऐ बालक कितने गहरे पानी में है। उस कोरे कागज को देख मुक्ताबाई ने ज्ञानेश्वर जी से कहा कि इतनी लम्बी उम्र पाने के बावजूद चांगदेव अभी तक कोरा ही है। फिर ज्ञानेश्वर जी ने उसी कागज पर पैंसठ ओबिया ब्रह्मज्ञान से भरपूर लिखकर भेजी। चांगदेव उन बालकों से मिलने चल दिए अपने चौदह सौ शिष्यों समेत जीवित भुजंग की चाबुक हाथ में, सिंह की पीठ पर सवार होकर। श्री ज्ञानेश्वर जी का जन्म संवत् 1385 में हुआ था। उस समय वे मात्र 15-16 वर्ष के थे। उस समय चारों भाई-बहन अपने घर की दीवार पर

बैठे बातचीत कर रहे थे। जब चांगदेव के आने की सूचना मिली। ज्ञानेश्वर ने देखा कि योगिराज चेतन जीव की सवारी लिये आ रहे हैं, तो उन्होंने दीवार जैसे जड़ पदार्थ की सवारी कर अपने भाई-बहन के साथ उनकी अगवानी की। यह देख चांगदेव भौचक्के रह गए। तत्पश्चात् चरणों पर गिर पड़े। तेरह वर्ष की मुक्ताबाई से चांगदेव ने गुरुमंत्र लिया और शिशु बनकर मातृ-कृपा कटाक्ष मात्र से कृतार्थ हो गए।

इनकी आयु के हिसाब से सोचा जाए तो चांगदेव का ईसा पूर्व दूसरी सदी में जन्म हुआ।

बिन माँगे मोती मिले

बारहवीं सदी में एक प्रसिद्ध औलिया फ़क़ीर थे हजरत निजामुद्दीन। इनकी दरगाह अजमेर शरीफ़ में है। वे प्रायः अपनी मौज में रहते थे और फ़क़ीर जब अपनी मौज में होता है, तो उसकी हर क्रिया-कलाप में एक चमत्कार देखने को मिलता है।

एक बार इनके दरगाह में कव्वाली का कार्यक्रम था। कव्वालों का कार्यक्रम देखनेवालों की भीड़ जुट रही थी। इसमें मलिक खुसरो भी था। यह वही खुसरो था जो मुल्तान के शासक की सेवा में रहते हुए मुल्तान पर आक्रमण के दरम्यान चंगेज खान द्वारा कैद कर लिया गया था और किसी प्रकार कैद से भाग दिल्ली के सुल्तान की सेवा में आ गया था। अमीर खुसरो भी कव्वाली सुनने आया हुआ था। चेले भी बैठे हुए थे। तभी फ़क़ीर की नजर अमीर खुसरो पर पड़ी तो वह बोल उठा–''देखो भाई! अध्यात्म सेवा का आनन्द तो बहुत ले लिया। अब तो कुछ कमाई-धमाई का भी इन्तजाम करो।'' फ़क़ीर की बात मानकर खुसरो उसी समय वहाँ से चल पड़े।

इधर कव्वालों ने जो समा बाँधी, तो लोग झूम उठे। कार्यक्रम समाप्त हुआ। अब हजरत के सामने प्रश्न था कव्वालों को बख्शिश देने का, पर पास में न पैसे थे, न वस्त्र। तभी मन में एक विचार आया। उन्होंने अपने पहननेवाले जूते भेंट में कव्वालों को दे दिए। पर कव्वाल तो कव्वाल ठहरा। हजरत के जूतों की भेंट का राज नहीं समझ पाया। दान-दक्षिणा लेना तो इनका धन्धा था, फ़क़ीरों के प्रति कोई श्रद्धा तो थी नहीं। इनकी श्रद्धा तो पैसे में थी। अतएव अनमने भाव से जूते लेकर दरगाह से चल दिए।

उधर अमीर खुसरो रोजी-रोटी के लिए जो निकला तो उसने कस्तूरी खरीद ली, जिसे 14 ऊँटों पर लादकर दरगाह की ओर लौट पड़ा। दूसरी तरफ से कव्वाल भी लौट रहे थे कि मार्ग में आमने-सामने पड़ गए। खुसरो ने पूछा–''कहो भाई! दरगाह से लौट रहे हो, तो भेंट में क्या-क्या मिला?'' कव्वालों ने बुझे मन से जूता दिखला दिया। खुसरो तो दरबारी रह चुका था। वह तो हजरत के जूतों की कद्र जानता था। उसने कहा– ''क्या कहने! इससे उम्दा इनाम तो और कुछ हो ही नहीं सकता। तुम लोग बड़े

खुशकिस्मत हो जो हजरत ने दोनों जहान दे दिया!" कव्वाल ने रूखे मन से कहा– "भला पैसों के बिना कुछ काम होता है। जूतों से मेरा क्या काम! यह तो सरासर अपमान हुआ।"

खुसरो समझ गया कि मुआवजा लेना जिनका धन्धा होता है, उनकी किसी में श्रद्धा नहीं होती। उनकी श्रद्धा तो पैसे में सिमट जाती है। अतः खुसरो ने जूतों को बेच देने की सलाह उन्हें दी, जिस पर कव्वालों ने कहा कि कौन खरीदेगा इन जूतों को। खुसरो ने कहा कि मैं इसे ले लेता हूँ। बोलो क्या दूँ? कव्वालों ने कहा कि जो देना चाहो दे दो। तब खुसरो ने कहा–"देखो! ये मेरे चौदह ऊँट कस्तूरी से लदे हुए, तुम्हें दे रहा हूँ, इन जूतों के एवज में। यदि मेरे पास कुछ और होता, तो वह भी दे देता।" कव्वालों को मुँहमाँगी मुराद मिल गई जिसकी उन्हें उम्मीद न थी। वे बड़े प्रसन्न हुए और खुसरो भी निहाल हो गया कि मालिक ने बैठे-बिठाए दो जहान की खुशियाँ दे दीं। एक खुश कस्तूरी लदे ऊँट के मिल जाने से, दूसरा खुश था जूतों के कमाल के ज्ञान से।

दोनों के विचारों में कितना अन्तर था। कव्वाल तो चले गए। पर खुसरो ने जूते को चूमा, सिर पर रखा। आँखों में प्रेम के आँसू बहाते, नाचते, गाते चल पड़ा दरगाह की ओर–यह सोचते हुए कि आज उसने एक बहुत बड़ा सौदा किया। हजरत के जूतों के मुकाबले दुनिया की और कौन सी वस्तु श्रेष्ठ हो सकती है। स्वार्थी मन की सोच सीमित होती है। कव्वालों ने स्वार्थवश हजरत के जूते बेच दिए। पर खुसरो तो अपने मुर्शिद का मुरीद था। अतः उसे जूतों में भी अपने मुर्शिद की कृपा ही दिख रही थी और कृपा हुई भी ऐसी की आज इतिहास की सुर्खियों में खुसरो है। स्वार्थ हमें अन्धा बनाता है। इसी के कारण हम अपना हित नहीं कर पाते तथा स्वार्थ से परे हो भी नहीं सकते। यदि हो गया तो फिर भगवान को पा ही लें। आदमी जब भौतिकता में उलझता है, तो भगवान का सन्देश नहीं सुन पाता। फ़क़ीर से कुछ माँगने की जरूरत नहीं। फ़क़ीर जब अपनी मौज में होता है तो वह स्वयं ही सब कुछ दे देता है। खुसरो ने माँगा कुछ नहीं, पर मिला इतना की चर्चित हो गया। सुदामा ने माँगा कुछ नहीं था, पर उसे मिला इतना कि देखकर वह स्वयं हैरान हो गया। कई पीढ़ियों तक का कष्ट भगवान ने दूर कर दिया बिना माँगे। माँगा होता, तो उनकी कृपा सीमित हो जाती।

बिन माँगे मोती मिले, माँगे मिले न भीख।

असाधारण क्षमता : विविध प्रसंग

शैरी जॉनसन

एक 12 वर्षीया साहसी, दृढ़निश्चयी तथा बहादुर लड़की का नाम है–शैरी जॉनसन। शैरी जन्मान्ध है। उसे अपने चेहरे से छह इंच की दूरी पर रखी कोई भी वस्तु नज़र नहीं आती, पर भगवान ने उस पर कुछ ऐसी कृपा की है कि आज वह एक उच्चकोटि की घुड़सवार बन गई है। जब वह घोड़े पर सवार होकर विद्युत गति से घुड़सवारी की प्रतियोगिताओं में सभी सामान्य प्रतियोगियों को पीछे छोड़कर प्रथम स्थान पर आती है, तो सभी उपस्थित दर्शक अचम्भित हो अपने दाँतों तले उँगली दबा लेने को मजबूर हो जाते हैं।

अमेरिका की निवासी शैरी यह शौक तब तक जारी रखना चाहती है, जब तक एक पशु चिकित्सक बनने के लिए कॉलेज में प्रवेश नहीं ले लेती।

डायना

लिंकन (मैसाचुसेट्स) निवासी डायना नाम की एक 28 वर्षीय अपंग लड़की है, जिसका दायाँ पैर 12 वर्ष की अवस्था में कैंसरग्रस्त हो जाने से काट दिया गया था। पर आज वह अपने अदम्य साहस के कारण एक पैर के सहारे ही स्कीइंग करती है। ऊबड़-खाबड़ पर्वतों का आरोहण करती है। मरुस्थलों की चिलचिलाती धूप में हाइकिंग करती है और विकलांगों में शिरोमणि मानी जाती है। पिछले 10 वर्षों में उसने दस विश्व पदक जीते हैं। इसने 1991 का महिला स्पोर्ट्स फ़ाउंडेशन लो हाईमैन नामक गौरवमयी अवार्ड भी जीता है।

भोजन भट्ट

ब्राह्मणों को भोजन भट्ट कहा जाता है, यद्यपि सभी पर यह लागू नहीं होता।

गोदावरी जिले के राजामुंड्री नामक स्थान के लक्ष्मीनरसू पंडित एक सर्वमान्य पुरोहित थे। भोजन के मामले में ये कुम्भकर्ण की समता रखते थे। उसी क्षेत्र के एक

उप-न्यायाधीश नारायण स्वामी पंतुल शाह ने अपने पिता की बरसी में इन पुरोहित जी को निमन्त्रित किया। श्राद्ध में भोजन जीमनेवाले पंडितों की बड़ी प्रतिष्ठा होती है। पुरोहित लक्ष्मीनरसू जी गो-घृत में लड्डू तोड़कर खाने के बहुत शौकीन थे। उप-न्यायाधीश ने इनके भोजन की बड़ी अच्छी व्यवस्था की। लड्डू तैयार करनेवाले विशेषज्ञों द्वारा बनाए गए लड्डू और घी, केले के बड़े-बड़े पत्तों पर कतार के कतार रख दिए गए। घी का पीपा भी उस पर उड़ेल दिया गया। घी में लड्डुओं को डुबो-डुबोकर पंडित जी 220 लड्डू और चार सेर घी खा गए। जब उनके पेट में तिल रखने भर की जगह नहीं रही और उनके लिए उठ खड़ा होना भी सर्वथा कठिन हो गया तब दो नौकर उन्हें उठाकर बरामदे तक लाए, हाथ धुलवाया। पंडित जी के पेट में असह्य पीड़ा और उलटी महसूस होते देख, सहानुभूतिवश कुछ लोगों ने उन्हें उँगली घुसेड़कर वमन कर देने की सलाह दी। उत्तर में पंडितजी ने कहा कि उँगलियाँ घुसेड़ने भर की जगह होती तो वे कुछ लड्डू और न खा लेते। अफ़सोस कि अन्दर बिलकुल जगह न रही।

ऐसे भोजन भट्ट खाने के लिए ही जीवन-धारण करते हैं। जीने के लिए भोजन करनेवाले आज कम ही दिखते हैं। मिताहारी तो अब रहे ही नहीं।

दानवीरता

प्रचंड सूर्य की गर्मी से तप्त दुपहरी में उज्जयिनी नरेश भोज के राजकवि ने धारानगरी की सड़क पर पैदल चलते समय देखा कि आगे-आगे एक दुर्बल, कृशकाय व्यक्ति नंगे पैर लड़खड़ाता हुआ चला जा रहा है। प्रचंड धूप से तप्त धरती पर चलते रहने से उसके पैरों में छाले पड़ गए थे। बीच-बीच में वह दौड़ने का भी प्रयत्न करता था ताकि पैरों को कुछ राहत मिले, पर कष्ट कम होने के बजाय बढ़ता ही जाता था। कवि हृदय तो करुणामय होता है, कोमल होता है। राजकवि का हृदय क्षीणभूत हो गया। इस दृश्य को देखकर। वह उस व्यक्ति के समीप गये और अपने पैरों के जूते निकालकर उसे पहना दिया और आगे बढ़ गए। राजकवि का सुकुमार शरीर, कोमल चरण! नंगे पैर चलने का अभ्यास वैसे भी नहीं, पैर जलने लगे। पर दूसरे को कष्ट में देख वे अपना कष्ट भूल गए। अपना जूता उस व्यक्ति को पहनाकर मन में सुख का अनुभव कर रहे थे।

कुछ ही समय बीता था कि उधर से राजा का महावत हाथी पर आता दिखा। उस कड़कती धूप में राजकवि को नंगे पैर तप्त धरती पर चलते देख उसने हाथी को रोका और राजकवि को हाथी पर बैठा लिया। संयोगवश राजा भोज भी उसी समय अपने रथ पर आरूढ़ उधर से निकले। राजकवि को हाथी पर बैठे जाते

देख हँस दिए और पूछा कि आज हाथी की सवारी क्योंकर? राजकवि ने तत्काल उत्तर दिया–

उपानाहं मया दत्तं जीर्णं कर्णविवर्जितम्,
ततुण्येन गजारूढ़ो, न दत्तं वै हि तद्गतम् ॥

मैंने अपना फटा-पुराना जूता दान कर दिया। फलस्वरूप उस पुण्य से गजारूढ़ हूँ, जो धन दान नहीं दिया गया, वह तो व्यर्थ है।

राजा भोज ने प्रसन्न हो, वह गज राजकवि को दे दिया।

ईश्वर-भक्ति

मुगल बादशाह अकबर के दरबारी भक्त कवि श्रीपति अपने भगवान के सिवा अन्य किसी व्यक्ति की प्रशंसा के गीत नहीं गाते थे। कुछ मुँहफट दरबारियों ने श्रीपति को नीचा दिखाने हेतु एक कड़ी अकबर की प्रशंसा में इस प्रकार कही–'सो करौ मिली आस अकबर की' और अकबर द्वारा श्रीपति से इस कड़ी की पूर्ति करने हेतु कहलवाया। विरोधियों ने सोचा था कि श्रीपति को अब या तो प्रशंसा में कड़ी की पूर्ति करनी होगी अन्यथा इनकार करने पर दंड का भागी होना होगा। पर जब श्रीपति ने बिना ना नुकर किए इस कड़ी की पूर्ति इस प्रकार की कि उससे उनकी विवशता नहीं, बल्कि भक्ति भाव झलकता है। यह पंक्ति इस प्रकार गाई गई–

अबके सुलताँ फुहियान समान, पै बाँधतु पाग अटब्बर की।
एक को छाड़ि जो दूजौ भजै, जो जीभ कटे कहिलब्बर की।
शरणागत श्रीपति श्रीपति की, तब त्रास न काहुहि जब्बर की।
जेहि आस न हो जिसमें हरि की, सो करौ मिली आस अकब्बर की।

अकबर ने प्रसन्न हो, श्रीपति की प्रशंसा की और पुरस्कृत किया।

दुलत्ती

लाल बहादुर शास्त्री अपनी सादगी के कारण कौम के सच्चे फ़कीर कहे जाते थे। एक बार पं. नेहरू ने उनसे पूछा–''सुना है तुम अच्छी कुश्ती लड़ लेते हो?''

शास्त्री जी हँसते हुए बोले–''हाँ, मुझे धोबी पछाड़ आता है।''

यह सुन नेहरू जी ने कहा–''मैं भी एक दाँव गधा-पछाड़ जानता हूँ, पर अब भूल गया।''

''दुलत्ती तो याद होगी ना''–यह कहकर शास्त्री जी खिलखिला उठे और नेहरू जी ने उन्हें गले लगा लिया।

कौम का फकीर

एक बार शास्त्री जी से उनके एक वयोवृद्ध कुटुम्बी ने कहा–''प्रधानमन्त्री जैसे एक गरिमामय पद पर रहते हुए भी तुमने अपने शरीर की यह कैसी दशा बना रखी है कि न तन पर ढंग के कपड़े पहन रखे हैं और न तो ढंग का भोजन ही लेते हो। और न तो तुमने अपने अन्तिम समय के लिए कुछ धन ही इकट्ठा किया है। यह कैसी फ़कीरों जैसी स्थिति बना रखी है?''

शास्त्री जी मुस्कराकर बोले–''आपने तो सही कहा है। वास्तव में हम तो कौम के सच्चे फ़कीर ही हैं।''

बौनापन

एक बार शास्त्री जी के बौनेपन पर नेहरू जी ने छींटाकशी करते हुए कहा–"तुम जैसे बौने आदमी से बात करते समय मुझे अपनी गर्दन झुकानी पड़ती है।''

शास्त्री जी ने तपाक से उत्तर दिया–''पंडित जी, आप अपने कुर्ते की जेब थोड़ी बड़ी बना लें ताकि मैं उसमें सदा विराजमान रहूँ। फिर आपको कोई दिक्कत न होगी।''

देशहित

चुनाव का माहौल था। उत्तर प्रदेश के उम्मीदवारों का चयन शास्त्री जी के हाथ में था। लोगों की भीड़ लगी थी इनके चारों ओर। इनके एक रिश्तेदार भी वहाँ थे उम्मीदवारी हेतु। रिश्तेदार ने शास्त्री जी से पूछा, "मेरा नाम चयन-सूची में क्यों नहीं है?" शास्त्री जी ने कहा–''यह चुनाव है देशहित में। कोई पारिवारिक कार्य अथवा शादी-ब्याह तो नहीं है कि रिश्तेदारों को निमन्त्रण दिया ही जाए।''

क्रिकेट का बल्ला

एक बार शास्त्री जी पत्रकारों से घिरे थे। मौका देख वे चुपचाप वहाँ से खिसक गए। अपने बीच उन्हें न देख चारों ओर उनकी खोज होने लगी, हो-हल्ला होने लगा। पुलिसवाले भी परेशान थे कि शास्त्रीजी किधर निकल गए। बाद में नेहरू जी ने उनसे पूछा–"अरे भाई! फ़रारी हालत में तो तुम बराबर छिपे रहे होगे।''

इस पर शास्त्री जी बोले–"पंडित जी! मैं तो आराम से बाज़ार में क्रिकेट का बल्ला लिये सरेआम घूम रहा था। अब यह कौन समझे कि हाथ में क्रिकेट का बल्ला लिये हुए लाल बहादुर है अथवा कोई क्रिकेट खिलाड़ी!"

सादगी

यह घटना उन दिनों की है जब लाल बहादुर शास्त्री रेल मन्त्री थे। रेल मन्त्री को दिल्ली से बाहर यात्रा करने के लिए उनका अपना सैलून होता है। फिर भी ये सैलून का प्रयोग करने की बजाय संसद सदस्य के फ्री पास पर ही प्रथम श्रेणी में यात्रा करते थे। ऐसे ही एक बार वे प्रथम श्रेणी के कम्पार्टमेंट में अपनी बर्थ पर लेटे थे, जब टिकट परीक्षक यात्रियों को चेक करता हुआ इनके पास आकर टिकट माँगा। शास्त्री जी ने अपना पास प्रस्तुत कर दिया, जिसे देखते ही वह घबरा गया। इसी घबराहट में उसके मुँह से निकल गया–"स...र, स...र, क्या आपके लिए चाय-वाय कुछ लाऊँ?"

शास्त्री जी ने उसकी घबराहट भाँप ली, बोले–"अरे भाई! लाल बहादुर नाम के कितने यात्री इस ट्रेन में सफ़र कर रहे होंगे। तुम किसकी-किसकी चिन्ता करते रहोगे? किस चक्कर में हो? जाओ अपना काम करो।" यह कहकर वे पुनः अपनी बर्थ पर लेट गए।

चन्दा महात्म्य

एक दिन किसी समाज सेवक ने महात्मा गांधी से पूछा–"बापू! इन दिनों समाज सेवा करने में मेरा मन नहीं लग रहा, क्या करूँ?"

गांधी जी उस सज्जन की नब्ज पहचानते थे। अतः तपाक से उन्होंने उत्तर दिया–"हाँ, हाँ, लोग इन दिनों चन्दा कम दे रहे हैं और तुम्हें कहीं से भी चन्दे की राशि गोल करने का मौका नहीं मिल रहा होगा।"

इतना सुनना था कि वहाँ उपस्थित लोग हँस पड़े और वह समाज सेवक लज्जित-सा हो गया। तत्पश्चात् उसी दिन से चन्दा का हिसाब-किताब ठीक-ठाक रखना उसने प्रारम्भ कर दिया।

एक बार गंगा तट पर किसी किसान से बापू ने कहा–"जितनी आवश्यकता हो उतना ही पानी गंगा से लेना चाहिए।" किसान ने प्रत्युत्तर दिया–"गंगा मैया के पेट में पानी की कमी थोड़े ही है।"

बापू ने तपाक से कहा–"तुम जैसे लोग यदि ऐसे ही पानी बर्बाद करते रहे तो एक दिन गंगा नदी गायब ही हो जाएगी।" किसान पर इसका गहरा प्रभाव पड़ा। उस दिन से वह आवश्यकतानुसार ही गंगा से पानी लेने लगा।

देश-सेवा का ढंग

एक दिन कुछ बच्चों ने गांधीजी से पूछा–"सबसे बड़ी देशसेवा क्या है?"

बापू ने कहा, "खूब आम खाओ।"

बच्चों ने पूछा–"यह कैसे?"

बापू ने कहा–"पहले खाली धरती पर आम के वृक्ष लगाओ। उसको पानी से सींचो, रखवाली करो। फिर वृक्ष में फल लगेंगे, जिसको खाने का एक अलग ही आनन्द मिलेगा और यही आनन्द देश-सेवा का अंग बन जाएगा।"

घी की आकृति

एक बार महात्मा गांधी अपने प्रिय शिष्य आचार्य काका कालेलकर के साथ एक हवन कार्यक्रम में सम्मिलित हुए। ज़ाहिर है कि बिना घी की आहुति के हवन का कार्य पूरा नहीं होता। सो यहाँ भी यह कार्य चल रहा था। कार्यक्रम के उपरान्त लौटकर गांधी जी ने काका कालेलकर से अपनी अप्रसन्नता प्रकट करते हुए कहा–"काका! यह उचित नहीं हो रहा। गाय का दूध उसके बछड़ों के लिए ही होना चाहिए, न कि हमारे लिए। बहरहाल, यदि हम उस दूध को पीते भी हैं तो भी कुछ हद तक यह क्षम्य माना जा सकता है। पर बछड़ों को दूध पीने से वंचित करके उसका घी बनाना और फिर उस घी को अपनी आत्मतुष्टि के लिए अग्नि में जलाया जाना किसी भी तरह उचित नहीं है।"

सौदा नहीं

प्रसिद्ध शायर जोश मलीहाबादी ने देश विभाजन के पश्चात् मौलाना अबुल कलाम आज़ाद के पास आकर उनसे एक ऐसे 'वीज़ा' की स्वीकृति देने को कहा ताकि वे बारी-बारी से दोनों देशों की सेवा कर सकें। मौलाना उखड़ गये, बोले–"जोश! कौम की मुहब्बत का सौदा नहीं होता।"

आत्मविश्वास

संसद में कश्मीर पर बहस चल रही थी कि कश्मीर के मुख्यमन्त्री शेख अब्दुल्ला धीरे से संसद-भवन से खिसक गए। गृहमन्त्री सरदार वल्लभ भाई पटेल का ध्यान जब इस ओर आकर्षित किया गया, तो बड़े आत्मविश्वास से पटेल ने कहा–"भले ही शेख साहब सदन से बाहर चले जाएँ, पर दिल्ली के बाहर एक कदम भी न जा पाएँगे।" और वही हुआ।

मूर्ख

स्वतंत्रतता प्राप्ति के पश्चात् लखनऊ विश्वविद्यालय की रजत जयन्ती के अवसर पर उत्तर प्रदेश की तत्कालीन गवर्नर एवं विश्वविद्यालय की चांसलर श्रीमती सरोजिनी नायडू अनेक गण्यमान्य लोगों को डॉक्टरेट की मानद उपाधि प्रदान करते समय पश्चिम बंगाल के राज्यपाल कैलाशनाथ काटजू को सम्बोधित करते हुए बोलीं–"लोग कहते हैं कि गवर्नर मूर्ख हुआ करते हैं और आज एक मूर्ख दूसरे मूर्ख को डिग्री प्रदान करती है।"

विद्वत्ता की परीक्षा

राजा के साथ ही उसके पुत्र, पुत्री और रानी ये चारों प्रतिभाशाली एवं विलक्षण बुद्धि के धनी थे। उनकी ख्याति सुनकर दूसरे राज्य का एक विद्वान उन सबों की परीक्षा लेने राजा के पास आया। उसने राजा को एक लिखित श्लोक देकर उनसे इसका अर्थ पूछा–

"अपदं यद संयुक्तं श्वेत कृष्ण सुकोमलम्।
सबलं निर्बलं चैव, माँगतु तस्य पुनः पुनः॥"

राजा ने इसे देखते ही इसका अर्थ बताया–आँखें। क्योंकि आँखों के पैर नहीं होते, पर पद संयुक्त हैं अथवा पैरों से युक्त हैं। हमसे 32 लाख कोस की दूरी पर सूर्य के रहते हुए भी आँखें वहाँ पहुँच जाती हैं। और सूर्य से 80 योजन की दूरी पर चन्द्रमा है। फिर 47 हज़ार योजन से अधिक व्यासवाले मंडल में विराजमान सूर्य हमें भासित होता है। अतएव आँखें पद संयुक्त हैं। फिर आँखें सफ़ेद भी हैं और भीतर उसका एक अंश श्याम वर्ण का है, देखने में सुकोमल हैं। सबल व्यक्ति की कृपा- दृष्टि पड़ने से सबल और कुदृष्टि पढ़ने से निर्बल अनुभव होता है अतएव उस सबल सज्जन से बारम्बार कृपा-दृष्टि रखने का आग्रह करता है।

विद्वान, राजा की व्याख्या से सन्तुष्ट हो रानी के पास पहुँचा और यही श्लोक वहाँ प्रस्तुत किया। रानी ने इसका अर्थ काग़ज़ बताकर परिभाषित किया कि काग़ज़ पैर न होते हुए भी पदयुक्त है क्योंकि विभिन्न जगहों से यह काग़ज़ भिन्न-भिन्न व्यक्तियों को भिन्न-भिन्न सन्देश देता है। अतः यह पद संयुक्त है। काग़ज़ तो सफ़ेद है, पर इस पर काले अक्षरों के कारण यह कृष्ण वर्ण भी है। इसमें लिखा मनोनुकूल सन्देश व्यक्ति को सबल बनाता है और प्रतिकूल समाचार निर्बल कर देता है। उदास कर देता है। दूरस्थ स्थान में रहनेवाले पत्र के माध्यम से ही मिलते रहते हैं।

तब विद्वान, राजकुमार की बुद्धि की परीक्षा हेतु वहाँ पहुँचा। राजकुमार ने इसका अर्थ बताया 'पाँसा' जिसके पैर नहीं होते, फ़िर भी पदयुक्त होने के कारण चौपड़ के खेल में चलते हैं। इस पर सफ़ेद के साथ कृष्ण वर्ण की बिन्दिया भी हैं और देखने में ये सुन्दर लगती हैं। खेल के दौरान अनुकूल पाँसा पड़ने पर उत्साह और बल प्रदान करता है, जबकि उलटा पड़ने पर उदासी और निर्बलता आती है। अनुकूल पाँसा पड़ने पर आनन्द और खुशी में कहता है–"पड़ रे पाँसा पौबारा" और प्रतिकूल होने पर शिथिल हो जाता है। अतएव मनोनुकूल पाँसे की प्रतीक्षा करता है।

राजकुमार के वाक् चातुर्य से प्रसन्न विद्वान राजकुमारी के पास श्लोक लिखकर भिजवाया। राजकुमारी ने इसका अर्थ बादल बताया। बादल के पैर न होने पर भी वह दूर घूमते रहते हैं, अतः पदयुक्त हैं। ये श्वेत भी हैं और श्याम भी और देखने में बड़े सुहावने। आषाढ़-सावन की काली घटाएँ मन को अच्छी लगती हैं, बल प्रदान करती हैं, जब कि इन बादलों के तितर-बितर हो जाने से निराश हो हम बैठ जाते हैं, सुस्त हो जाते हैं। और हम उनसे आग्रह करते हैं–आओ! बार-बार आओ और बरसो।

विद्वान ने एक श्लोक और अर्थ अनेक सुनकर विचार किया कि जिस राज्य का राजा ऐसा बुद्धिमान हो, उस राज्य का कोई कुछ बिगाड़ नहीं सकता। और यहाँ तो एक पर एक कितने बुद्धिमान रहते हैं। फिर ऐसे राज्य का क्या कहना!

विज्ञापन

सन् 1917 में न्यूयॉर्क की घटना है। गर्मी का दिन था। एक 'बार' में पंखे के नीचे बैठे दो मित्र बीयर की चुस्की ले रहे थे और बातें हो रही थीं विज्ञापनबाजी पर। एक मित्र ने कहा–"अपनी चीज़ों की बिक्री बढ़ाने हेतु विज्ञापन से अच्छा कोई उपाय नहीं।"

दूसरे ने बात काटते हुए कहा–"सभी जगह यह लागू नहीं होती। कभी-कभी विज्ञापन भी काम नहीं करता।"

पहले मित्र ने बीयर की चुस्की लेते हुए पूछा–"कोई उदाहरण दे सकते हो।"

दूसरे मित्र ने उत्तर दिया–"अभी पिछले ही मास मैंने चावास के एक चित्र की दो हज़ार प्रतियाँ मँगवाई थीं, जिसमें एक निर्वसना युवती शान्त तालाब में खड़ी है। मेरे विचार से इसकी अच्छी बिक्री हो जानी चाहिए थी, पर अभी तक बिका एक भी नहीं।"

"यह भी तो हो सकता है कि तुमने विज्ञापन ठीक ढंग से न किया हो।"

"अरे नहीं यार! इस चित्र की एक प्रति मैंने अपनी भव्य दुकान के दरवाजे के दोनों ओर शो-पीस में लगा रखा है। अखबारों में विज्ञापन भी दे रखा है। पर नतीज़ा शून्य ही है।"

पहला मित्र सुनकर हँस दिया। बोला–"कोई चिन्ता नहीं। विज्ञापन कैसे की जाती है, कल देखना।"

और तब दोनों उठकर अपने-अपने घरों को चल दिए। दूसरे दिन वह मित्र करीब पचासेक लफ़ंगे छोकरों को लेकर आया, जो दुकान के सामने एकत्र हो झुंड बनाकर शो-पीस में लगे चित्र को एकटक देखने लगे, तारीफ़ करने लगे।

दुकानदार मित्र ने पूछा–"यह क्या इकट्ठा कर लाए?"

"50 सेंट प्रति व्यक्ति देकर मैं इन्हें किराए पर लाया हूँ।"

"तुम्हारा दिमाग फिर गया है क्या? 50 सेंट प्रति व्यक्ति यानी 25 डॉलर किराया? जबकि मेरे चित्रों की कीमत दस सेंट प्रति चित्र है।" दुकानदार खीझकर बोला।

"तुम तमाशा देखते जाओ," यह कहकर मित्र वहाँ से हट गया।

बाहर आकर उसने पास के टेलीफ़ोन बूथ से महानगर की दुराचार विरोधी संस्था के अध्यक्ष कामस्टॉक को फ़ोन मिलाया और चिल्लाते हुए कहा–"मैं जानना चाहता हूँ कि ब्रुकलिन में यह सब क्या हो रहा है? दुकानों की खिड़कियों पर अश्लील चित्र लगाकर बच्चों को दिखाए जा रहे हैं।" यह कह उसने फ़ोन रखा, बाहर आकर सामने के एक खुले रेस्तराँ में बैठ कॉफ़ी मँगाकर पीने लगा। कॉफ़ी पीते हुए उसने देखा कि कामस्टॉक की एक लम्बी काली गाड़ी आई। कामस्टॉक गाड़ी से उतरा, देखा दुकान के सामने एक चित्र को देखने के लिए बच्चे आपस में धक्का-मुक्की कर रहे हैं।

कॉफ़ी पीकर वह मित्र पुनः टेलीफ़ोन बूथ आकर पुलिस को फ़ोन डायल कर कहा–"आप कृपया अतिशीघ्र ब्रुकलिन पहुँचें। यहाँ मामला कुछ गड़बड़-सा चल रहा है।" और एक-एक अखबार कार्यालयों में फ़ोन कर यही बात दुहरा दी।

फिर वह टहलता हुआ दुकान के पास खड़ा हुआ ही था कि देखा, सायरन बजाती हुई पुलिस वैन वहाँ आ पहुँची फिर तो देखते-देखते विभिन्न अखबारों के रिपोर्टर भी जमा होने लगे। क्रुद्ध कामस्टॉक ने बिना यह जाने कि पुलिस कैसे आ गई और उस दुकानदार को गिरफ़्तार कर लिया, रिपोर्टरों को घटना का विवरण देने लगा।

अगले ही दिन सभी अखबारों में घटना की विस्तृत खबरें छपीं कि कैसे अश्लील चित्र बच्चों को गुमराह कर रहे हैं। साथ में एक चित्र की कॉपी भी छपी जिसे दुकानदार दस सेंट प्रति चित्र बेचने जा रहा था।

एक सप्ताह भी नहीं बीता था कि 'सितम्बर की सुबह' नाम के इस चित्र की 70 हज़ार प्रतियाँ एक डॉलर प्रति चित्र के हिसाब से बिक चुकी थीं। जिस चित्र को दस सेंट में भी कोई पूछ नहीं रहा था, उसी को एक डॉलर प्रति चित्र के हिसाब से 70 लाख लोगों ने बुक करा, खरीद लिया था। यही नहीं, उस चित्र को एक ठंडा पेय बनानेवाली कम्पनी ने अपने प्रतीक के रूप में इस्तेमाल करने का निर्णय ले लाखों डॉलर देकर अधिकार प्राप्त कर लिया। इस पूरे प्रकरण के पीछे जो दिमाग था, उस व्यक्ति का नाम था रीशेन बैश, जो विज्ञापन के अद्‌भुत तरीकों के लिए विश्वविख्यात हो गया।

नई परम्परा

हिन्दू समाज लोकतन्त्रवादी रहा है। यही इसकी शक्ति भी रही। यह हिन्दू समाज अपनी सुदीर्घ जीवन-यात्रा में परम्पराओं का एक सुदृढ़ सोपान बनाता हुआ जिस प्रकार आगे बढ़ता गया, उसके बाद की नई पीढ़ी उसे तोड़ती चली और यही इसकी कमज़ोरी बन गई। अंग्रेजी लोकतन्त्र का संविधान अलिखित है, फिर भी उसका लोकतन्त्र परम्पराओं के रूप में सशक्त और सुरक्षित है। हमने इस पर विचार करना भी नहीं चाहा, यद्यपि हमने परम्पराओं का निर्माण और आदर किया है। आज हिन्दू समाज की वर्तमान परिस्थिति में उन परम्पराओं की चर्चा करना आवश्यक है, जिससे हमें शक्ति मिली।

राणा सांगा और मुगल सरदार बाबर के बीच खानवा के युद्ध क्षेत्र में राणा सांगा के चेहरे पर तीर लगने से वे बेहोश हो गए। उन्हें पालकी में डालकर युद्धभूमि से बाहर भेज दिया। सैनिकों को कानोकान खबर तक नहीं हुई, क्योंकि राजा के हारने या मृत्यु से सेना हारी मानी जाती थी। अतः युद्ध ज़ारी रखा। यद्यपि राणा सांगा की हार हुई, बाबर विजयी हुआ। राणा के बड़े-बड़े सरदार चन्द्रभान चौहान, मानचन्द, हसन खाँ मेवाती, महमूद खाँ लोदी, रावल उदयसिंह, चन्द्रावत रतन सिंह आदि ने अपने प्राणों की बलि चढ़ा दी। झाला मज्जा ने जानबूझकर यह जोखिम मोल ली जो देश की आज़ादी के लिए संकट आने पर मनोबल बनाए रखने की एक परम्परा बन गई--राणा सांगा की अनुपस्थिति में उनका स्थान लेने से।

आदर्श-स्थापन

हल्दीघाटी के मैदान में महाराणा प्रताप को अकबर की सेना ने घेर लिया। खानवा जैसा संकट घिर आया। इनके एक सरदार झालामान ने प्रति पुरुष के रूप में उसी पुरानी परम्परा का निर्वाह करते हुए राणा प्रताप को युद्धभूमि से बाहर निकल जाने

का मौका दिया और स्वयं अपना प्राणोत्सर्ग किया। कवि नाथूसिंह महियारिय ने इस प्रसंग में लिखा है–

राजकरण नैं तह लिया, बोलु मान बखाण।
छत्र-चँवर पालत दिया, मरण लिया मकवाण।।

अर्थात् हे झालामान, तुमने महाराणा का राजचिह्न राज करने के लिए नहीं, वरन् मरने के लिए धारण किया।

●

खानवा या हल्दीघाटी की रणभूमि में राष्ट्रहित त्याग करने का यह मूल भाव आगे तक चलता रहा, जीवन के विभिन्न क्षेत्रों में भिन्न-भिन्न व्यक्तियों ने अपने-अपने ढंग से त्याग का तेल डालकर इस मशाल को जलाए रखा। अभी-अभी भारत-पाकिस्तान के सन् 1971 के युद्ध में पेट्रोल से भरे हुए ट्रेन के एक डिब्बे में आग लग जाने पर पूरी ट्रेन को बचाने में ट्रेन के फ़ायरमैन ने अपने प्राणों की बलि दे दी। अपनी जान देकर उसने युद्ध में काम आनेवाले पेट्रोल के शेष डिब्बों को बचा लिया।

●

पुरुषोत्तम दास टंडन जब उत्तर प्रदेश विधानसभा के अध्यक्ष थे, तो उनके पुत्र प्रान्तीय प्रशासनिक सेवा (पी.सी.एस.) की परीक्षा में उत्तीर्ण हुए, नियुक्ति की प्रतीक्षा में थे। इसका पता चलते ही अपने पुत्र को मना लिया और लोकसेवा आयोग को पत्र लिखकर आग्रह किया कि उनके पुत्र को न चुना जाए। यद्यपि संविधान के अनुसार किसी भी मन्त्री या अध्यक्ष के बेटे को एक नागरिक का पूरा अधिकार है किसी परीक्षा में बैठने का या व्यापार करने का। बेटा कितना भी योग्य क्यों न हो, पर कहनेवाला तो कहेगा ही कि विधानसभा का अध्यक्ष होने के नाते भला किसमें हिम्मत है कि उनके बेटे को न चुने। इसी बात को आदेश मानकर उन्होंने अपने बेटे को जाने से मना किया।

●

ऐसा ही एक मामला प्रधानमन्त्री लाल बहादुर शास्त्री के समक्ष आया, जब मुम्बई के प्रसिद्ध प्रतिष्ठान ने इनके पुत्र को कम्पनी का डायरेक्टर बनाया था। इसका पता चलते ही उन्होंने अपने पुत्र से इस्तीफ़ा दिलवाया। यह जानते हुए भी कि यशस्विनी सीता निष्कलंक है, पर अयोध्यावासियों और जनपद में निन्दा की आशंका से भगवान राम ने भगवती का त्याग लोकहित में किया था।

●

एक प्रतिष्ठित राष्ट्रवादी नेता और उत्तर प्रदेश के मन्त्री रफ़ी अहमद किदवई की बेगम अपने इकलौते बेटे को लेकर किसी कार्य से अस्पताल गई थीं। वहाँ वे एक डॉक्टर

से अपने बेटे के पेट में कुछ शिकायत पर चर्चा की। डॉक्टर ने नर्स को बुलाकर अमुक दवा पिला देने को कहा। नर्स ने गलती से उस दवा की जगह एक दूसरी दवा दे दी जो जहर था। अतएव बच्चे की दशा बिगड़ गई और उसकी मृत्य हो गई। रफ़ी साहब को पता चला। सभी ने समझ लिया कि नर्स की नौकरी तो गई ही, साथ ही उसे जेल भी जाना पड़ेगा। पर रफी साहब ने कहा कि जिसका समय आ गया, वह चला गया। इसमें नर्स का क्या दोष! नर्स की कोई शत्रुता तो उस बच्चे से नहीं थी और सारा मामला रफ़ा-दफ़ा हो गया। जानकार जानते हैं कि रफी साहब निःसन्तान थे। पर जो सच्चाई जानते हैं उनका कहना था कि रफ़ी अहमद रात के सूनेपन में अपने बेटे की याद कर सारी रात इतना रोते रहते थे कि प्रातःकाल उनका तकिया आँसुओं से तर मिलता। सुबह मिलने आनेवालों के सामने उनके चेहरे पर वही सुपरिचित मुस्कान खिली दिखती।

●

रेल मन्त्री के नाते लाल बहादुर शास्त्री ने एक रेल दुर्घटना की जिम्मेदारी अपने सिर लेकर पंटित नेहरू को अपना इस्तीफ़ा सौंप दिया।

●

20वीं सदी के साठ के दशक में ब्रिटानी सरकार के रक्षा मन्त्री प्रोफ्यूमों का अवैध सम्बन्ध एक लड़की क्रिस्टाइन कीलर से था। वह रूसी ज़ासूस थी–ऐसा सन्देह था। यद्यपि यह प्रमाणित न हो सका। पर प्रोफ्यूमों ने यह तर्क नहीं दिया कि यह उसके निजी जीवन से सम्बन्धित बात है, न कि राजनीतिक जीवन से। उसने इस लड़की से अपना अवैध सम्बन्ध स्वीकार करते हुए अपने मन्त्री पद से इस्तीफ़ा दे दिया था।

●

कुछ ऐसा ही एक प्रसंग ब्रिटिश प्रधानमन्त्री श्रीमती थैचर के एक विश्वस्त सहयोगी और मन्त्री पीयर्स का है। बिना कुछ मीन-मेख लगाए पीयर्स ने अपनी भूल स्वीकार कर इस्तीफ़ा दे दिया था। अमेरिका के राष्ट्रपति आइजन हावर के निजी सहायक एडम्स पर समलैंगिक सम्बन्धों का आरोप लगने पर उसने पद त्याग दिया।

●

भारत के राष्ट्रपति श्री राजेन्द्र प्रसाद के एक निजी सहायक के विरुद्ध चरित्रहीनता का आरोप लगा। उन दिनों यहाँ ऐसी बातें चुपके से उठतीं और उसी प्रकार चट निर्णय लिये जाते, अखबारों के कॉलम नहीं रँगे जाते। डॉ. राजेन्द्र प्रसाद को कष्ट तो बहुत हुआ लेकिन उन्होंने अपने उस निजी सहायक को राष्ट्रपति भवन छोड़ने को विवश कर दिया।

•

द्वितीय विश्वयुद्ध के समय ब्रिटानी विदेश मन्त्री लॉर्ड एमरी का पुत्र नाजी एजेंट के रूप में नाजी रेडियो प्रसारित किया करता था। वह पकड़ा गया और फ़ाँसी पर लटका दिया गया। लॉर्ड एमरी ने पुत्र की लाश को देखने तक से इनकार कर दिया, क्योंकि वह देशद्रोही था।

•

सर सीताराम संयुक्त प्रान्त (उत्तर प्रदेश) के प्रान्तीय कौंसिल के अध्यक्ष थे। अंग्रेज गवर्नर ने राजा जगन्नाथ बख्श सिंह को नेशनलिस्ट पार्टी से तोड़ लिया और 25 जून, 1928 को प्रान्त का शिक्षा मन्त्री मनोनीत किया। उसी वर्ष सितम्बर में नेशनलिस्ट पार्टी के सी.वाई. चिन्तामणि ने शिक्षा मन्त्री के विरुद्ध अविश्वास प्रस्ताव लाया जिसका समर्थन पंडित इकबाल नारायण गुर्टू ने कर दिया। सम्मानजनक पद पा लेना ही सम्मान नहीं, सम्मानजनक व्यवहार भी करना चाहिए था। इसी प्रसंग पर स्वराज्य पार्टी के नेता पं. गोविन्द वल्लभ पन्त ने कहा था—सार्वजनिक व्यक्ति की अपकीर्ति हो, इससे तो अच्छा है कि मृत्यु को वरण कर ले। कहावत है कि सीज़र की पत्नी को अविश्वास से परे रहना चाहिए। अविश्वास प्रस्ताव पर मतदान हुआ। पक्ष-विपक्ष में 57-57 मत पड़े। शिक्षा मन्त्री ने भी मत दिया। अब व्यवस्था का प्रश्न उठा। अध्यक्ष सर सीताराम ने कहा कि भारत सरकार के कानून में ऐसी कोई व्यवस्था नहीं कि जिसके विरुद्ध अविश्वास प्रस्ताव आए वह मताधिकार का प्रयोग न करे। वैसे जनवरी 1928 में हुए अध्यक्षों के सम्मेलन में यह निर्णय लिया गया था कि वे अपने हक में मतदान करें। इस हिसाब से पक्ष में 57 और विपक्ष में 56 मत आए। अब यदि 57-57 मत ही माना जाए तो मेरी मान्यता है कि सदन का बहुमत प्रस्ताव के पक्ष में है तो मेरा मन भी बहुमत के साथ है। अध्यक्ष का निर्णायक मत सरकार के विरुद्ध गया।

परम्पराओं की यह शृंखला अनादिकाल से चली आ रही है। घटनाओं की अनेक कड़ियाँ इसमें जुड़ती और इसे पुष्ट करती चली आ रही हैं।

विल्वमंगल से सूरदास

जाति से ब्राह्मण विल्वमंगल जन्मजात संस्कारी थे। पूजा-पाठ, भजन-पूजन में लीन रहनेवाले। पर यौवनकाल आने पर कुसंग में फँसकर कुमार्ग पर चल पड़े। वे चिन्तामणि नामक एक वेश्या के चक्कर में फँसकर अपना समय, धन व जवानी का दुरुपयोग करने लगे। यह देखकर उनके पिता बड़े ही दुखित रहते थे। पिता ने कई बार उन्हें समझाया।

उसका परिणाम यह हुआ कि उन्होंने घर छोड़ दिया और उस वेश्या के घर में ही रहने लगे। दुख और समाज द्वारा अपमान पाने के कारण उनके पिता की हृदय-गति रुक जाने से मृत्यु हो गई। विल्वमंगल को सूचना दी गई। चिन्तामणि ने अपने मृत पिता के श्राद्ध कर्म करने हेतु उन्हें घर जाने पर विवश किया। चिन्तामणि का वियोग सहन न कर पाने के कारण विल्वमंगल रात्रि के समय श्राद्धकर्म को बीच में ही छोड़कर घर से चल पड़े। घनघोर अँधेरी रात्रि, बीच में नदी। नदी पार करने के लिए एक बहती लाश को, लकड़ी की पट्टी समझकर, उसका सहारा लिया। चिन्तामणि का घर अन्दर से बन्द, बारिश के कारण आवाज भी सुनाई नहीं पड़ती थी। वे पीछे की ओर दीवार से लटके एक सर्प को रस्सा समझकर उसी के सहारे ऊपर चढ़कर चिन्तामणि के पास पहुँचे। उस वेश्या ने उन्हें कुसमय आया देख आश्चर्य से पूछा कि कैसे आए? विल्वमंगल ने कहा कि तुम जानती थी कि मैं तुम्हारे बिना नहीं रह सकता और शीघ्र ही लौट आऊँगा। अतः मेरे लिए नदी के घाट पर नाव और घर की चारदीवारी पर रस्सी लटका रखी थी—मेरी सुविधा निमित्त। चिन्तामणि को विल्वमंगल के इस उत्तर ने संशय में डाल दिया। उसने विल्वमंगल को कहा कि चलो दिखाओ और दीपक लेकर चल पड़ी। दीवाल पर देखा कि एक सर्प लटका हुआ है और घाट पर नाव की जगह लाश! चिन्तामणि ने तब कहा कि विल्व! इस नश्वर शरीर के लिए तुमने यह क्या किया? अपने पिता का श्राद्धकर्म छोड़ा। अँधेरी रात्रि में भरी नदी को लाश के सहारे पार किया। एक चंडाल भी लाश को छूना पसन्द न करेगा, तुम तो ब्राह्मण हो। क्षणिक सुख के लिए विषधर साँप को पकड़ने से बाज न आए! मेरे कामुक! इसका एक अंश भी भगवत्-भजन में व्यतीत किए होते, तो आज तुम्हारी कायापलट हो गई होती! धिक्कार है तुम्हें!

विल्वमंगल अपनी प्रेमिका के धिक्कारने से ग्लानि से भर गया, चिन्तामणि का आभार माना कि उसने उसकी आँखें खोल दीं। उसे अपना गुरु मान, वहीं से लौट चला वृन्दावन की ओर। मन-ही-मन मन्त्र जाप करता चला—'नमो भगवते वासुदेवाय।' मन्त्र रटते हुए, जाप करते चलते-चलते मार्ग में एक कुएँ पर अपने घड़े में जल भरते हुए एक अत्यन्त रूपवती युवती दिखी। उसकी पुरानी दूषित वृत्ति पुनः जग गई और वह चल पड़े उस युवती के पीछे-पीछे। युवती अपने घर में घुसकर अपने ब्राह्मण पति को उनके आने की सूचना दी। ब्राह्मण गृहपति 'अतिथि देवो भव' के अनुसार आदर-सत्कार से बिठाया, परिचय पूछा और आने का कारण पूछा। विल्व ने कहा कि मार्ग की थकावट के कारण वह यहाँ रात्रि विश्राम करना चाहता है। ब्राह्मण-पुत्र जानकर गृहपति ने उसे उचित सम्मान दे भोजन के लिए आमंत्रित किया। विल्व ने कहा कि वह भोजन तभी करेगा, जब उसकी एक शर्त मानी जाएगी। गृहपति ने उसकी शर्त मानने की स्वीकृति दी तो विल्व ने एक रात्रि के लिए उसकी युवती पत्नी की माँग पेश कर दी। गृहपति यह सुनकर अत्यन्त कुपित हुआ और कहा कि ब्राह्मण शरीर में एक चांडाल हो, मेरे

साथ विश्वासघात किया है। निकल जाओ अभी। पर ब्राह्मणी ने गृहपति को समझाया कि वह अतिथि है और अतिथि का अपमान करने का हमें जो पाप लगेगा, उसका प्रायश्चित्त करना होगा। अतः अतिथि-सम्मान हेतु उसकी शर्त मान लेने पर उसे विवश किया, इस आश्वासन पर कि वह अपना सतीत्व भंग नहीं होने देगी।

भोजनोपरान्त विल्व उसके कमरे में गया, तो देखा कि वह ब्राह्मणी दोनों हाथ ऊपर आकाश की ओर उठाए हुए है और आँखों से आँसुओं की झड़ी लगी हुई है। विल्व ने उसके रोने का कारण पूछा। तो ब्राह्मणी ने कहा कि मैं भगवान से प्रार्थना कर रही हूँ कि इस गरीब ब्राह्मण को पतित होने से बचाए, क्योंकि यह ब्राह्मण शायद यह भी भूल गया है कि जिस कोख से जन्म लेकर वह इस धरती पर आया है, आज उसी कोख का अपमान करने पर तुला है। यह सुनते ही विल्व को अपनी माँ की याद आ गई। उस ब्राह्मणी के पैरों पर ध्यान गया, तो लगा कि यह तो मेरी माँ के पैर हैं। विल्व शर्म से गड़ गया। उसने ब्राह्मणी से दो सुए लाने को कहा। ब्राह्मणी असमंजस में अन्दर गई और दो सुए लाकर उसे दिया। जब तक वह कुछ समझे इसी बीच विल्व ने उन दोनों सुए से झट अपनी आँखें फोड़ डालीं। खून की धारा बहने लगी। ब्राह्मणी घबरा गई और अपने पति को पुकारा। ब्राह्मण ने विल्व से इसका कारण पूछा तो विल्व ने कहा कि मैं तो निर्दोष हूँ। यह सारा दोष तो इन पापी आँखों का है, जो अपना आहार ग्रहण करने के लिए मुझसे ये सारे गलत कार्य करवाती रहती हैं। इसीलिए तो मैंने इसे यह दंड दिया है। फिर ब्राह्मणी को सम्बोधित कर कहा कि माँ! अब इस शरीर से कोई पाप नहीं होगा! मुझे क्षमा कर दो! ब्राह्मण-ब्राह्मणी ने उसका उपचार किया और विल्वमंगल वृन्दावन में आकर श्यामसुन्दर की आराधना करने लगे। वह रोते हुए अक्सर गाते रहे–
"प्रभु! मेरे अवगुन चित्त न धरो"।

आगे चलकर लोग इन्हें सूरदास के नाम से जानने लगे, पहचानने लगे। वृन्दावन के गोपीनाथ बाजार में आज भी वह कमरा और मकान देखा जा सकता है जो कभी विल्वमंगल का साधना स्थल रहा।

आज विल्वमंगल को लोग कम जानते हैं। जो जानते हैं वे सूरदास के नाम से जानते हैं। इन्होंने भक्तिभाव से जितने पद रचे हैं उनमें अधिकांश गूढ़ पद हैं। एम.ए. के पाठ्यक्रम में इसकी पढ़ाई होती है। इनमें 150-200 पद लगभग ऐसे हैं जो अत्यन्त गूढ़ हैं। उदाहरणस्वरूप–

1. *"षटचरण दो धरन सात श्रवण दो नैन,*
   ना शत्रु के पुत्र बिन वृथा जात दिन रैन।"

इसका संकेत श्रवणकुमार की ओर है।

माता-पिता और श्रवण कुमार को लेकर षटचरण, धरन दोनों कन्धे से दो, तीनों के दो-दो कान और एक श्रवण कुमार का नाम सात श्रवण, दो नयन श्रवण कुमार के जिसके सहारे माँ-बाप चल रहे हैं।

श्रवण कुमार की मृत्यु राजा दशरथ के बाण से हुई, जिनके पुत्र राम हुए ना शत्रु के पुत्र बिन।

2. *पंच बदन दृग अष्ट जनन के द्वादश चरण मही,*
चंपक अष्ट दोय है भर्ता युगल पुरुष बीच नारि गहि।

गाय बछड़ा, राधा, श्याम मटकी–इन पाँचों को लक्ष्य कर यह पद बना।
मटकी की आँखें नहीं, शेष चारों की आँखें मिलाकर आठ हुईं।
मटकी के चरन नहीं, शेष चारों के चरन मिलकर बारह हुईं।

चार वेद लियो चलो साँवरे नैनन शयन गई,
माधव जी की छवि भई हेरी हेर री रही।

मिलन का समय

बोधिसत्व एक जन्म में मथुरा के गन्ध व्यापारी उपगुप्त के रूप में अवतरित हुए। गणिका वासवदत्ता ने उनके रूप-गुण पर अनुरक्त हो उन्हें अपने भवन में आमंत्रित किया। उपगुप्त ने दासी से कहला दिया–"अपनी स्वामिनी से कहना अभी हमारे मिलन का समय नहीं हुआ।"

गणिका ने सोचा शायद मेरा मूल्य 500 मोहरें नहीं देना चाहता इसलिए ऐसा कह रहा है। उसने फिर दासी को भेजा–"आपसे स्वर्ण मुद्राएँ नहीं लूँगी, केवल आपके दर्शन की अभिलाषा है।" उपगुप्त ने पुनः वही उत्तर दिया–"अभी समय नहीं हुआ।"

कुछ समय बाद किसी अपराध के लिए वासवदत्ता को भीषण दंड मिला। उसे अपरूप करके श्मशान में छोड़ दिया गया जिसे सुनकर भिक्षु उपगुप्त तत्काल दौड़े आए। वासवदत्ता ने अपने घावों को छिपाते हुए कहा–"जब मैं परम रूपवती थी, जब सारा नगर मेरे दर्शन के लिए लालायित रहता था, तब तो आप आए नहीं। और अब, जब श्मशान में मांस के लोभी गिद्ध और शृंगाल ही मेरे साथ रह गए हैं तब मेरे पास क्या लेने आए हो?"

उपगुप्त ने कहा–"भगिनी! अब तुम्हें सचमुच ही मेरी आवश्यकता है। यही हमारे मिलन का उपयुक्त समय है।" उन्होंने उसे सद्धर्म का उपदेश दिया और उसे दुख से मुक्त किया।

वैज्ञानिक की भक्ति

धर्म पर आधारित एक मनोरंजक घटना का उल्लेख Don Bosco's madonna में निम्न प्रकार है–

सौ वर्ष पूर्व विश्वविद्यालय का एक छात्र ट्रेन में यात्रा कर रहा था। उसके साथ की सीट पर बैठा एक बुजुर्ग व्यक्ति अपनी उँगलियों से माला फेरता हुआ भगवत-स्मरण कर रहा था। यह देख उस छात्र ने बुजुर्ग व्यक्ति से पूछा–''महाशय! इन पुराने रीति-रिवाजों को आप भी मानते हैं?'' बुजुर्ग ने कहा–''हाँ, मानता हूँ। क्या तुम नहीं मानते?" छात्र हँसा और अभिमानपूर्वक बोला–''मुझे इन वाहियात बातों पर बिलकुल विश्वास नहीं। फेंक दो आप गोमुखी और माला को तथा इस विषय में विज्ञान क्या कहता है सुनो।"

''विज्ञान! मैं विज्ञान को नहीं समझता। शायद आप समझा सको मुझे।'' आँखों में आँसू भरकर दीनतापूर्वक उस बुजुर्ग ने कहा।

बुजुर्ग को द्रवित देख उस छात्र ने उन्हें और पीड़ित न कर कहा–"आप मुझे अपना पता दे दें। मैं इस विषय से सम्बन्धित कुछ वैज्ञानिक साहित्य भेज दूँगा।''

बुजुर्ग ने अपने कोट के भीतरी पॉकेट में हाथ डालकर अपना कार्ड निकालकर उस छात्र को दिया। छात्र ने उसके कार्ड को सरसरी नज़र से देख और अपना सिर शर्म से नीचे झुका लिया। कार्ड पर लिखा था–

लुइस पास्च्योर –वैज्ञानिक अनुसन्धान संस्थान का डायरेक्टर–पेरिस।

Louis Pasteur, Director of the Institute of Scientific Research, Paris.

धर्म-अधर्म

सन्त कबीर की आय का स्रोत एकमात्र कपड़ा बुनना था। नित्य सवा हाथ से अधिक कपड़ा वे नहीं बुनते थे। बुनते समय भगवत् नाम लेते रहते, ताकि प्रत्येक ताना-बाना में भगवान प्रवेश कर जाये। इसी आय से उनकी जीविका चलती थी। परिग्रही कभी रहे नहीं। अतः कई बार लगातार एकादशी हो जाया करती। उनका चूल्हा तभी जलता जब उनके यहाँ साधु-सन्तों का आगमन होता।

एक बार तीन दिन तक उनके यहाँ चूल्हा नहीं जला। इसी बीच कई साधु-सन्त उनके यहाँ आ गए। यह बात हमेशा ध्यान में रखने की है कि कोई भी अतिथि अपने यहाँ आए तो अतिथि सत्कार निमित्त सिल्क का आसन हो या ऊन का अथवा सूत का लेकिन साफ-सुथरा हो, अतिथि को आदर सहित, मीठी वाणी से सम्बोधित कर बिठाना चाहिए। मीठा बोलने में अपना कुछ खर्च नहीं होता। घर में कोई भी आसन न हो, तो भगवान ने दो हाथ तो दिये ही हैं। हाथों से धूल झाड़कर बिठाना चाहिए। सो कबीर तो ईश्वर भक्त थे। उन्होंने आदरपूर्वक सन्तों को बिठाया। अन्दर गए, अपनी पत्नी लोई से कहा–"सन्त आए हैं, सत्कार करना है।" लोई ने कहा–"आपको पता है घर में कुछ नहीं। मुहल्लेवालों से कई बार ले चुके हैं। वे भी कुछ देने को तैयार नहीं।" कबीर ने कहा–"इन सन्तों को वापस कैसे लौटाएँ?" लोई ने कहा –"आप स्वीकृति

दें तो कुछ हो सकता है।" कबीर ने कहा—"फिर देर क्यों, शीघ्र ही करो।" लोई ने फिर कहा कि आप स्वीकृति दें। कबीर ने पूछा कि किस बात की स्वीकृति? लोई ने कहा—"मैं पैबन्द लगी, फटी-पुरानी धोती पहनकर बाहर कुएँ से पानी लेने जाती हूँ तो यहाँ का नगर सेठ वासनामय दृष्टि से आते-जाते मुझे घूरता रहता है। यदि आप कहो तो उसके यहाँ से कुछ दाना-पानी की व्यवस्था हो सकती है। आज रात उसकी सेवा करनी पड़ेगी।'' कबीर ने कहा—"देवी! फिर देर मत करो।" वे लोई को कम्बल ओढ़ाकर अपने साथ नगर सेठ के यहाँ ले आए। स्वयं बाहर रह गए। लोई को अन्दर भेज दिया। नगर सेठ लोई को देखकर उछल पड़े। पूछा—"देवी! आज अकस्मात् तुम रात्रि में अकेले मेरे यहाँ?'' लोई ने कहा—''हाँ, आज तुम्हारी सेवा करने आ गई।'' नगर सेठ ने पूछा—"क्यों?" लोई ने कहा—"आज मेरे घर पर कुछ साधु-सन्त आ गए हैं। उन्हें वापस कैसे करूँ? घर में अन्न का एक दाना नहीं। अतः मेरा पति मुझे यहाँ तक साथ लाया है और बाहर मेरी प्रतीक्षा कर रहा है।" नगर सेठ हतप्रभ हो गया। पूछा—''क्या कबीर दास मेरे द्वार पर खड़े हैं?'' लोई ने कहा—''हाँ।'' नगर सेठ ने नौकरों को दाना-पानी की सारी व्यवस्था कराकर साथ लिया और दौड़ पड़ा। घर के बाहर खड़े कबीर के चरणों में गिर पड़ा। कहा—''प्रभु! मुझे क्षमा करो। मैं कितना तुच्छ हूँ आपके सामने! सन्तों की सेवा के निमित्त, आपने यह क्या किया? और मैं? किस पाप का दंड मुझे आप दे रहे हो।" कबीर ने उसे समझाया और वापस पत्नी के साथ घर आए। सन्तों की सेवा की।

सन्तों के जाने के पश्चात् पति-पत्नी में बहस छिड़ गई। लोई ने कबीर से पूछा—''अच्छा प्रभो! यह बताओ कि जब आप मुझे नगर सेठ के यहाँ ले जा रहे थे, तो मन में क्या-क्या विचार आ रहे थे?" कबीर ने कहा—"मैं सोच रहा था कि पत्नी मुझे मन ही मन धिक्कार रही होगी। पर तुम बताओ कि तुम मेरे विषय में क्या-क्या सोचती जा रही होगी।" लोई ने कहा—''मैं सोच रही थी कि आज यह शरीर नगरसेठ के सामने क्या सचमुच नंगा हो जाएगा। भगवान की इतनी दिनों की सेवा का प्रतिफल क्या यही मिलेगा कि मेरे शरीर के साथ नगरसेठ आज खेलेगा? नहीं, नहीं, वह मेरी लाज अवश्य रखेगा।''

कबीर ने कहा—''देवी! तुम अपने पिछले जन्मों को झाँककर देखो। लक्ष चौरासी योनियों में तुम सदा नंगा ही तो रहती आई हो। चींटी से लेकर हाथी तक—कीड़े- मकोड़े, पशु-पक्षी सभी योनियों में तुम्हारा शरीर नंगा ही था। सभी ने इसे देखा है। और कितनों ने इसका उपभोग किया है। अरे! इस शरीर को कीड़े-मकोड़ों ने नोच-नोच कर खाया है। आज वस्त्रों से ढक लिया तो नंगापन क्या ढक गया? पहले भी नंगी थी, बाद में भी नंगी रहोगी। केवल वर्तमान में वस्त्रों से नंगापन छिप गया लगता है। और कौन सा नंगापन! इस मिट्टी का? यह तो सड़ने-गलने वाली है। मल-मूत्र, पीब-रुधिर से भरा हुआ। इसका दुख मत करो।''

विचारणीय बात है कि कबीर या लोई ने जो किया, वह धर्म-संगत, शास्त्र-सम्मत था? इसे धर्म कतई नहीं कहा जा सकता। तो क्या कबीर या लोई अधार्मिक थे? अधार्मिक भी नहीं कहा जा सकता। तो उनका यह कृत्य न धर्म था, न अधर्म था। फिर यह क्या कहा जा सकता है। यह धर्म-अधर्म की बातें शास्त्रकारों ने हम साधारण जनों के लिए कही हैं। कबीर के जीवन-प्रसंगों पर विचार करें तो ज्ञात होगा कि वे लौकिकता, सांसारिकता से ऊपर उठ गए थे और परमात्मा के समीप पहुँच चुके थे। उनके भीतर धर्म तिरोहित हो गया था। अर्थात् धर्म उनमें विलीन हो गया था। वास्तव में धर्म की गति विचित्र है। समय-परिस्थिति के अनुसार उसकी गति बदलती रहती है। कबीर ने जीवन की ऊँचाई को छू लिया था। उनकी सेवा में कोई माँग नहीं थी, कोई कामना न थी। भगवान ने देखा कि कबीर और उसकी पत्नी लोई दोनों सांसारिकता से ऊपर उठकर सन्त-महात्माओं की निष्काम सेवा इस प्रकार दैन्य भाव से कर रहे हैं, तो उसकी अभावग्रस्तता को दूर करने के लिए बीस गाड़ियों में भरकर अन्न लेकर आए। कबीर और उनकी पत्नी न थी। दरवाजे पर कबीर की माँ खड़ी थी। भगवान ने कहा—"लो माँ! ये सारे सामान कबीरदास के हैं। इन्हें रखवा लो।" माँ ने कहा—"अरे भाई! तुम्हें शायद पता नहीं कि कबीर मेरा बेटा है, उसे जो मिलता है वही खाकर रह जाता है, वह परिग्रही नहीं है। यह सामान किसी और का होगा। ले जाओ उसे यहाँ से।" भगवान ने पूछा—"सन्त रामानन्द जी का शिष्य कबीरदास का घर तो यही है ना।"

माँ ने कहा—"हाँ, है तो यही। पर मैं रखनेवाली नहीं। मेरा बेटा आने पर मुझे भला-बुरा कहेगा।"

भगवान ने कहा—"अरे माँ! उसे इसकी सख्त ज़रूरत है, तभी तो लाया हूँ! लो रख लो।"

देखो! भगवत्-भक्तों के परिवार के संस्कार कितने जाग्रत् होते हैं! कबीर जो है, सो तो है ही। उनकी पत्नी और बेटा भी संस्कारी! और माँ भी कैसी? यह जानते हुए कि बेटा अभाव में दैन्य जीवन व्यतीत कर रहा है। इन बीस गाड़ियों का अन्न महीनों की दरिद्रता दूर कर देगा। फिर भी लेने से इनकार! इतना निर्लोभ! हम आप तो दाने-दाने के लिए कुत्तों की तरह एक-दूसरे की जान के ग्राहक बन जाते हैं।

कबीर ने घर आने पर जब यह देखा तो उसी क्षण वह सारा सामान सन्त-महात्माओं, दीन-दुखियों और जरूरतमन्दों में वितरित कर दिया, अपने पास कुछ भी न रखा।

सेवा में कोई माँग नहीं होती, कामना नहीं होती। उस पर भी सन्त सेवा! सन्त तो मुक्ति का द्वार है। वितरण तो प्रकृति का नियम है। फल-फूल की कामना क्या है! वे तो अहर्निश वितरण ही करते हैं। सौन्दर्य का, रस का, गन्ध का, मधुरिमा का! उसके सौन्दर्य क्षेत्र में पशु-पक्षी, मानव सभी का मन प्रसन्न हो जाता, चेहरा खिल जाता है

उस सौन्दर्य को देखकर। उसके रस की मधुरिमा शरीर के रोम-रोम को आप्लावित कर देती है। और वायु के माध्यम से सुगन्ध का वितरण कर सारे वातावरण को सुगन्धमय कर देती है। अपना वैभव, अपना सुख, अपने आनन्द का वितरण करने से संसार मित्रवत् हो जाता है। बैर-बुद्धि समाप्त हो जाती है बल्कि बैर-शुद्धि हो जाती है अर्थात् हम जय प्राप्त कर जयी बन जाते हैं। श्रीमद्‌भागवत में गोपी-गीत का प्रारम्भ ही होता है–जयति तेऽधिक अर्थात् नेधिकं, जन्मना बज्र...

सन्त कबीर ने अपना सब कुछ बाँट कर जीवन को दाँव पर लगा दिया। सारा भारत उसके सुगन्ध से आज तक सुगन्धमय बना हुआ है।

ईश्वरीय सहयोग

आंग्ल शासन काल के समय की यह घटना है। उन दिनों श्री भगवान प्रसाद लखनऊ में डिप्टी इंस्पेक्टर ऑफ स्कूल्स थे। एक दिन उन्हें एक विद्यालय में अपने अंग्रेज अधिकारी इंस्पेक्टर ऑफ स्कूल्स के साथ संयुक्त निरीक्षण में जाना था। निश्चित दिन, जाने के पूर्व, वह नित्य क्रिया कर्म के उपरान्त भगवत-पूजा हेतु आसन लगाकर बैठ गए। भगवत पूजा में वे ऐसे लीन हो गए कि उन्हें समय का ज्ञान न रहा। जब पूजा से निवृत्त हुए, तो होश ही गायब हो गया। निरीक्षण का समय निकल गया था। शीघ्रता से वह भागे-भागे विद्यालय पहुँचे। ज्ञात हुआ कि अँग्रेज अधिकारी स्टेशन जा चुका था। भगवान प्रसाद दौड़े-दौड़े स्टेशन पहुँचे। ट्रेन खुलने में विलम्ब था। अंग्रेज अधिकारी ने भगवान प्रसाद को पसीने से लथपथ और चिन्तित देख पूछा–"भगवान प्रसाद! सारा कार्य और संयुक्त निरीक्षण भली प्रकार सम्पन्न हो गया। तुमने हमें विदाई भी दे दी। फिर दुबारा इस हालत में यहाँ आ रहे हो? क्या कोई विशेष बात कहने को शेष रह गया है?"

भगवान प्रसाद आश्चर्यचकित उस अधिकारी को देख रहे थे। उसने कहा–"मैं तो पूजा-पाठ में इतना मशगूल था कि मुझे समय का ज्ञान न रहा और मैं दौड़ा-दौड़ा घर से आ रहा हूँ।"

अधिकारी ने कहा–"ऐसा क्या! तो फिर विद्यालय के निरीक्षण में मेरे साथ कौन था? और संयुक्त निरीक्षण के उपरान्त रजिस्टर पर दस्तखत किसने किया? देखो तो, क्या यह तुम्हारा दस्तखत है?"

अधिकारी ने कहा–"हुजूर! दस्तखत तो मेरा ही है पर मैं तो अभी आ रहा हूँ।"

अंग्रेज अधिकारी भी चकित था कि ऐसी घटना जीवन में प्रथम बार उसे देखने को मिली। उसने कहा कि अवश्य ही तुम्हारा इष्ट देव तुम्हारी मुसीबत में सहायक हुआ है। तुम सौभाग्यशाली हो।

भगवान प्रसाद को प्रसन्नता हुई पर दुख भी हुआ कि उसकी तनिक-सी लापरवाही के कारण भगवान को उसके आंग्ल अधिकारी की सेवा करनी पड़ी। दुबारा उसे ऐसी शर्मिन्दगी न उठानी पड़े। अतः उसने अपने पद से इस्तीफा दे दिया। सेवामुक्त हो उसने गुरुदीक्षा ले ली और उसका नामकरण हुआ श्री सीतारामशरण दास। बाद के जीवन में वे 'रूपकला' के नाम से प्रसिद्ध हुए और इसी नाम से ईश्वर-सम्बन्धी कविताएँ लिखने लगे जो लोकप्रसिद्ध हुईं।

उपरोक्त घटना का उल्लेख लखनऊ के उन दिनों के गजेट में आया था।

अद्भुत देशभक्ति

चित्तौड़ राज्य के एक सैनिक का पुत्र समरसिंह और चित्तौड़ राज्य के एक वीर सरदार की पुत्री विद्युल्लता बचपन से ही एक-दूसरे के करीब थे। यौवनावस्था में प्रेम-विवाह की बात सोच रहे थे। अलाउद्दीन ख़िलजी ने चित्तौड़ पर चढ़ाई कर दी। समरसिंह मरने के डर से राजपूत सेना के शिविर से भाग आया। वह विद्युल्लता को साथ लेकर दूर भाग जाना चाहता था। इस पर विद्युल्लता ने उसकी काफी ताड़ना की। तदुपरान्त वह ख़िलजी की सेना में जाकर मिल गया और सेना का सारा भेद बता दिया। चित्तौड़ पराजित हुआ, सुन्दर चित्तौड़ श्मशान हो गया। अनेक पुत्र-पिताहीन, स्त्रियाँ पतिविहीन, अनेक परिवार अनाथ हो गए। जब समरसिंह यवन सैनिकों के साथ विद्युल्लता के पास आया तो वह बोली—"जिस रूप के लिए मेरे प्रेमी ने यह घोर पाप किया, जिस सुन्दरता के कारण जन्मभूमि नाश का कारण बनी, उस सौन्दर्य को धिक्कार है। मुझे मालूम न था कि अपनी जन्मभूमि के नाश का कारण मैं ही होऊँगी। माँ, मैं तुम्हीं से उत्पन्न हुई, आज तुम्हीं में मिल जाती हूँ। मुझे अपनी गोद में स्थान दो माँ!" ऐसा कह कर उसने अपने हृदय में कटार भोंक, लिया और मातृभूमि की गोद में सो गई। देशभक्ति के कारण, अपने प्रेमी को इस प्रकार दुत्कारनेवाली, देशद्रोही के साथ वैवाहिक सम्बन्ध बनाना गौरव के विरुद्ध समझनेवाली ऐसी अनेक सन्तानों से राजपूताने का इतिहास भरा पड़ा है।

शठता का प्रदर्शन

चित्तौड़ के राजा भीमसिंह को छल द्वारा अलाउद्दीन ख़िलजी ने कैद कर लिया। उनको छुड़ाने हेतु बारह वर्ष का बालक बादल अपने चाचा गोरा के साथ 700 सैनिकों को स्त्री वेश में पालकी में बैठा कर अलाउद्दीन ख़िलजी की छावनी में आया। वहाँ से

भीमसिंह को छुड़ाकर ले जाने में सफल हुआ। यह राजपूती काल की प्रथम घटना है जब राजपूतों ने शठ का प्रत्युत्तर शठता से दिया। अन्यथा राजपूत सरल चित्त होने के कारण प्रायः दुष्ट प्रकृतिवाले आक्रमणकारियों से परास्त जाते थे।

भीमसिंह के छुड़ाए जाने के बाद अलाउद्दीन ख़िलजी ने चित्तौड़ पर चढ़ाई कर दी और चित्तौड़ की ईंट-से-ईंट बजा दी। पराजय के उपरान्त महारानी पद्मिनी अपनी 1500 क्षत्राणियों के साथ केसरिया बाना धारण कर हँसते-हँसते अग्निदेव को समर्पित हो गई। चित्तौड़ वीरान हो गया।

कर्ज अदायगी

भारत-पाक के विभाजन की प्रक्रिया चल रही थी। उन दिनों भारत के प्रथम और एकमात्र फील्ड मार्शल सैम मानक शाह कश्मीर में मेजर के पद पर थे और याहिया खान इनके अधीनस्थ अफसर थे। अगस्त 1947 में विभाजन हुआ। विदा लेते समय याहिया खान मानक शाह के पास आये और बोले–"सर! अपनी मोटर साइकिल आप मुझे दे दें।" मानक शाह ने पूछा–"क्यों?"

याहिया खान ने कहा–"आपको तो दूसरी मोटर साइकिल मिल जाएगी। पर पाकिस्तान जाने पर मुझे मिलनेवाली नहीं।"

मानक शाह ने कहा–"अच्छा, ले जाओ। पर इसकी कीमत सौलह सौ रुपए तो दो।" याहिया खान लाख प्रयत्न करके भी रुपयों का जुगाड़ न कर सका। तब मानक शाह ने मोटर साइकिल इस शर्त पर उसे दे दी कि पाकिस्तान जाने के बाद उसकी कीमत अदा कर दे।

समय बीतता गया और अन्ततः मेजर याहिया खान, मेजर जनरल याहिया खान बनकर सन् 1970 में अपनी तिकड़म से पाकिस्तान के राष्ट्रपति की कुर्सी पर विराजमान हुए। इस वक्त मानिक शाह भारतीय सेना के सेनाध्यक्ष थे। याहिया खान और मानक शाह के एक साझा मित्र थे। एक दिन मित्र ने मानक शाह को याहिया का सन्देश दिया–"जनरल! मैं अभी आपके सोलह सौ रुपयों का कर्जदार हूँ जिसे मैं अभी भूला नहीं।" और जनरल मानिक शाह ने बँगला देश के रूप में आधा पाकिस्तान लेकर कर्ज चुकता किया।

यह कहानी स्वयं मानक शाह ने मुम्बई के सेम प्रेसिडेंट होटल में सुनाते हुए कहा था–"क्या दस वर्ष पूर्व आपने कभी सोचा था कि सोवियत संघ टूट जाएगा? पूर्वी एवं पश्चिमी जर्मनी कभी पुनः एक हो जाएँगे–ऐसा सोचा गया था? मेरी बात गाँठ बाँधकर रखिए कि एक दिन पुनः भारत और पाकिस्तान एक हो जाएँगे और यह होकर रहेगा।"

बारूद नहीं तो क्या?

द्वितीय विश्वयुद्ध के समय जर्मन सेनापति रोमेल के साहस, धैर्य व कार्यशैली की उनके शत्रु भी प्रशंसा करते थे। अफ्रीका में युद्ध का तांडव चल रहा था। रेगिस्तान के रेत में जर्मन सेना फँस गई। गोला बारूद खत्म हो गया। पराजय सामने दिखने लगी। मौत का भय छा गया। पर रोमेल निराश न था। उसने सैनिकों को धीरज रखने को कहा। बोला–"मैंने माना कि गोला-बारूद नहीं। पर तोप तो हैं। रेगिस्तान में रेत तो है। हमें इसी का प्रयोग करना चाहिए। रेत के गोले बनाकर दागते जाएँ।"

फिर क्या था। जर्मन सैनिकों ने रेत के गोले अँग्रेज शत्रुओं पर छोड़ना प्रारम्भ कर दिया। आकाश में चारों ओर धूल-ही-धूल छा गई। तोपों की लगातार गड़गड़ाहट से अँग्रेज सेना घबरा उठी। लगा कि जर्मनों की भारी सेना आ रही है। और अपने प्राण बचाने के लिए वे भाग खड़े हुए। जनरल रोमेल के धैर्य व साहस के कारण जर्मनों की विजय हुई।

वचन-पालन

द्वितीय विश्वयुद्ध के प्रारम्भ में मित्र राष्ट्रों को बड़ी क्षति उठानी पड़ी। पर इससे अमेरिकी सैनिक पस्त नहीं हुए। युद्ध के एक महत्त्वपूर्ण मोर्चे पर एक दिन विलियम स्कॉट नामक सैनिक शत्रु सेना के हमले की सम्भावना के कारण सजगतापूर्वक पहरा देने के कारण थककर चूर हो चुका था। सन्ध्या काल ड्यूटी बदलने का समय हो गया। उसके स्थान पर दूसरा व्यक्ति जिसे पहरा देना था, उसी के डेरे में अभी तक सोया पड़ा था। ऐसा अभी तक हुआ नहीं था। वह डेरे पर आया और अपने साथी को उठाना चाहा तो देखा कि वह बुखार से तप रहा है। साथी उठने को हुआ कि उसने मना किया और कहा कि चिन्ता मत करो। तुम्हारी ड्यूटी भी मैं ही करूँगा और उसकी आवश्यक व्यवस्था कर वह नियत स्थान पर पहरा देने लौट आया।

उसका शरीर इस कदर हारा-थका था कि वह अब किसी प्रकार का दबाव सहन करने को तैयार न था। फिर भी मानवीय हृदय और उसमें बसनेवाली संवेदना, सहानुभूति तथा प्रेम के तकाजे की भी उपेक्षा नहीं की जा सकती। स्कॉट सजग हो ड्यूटी देता रहा। मन को कड़ा कर शरीर को धक्का देकर, नींद को परास्त करने के लिए संघर्ष करते हुए, अपने साथी की ड्यूटी मुस्तैदी से पूरा करता रहा। पर नींद तो नींद ही है। लाख सावधानी बरतने पर भी रात्रि के अन्तिम प्रहर में उसको झपकी लग ही गई। दुर्भाग्य! रात्रिकालीन पेट्रोल पर निकले अधिकारी ने उसे ड्यूटी पर सोता पा कोर्ट मार्शल

में गोली मार देने की आज्ञा दी। सैनिक जेल में आने पर वह बहुत दुखी था, पछता रहा था। इसलिए नहीं कि अपने साथी का दायित्व लेकर उसने गलती की। बल्कि इसलिए कि अपने कर्तव्य का निर्वाह वह ठीक से न कर पाया और चूक गया। वह अब दंड की घड़ी की प्रतीक्षा कर रहा था।

इसी बीच देश का सर्वोच्च सेनाधिपति राष्ट्राध्यक्ष मोर्चे के दौरे पर आए और जेल के निरीक्षण के दरम्यान स्कॉट से बात की। उसकी पूरी कहानी सुनी। उसकी सहृदयता, आत्मीयता और सहानुभूति की प्रशंसा की और कहा–"जवान! तुम्हें गोली तो नहीं मारी जाएगी। पर तुम्हारी इस असावधानी के कारण हमारी सेना का जो नुकसान होता, क्या तुम उसका ॠण चुका सकोगे!"

"मैं अपनी सारी जायदाद देश का ऋण चुकाने हेतु देने को तैयार हूँ।"–स्कॉट ने कहा।

राष्ट्रपति ने स्कॉट के कन्धे पर हाथ रखकर बड़ी ही आत्मीयता से कहा–"कर्तव्य की चूक का ऋण जायदाद से नहीं चुकाया जाता, जनाब! हाँ, तुम प्रतिज्ञा करो कि वैसी भूल तुम दुबारा नहीं करोगे।" स्कॉट ने दुबारा भूल न करने की प्रतिज्ञा की।

कुछ दिनों बाद ही राष्ट्रपति को सैनिक का एक छोटा-सा पत्र मिला। जिसमें लिखा था–"आपको वचन दिया था। उसे पूरा करते हुए ही मैं इस संसार से विदा हो रहा हूँ।"

कानून का पालन

महाराष्ट्र में पेशवा राघोबा के समय में न्यायशास्त्री थे रामशास्त्री। अपने न्याय के लिए प्रसिद्ध। ऐसी ही एक घटना इंग्लैंड की है। उन दिनों हेनरी युवराज थे। इनके एक व्यक्तिगत सेवक ने कोई अपराध किया था। सोचा था युवराज के कारण उसे कोई बोलेगा नहीं। पर फरियाद किए जाने पर न्यायाधीश ने उसे पकड़ मँगवाया। वह न्यायालय में पेश हुआ। हेनरी ने इसे अपने व्यक्तिगत अपमान के रूप में लिया और सेवक को बचाने का बहुत प्रयत्न किया। न्यायाधीश ने कहा कि संविधान के अनुसार सम्राट ही उसे क्षमा कर सकते हैं, मैं नहीं। इस पर हेनरी ने आवेश में आकर न्यायाधीश को बुरा-भला कहा। अंततः न्यायाधीश ने विवश हो उसे अदालत से बाहर चले जाने को कहा, तो हेनरी और नाराज हुआ। तब न्यायाधीश ने कहा–"युवराज! कल तुम सम्राट बनोगे और प्रजा पर शासन करोगे। युवराज कानून का स्वयं पालन नहीं करेगा तो उसकी प्रजा भी कानून का सम्मान नहीं करेगी। अतः सेवक के साथ-साथ तुम्हें भी कानून का अनादर करने के कारण कैद की सजा सुनाता हूँ।"

हेनरी ने अपनी भूल मानकर अपने को कानून के हवाले कर दिया। सम्राट ने यह बात सुनी, प्रसन्न हुआ। सम्राट ने कहा–''जहाँ न्याय की रक्षा हेतु सजग प्रहरी के रूप में ऐसे न्यायाधीश होंगे और अपनी गलती की सजा भुगतने को तैयार ऐसे युवराज होंगे–वह राज्य सम्मुन्नत और सुखी क्यों न होगा।''

गांधी का उत्तर

सन् 1923 में पंचमहाल में दंगा हुआ। अत्याचार पीड़ित कुछ हिन्दू गांधीजी के पास साबरमती आश्रम पहुँचे। उन लोगों ने मुसलमानों के अत्याचारों का रोमांचकारी वर्णन किया। सुनकर बापू को बहुत दुख हुआ। उन्होंने पूछा कि आप लोगों ने सामना करने के लिए क्या किया? उन लोगों ने कहा–करते क्या? आपकी अहिंसा ने हमारे हाथ-पाँव बाँध रखे हैं। इसी से हमें अत्याचार सहने पड़े। सुनकर गांधीजी क्षुब्ध हो गए और बोले–मेरी अहिंसा ऐसे समय पर मर मिटने का आदेश देती है। आपमें यदि वैसा साहस नहीं था तो अपने ढंग से अपने विश्वास के अनुसार हिंसा से मुकाबला करते। आप लोगों ने मेरे मन को समझा नहीं और अपने मन पर चलने का साहस भी न कर सके।

जगदीश चन्द्र बसु का संघर्ष

जगदीश चन्द्र बसु लन्दन विश्वविद्यालय से विज्ञान स्नातक होकर भारत लौटे। यहाँ आते ही कलकत्ता के प्रेसीडेंसी कॉलेज में विज्ञान के प्राध्यापक नियुक्त हुए। उन दिनों महाविद्यालय के अधिकांश प्राध्यापक अंग्रेज हुआ करते थे। बंगाल का शिक्षा संचालक भी अंग्रेज था। अंग्रेज की तुलना में भारतीय प्राध्यापकों को कम वेतन दिया जाता था। आचार्य बसु ने इस अन्याय का विरोध करते हुए कहा कि मैं वेतन तो लूँगा पूरा, अन्यथा वेतन ही नहीं लूँगा। पूरे तीन वर्षों तक उन्होंने वेतन लिया ही नहीं। वेतन नहीं लेने के कारण आर्थिक तंगी हो गई। कलकत्ता का महँगा मकान छोड़कर उन्होंने शहर से बाहर एक सस्ता मकान लिया। कलकत्ता आने-जाने के लिए, वे नाव से हुगली पार करते। नाव स्वयं खेकर उस पार जाते। उनकी पत्नी नाव वापस लातीं। इन सारे कष्टों के बावजूद उन्होंने धैर्य नहीं छोड़ा।

अन्त में विरोधियों ने घुटने टेके। उन्हें अंग्रेजों के बराबर वेतन देना अधिकारियों ने स्वीकार किया और नए वेतनमान के अनुसार पूरे तीन वर्षों का बकाया वेतन उन्हें दिया गया।

रंगभेद के विरुद्ध जिहाद

अमेरिका के दक्षिणी राज्यों में दिसम्बर 1955 में रंगभेद के विरुद्ध डॉ. मार्टिन लूथर किंग ने बसों के बहिष्कार की अपील की। यह बहिष्कार 381 दिन बाद तब बन्द हुआ, जब सर्वोच्च न्यायालय ने रंगभेदी कानून को असंवैधानिक करार दे दिया। यह फ़ैसला अमेरिकी अश्वेतों की एक बड़ी विजय थी। इन 381 दिनों में लोगों ने अपनी कारों, घोड़ागाड़ियों, साइकिलों का प्रयोग किया या पैदल चले। अल्वामा की एक बूढ़ी नीग्रो महिला को पैदल चलते देख, एक व्यक्ति ने उसे उसके घर तक कार से छोड़ आने की पेशकश की। महिला का उत्तर था कि मेरे पैर थके हैं तो क्या, मेरी आत्मा थोड़े ही थकी है।

इस घटना के बाद लोगों का मनोबल इतना ऊँचा हुआ कि धरना, कूच एवं सत्याग्रह नीग्रो लोगों का ब्रह्मास्त्र बन गया।

भगवती का साहस

लाहौर की गवालुमंडी बस्ती में उस दिन दोपहर से बहुत तहलका मचा हुआ था। भागो, दौड़ो, बचाओ–इस प्रकार की पुकार हो रही थी। "हाय राम–मेरा बच्चा, कोई दौड़ो, बचाओ," ऐसा कहकर एक प्रौढ़ा स्त्री जोर-जोर से चिल्लाकर रोने लगी। भगवतीचरण बोहरा (जिसके नाम से अंग्रेज घबराते थे) का मकान–'शिवनिवास' निकट ही था। वे अपने कमरे में बैठे कोई पुस्तक पढ़ रहे थे। यह चीख-पुकार सुन वे खिड़की से झाँककर देखने लगे। बच्चा तो बच गया था, पर दो विशालकाय साँड़ सड़क के मध्य में लड़ रहे थे। दोनों के सींग गुथे हुए थे और दोनों में से कोई पीछे हटना न चाह रहा था। आने-जानेवाले परेशान। हल्ला कर बैलों को वहाँ से भगाने के प्रयत्न में थे। पर बैलों के समीप आने का साहस कोई न कर पा रहा था।

तभी सभी ने आश्चर्य से देखा कि एक सुगठित शरीर का युवक तेजी से साँड़ों की ओर बढ़ा जा रहा है। ऐसे दुःसाहस की लोग कल्पना नहीं कर सकते थे। लोगों ने चिल्लाकर उसे उन खूँखार साँड़ों के पास जाने से मना किया। पर उस निडर युवक ने लोगों के मना करने के बावजूद लड़ते साँड़ों के बीच पहुँचकर उन दोनों के सींग पकड़कर हटाने लगा। साँड़ बिदककर युवक से भिड़ना चाहा। पर युवक की ताकत के आगे उसकी एक न चली। युवक के असामान्य साहस को देख वहाँ एकत्रित भीड़ के धैर्य का बाँध टूट गया सभी ने तब मिलकर उन साँड़ों पर दनादन लाठियाँ बरसाकर दोनों को विरुद्ध दिशा में भगा दिया।

युवक थककर जोरों से साँस लेता हुआ पास के चबूतरे पर बैठ गया। भीड़ ने उसे घेर लिया और उसका अभिनन्दन करने लगे। एक वृद्ध ने आगे बढ़कर कहा–''देखो भगवती! मैं तुम्हारे साहस और बल की सराहना करता हूँ। परन्तु इस प्रकार जान पर खेलना बुद्धिमत्ता नहीं। कहीं सींग तुम्हारे पेट या छाती में लग जाती तो न मालूम कितना भयंकर परिणाम भुगतना पड़ता।'' हाँ, वह युवक भगवतीचरण बोहरा ही था। भगवतीचरण ने शान्त भाव से कहा–''मुझे तो ऐसा लगा कि ये दोनों साँड़ अंग्रेजों के प्रतिनिधि 'जानबुल' ही हैं। अतः मैं सब कुछ भूलकर दौड़ पड़ा। 'जानबुल'–अर्थात् इंग्लैंड राष्ट्र इन दोनों साँड़ों से बहुत बलवान और भयानक है। हमें अंग्रेजों से लड़ना है। यह समझिए कि आज से ही उसका अभ्यास प्रारम्भ किया है।''

कुलियों से तिरस्कार

सन् 1880 की बात है। पेरिस के एक होटल में भारत के तीन ख्यातिप्राप्त पुरुष बैठे थे। वे थे सर्वश्री दादाभाई नौरोजी, सुरेन्द्रनाथ बनर्जी और प्रसिद्ध इतिहासकार रमेशचन्द्र दत्त। उन तीनों का होटल में सामान लानेवाला एक फ्रेंच कुली इन स्वस्थ एवं विशाल डील-डौलवाले तीनों भारतीयों को देखकर चकित था। कुली ने पूछा कि क्या भारत में आपके ही जैसे स्वस्थ डील-डौलवाले लोग रहते हैं? इन लोगों के 'हाँ' कहने पर उन फ्रेंच कुलियों ने दूसरा प्रश्न किया–''फिर भी थोड़े से अंग्रेज आप लोगों की इतनी बड़ी आबादी पर राज्य कर रहे हैं?''

''करते ही हैं,'' कहते हुए उन भारतीय पुरुषों ने कुलियों को भाड़े के पैसे चुका देना चाहा। पर उन कुलियों ने तत्काल हाथ समेट लिये। पूछा गया–''क्यों, अपनी मज़दूरी लो न?''

कुलियों के उत्तर ने इतिहास की धारा ही मोड़ दी। कुलियों ने घृणा से कहा–''छीः-छीः! हम कायर और नपुंसक लोगों से पैसे नहीं लेते।'' और वे फ्रेंच कुली मज़दूरी लिये बिना होटल छोड़कर चले गए। आप लोग नहीं जानते कि उस दिन फ्रेंच कुलियों के उस उत्तर ने उन तीनों भारतीयों के मर्मस्थल में कितनी पीड़ा, देश-अपमान की कितनी व्यथा कुरेद दी थी। तब तक भारत में कांग्रेस का जन्म भी नहीं हुआ था। भारत में और विदेशों में केवल क्रान्तिकारी दल ही भारत की स्वतन्त्रता के लिए सशस्त्र तैयारी में लगा था। शायद दादाभाई नौरोजी, सुरेन्द्रनाथ बनर्जी और रमेशचन्द्र दत्त उन फ्रेंच कुलियों का उत्तर भारत आकर भी भूल नहीं पाए। 5 वर्ष बाद सन् 1885 में कांग्रेस का जन्म होने पर दादाभाई नौरोजी उसके प्रथम अध्यक्ष हुए। कांग्रेस ने स्वतन्त्रता की आवाज़ बुलन्द की। सुरेन्द्रनाथ बनर्जी भी कांग्रेस के अध्यक्ष बने। रमेशचन्द्र दत्त ने इतिहास के अनेक ग्रन्थ लिखे।

बम्बई के प्रथम कांग्रेस अधिवेशन में सर ह्यूम ने अंग्रेजी की एक कविता पढ़ी थी–

Buckle, to be do and doing, nations are by themselves made (कमर कसकर तैयार हो जाओ, क्योंकि राष्ट्र स्वयं बना करते हैं)

उपरोक्त प्रसंग प्रसिद्ध क्रान्तिकारी नेता श्याम जी कृष्ण वर्मा ने वीर सावरकर को बताई थी। ये दोनों पेरिस के मैडम कामा के घर रहते थे। वीर सावरकर ने सिंगापुर विद्रोह के विप्लवी नेता पं. परमानन्द को अंडमान जेल में इस घटना की जानकारी दी थी।

मॉरीशस (छोटा भारत) के प्रथम प्रधानमन्त्री डॉ. शिवसागर रामगुलाम ने (जिनके पिता कुलीगिरी करके जीविका कमाते थे) कुली शब्द को मुक्ति दी–महिमा दी, जबकि कुली शब्द की भारत को ऐतिहासिक देन भी है।

साँप का बच्चा साँप

सन् 1917 में रूस में जारशाही के पतन के पश्चात् जार के वंशज चुन-चुनकर मारे जाने लगे। सैनिकों ने एक छोटे-से बच्चे को पकड़कर लेनिन के सामने उपस्थित किया। लेनिन ने बच्चे को गोद में लेकर बड़े प्यार से उसके सिर पर हाथ फेरते हुए पुचकारा। चुम्बन लिया और फिर सैनिकों को वापस करते हुए उसे गोली मारकर मौत के घाट उतार देने की आज्ञा दी।

लेनिन के साथियों ने इस पर विस्मित होते हुए पूछा–"कॉमरेड! जब इस बच्चे को गोली मारने का आदेश ही देना था, तो प्यार क्यों किया?"

लेनिन ने हँसते हुए उत्तर दिया–"प्यारा, छोटा-सा बच्चा होने के कारण मैंने उसे प्यार किया। पर साँप का बच्चा साँप ही होता है। बड़ा होकर हमसे बदला लेने के लिए यह हमें डँसता और हमारी भविष्य की योजना में बाधक होता, इसलिए उसे गोली मार देने की आज्ञा दी।"

काश! यह राजनीति हमारे मध्यकालीन राजा-महाराजा अपनाए होते! शरण में आए हुए शत्रु के प्रति दया और क्षमा के भाव ने सदा से ही हमारे लिए बहुत परेशानी खड़ी कर रखी है।

चित्तौड़ के राणा भीमसिंह, दिल्ली के राजा पृथ्वीराज चौहान, मेवाड़ के राणा सांगा का शरणागत गुजरात के सुलतान बहादुरशाह जैसे इतिहास के पन्नों में अनेक उदाहरण भरे पड़े हैं। जो कालक्रम से हमारी मौत बनकर आए। सन् 1971 के पाकिस्तान-बँगलादेश युद्ध में बन्दी बनाए गए 95 हज़ार पाकिस्तानी युद्ध बन्दी हमारे शरणागत हुए, जो बाद में हमारे लिए मुसीबत बन गए।

गोखले का उत्तर

गोपाल कृष्ण गोखले सम्राट जॉर्ज पंचम के तिलकोत्सव पर अतिथि के रूप में लन्दन गए थे। वे वहाँ के प्रधानमन्त्री के पास खड़े ब्रिटिश फ़ौज की परेड देख रहे थे। इस परेड में सिख जवानों की भी एक पल्टन उनके सामने से गुजरी। इन सिपाहियों को देखकर चारों ओर तालियाँ बजने लगीं। यह देख प्रधानमन्त्री ने उनसे पूछा–''क्या कारण है, आपने अपने देशवासियों को देखकर ताली नहीं बजाई?'' गोखले ने तपाक से उत्तर दिया–''मैंने अपनी तालियाँ उस जाति के लिए सुरक्षित कर रखी हैं, जिसने इन बहादुर जवानों को गुलाम बना रखा है।'' गोखले का यह जवाब सुनकर सभी ने अपनी आँखें नीची कर ली।

देशहित

फ्रांस के सम्राट नेपोलियन के एक अधीनस्थ अधिकारी की उच्च पद पर प्रोन्नति की बात सुनकर कुछ लोग इस प्रोन्नति के विरोध में नोपोलियन का कान भरने लगे। नेपोलियन ने जब इसका कारण जानना चाहा, तो उन लोगों ने कहा कि आपके प्रति वह अधिकारी कोई अच्छे विचार नहीं रखता।

नेपोलियन ने जो कहा, वह हमारे देश के कर्णधारों के लिए, देशहित में अनुकरणीय है। उसने कहा–''माना कि अधिकारी का विचार मेरे प्रति अच्छा नहीं। पर मुझको इससे लेना-देना नहीं है, क्योंकि यह व्यक्तिगत प्रश्न है। देशहित में वह क्या काम कर रहा है? काम करने से भागता है अथवा टालता रहता है? अपना कर्तव्य समझकर उसका सही पालन कर रहा है न! फिर वह मेरे विषय में जो भी सोचे, मुझे कोई परवाह नहीं।''

शास्त्री जी का सहज भाव

फटी बनियान पहने, नाटे कद के, सरल हृदय आदमी को उसने अर्दली समझकर कहा– ''अजी अर्दली, जरा जाकर रेलमन्त्री शास्त्री जी से कह दीजिए कि उन्होंने जिस स्टेनोग्राफर को बुलवाया था, वह आ गया है।'' यह सुनकर शास्त्री जी, जिन्होंने बिजली के संकट काल में पंखे चलाने के स्थान पर अपना कुरता उतारना अधिक उपयुक्त समझा था, ने सिर नीचे किए हुए ही कहा–''पधारिए स्टेनोग्राफर साहब! मैं अभी आपका सन्देश रेलमन्त्री महोदय को देता हूँ।'' और चट से वापस किवाड़ भिड़ाकर अन्दर आकर मुस्करा

उठे। स्टेनोग्राफर बाहर प्रतीक्षकों के लिए रखी कुर्सियों में से एक पर बैठ गया। शास्त्री जी ने अन्दर आकर चेहरा धोया। कपड़े पहने और फिर अपने अर्दली को कहा–''बाहर कुर्सी पर जो स्टेनोग्राफर बैठा है उनसे कह दो कि रेलमन्त्री लाल बहादुर शास्त्री ने आपको अन्दर बुलाया है।'' अपनी चाल-ढाल में अतिरिक्त चुस्ती झलकाता जब स्टेनोग्राफर अन्दर घुसा तो मेज़ पर फाइलों के बीच उसी चेहरे को देख, उसके पैरों का खून जम गया। हाथ जोड़कर गिड़गिड़ाने लगा–''सर, गुस्ताखी माफ़ हो। मैंने आपको पहचाना नहीं, इसलिए...''

''नहीं भाई! तुमने पहचानने में ज़रा भी गलती नहीं की। मैं इस रूप में तुमसे कब मिला था? कांग्रेसी सरकार का रेलमन्त्री तो अब लग रहा हूँ। पहले तुम हिन्दुस्तान के आम नागरिक लाल बहादुर से मिले थे। इसलिए तुम भी ठीक हो और मैं भी ठीक हूँ।'' पर स्टेनोग्राफर तो घबरा रहा था कि अब उसकी नौकरी गई। वह शास्त्री जी से बार-बार माफी माँगने लगा। शास्त्री जी ने इसकी परेशानी भाँप ली और उसे नाश्ता कराकर हँसते हुए कहा–''स्टेनोग्राफर साहब! अब भारतीय गणतन्त्र के रेलमन्त्री शास्त्री आपको डिक्टेशन देंगे। लीजिए, लिखिए।'' वे सहज भाव से लिखवाते रहे।

मेरा सब कुछ

1942 की एक सर्दीली सुबह। रंगून के एक विशाल प्रांगण में हज़ारों लोगों के बीच खड़े नेताजी सुभाषचन्द्र बोस लोगों से देशहित में धन एवं समय के दान का आह्वान कर रहे थे। उन्होंने अपने गले में पहनी एक साधारण माला को नीलामी के लिए उपस्थित किया। सुननेवालों ने बोलियाँ लगानी शुरू की। बोली एक लाख से शुरू होकर नौ लाख तक पहुँच गई। धन की बोली लग रही थी, समय देनेवालों की नहीं। तभी मोहन सिंह नामक एक साधारण युवक उठकर बोला–''मेरा सब कुछ।'' तभी नेताजी की आँखों से आँसू बह निकले। उन्होंने मोहन सिंह को माला पहनाई और सीने से लगा लिया। उन्होंने लोगों से कहा–''धन की अपेक्षा समय कीमती है। धन और कुछ नहीं, समय का ठोस भौतिक रूप है। अपना सब कुछ देकर मेरी माला पहनने का अधिकारी मोहन सिंह के अलावा कौन हो सकता है!'' इतिहास गवाह है कि मोहन सिंह ने गाँव-गाँव घूमकर परिवर्तन के उस पर्व में एक-एक व्यक्ति को नेताजी के हृदय की पीड़ा का एक-एक घूँट पिलाया। जागृति का शंख फूँका। अंग्रेजी शासन को हिलाकर रख दिया। वर्षों बाद समय ने फिर पुकारा है। नेताजी मोहन सिंह को आज फिर बेतरह ढूँढ़ रहे हैं–गाँव-गाँव, नगर-नगर। समर्थ रामदास शिवा को पुकार रहे हैं। अर्जुन का सारथी पुनः अपने प्रिय सखा का रथ हाँकने के लिए आतुर है।

कहाँ छिपे हैं ये सभी आज! महाकाल की झोली भरने के लिए पैर आगे बढ़ाने में वे हिचकिचा क्यों रहे हैं! कश्मीर में अपनी माँ-बहनों का चीरहरण होते देखकर भी वे आँखें मूँदे बैठे क्यों हैं!

श्रम का सम्मान

अपनी अमेरिका यात्रा के दरम्यान स्वामी सत्यदेव परिव्राजक ने अपने एक जगह से फटे जूते की मरम्मत के लिए मोची के पास गए। मोची ने कहा–"अभी तो मेरे हाथ में पिछला काम है।

मैं आपका काम नहीं कर सकूँगा। हाँ, इतना हो सकता है कि आप मेरे औजार ले लें और स्वयं ही यहाँ बैठकर मरम्मत कर लें।" स्वामी सत्यदेव चुप। मोची युवक बात भाँप गया। बोला–"आप हिन्दुस्तान से आए मालूम पड़ते हैं। वहाँ काम को छोटे और बड़े रूप में विभाजित किया जाता है। मैं एम.ए. का छात्र हूँ। अपना खर्च स्वयं इस व्यवसाय से चलाता हूँ और साथ-साथ पढ़ाई भी मजे से चला लेता हूँ। आप स्वयं जूते की मरम्मत कर लें। यह बहुत सरल काम है। साथ ही अपने देशवासियों को लौटने पर बताएँ कि अमेरिकी नागरिक किस प्रकार श्रम का सम्मान करते हुए खुशहाल रहते हैं।"

One should have very high determination to get something or to become something.

विषाक्त साँसें

महारानी विक्टोरिया की बेटी एलिस का एकमात्र छोटा पुत्र सांघातिक रोग से पीड़ित था। डॉक्टरों ने उसके बचने की आशा छोड़ दी थी और यहाँ तक हिदायत कर दी थी कि जो कोई भी उसके पास जाएगा, उसके विषाक्त श्वाँस के सम्पर्क से वह भी नहीं बच पाएगा। अतः नर्स, सेवक कोई भी उसके पास नहीं जाए। एक दिन उसने अपनी माँ को बुलाया और कहा कि माँ! मैं ऐसा दीन-हीन हो गया कि महल में रहता हुआ अपने स्वजनों की तो छोड़ दो, अपनी माँ के प्यार से भी वंचित हो गया? क्या अब तुम मेरी माँ नहीं रह गई? कितने दिन हो गए तुम्हारी गोद में लेटकर तुम्हारे मीठे चुम्बनों को पाए हुए। इतना सुनते ही उसकी माँ का कलेजा फटने लगा और डॉक्टर की हिदायत के बावजूद उसकी माँ ने उसे गोद में लेकर उस पर चुम्बनों की बौछार सी कर दी।

पुत्र ने कहा कि बस करो माँ! बस करो। अब मैं शान्ति से मर सकूँगा। माँ ने कहा कि बेटे, अब मैं तुझे अकेले जाने नहीं दूँगी। तेरी देखभाल के लिए मैं भी तेरे साथ चलूँगी। बेटे की विषाक्त साँसों का प्रभाव तो पड़ना ही था। माँ-बेटे दोनों चल बसे। डॉक्टर कुछ भी न कर सका और विवश, मूक दोनों को जाते हुए देखता रहा।

पुरुषार्थ और भाग्य का अन्तर

कोलरेडो में जब सबसे पहली दफ़ा सोने की खदानें मिलीं, तो सारा अमेरिका दौड़ पड़ा कोलरेडो की ओर। खबरें आईं कि ज़रा-सा खेत खरीद लो और सोना मिल जाएगा। लोगों ने ज़मीनें खरीद डालीं। एक करोड़पति ने अपनी सारी सम्पत्ति लगाकर पूरी पहाड़ी ही खरीद ली। छोटे-छोटे लोग, छोटे-छोटे खेतों में छोटे यन्त्रों से सोना खोद रहे थे। करोड़पति ने पहाड़ी की बड़े यन्त्रों द्वारा बड़ी खुदाई की। पर सोने का कोई पता न चला। वह बड़ा घबराया, क्योंकि सारी सम्पत्ति दाँव पर लगा दी थी। उसने घर के लोगों से कहा कि हम तो मर गए। घबराहट में उसने इश्तहार निकाला कि मैं पूरी पहाड़ी बेचना चाहता हूँ! खुदाई के सारे यन्त्रों के साथ! घर के लोगों ने कहा कि कौन खरीदेगा? सभी जान चुके हैं कि पहाड़ी में सोना नहीं है। लेकिन करोड़पति ने कहा कि कोई न कोई पागल तो आ ही सकता है।

उसे एक खरीदार मिल गया। बेचनेवाले को बेचते वक्त भी मन में हुआ कि उससे कह दे कि पागलपन मत करो, क्योंकि मैं मर गया हूँ। लेकिन हिम्मत भी न जुटा पाया कहने की। उसने पहाड़ी बेच दी! बेचने के बाद कहा कि आप भी अजीब पागल मालूम होते हैं, हम तो बरबाद होकर बेच रहे हैं। पर उस आदमी ने कहा कि जिन्दगी का कोई भरोसा नहीं। यह सही है कि जहाँ तक तुमने खोदा, वहाँ तक सोना न हो। पर आगे तो हो सकता है। और जहाँ तुमने नहीं खोदा है, वहाँ नहीं होगा–यह तो तुम भी नहीं कह सकते। करोड़पति ने कहा कि हाँ, यह तो मैं भी नहीं कह सकता।

और आश्चर्य! पहले ही दिन की खुदाई में, मात्र एक फीट की गहराई पर सोने की खान मिल गई। करोड़पति ने अब सुना तो छाती पीटकर रोने लगा। क्योंकि पूरी पहाड़ी ही सोने से भरी थी। करोड़पति उस आदमी से औपचारिकतावश मिलने गया और कहा कि देखो तुम्हारा भाग्य! उस आदमी ने कहा–"भाग्य नहीं। तुमने दाँव पूरा न लगाया। तुम पूरा खोदने से पहले ही लौट गए। एक फीट और खोद लेते!"

इसी कारण वह व्यक्ति प्रायः लोगों को बोला करता पुरुषार्थ और भाग्य में मात्र एक फीट का अन्तर है।

संकल्प-शक्ति का बल

ओहियो के जंगल में गारफील्ड की विधवा माता रहती थीं। लकड़ी काटकर गाँवों में बेचने जाती, तो लड़के को झोंपड़ी के अन्दर बन्द कर ताला लगा जाती। ताकि जंगल के भेड़िए उसे खा न जाएँ। रात को माँ उसे दुलार करती और कुछ पढ़ाती। बड़ा होकर माँ-बेटे ने एक खच्चर खरीदा और लकड़ियाँ सिर पर ढोने की अपेक्षा, उसी पर लादकर ले जाने लगे। गारफील्ड को पढ़ने का चस्का लगा। उसे एक पुस्तकालय में सफाई करने की नौकरी मिल गई। वह स्कूली पढ़ाई भी करने लगा और पुस्तकालय का ज्ञानवर्धक साहित्य भी पढ़ने लगा। इस तरह वह ग्रेजुएट बनकर एक अच्छी नौकरी में लग गया। अतिरिक्त समय में वह समाज-सेवा के अनेक कार्य करता।

प्रगति पथ की अनेक मंज़िलों को तय करता गारफील्ड अमेरिका की राज्यसभा का सदस्य चुना गया। चुनाव में अमेरिका के राष्ट्रपति पद पर प्रतिष्ठित हुआ, जो उसे अपनी योग्यता एवं सेवा-साधना के बल पर मिला था।

जो किसी की प्रतीक्षा न कर स्वयं पुरुषार्थ में संलग्न होते हैं। यह पथ ऐसे सभी व्यक्तियों के लिए खुला हुआ है। वे अपनी संकल्प-शक्ति से लक्ष्य को प्राप्त करते रहते हैं।

सुकरात का देशप्रेम

सुकरात एथेन्स के निवासियों में सबसे बुद्धिमान माना जाता था, पर वह अपने को अज्ञानी मानता था। एथेन्स के विद्वानों को वहाँ के लोग सुकरात के सामने कोई मान्यता नहीं देते। सुकरात जहाँ कहीं भी जाता, उसके पीछे तरुणों की भीड़ चलती। ईर्ष्यावश उन विद्वानों ने रोम के संसद में प्रचलित प्रथाओं, नियमों के विरुद्ध तरुण वर्ग को उकसाने का सुकरात पर आरोप लगाया। वहाँ के संसद में यह विचारार्थ पेश हुआ और 500 सदस्यों वाली संसद ने 220 के मुकाबले 280 मत से उसके विरुद्ध आरोप का समर्थन किया। आरोपी ही दंडाधिकारी था, फलतः उसके द्वारा सुकरात को मृत्युदंड दिया गया। वहाँ के नियम के अनुसार दोषी व्यक्ति को विकल्पित दंड चुनने का अधिकार था। अतः सुकरात से विकल्प दंड के बारे में पूछे जाने पर उसने कहा कि मैंने जीवन-पर्यन्त अपने देश की सेवा की है। अतः संसद भवन में लगे हुए देशभक्तों के चित्रों की कतार में उसका भी एक चित्र लगा दिया जाए। इस पर मतदान होने पर उसके समर्थक 220 की संख्या घटकर 180 हो गई और मृत्युदंड भोगने की प्रतीक्षा में उसे जेल भेज दिया गया। उसके शिष्य इस अन्याय का सफल विरोध न कर पाए। अन्ततः एक शिष्य क्रायटों ने उसे जेल से भगाने का षड्यन्त्र किया, रात्रि में शिष्य जेल के उस वार्ड में

पहुँचा और सुकरात से शीघ्र भाग चलने को कहा। सुकरात ने इस सुझाव को मानने से इनकार कर दिया। सुकरात ने अपने शिष्य को समझाया–देश के नियम को–चाहे वह गलत हो या सही–अमान्य कर भाग जाना सर्वथा अनुचित है। जेल से भागने की योजना धरी-की-धरी रह गई। अन्ततः सुकरात को विष का प्याला पीकर अपनी इहलीला समाप्त करनी पड़ी।

सामान के ढेर में आदमी का खोना

स्वामी राम ने यूरोप के किसी भाग से गुज़रते समय देखा कि एक धनी व्यक्ति के घर में भयंकर आग लगी हुई थी। लोग उसके घर के अन्दर से सारा सामान निकालकर बाहर ला रहे थे। धनी व्यक्ति रोते हुए चीख रहा था कि मेरी तिजोरी, हीरे-जवाहरात, सभी कीमती सामान बचा लो। सारा सामान बाहर आ जाने पर लोगों ने उस धनी व्यक्ति से कहा कि जो भी मूल्यवान वस्तु दिखी सभी बाहर निकाल लिए गए। अब केवल एक बार और अन्दर जाया जा सकता है। कुछ और आवश्यक हो, तो जल्दी बता दो। मकान मालिक ने कहा कि मेरा दिमाग काम नहीं कर रहा। तुम लोग स्वयं ही अन्दर जाकर देख लो, जो भी दिखे ले आना। कुछ देर बाद वे लोग रोते-चीखते बाहर आ गए। मकान मालिक का एकमात्र–बेटा जो सोया पड़ा था, जलकर मर चुका था। उधर लोग सामान बचाने में लगे रह गए।

स्वामी राम ने उस दिन अपनी डायरी में लिखा–आज सारी दुनिया में यही हो रहा है, सामान के ढेर में आदमी खो रहा है।

निश्चल प्रेम और त्याग

इटली के पास सिसली एक द्वीप है। वहाँ का राजा डोमिसियस था। वह पहले सेना में सामान्य स्तर का सैनिक था। तिकड़म से वह एक दिन सेना का जनरल बन गया। एक दिन ऐसा भी आया कि वहाँ के राजा की हत्या कर वह राजा बन गया।

डोमिसियस के राज्य में पीथियस और डामन नामक दो व्यक्ति रहते थे। दोनों अभिन्न मित्र थे। किसी कारण से राजा ने पीथियस से नाराज हो उसे मृत्युदंड की सजा सुनाई। एक निश्चित दिन उसे फाँसी पर लटकाया जाना था। पीथियस ने कहा–"महाराज! मैं सज़ा भुगतने को तैयार हूँ। पर मुझे फिलहाल घर जाने की आज्ञा दें, ताकि मैं अपने परिवार की आगे की सारी व्यवस्था करके समय से पूर्व यहाँ आ

जाऊँ।'' राजा ने कहा–''ऐसा भी होता है क्या! कहीं तुम न आओ और अन्य जगह भाग जाओ। नहीं, ऐसी आज्ञा मैं नहीं दे सकता।'' पीथियस के बहुत गिड़गिड़ाने पर राजा ने कहा–''मैं एक शर्त पर तुम्हें जाने की आज्ञा दे सकता हूँ कि तुम अपना कोई जामिन यहाँ रख जाओ ताकि तुम्हारे सही समय पर न आने पर उसे ही तुम्हारी जगह फाँसी दी जा सके।'' इस पर पीथियस के मित्र डामन ने कहा–''महाराज! मैं जामिन बनता हूँ पीथियस का। आप उसे जाने की आज्ञा दे दें।'' राजा ने उसे बहुत समझाया कि क्या भरोसा पीथियस समय पर आएगा या नहीं। अतः क्यों उसके लिए अपने जीवन से खिलवाड़ कर रहे हो? पर डामन टस-से-मस न हुआ। पीथियस को फाँसी के एक दिन पूर्व आ जाने को कहकर उसे जाने की आज्ञा दे दी गई। पीथियस इटली में अपने घर आया। घर की सारी व्यवस्था कर अपने परिवारवालों से मिलकर वापस सिसली के लिए जहाज़ से चल पड़ा। वह समय पर आ गया होता, यदि उसका जहाज़ समुद्र में तूफान के कारण विपरीत दिशा की ओर न बह जाता।

फाँसी के एक दिन पूर्व पीथियस को आ जाना था। वह न आ सका तो राजा ने डामन से व्यंग्य में कहा–''देखो! तुम्हारे मित्र ने कैसा धोखा दिया! मैं कहता था न कि अपने प्राण को दूसरों के लिए न्योछावर मत करो। पर तुमने मेरा कहना न माना। अब तो तुम्हें फाँसी पर लटकाना ही होगा।''

डामन ने कहा–''महाराज! मुझे पीथियस पर पूर्ण भरोसा है। वह कुछ कारणवश अब तक न आ सका। पर वह आएगा अवश्य।''

फाँसी का निर्धारित समय आ गया और पीथियस नहीं आया, तो राजा ने डामन को फाँसी पर लटकाने की आज्ञा दे दी। डामन के चेहरे पर शिकन तक न थी। डामन ने गले में फाँसी का फन्दा दिया गया। चेहरे पर काली टोपी पहना दी गई। जल्लाद रस्सी खींचने ही वाला था कि हज़ारों की भीड़ को चीरता हुआ, पसीने से तर-बतर, हाँफता हुआ एक व्यक्ति चिल्लाता आ रहा था–''रुको, रुको, मैं आ गया। मैं हूँ पीथियस। फाँसी की सज़ा मुझे दे दो। मेरे मित्र डामन को मुक्त करो।'' जल्लाद रुक गया, राजा की ओर देखने लगा। राजा ने कहा–''अब यह नहीं हो सकता। क्योंकि समय हो चुका है। डामन के गले में फन्दा डाल दिया गया है। तुम्हारी जगह डामन को ही मृत्युदंड मिलेगा।'' पीथियस ने कहा–''महाराज! अपराध मैंने किया है तो सजा भी मैं ही भुगतूँगा।'' इस पर डामन ने कहा–''महाराज! पीथियस को वादे के अनुसार कल ही आना था। आज भी वह आया तो तब जब मैं काली टोनी पहन चुका हूँ, फन्दा मेरे गले में डाल दिया गया है। अब तो मुझे ही फाँसी दी जानी चाहिए। पीथियस को छोड़ दिया जाए।'' पीथियस ने कहा–''नहीं महाराज! यह उचित न्याय न होगा, क्योंकि अपराध डामन ने नहीं किया। वह तो निर्दोष है। एक के किए की सजा दूसरा कैसे भुगत सकता है! डामन को छोड़ दिया जाए। समुद्री तूफान में भटक

जाने के कारण मैं विलम्ब से आया। पर फाँसी के समय उपस्थित हो गया। मैंने वादा तोड़ा नहीं।''

डामन ने प्रतिकार किया और कहा—''एक मित्र के लिए यह शरीर काम आ गया, तो इससे बढ़कर दुनिया में श्रेष्ठ कार्य और क्या हो सकता है! फाँसी पर मैं चढ़ूँगा।'' पीथियस ने कहा—''यदि निर्दोष डामन मेरी जगह फाँसी पर लटकाया गया तो दुनिया मुझ पर थूकेगी। मैं सारा जीवन इस ताप से जलता रहूँगा। अपने मित्र के परिवार के सामने कौन-सा मुख लेकर जाऊँगा! नहीं, फाँसी मुझे दो।''

पीथियस कहता है कि फाँसी मुझे दो। डामन कहता है कि मुझे दो। राजा द्रवीभूत हो गया। उन दोनों की निश्चल, पाक मित्रता को देख। उसने दोनों को ही मुक्त कर दिया।

डोमिशियस जिस छल-बल से सैनिक से जनरल और फिर राजा बना, उसे सदा भय रहता था कि अन्य कोई उसी प्रकार छल-बल का सहारा लेकर उसे मारकर गद्दी न छीन ले। इसलिए उसे किसी पर विश्वास न था। यहाँ तक कि अपनी सगी बेटी द्वारा बनाए भोजन पर भी विश्वास न होता था। उसने सोचा कि यदि डामन और पीथियस जैसे लोगों की मित्रता मिल जाए, तो उसका जीवन भी धन्य हो जाए। अतः उसने पीथियस से कहा—''मैंने तुम्हारी सज़ा माफ़ की। पर मेरा एक आग्रह है कि तुम दोनों की मित्रता में मैं एक तीसरा साझीदार बनना चाहता हूँ। मुझे भी अपना मित्र बना लो।'' तब उन दोनों मित्रों ने कहा—''राजन! आप मुझे जो भी सज़ा देना चाहो, दे सकते हो। पर आप जैसा चरित्रवाला व्यक्ति मेरा अभिन्न मित्र नहीं हो सकता। हमें क्षमा करो।'' यह सुन डोमिसियस रो पड़ा।

जीवन में निश्चल प्रेम और त्याग की एक अलग ही महिमा है। श्रीकृष्ण सुदामा की कथा कौन नहीं जानता!

बेयरे का कर्ज

बोल्शेविक दल के नेता लेनिन को रूस के जारशाही प्रशासन ने निष्कासित कर दिया था। वह उन दिनों फ्रांस की राजधानी पेरिस में निर्वासित जीवन व्यतीत कर रहा था।

एक दिन लेनिन भूखा और अत्यन्त बेहाल स्थिति में पेरिस के प्रसिद्ध होटल द्योरोनोंद में आकर बैठ गया। बेयरा के आने पर खाने का ऑर्डर तो दे दिया, पर पास में बिल चुकाने के लिए पैसा न था। काफी कुछ खा लेने के बाद लेनिन ने बेयरे से झिझकते हुए कहा—''मेरे पास बिल चुकाने के पैसे नहीं। राजनीतिक कारण से मैं निर्वासित जीवन व्यतीत कर रहा हूँ। फ्रांस के अतिथि के रूप में यदि तुम मुझे बिल चुकाने लायक पैसे

दे दो, तो रूस वापस जाकर ये पैसे तुम्हें लौटा दूँगा।'' लेनिन की इस दयनीय स्थिति पर द्रवीभूत होकर बेयरे ने उसे पैसा दे दिया।

रूसी क्रान्ति के फलस्वरूप जार को सपरिवार मौत के घाट उतारकर बोल्शेविकों ने सत्ता पर अधिकार कर लिया। तब लेनिन को उपरोक्त कर्ज की याद आई। उसने कर्ज की पूरी राशि ढेरों उपहार सहित उस बेयरे को सधन्यवाद भेजा। पर उस बेयरे ने निम्न सन्देश के साथ हाथोहाथ सारी चीजें, लौटा दीं कि वह पैसे उसने एक गरीब, भूखे, निर्वासित व्यक्ति को उधार दी थी, न कि एक महान शक्तिशाली राष्ट्र के शासक को।

सामूहिक अर्थदंड

न्यूयॉर्क में एक मेयर की अपने न्याय के लिए ख्याति थी। मुक़दमे का निर्णय ऐसा सटीक होता कि वादी-प्रतिवादी दोनों सन्तुष्ट हो लौटते—दूध का दूध और पानी का पानी—ऐसा था उनका न्याय।

एक दिन एक चोर पर रोटियाँ चुराने का आरोप लगा। उसे उनके सामने उपस्थित किया गया। चोर द्वारा रोटी चुराने का अपराध स्वीकार कर लेने पर मेयर ने दो डॉलर अर्थदंड सुनाने के बाद वहाँ उपस्थित सभी लोगों की ओर देखते हुए कहा—''आप सब लोग जो यहाँ उपस्थित हैं, उन पर आधा-आधा डॉलर का अर्थदंड किया जाता है। यह हमारी और आपकी आपाधापी एवं अतिसंग्रह का ही परिणाम है कि एक व्यक्ति को भूखा रहना पड़ा तथा विवश होकर उसे चोरी करनी पड़ी। अतः आप और हम सभी दंड के अधिकारी हैं।''

फैसला सुननेवाले सभी आश्चर्यचकित और मूक हो गए।

कर-मुक्ति के लिए गोडिवा अनावृत

सन् 1940 में गार्सिया में एक प्रतिष्ठित व्यक्ति लियोफिक की पत्नी लेडी थी गोडिवा! वह बहुत ही धार्मिक विचारों एवं अपने राज्य की गरीब जनता का हिताभिलाषी थी। अपने पति द्वारा गरीब प्रजा पर भारी कर लगा दिए जाने के कारण बहुत दुखी रहती थी। इस सन्दर्भ में लियोफिक अपनी पत्नी की कुछ भी सुनने को तैयार न था। एक दिन इसी विषय पर बातचीत के सिलसिले में उसने अपनी पत्नी से कहा कि यदि वह अपने शहर की गलियों में नग्न होकर घूम आए, तो वह अपनी जनता को कर मुक्त कर देगा।

जनता की भलाई को दृष्टिगत रखते हुए लेडी गोडिवा वस्त्रहीन हो गलियों में निकल पड़ी। उसने अपने लम्बे बालों की सहायता से अपने कोमलांग ढक लिये थे। जनहित की दृष्टि से गोडिवा के इस कार्य की सराहना करते हुए जनता ने उस दिन घर के दरवाजे-खिड़कियाँ बन्द कर रखे! गलियाँ जनविहीन एवं सुनसान हो गईं।

इस घटना का प्रभाव लियोफिक पर पड़ा। उसने राज्य के लोगों को कर-मुक्त कर दिया गया।

मूकद्रष्टा भीड़

मेरे एक मित्र पी. चटर्जी के मामा वर्षों पूर्व इंग्लैंड जाकर बस गए थे। वहीं एक अंग्रेज लड़की से विवाह कर लिया था। इस दम्पति के एक पुत्र और एक पुत्री थी।

उन दिनों मैं और पी. चटर्जी गया में रेल विभाग में गार्ड थे। एक बार चटर्जी के मामा सपरिवार गया आए हुए थे। एक दिन मैं चटर्जी के यहाँ पहुँचा तो चटर्जी अपने ममेरे भाई के साथ बैंक से कुछ पैसे निकालने जा रहा था। बाजार तो मुझे भी जाना था, सो मैं भी साथ हो लिया।

काउंटर पर लाइन में हम लोग खड़े हो गए। काउंटर क्लर्क अपनी सीट पर नहीं था और लाइन बढ़ती जा रही थी। पन्द्रह मिनट हो गए। गया की भीषण गर्मी में पसीने में लोग तर-बतर हो रहे थे। पंखे की हवा न के बराबर थी। कुछ देर बाद जब काउंटर क्लर्क आया, तो भीड़ की ओर बिना देखे, अपनी सीट पर बिखरे कागजात एक ओर समेटकर एक पत्र पढ़ने लगा। फिर एक सिगरेट सुलगाई और फूँकने लगा। यह सब कर चुकने के बाद वह काम करने के मूड में आया। कागज एक ओर समेटकर लाइन में सबसे आगे खड़े एक वृद्ध आदमी का पासबुक एवं भुगतान काग़ज़ लेने को हाथ बढ़ा ही रहा था कि तब तक काउंटर की जाली के दूसरी ओर से किसी बैंक कर्मचारी ने उसे अपने काग़ज़ पकड़ाए और भुगतान के पैसे अपनी जेब में ठूँसकर अन्दर चलता बना। पंक्ति में खड़े लोग मूर्तिवत् मूक बने देखते रहे, किसी ने कोई प्रतिक्रिया व्यक्त न की।

श्री चटर्जी के ममेरे भाई ने कहा–"वाह! यह भारत के राष्ट्रीय चरित्र का एक नमूना है। पंक्तिबद्ध लोग नपुंसक बने, चुप्पी साधे खड़े हैं।" मैंने लौटते समय उससे पूछा–"क्या तुम बता सकते हो कि इस घटना का केवल तुम्हारे मन पर प्रतिक्रिया क्यों हुई, अन्यों पर क्यों नहीं?" ममेरे भाई ने कहा–"वेरी सिम्पल! इस तरह की ज्यादती तुम सभी अपनी डेली लाइफ में स्वीकार कर चुके हो। दिस हैज बिकम ए लाइफस्टाइल ऑफ योर्स–This has become a life style of yours."

मैंने कहा–"भाई! तुम ठीक कह रहे हो।" वह चौंका और बोला–"हो गया न! इतना कुछ देख-सुन लेने पर भी तुम्हारे पास भी कहने के लिए मात्र इतने ही शब्द हैं–ओनली दिस मच यू हैव टू डू अगेंस्ट दिस?" उसकी आँखों में आँखें डालकर मैं चाहते हुए भी कुछ न कह सका। वह अपनी बात का उत्तर पाने के लिए मेरी ओर गहरी नज़रों से देख रहा था। मेरी पलकें शर्म से उठ नहीं रही थीं।

नेपोलियन की महानता

एक गरीब घर में जन्मा, अभावों में शिक्षण पानेवाला फ्रांस का नेपोलियन बोनापार्ट जब प्राथमिक विद्यालय में पढ़ता था, तो उसकी पाठशाला के पास एक बुढ़िया फलों की टोकरी लेकर बैठती थी। बुढ़िया दयालु थी और अभावग्रस्त छात्रों को फल उधार दे दिया करती। पैसा चाहे बाद में मिले या न मिले। नेपोलियन भी यदा-कदा उससे फल उधार ले लिया करता।

पाठशाला से नेपोलियन ने स्कूल में प्रवेश किया। तदुपरान्त फौज में भर्ती हो गया। अपनी कार्यक्षमता, साहस व संकल्प के सहारे तरक्की करते-करते वह फौज का जनरल और अन्ततः फ्रांस का सम्राट बन बैठा।

अपने कार्य के दौरान एक दिन वह उसी पाठशाला की ओर से गुजर रहा था। उसे अपने विद्यार्थी-जीवन का स्मरण हो आया और फलोंवाली बुढ़िया की याद आ गई। उसे मिलने की इच्छा हुई। पता लगाकर वह बुढ़िया की कुटिया पर जा पहुँचा। बुढ़िया ने पूछा–"भइया! तुम कौन हो और क्या चाहते हो?"

"मइया! तुमने पहचाना नहीं? मैं वही गरीब विद्यार्थी हूँ, जिसे यदा-कदा तुम फल उधार दे दिया करती थी। आज मेरे पास पैसे हैं और तुम्हारा यह उधार चुकाने आया हूँ। बोल, कितने पैसे दूँ?"

"हाँ, भाई कुछ-कुछ धुँधली-सी स्मृति है। तुम्हारे उस नटखट जीवन की। पर वह तो पुरानी बात हो गई। अब कुछ भी लेना-देना नहीं रह गया। तुमने कह दिया और मैं सब पा गई। जाओ जहाँ भी रहो, खुश रहो।"

नेपोलियन उस बुढ़िया की उदारता पर निहाल हो गया और अपनी जेब से सोने के सिक्कों से भरा एक बटुआ उसके चरणों पर रखकर लौट गया। बुढ़िया अवाक् उसे देखती रह गई।

वहाँ इकट्ठी भीड़ में से एक ने बुढ़िया के पास आकर कहा–"अरी बुढ़िया! फ्रांस का बेताज बादशाह नेपोलियन आज तुम्हारे दरवाजे पर आया और तुमने उसका स्वागत नहीं किया! कैसी है तू?"

इतना सुनते ही बुढ़िया द्रवित हो कह उठी–"कैसा नेक और ईमानदार इनसान है वह!"

डाकू का हृदय परिवर्तन

एक यहूदी अस्पताल का डॉक्टर अपने बैग में लाखों डॉलर रखकर दवा एवं उपकरण लेने के लिए अमेरिका के न्यूयॉर्क में कार से चला जा रहा था। एक मोड़ पर एक डाकू ने बलात् कार रुकवाई तथा पिस्तौल दिखाकर बोला–''यह सारी रकम तुरन्त मेरे सुपुर्द कर दो अन्यथा शूट कर दूँगा।'' डॉक्टर मायूसी में बोला–''देखो भइया! यदि यह रकम मेरी अपनी होती, तो बड़ी खुशी से तुम्हें दे देता। यह सारा धन अस्पताल का है, जिससे मैं दवाएँ और उपकरण लाकर मरीजों की चिकित्सा में प्रयुक्त करूँगा। इसके अभाव में मरीज मर जाएँगे, जिसका पाप तुम्हें लगेगा और सभी तुम्हें कोसेंगे। अस्पताल के लिए यह रकम देनेवाले आप ही के भाई-बन्धु हैं। और दान दी हुई रकम छीनना शोभनीय कर्म नहीं होगा। फिर भी यदि तुम लेने के लिए मुझे विवश करते ही हो, तो सर्वप्रथम मुझे मार दो, ताकि सुननेवाले यह न कहें कि मैंने झूठा बहाना बनाकर दान की यह रकम डकार ली।''

यह सुनते ही डाकू का हृदय द्रवीभूत हो गया। उसने छीना हुआ बैग ही केवल नहीं लौटाया वरन् अपनी ओर से भी पचास हजार डॉलर डॉक्टर को दे दिया और कहा–''डॉक्टर! क्षमा करना। मैं भी मनुष्य हूँ। ये रकम गरीब मरीजों की सेवा में लगा देना। भगवान तुम्हारा भला करे।''

पथिकों का मसीहा

कॉलेज का वह छात्र न्यूयॉर्क की एक डाकगाड़ी से प्लेटफॉर्म पर उतरा! स्टेशन से बाहर आकर चलने ही वाला था कि मूसलाधार बारिश होने लगी। पास में छाता न होने से एक ओर बरसाती में खड़ा हो गया। तभी एक वृद्ध व्यक्ति उसके पास आकर उसके सिर पर अपनी छतरी तानकर बोला–''चलो बेटे! मैं तुम्हें मंजिल तक छोड़ आता हूँ।''

छात्र उस वृद्ध के साथ चल दिया। कॉलेज के हॉस्टल में उसे पहुँचाकर जब वृद्ध चलने लगा, तो छात्र ने पूछा–''बाबा! मेरे साथ आपका कोई पूर्व परिचय नहीं। फिर आपने कष्ट उठाकर यह सेवा क्यों की?'' यह सुन वुद्ध रो पड़ा, बोला–''आज से तीस वर्ष पूर्व की बात है। मैं बहुत गरीब था। पिकनिक पर गए मेरे तीन जवान बेटे ऐसे ही बारिश में भीगते हुए घर लौटे। उन्हें निमोनिया हो गया और फिर वे तीनों ही हमेशा के लिए मुझे बेसहारा छोड़ गए। उन्हीं की स्मृति में यह छतरी लेकर मैं घूमता रहता हूँ। बारिश में बिना छतरीवालों की इसी प्रकार सिर पर छतरी देकर उन्हें उनकी मंजिल

तक पहुँचा आता हूँ। ताकि मेरे नौजवान बेटों की तरह और कोई बारिश में भीगकर अपने माँ-बाप को बेसहारा न छोड़ जाए।''

बारिश में बिना छतरीवाले लोगों की सहायता करनेवाला यह वृद्ध व्यक्ति अमेरिका के न्यूयॉर्क का एक समाजसेवी था–सर जॉन फेब्रिक। पूरे अमेरिका में 'पथिकों का मसीहा' के रूप में वह वृद्ध जाना जाता है।

जॉन गॉल्स वर्दी

लन्दन के प्रसिद्ध पुस्तक विक्रेता की दूकान पर एक वृद्ध सज्जन ने आकर यात्रा के दरम्यान समय काटने के लिए एक अच्छी-सी पुस्तक की माँग की। काउंटर पर खड़ी सेल्स-गर्ल ने उन्हें क्यू (लाइन) में जाकर खड़े हो जाने को कहा। वृद्ध व्यक्ति बिना कुछ एतराज किए क्यू में जाकर खड़ा हो गया। एक घंटा क्यू में खड़ा रहने के बाद उसका नम्बर आया तो सेल्स गर्ल ने पूछा कि आपको कैसी पुस्तक चाहिए। वृद्ध ने कहा कि मुझे ऐसी पुस्तक चाहिए जिसे मैं यात्रा-काल में पढ़ सकूँ। तब सेल्स गर्ल ने बताया–द फार इस्ट सांग (The Far East Song) मैंने अभी कुछ ही दिन पूर्व पढ़कर समाप्त की है। बड़ी सरस पुस्तक है–जॉन गॉल्स वर्दी की एक नवीनतम रचना और इसकी एक प्रति निकालकर उस वृद्ध को दे दी। वृद्ध उसका मूल्य चुकाकर पुस्तक ले गया। पर थोड़ी देर बाद पुनः लौटा और वह पुस्तक सेल्स गर्ल को वापस कर दी।

हैरानी के साथ सेल्स गर्ल ने पुस्तक हाथ में ले ली और पुस्तक के पन्ने उलटकर देखने लगी की क्या गड़बड़ी हो गई। प्रथम पृष्ठ खोलते ही उसकी दृष्टि उस पर लिखे शब्दों पर गई तो पढ़ते ही वह सहसा स्तब्ध रह गई। उस पर यह शब्द अंकित था– 'सप्रेम भेंट उस लड़की को, जिसे मेरी रचना रुचिकर और सरस लगी।' इसके नीचे लाल स्याही में हस्ताक्षर थे–जॉन गॉल्स वर्दी। अचानक उसे यह बोध हुआ–अरे! यह वृद्ध स्वयं पुस्तक का लेखक जॉन गॉल्स वर्दी ही थे। और सेल्स गर्ल ने आँखें उठायी तो पाया कि वह वृद्ध व्यक्ति वहाँ से जा चुका था।

उछलते उमंगों का चमत्कार

कैंसर रोग से बुरी तरह आक्रान्त इंग्लैंड की एक महिला को वहाँ के डॉक्टरों ने कह दिया कि उसका जीवन बमुश्किल छह माह शेष रह गया है। कैंसर उपचार हेतु करोड़ों रुपए लागत के उपकरण उपलब्ध करना उन डॉक्टरों के बूते के बाहर था। अतएव

उस महिला का उपचार न हो सका। यहीं से उस महिला की चिन्तनधारा बदली। अपने जीवन के शेष बचे छह मास का सदुपयोग उसने दीन-हीन निरीहों की सेवा में लगा दिया। कैंसर-पीड़ितों की सेवा हेतु उस महिला ने अपने देशवासियों से आर्थिक सहायता की अपील रेडियो-टीवी चैनलों पर की। फलतः धन की ऐसी वर्षा हुई कि कैंसर की एक मशीन तो क्या, तीन-तीन मशीनें आ गईं। एक सर्व-सुलभ, सर्व-सुविधा सम्पन्न अस्पताल का भी निर्माण हो गया। महिला इन सब कार्यों की अहर्निश व्यवस्था में इतनी व्यस्त रही कि अपने रोग की भी चिन्ता उसे न रही। डॉक्टरों द्वारा घोषित अपने मरने की बात का स्मरण भी उसे न रहा। और जब स्मरण आया तब तक एक वर्ष निकल गया था। स्मरण आने पर महिला ने अपना पुनर्निरीक्षण कराया तो कैंसर का एक भी चिह्न वहाँ न दिखा—कैंसर गायब।

यह था उस महिला के उछलते उमंगों का ही एक चमत्कार!

श्रमदेवता का एकनिष्ठ आराधक

अमेरिका के कोलम्बिया स्टेट के एक एस्बेस्टस कारखाने की दुर्घटना में तीन श्रमिकों की मृत्यु हो गई। घटना की जाँच के लिए 9 देशों के सम्मिलित अन्तर्राष्ट्रीय श्रम संगठन के डाइरेक्टर जनरल स्वयं आ रहे थे। उनकी अगवानी में सैकड़ों मजदूरों के साथ मृतक मजदूरों की पत्नियाँ भी खड़ी थीं। महानिदेशक के विषय में मजदूरों की धारणा थी कि महानिर्देशक बड़ा ठाठ-बाटवाला कोई रोबीला व्यक्ति होगा।

उनके सामने खड़ा होते ही मृतक श्रमिकों की पत्नियाँ अवाक् उन्हें देखती ही रह गईं। वह हँसमुख व्यक्ति उन मृतकों के ही कारखाने में काम करनेवाला 6 फीट का हट्टा-कट्टा एक सामान्य मजूदर था, जो यदा-कदा उनके निवास पर आता-जाता रहता था। उन्हें विश्वास नहीं हो रहा था कि साधारण वेश-भूषा में रहनेवाला उनका ही वह हमदर्द अन्तर्राष्ट्रीय श्रम संगठन का डायरेक्टर जनरल है। उन्हें उस समय और आश्चर्य हुआ कि यही वह व्यक्तित्व है जो वहाँ के विश्वविद्यालय के वाद-विवाद दल का शीर्षस्थ वक्ता तथा एक वकील भी है। यही वह व्यक्ति है जिसने न्यूजर्सी की ड्राइक्लीनिंग इंडस्ट्री तथा न्यूयॉर्क के दुग्ध उद्योग के श्रमिकों के हित में निःशुल्क मुक़दमे में पैरवी की थी। जिससे विवश हो अमेरिकी सरकार को श्रमिक कानून बनाने पड़े थे।

जब महानिदेशक ने अपने आने का कारण बताते हुए उन मृतक श्रमिकों की पत्नियों से पूछा कि उन लोगों को कैसी, किस प्रकार की सहायता चाहिए? तब मृतकों की पत्नियों की आँखों में दुख की जगह आनन्द के आँसू निकल पड़े। उनके जो उत्तर थे आज हमारे श्रमिकों को मार्गदर्शन देनेवाला है। मृतकों की पत्नियों ने

कहा—"आप आ गए, भाई साहब! बस सहायता मिल गई। इतने बड़े पद पर रहकर भी आप मजदूरी करते हैं। मैं समझ गई मजदूरी आपकी बोझ नहीं, बल्कि एक शान है जिससे आपने जीवनरूपी मन्दिर में श्रमदेवता की प्रतिष्ठा की है। जिसकी बदौलत आज देश में प्रगति, उन्नति, अच्छाई व विकास दिख रहा है। हमें यह समझ आ गया कि ईश्वर- प्रदत्त यह स्वस्थ शरीर एवं सबल मन जब तक मेरे पास है, तब तक किसी सहायता की आवश्यकता नहीं। अब तक हम सब सोचती थीं कि श्रमिक निकृष्ट जन होते हैं जबकि श्रम न करनेवाले उत्कृष्ट। आपको देखकर अब यह भ्रम मिट गया और सोच पलट गई। हम सब आपके कृतज्ञ हैं।"

श्रमदेवता का यह एकनिष्ठ आराधक था कोलम्बिया की एक फैक्टरी में काम करनेवाला मजदूर—डेविस मोर्स।

देर आए दुरुस्त आए

मेरे एक मित्र ने अपने सुपुत्र राजेश को प्रथम श्रेणी में परीक्षोत्तीर्ण होने की खुशी में एक नई कीमती घड़ी दी। एक दूकान में पिता द्वारा प्राप्त घड़ी को बेचकर राजेश अपने चुलबुले चमचों को लिये हुए पटना एक्जीविशन रोड पर अवस्थित पिंटो होटल में आकर एक मेज के दोनों ओर कुर्सियों पर आ बैठा। बेयरा के आने पर नमकीन, काजू, चिप्स व रसगुल्लों का ऑर्डर दे दिया। इसी बीच एक चमचे ने चुटकी ली—"अमाँ यार! रोज तो तू अपने बाप के पर्स से दस-बीस रुपए निकाल पाता था, पर आज एक बंडल कैसे उड़ाया!" राजेश जवाब देने ही वाला था कि देखा अपने बाप को होटल में प्रवेश करते हुए। एक क्षण को लगा जैसे उसके बाप की दृष्टि उस पर पड़ गई है। पर वे तो चुपचाप आगे बढ़ते चले गए। दूर की एक मेज पर जाकर बैठ गये! बेयरा राजेश का ऑर्डर लेकर आया, मेज पर सजाकर रख दिया। चमचे टूट पड़े, पर राजेश को तो जैसे साँप सूँघ गया। वह सकपकाया-सा धीरे-धीरे काजू-चिप्स टूँग रहा था। छिपी नज़रों से अपने बाप को चाय की चुस्की लेते देख रहा था। चमचों को आश्चर्य हो रहा था कि सदा चहचहानेवाला राजेश यकायक चुप क्यों है! एक-एक मिनट राजेश को भारी लग रहा था। उसे ध्यान नहीं रहा कि कैसे वह पिंटो होटल से बाहर निकला और कब उसके मित्र विदा हुए। बाहर की खुली हवा में साँस लेने से उसे कुछ शान्ति मिली। पर वह घर नहीं गया, इधर-उधर भटकता हुआ गांधी मैदान में बेंच पर बैठा रहा। सूर्यदेव के अस्ताचलगामी होने पर उठा। उसके पैर धीरे-धीरे घर की ओर बढ़ने लगे। घर के बरामदे में प्रवेश करने पर देखा कि पिताजी अपने कमरे की खिड़की के पास कुर्सी पर बैठे अखबार पढ़ रहे हैं। चोर की नाईं राजेश अपने कमरे में घुसकर चुपचाप कुर्सी में धँस गया और सुख की साँस लेने लगा। तभी उसकी दृष्टि कुर्सी के समीप रखी मेज पर

जो पड़ी तो वह उछल पड़ा। पिता द्वारा उपहार में दी हुई घड़ी थी मेज पर–जिसे वह होटल में जाने से पूर्व एक दुकान में बेच आया था। फिर यह यहाँ कैसे आ गई? कौन लाया यहाँ? उसका हाथ बरबस घड़ी की ओर चला गया, तो देखता है कि घड़ी के नीचे एक छोटा-सा कागज दबा पड़ा था। कागज उठाया तो उसमें लिखा हुआ था–

'मेरे नौनिहाल! होटल की प्लेटों में रखी वस्तुएँ तो जूठी होती हैं। पेट में जाकर गन्दी हो जाती हैं। घड़ी उससे ज्यादा वज़नी और कीमती है। मेरा भरोसा तुमने खो दिया था। पुनः अपना खोया हुआ भरोसा तुम्हें वापस कर रहा हूँ, इस विश्वास के साथ कि अब इसे सँभालकर रख सकोगे!'

राजेश को लगा कि पिताजी भयंकर पिटाई कर देते, वह अच्छा होता। पत्र का एक-एक अक्षर तीर की नोक की तरह चुभने लगा था। अपने पिता का भरोसा खो देने से अच्छा था चुल्लू भर पानी में डूब मरना! उसकी आँखें छलछला आईं। वह दौड़ा आया पिता के कमरे में, गिर पड़ा उनके चरणों में–"पिताजी! मैंने बहुत बड़ी गलती की। अब ऐसा नहीं होगा। क्षमा कर दें।"

'कोई बात नहीं। देर आए, दुरुस्त आए।" ऐसा कहते हुए पिता ने उसे उठाया और सिर पर प्रेम से हाथ फेरने लगे।

चौकीदार से मैनेजर

एक व्यक्ति था डीन जोन्स–अमेरिका के साधारण होटल में रात की चौकीदारी करता था। होटल में ही रहने के लायक एक कमरा मिला हुआ था।

एक रात्रि मूसलाधार बारिश में एक दम्पती उसके पास आया। देखने में सम्भ्रान्त लगता था। वस्त्र वर्षा से गीला था। जिससे जल टपक रहा था। दम्पती रात्रि काटने हेतु एक कमरा चाहता था। डीन जोन्स के होटल में कोई भी कमरा खाली न था, अतः उसने क्षमा माँगी। दम्पती परेशान कि इस बरसाती रात में अब कहाँ जाएँ और क्या करे। उसकी परेशानी देख डीन जोन्स ने सहृदयतावश उस दम्पती को अपने छोटे साधारण-से कमरे में रात्रि काट लेने का आग्रह किया। दम्पती ने पूछा–"फिर तुम कहाँ रात्रि विश्राम करोगे?" तब जोन्स ने कहा–"आप दोनों मेरी चिन्ता न करें। मैं तो अभ्यस्त हूँ। होटल की इस टेबल पर बैठकर ही रात्रि काट लूँगा।" दम्पती फिर निश्चिन्त हो उसके कमरे में टिक गए और सुबह होने पर वहाँ से चले गए अपने गन्तव्य को।

एक वर्ष के पश्चात् जोन्स के नाम न्यूयॉर्क से एक लिफाफा मिला, जिसमें न्यूयॉर्क जाने के एक टिकट के साथ उसमें एक पत्र था। पत्र में लिखे पते पर उसे वहाँ आने

का आग्रह किया गया था। जोन्स उस पते पर न्यूयॉर्क पहुँचा तो उस दम्पती को पहचान गया। दम्पती ने वहाँ पर एक सुन्दर होटल बनाया था। उन्होंने जोन्स का बड़ा सत्कार किया और उससे अपने उस नवनिर्मित होटल के मैनेजर का पद सँभालने का आग्रह किया।

जोन्स से कहा—"महोदय! पर मैनेजर पद के योग्य मेरी काबिलियत कहाँ है?"

तो दम्पती ने कहा—"प्रिय जोन्स! तुम्हारी सबसे बड़ी काबिलियत तो तुम्हारी मानवता है जो तुम्हारे हृदय में कूट-कूटकर भरी है जो हम दोनों ने पिछले दिनों उस बरसाती रात में देखी थी।"

और डीन जोन्स अपने मानवीय गुणों के कारण चौकीदार से मैनेजर बन गया।

वस्तु का मूल्यांकन

स्वदेश-प्रेमी महाराजा रणजीत सिंह राजसभा में बैठे अपने दरबारियों से राज-चर्चा कर रहे थे। एक अंग्रेज व्यापारी के आने की सूचना उन्हें दी गई। अंग्रेज व्यापारी कुछ नफीस वस्तुएँ बेचने के लिए लाया था। सम्मानपूर्वक उसे दरबार में बुलाया गया। दरबार में उपस्थित हो अंग्रेज व्यापारी ने महाराज को काँच का एक सुन्दर फूलदान उपहारस्वरूप भेंट किया और विविध प्रकार की नवीन, मनमोहक सामग्री निकालकर विक्रय हेतु उपस्थित किया।

उन वस्तुओं की सुन्दरता की दरबारियों ने सराहना की। पर महाराज ने उपहारस्वरूप दिए गए उस काँच के फूलदान को उलट-पलटकर देखा और एक भी शब्द बोले बिना उसे फेंक दिया। जो फर्श पर गिरकर टूट गया। दरबारी और व्यापारी अवाक् देखते रहे। सभी के मन में यही विचार उठ रहा था कि इतने सुन्दर फूलदान को फेंककर महाराज ने यह क्या किया? तभी महाराज ने एक सेवक को बुलाकर उन टुकड़ों को इकट्ठा कराया और व्यापारी को उसका मूल्य चुका देने का आदेश दिया। तत्पश्चात् वहीं पहले के रखे एक फूलदान को उठाकर व्यापारी को दिखाते हुए कहा कि यह हमारा स्वदेशी फूलदान है पीतल का और उसे भी फर्श पर फेंक दिया, जो टूटा नहीं। फिर सेवक से कहा कि इस फूलदान को हथौड़े से तोड़ दो। उसने वैसा ही किया।

फिर दोनों फूलदान के टुकड़ों को बाजार में बेच आने के लिए एक दरबारी को भेजा। पीतल बनानेवाले दूकानदार ने पीतलवाले फूलदान के टुकड़े को खरीद लिया, पर काँचवाले फूलदान के टुकड़ों को खरीदने को कोई तैयार न हुआ। दरबारी ने लौटकर महाराजा के सामने पीतल के टुकड़े रखकर वस्तुस्थिति उन्हें बता दी। तब महाराज ने अंग्रेज व्यापारी से कहा—"मेरे भाई! हम तो ऐसी वस्तु खरीदना नहीं चाहते, जो टूटने

या बिखर जानेवाली हो, टूटकर जो अपना अस्तित्व ही नहीं मूल्य भी खो दे। हम तो ऐसी वस्तु खरीदना चाहेंगे जो टूट जाने पर भी अपना कुछ तो मूल्य रखे। भले ही वह खरीद मूल्य से कम हो। आपकी वस्तुएँ हैं तो मनमोहक व सुन्दर, पर टूटने पर कौड़ी मूल्य की भी नहीं।'

व्यापारी ने कहा–"महाराज! पीतल तो पीतल ही है। पर मेरी वस्तुएँ कलात्मक जो ठहरीं।"

महाराज ने कहा–"विदेशी बन्धु! मेरी प्रजा अपना पेट काटकर मेरा वैभव बढ़ा रही है, उसके खून-पसीने की कमाई व्यर्थ की इन सुन्दर वस्तुओं पर खर्च करना मुझे गँवारा नहीं।"

व्यापारी ने कहा–"पर महाराज! आपने पीतल के फूलदान भी तो खरीदे हैं।"

महाराज–"अवश्य खरीदे हैं चूँकि ये स्वदेशी हैं। आपका फूलदान विदेशी है। यदि मैं अपने राज्य में विदेशी वस्तुओं को खरीदकर, उन्हें बढ़ावा देता हूँ तो अपने राज्य के कारीगरों की कला कुंठित करता हूँ। अतः अपने फूलदान की कीमत लेकर कृपया वापस जाएँ।"

व्यापारी–"मैंने जो फूलदान आपको उपहारस्वरूप भेंट की है, उसके मूल्य लेने का तो कोई प्रश्न ही नहीं।"

"हम विदेशी मित्रों से उपहार भी सोच-समझकर ही स्वीकार करते हैं। यदि इसे स्वीकार कर लेता, तो इसे तोड़कर उसका मूल्य भरे दरबार में सबके सामने आपको कैसे महसूस करवाता!" महाराज ने कहा।

अंग्रेज व्यापारी फूलदान का मूल्य लेकर चला गया। महाराज के स्वदेशी प्रेम ने दरबारी और प्रजा को एक नई दिशा दी।

सत्य धर्म का अगाध सागर

अमेरिका से आए रेवरेंड आवर ने पुणे एवं उसके आसपास कुछ अशिक्षितों को ईसाई बनाया। एक दिन एक पंडित ने उससे प्रश्न किया कि क्या तुमने कभी हिन्दू धर्म का अध्ययन किया है? पादरी ने नकारात्मक उत्तर दिया। तब पंडित ने आवर साहब से कहा कि हिन्दू धर्म की निन्दा और ईसाई धर्म की प्रशंसा करने से पहले आपको हिन्दू धर्म का अध्ययन तो कर ही लेना चाहिए। यह बात रेवरेंड आवर को जँच गई। संस्कृत और मराठी सीखकर उन्होंने एकनाथ, ज्ञानेश्वर, तुकाराम आदि सन्तों के साहित्य का न केवल अध्ययन किया, अपितु उनके जीवन चरित और तत्त्वज्ञान का अंग्रेजी में अनुवाद भी प्रकाशित किया। यह सब करते हुए उनका मन बदल गया। बाद में अमेरिकन मिशन को पत्र उन्होंने लिखा। यह पत्र प्रत्येक ईमानदार मिशनरी के लिए ध्यान देने योग्य

है। उसने लिखा–"भारत ने आज तक सैकड़ों और हज़ारों ईसा पैदा किए हैं। भविष्य में भी यहाँ अनेक ईसा पैदा होंगे। इसलिए भारत में ईसाई मत के प्रचार का कोई प्रयोजन नहीं। उसे बन्द कर देना चाहिए। भारत तो सत्य धर्म का अगाध सागर है। प्रत्येक ईसाई को अपने मत का प्रचार न कर, सत्य धर्म का ज्ञान प्राप्त कर लेना चाहिए। मैं मिशन से त्याग-पत्र देता हूँ और अपनी आठ लाख की सम्पत्ति जो अमेरिका में है–उसे मैं पुणे के 'भारतीय इतिहास संशोधन मंडल' को अर्पित करता हूँ। इस धन से भारतीय सन्तों के ग्रन्थों का अनुवाद प्रकाशित होगा।"

चरित्र और सभ्यता

शिकागो सम्मेलन के पश्चात् स्वामी विवेकानन्द एक दिन नगर की एक गली से गुजर रहे थे। दूसरी ओर से दो अमेरिकन नागरिक आ रहे थे। इनमें से एक ने धर्म सम्मेलन में स्वामी जी के व्याख्यान सुने थे। वह पहचानता था। दूसरा सर्वथा अपरिचित था। पहले ने दूसरे से कहा कि यही वह आध्यात्मिक, धार्मिक नेता है भारत का, जिसके पीछे लाखों लोग चलते हैं। दूसरे ने यह सुन, स्वामी जी को आपादमस्तक दो बार घूरा और कहा कि यह हो नहीं सकता। जिस व्यक्ति को ठीक ढंग से कपड़ा पहनना नहीं आता, चलना नहीं आता जो एक गँवार की तरह, नगर के सभ्य नागरिकों के बीच दंड लेकर घूम सकता है, वह कभी नेता नहीं हो सकता। स्वामी जी ने बगल से गुजरते हुए यह सुन लिया। उन्होंने इशारे से दोनों को बुलाया और कहा कि देखो, तुम लोग पहरावे या कपड़ों से भले ही सभ्य दीखते हो, खाने-पीने या रहन-सहन के आधुनिक रीति-रिवाजों में भले ही निष्णात दिखो, पर हिन्दुस्तानियों के चरित्र की बराबरी कई जन्मों में भी नहीं कर सकते। जो चरित्रवान नहीं, वह क्या सभ्य होगा?

आदमी की खोपड़ी

एक गाँव के बाहर सायंकाल एक अद्भुत फ़कीर लाओत्से जा रहा था कि अँधेरे में उसे पैरों में ठोकर लगी। झुककर देखा तो एक आदमी की खोपड़ी थी। उस खोपड़ी को उठाकर वह अपनी कुटिया में लाकर, एक किनारे रख दिया। शिष्यों को उसने कहा कि राजाओं के मरघट अलग होते हैं, दरिद्रों के अलग। जीवन में तो बड़े-छोटों का भेद है ही, मरणोपरान्त भी हम यह भेद करते हैं। तो यह बड़े लोगों का मरघट था, जहाँ से मैं गुजर रहा था और इसलिए यह खोपड़ी किसी बड़े आदमी की ही होगी या किसी

राजा की हो! यदि इसके जीवन में मेरा पैर उसकी खोपड़ी में लग जाता तो आज मेरी मुश्किल हो जाती। खोपड़ी को लाने का कारण यही है कि नित्य इससे क्षमा माँगता रहूँगा। साथ ही यह अहसास होता रहेगा कि कल मेरी भी यही दुर्गति होनेवाली है। यह शरीर भी कल मिट्टी में मिलनेवाला है। अतः कोई भी जीवित व्यक्ति मेरी खोपड़ी में आज लात-जूते लगा दे, जो आज या कल लगनी ही है, तो मैं उससे क्षमा माँग लूँगा कि उसके पैरों में चोट तो नहीं आई।

जीवन के ना-कुछ में बिखर जाने का, जीते जी जो यह सत्य जान लेगा, उसके जीवन में एक क्रान्ति आ जाएगी।

पुष्प-प्रेमी बर्नार्ड शॉ

सौन्दर्य देखने की वस्तु है न कि छूने की। यह उक्ति एक प्रसिद्ध विदेशी विद्वान बर्नार्ड शॉ की है। बर्नार्ड शॉ फूलों के शौकीन थे। उन्होंने अपने घर के बाहर विभिन्न फूलों की क्यारियाँ लगा रखी थीं।

एक दिन उनके एक मित्र उनके घर पधारे! उनके कमरे में कोई फूलदान न देख वे आश्चर्यचकित हो पूछ बैठे–''आपको फूलों से इतना प्रेम है, फिर भी आपके कमरे में एक भी फूल कहीं दिखता नहीं। क्या बात है? बर्नार्ड शॉ मुस्कुराने लगे। कहा–''प्रेम तो मुझे अपने बच्चों से भी है। तो क्या मैं उनकी गरदन काटकर अपने कमरे में सजा लूँ? मुझे फूलों से प्रेम है। अतः ये फूल मेरे बगीचे में खिलते हैं, हँसते-खेलते हैं।''

व्यक्तित्व के बोध की निरर्थकता

हज़रत अबूबकर सिद्दीकी को जब ख़लीफ़ा की गद्दी पर बैठाया गया तो लोगों की समझ में नहीं आ रहा था कि उनको मासिक वेतन क्या दिया जाए। सभी उलझन में थे। अन्ततः इसका निदान उन्हीं से माँगा गया।

ख़लीफ़ा अबूबकर बोले–''मदीना का एक औसत मज़दूर एक माह में जितना कमाता है, उतनी ही मजदूरी हमें भी मिलनी चाहिए। ताकि मुझे यह अहसास होता रहे कि हमारा मज़दूर किस प्रकार अपना गुजारा कर रहा है। हाँ, इसमें चिन्तित होने की आवश्यकता नहीं। मैं बराबर यह प्रयत्न करता रहूँगा कि मज़दूरों के वेतन में बढ़ोतरी होती रहे। फिर मेरा वेतन भी अपने आप बढ़ता रहेगा।''

समाज और देश के सामने व्यक्तित्व का बोध निरर्थक है।

फकीर बुल्लेशाह

अरब देश की एक छोटी-सी रियासत गुलबाद का बादशाह अपने अजीबो-गरीब कारनामों के कारण लोगों की चर्चा का विषय बन गया था। अपने शयनकक्ष में पलंग पर ताज़े खूबसूरत सुगन्धित पुष्पों को बिछवाकर सोना उसका नित्य का शौक था। उसके बिस्तर पर पुष्प सज्जा फ़ातिमा नाम की दासी किया करती थी। एक रात सुगन्धित पुष्पों से बादशाह के पलंग को सजाते-सजाते फ़ातिमा के मन में विचार आया कि इस पलंग पर सोने का आनन्द कैसा होता है, जरा देखना चाहिए। और वह पलंग पर लेट गई। सामान्य लोगों का यह स्वभाव होता है कि सुख-सुविधा या भोग-विलास का क्षणिक आनन्द मिलते ही, वह उसे और अधिक लेने को आतुर हो उठता है। दासी फ़ातिमा भी इस क्षणिक आनन्द के लोभ में ऐसी भूली की लेटे-लेटे उसे नींद आ गई।

बादशाह समयानुसार रात्रि विश्राम के लिए जब अपने शयनकक्ष में पहुँचे तो एक अदना दासी को अपने पलंग पर सोते देख आपे से बाहर हो गए। गुस्ताख दासी फ़ातिमा पर कोड़े बरसाना शुरू किया। फ़ातिमा रोने लगी। क्षमा-याचना करने लगी। पर बादशाह उसे उसकी गुस्ताखी की सज़ा देने पर तुले थे। पर यह क्या? रोते-रोते फ़ातिमा ने अब हँसना शुरू कर दिया। लहूलुहान होती जा रही फातिमा का हँसना-खिलखिलाना बन्द होने का नाम ही न ले रहा था। बादशाह ने कोड़ा मारना रोककर उससे रोने के बजाय हँसने का कारण पूछा। फ़ातिमा ने कहा—"फूलों से सजी पलंग पर सोने का आनन्द कैसा होता है—यह देखने के लिए मैं लेटी तो अवश्य और निद्रा रानी ने मुझे अपने आगोश में ले लिया। कोड़े की मार से मैं हड़बड़ाकर उठी और दर्द से बेहाल हो रोने भी लगी। फिर मेरे मन में विचार आया कि फूलों की इस सेज पर लेटकर क्षणिक आनन्द लेने के कारण मुझे अनगिनत कोड़े की मार सहनी पड़ रही है। पर जो बादशाह सारा जीवन इस सेज पर सोता आ रहा है, खुदा उसका क्या हाल करेगा। उसको तो कयामत तक अनगिनत कोड़ों की सज़ा भुगतनी होगी। बस इसका विचार आते ही मेरी हँसी छूट गई।"

फ़ातिमा की यह बात बादशाह को लग गई। निःसन्देह लाखों गरीबों को सताकर उनसे इकट्ठा की गई विलासिता के साजो-सामान और ऐशो-आराम के पीछे छिपी हुई ईश्वरीय दंड-व्यवस्था की एक झलक बादशाह को मिल गई और उसकी आँखें खुल गईं। बादशाह ने दासी से क्षमा माँगी। उसी समय राज-पाट छोड़ फ़क़ीरी अपना ली। गुरु दीक्षा की खोज में भारत की ओर चल पड़ा। लाहौर के पास एक घने वन में एक सन्त की कुटिया पर पहुँचा। उनसे गुरु दीक्षा देने की विनती की। त्रिकालदर्शी सन्त देखते ही सारी बात समझ गए। बोले—"तुम मेरी सेवा में रह सकते हो। यदि उपयुक्त पात्र दिखे, तो तुम्हें अपना शिष्य बना लूँगा।" बादशाह वहीं रहकर सन्त की सेवा में लग गया।

काफ़ी दिन बीतने पर परीक्षा लेने हेतु सन्त ने अपने एक अन्य शिष्य से बादशाह के सिर पर कूड़े-कचड़े डलवा दिए, जिससे बादशाह क्रोध में आकर उस शिष्य को अनर्गल बातें कहने लगा। बाद में उस शिष्य से क्षमा माँग ली। कुछ मास के बाद फिर उस शिष्य ने यही हरकत की तो बादशााह ने बड़ी शालीनता से कहा–"भाई! इस कार्य से आपके हाथों को कितना कष्ट हुआ होगा। आपकी आज्ञा होती तो मैं स्वयं अपने हाथों से कूड़े को अपने सिर पर डाल लेता।"

सन्त यह सुनकर प्रसन्न हुए और उसी दिन बादशाह को गुरु दीक्षा देकर अपना शिष्य बना लिया। यही बादशाह लाहौर के प्रसिद्ध फ़क़ीर बुल्लेशाह के नाम से जाने गए।

●●●